REPORT ON THE DEVELOPMENT OF
PUBLIC CULTURAL
SERVICES IN HUNAN PROVINCE

禹新荣 / 主　编

湖南省公共文化服务发展报告

（2015~2016）

经济管理出版社
ECONOMY & MANAGEMENT PUBLISHING HOUSE

图书在版编目（CIP）数据

湖南省公共文化服务发展报告（2015～2016）/禹新荣主编．—北京：经济管理出版社，2017.5
ISBN 978－7－5096－5063－9

Ⅰ.①湖…　Ⅱ.①禹…　Ⅲ.①公共管理—文化工作—研究报告—湖南—2015～2016　Ⅳ.①G127.64

中国版本图书馆CIP数据核字(2017)第073316号

组稿编辑：张永美
责任编辑：范美琴
责任印制：黄章平
责任校对：雨　千

出版发行：经济管理出版社
（北京市海淀区北蜂窝8号中雅大厦A座11层　100038）
网　　址：www.E－mp.com.cn
电　　话：(010) 51915602
印　　刷：三河市延风印装有限公司
经　　销：新华书店
开　　本：720mm×1000mm/16
印　　张：27
字　　数：483千字
版　　次：2017年5月第1版　　2017年5月第1次印刷
书　　号：ISBN 978－7－5096－5063－9
定　　价：89.00元

湖南省公共文化服务发展报告
（2015～2016）

目　录

总报告

地方实践篇

示范创建篇

工作扫描

专题调研篇

探索践行篇

媒体报道篇

附 录

序

认真贯彻落实中央和省委省政府决策部署 加快构建湖南省现代公共文化服务体系

禹新荣

公共文化服务体系是以保障公民基本文化权益、满足基本文化需求为目的，以政府为主导，以公共财政为支撑，以公益性文化单位为骨干，向社会提供的公共文化设施、产品、服务以及制度体系。

湖南省把现代公共文化服务体系建设纳入文化强省建设总体部署，着力加强公共文化服务体系建设，2015 年 9 月 29 日，中共湖南省委办公厅、湖南省人民政府办公厅正式印发了《关于加快构建现代公共文化服务体系的实施意见》，具有湖南特色和实际可操作性。

一、湖南省公共文化服务体系建设战略的提出和主要内涵

2006 年 3 月，时任湖南省文化厅厅长金则恭提出要逐渐建立覆盖全省城乡的公共文化设施网络，巩固和壮大专兼结合、素质优良的基层文化队伍，丰富公共文化内容，逐步形成政府主导、社会参与、群众自主运作、共建共享的公共文化服务机制。2007 年 5 月 16 日，时任中共中央政治局常委李长春在湖南考察时强调，加强公共文化服务体系建设，是贯彻落实科学发展观、构建社会主义和谐社会的必然要求，是满足人民群众日益增长的精神文化需要的重要途径。2011 年 10 月，时任湖南省政协主席胡彪在益阳市、娄底市调研时强调，深入学习领会、认真贯彻落实中共十七届六中全会精神，扎实做好文化改革发展的各项工作，加快完善覆盖城乡的公共文化服务体系，努力为人民群众提供更多更好的公共文化产品和服务，切实保障人民群众基本文化权益。2014 年 7 月，湖南省发布了《湖南省人民政府关于推进政府购买服务工作的实施意见》，全省政府购买服务

工作按照“先行试点、稳步推开、深化改革”的思路加快推进政府购买服务工作。2015年9月，中共湖南省委办公厅、湖南省人民政府办公厅出台《关于加快构建现代公共文化服务体系建设的实施意见》，提出加快构建现代公共文化服务体系，统筹推进公共文化服务均衡发展，增强公共文化服务发展动力。2016年1月，湖南省人民政府办公厅转发省文化厅等部门《关于做好政府向社会力量购买公共文化服务工作实施意见的通知》，提出转变政府职能，推动公共文化服务社会化发展，逐步建立适应社会主义市场经济的公共文化服务供给机制，为人民群众提供更加方便、快捷、优质、高效的公共文化服务。2016年6月，湖南省人民政府办公厅印发《湖南省关于推进基层综合性文化服务中心建设的实施意见》，指出推进基层公共文化资源有效整合和统筹利用，来提升基层公共文化设施建设、管理和服务水平，更好地保障基层群众基本文化权益。2015年10月，湖南省现代公共文化服务体系建设现场推进会上，确定了14个湖南省现代公共文化服务体系创建示范区。2016年5月，湖南省文化厅、省发改委、省民宗委、省财政厅、省新闻出版广电局、省体育局和省扶贫办联合印发《“十三五”时期湖南贫困地区公共文化服务体系建设规划纲要》，提出构建中国特色现代公共文化服务体系，实现基本公共文化服务均等化、标准化。到2017年，湖南省文化厅将对示范区创建地区进行检查和验收，通过验收者将命名为“湖南省构建现代化公共文化服务体系示范区”并授牌，还给予一定的补助和奖励。到2020年，湖南全省要实现公共文化设施网络全面覆盖、互联互通，公共文化服务的内容和手段更加丰富，服务质量显著提升，公共文化管理、运行和保障机制进一步完善，政府、市场、社会共同参与公共文化服务体系建设的格局逐步形成，人民群众基本文化权益得到更好保障，基本公共文化服务均等化水平稳步提高。

公共文化服务体系是指为确保群众基本文化权利的实现而进行的制度设计、产品供给和体系建设，其目的在于丰富精神生活，传播先进文化，不断满足人民群众文化需求，保障群众基本文化权益，具体则包括为实现上述目的而存在的各种公益性文化机构、文化设施、文化队伍、文化网络及其服务内容的总和。完善的公共文化服务体系包括以下子系统：公共文化政策与理论体系、公共文化基础设施体系、公共文化生产与运营体系、公共文化信息体系、公共文化资金保障体系、公共文化人才体系、公共文化创新体系、公共文化指标体系、公共文化评估与监督体系，这些子系统共同支撑起公共文化服务体系的整体运作和功能发挥。

公共文化服务体系主要表现为以下四大特征：一是服务主体的非盈利性。政府所提供的公共文化服务，是以公益性为基础的。作为现代社会中的“守夜人”，政府的最基本功能和职责，就是提供公共性的制度供给和产品供给。公共文化服务不同于市场文化服务，其服务主体是政府，而不是市场，其公共性决定了提供的文化服务的公共性。政府建设公共阅报栏、图书馆、博物馆等公共文化阵地，提供视听读等公共文化产品，不以盈利为目的地满足人民群众的公共文化需求，是现代政府提供公共文化服务的必然要求。二是服务对象的非排他性。政府所提供的公共文化服务，要惠及全体公民，为全体公民所普遍享有。公共文化服务具有打破地域差别、年龄界限和身份差距的内在规定性，享受基本的公共文化服务，是现代社会公民理应具有的基本权利之一。公共文化服务和满足的对象不是个别人或少数人的需求，而是最广泛和最普遍的需求。三是服务内容的非均衡性。政府所提供的公共文化服务内容因地域、发展水平和公民需求的差异，而呈现出多样化、多方面和多层次等非均衡的特点。山区与湖区、内陆与沿海、城市与农村、发达地区与不发达地区、乡村农民与城市居民等不同的地域、不同的发展水平和不同的人群，都会呈现出不同的公共文化需求。政府在提供公共文化服务时，就需要因地、因时、因人制宜，不否定差别和个性，不搞“一把尺子量到底”的文化服务标准，不搞“一刀切”的整齐划一的建设模式，而是分类指导、梯次推进、特色化地建设公共文化服务体系。四是服务目标的非差异性。政府所提供的公共文化服务，其根本目标在于向全社会提供公平、均等的基本公共文化服务，使全体公民平等享有基本文化权利的保障。人民既是文化的创造者，又是文化的享有者，政府提供公共文化服务的出发点和落脚点是没有差异的。

公共文化服务体系建设战略的提出，有其深刻的历史背景和现实原因，显示了湖南省公共文化服务体系建设从理论表述到实践工作、从抽象理念到具体制度安排层层推进，也体现了湖南省对公共文化服务体系建设的高度重视。从湖南省内来看，近年来湖南省公共文化服务体系建设取得显著成效，呈现出整体推进、重点突破、全面提升的良好发展态势，但与当前经济社会发展水平和人民群众日益增长的精神文化需求相比还存在差距。因此，必须加快构建完善的公共文化服务体系，促进基本公共文化服务标准化、均等化，推动社会主义文化大发展大繁荣，提高全民族文化素质，增强民族凝聚力，为推进湖南省经济社会发展提供强大的精神动力和文化支撑。

二、湖南省公共文化服务体系建设的具体举措和主要成效

湖南省文化系统深入贯彻中共十八大和十八届三中、四中、五中全会精神，

认真贯彻习近平总书记系列重要讲话精神，按照省委省政府的统一部署，积极主动、对标看齐，各项政策措施落实有力、公共文化服务建设稳步推进，取得了较大进展。

（一）文化经费投入和设施建设力度不断加大，公共文化设施网络初步形成

在资金投入方面，经费投入有新增长。2014年湖南省文化事业费达16.26亿元、人均文化事业费24.14元，分别比2013年增加1.79亿元、1.51元；争取国家文化文物类资金10.35亿元，其中文物保护资金6.3亿元，2016年有望突破8亿元。2016年省级文化类预算经费从2.62亿元增加到3.11亿元，新增专项资金4920万元，为基层统一配送流动服务车133辆。对各市州2015年文化类预算经费摸底情况看，2016年市（州）、县（市、区）两级财政对文化部门的经费预算为13.24亿元，较2015年增长10%。其中，长沙市（3.2亿元）、郴州市（1.25亿元）、邵阳市（1.24亿元）、怀化市（1.19亿元）、衡阳市（1.08亿元）、常德市（1.08亿元）等地全市文化类年度预算经费超过1亿元。长沙县、武冈市、沅陵县、衡阳县、浏阳市、资兴市、桂阳县、新宁县、澧县、溆浦县、涟源市、汨罗市、新化县、天心区等县（市、区）文化类年度预算经费超过千万元，其中长沙县达到1.37亿元。2015年省级文化类财政资金达到5.26亿元、新增0.61亿元、增长11.6%，其中公共文化投入3.18亿元，新增0.37亿元。湖南省公共文化设施建设取得重大突破，湖南省博物馆改扩建、湖南艺术职业学院搬迁扩建等一批省级重点文化工程启动建设，市、县两级图书馆、文化馆、博物馆、美术馆等公共文化设施新建（改扩建）率达60%以上，各市州在建重大文化基础设施项目348个，总投资193.8亿元。全省建成各类博物馆（纪念馆）109家、美术馆16个，县级以上公共图书馆136个、文化馆143个，乡镇（街道）综合文化站2530个，初步形成以公共图书馆、文化馆（站）、博物馆（纪念馆）、美术馆为骨干覆盖城乡的公共文化设施网络。

（二）公共文化服务体系建设深入推进，文化体制改革实现突破

一是公共文化服务体系示范区创建工作进展顺利。在张家界慈利组织召开了全省基层综合文化服务中心建设现场推进会暨省级示范区创建培训班，建立省级现代公共文化服务体系专家库；积极推进“县级图书馆总分馆制”试点工作；岳阳、株洲、郴州第二批国家公共文化服务体系示范区（项目）通过文化部验收。

二是经营性文化事业单位改革基本完成。全省一般性国有文艺院团、电影发行放映单位、非时政类报刊出版单位、高校和地方出版社、重点新闻网站完成体制改革，整合全省有线电视网络，基本实现全省一张网，湖南日报报业集团、湖南广播影视集团、湖南出版投资控股集团等有关省管国有文化企业完成整合重组，通过积极推动内部运行机制改革，基本建立了有文化特色的现代企业制度。

三是湖南省文化体制改革实现了新突破，文化市场综合执法改革基本完成。通过整合市、县两级原有文化、广电和新闻出版行政机构，组建新的文化行政责任主体，全省 14 个市州、122 个县市区成立了文化市场综合执法机构。

（三）公共文化法治保障不断加强，行业管理更加规范

一是文化市场综合执法改革进一步推进。湖南省《关于进一步深化文化市场综合执法改革的实施意见》已经省文化体制改革领导小组审议原则通过。

二是行政审批更加规范。2016 年上半年共受理文化市场行政审批事项 158 项，比 2015 年同期增长 84%，无一项审批超时或被投诉；制定并下发了《湖南省文化市场技术监管与服务平台应用规范》和《湖南省文化市场行政审批规范业务手册》。

三是市场执法监管更加严格。组织开展全省互联网文化市场“清朗”专项行动，全省演出、娱乐市场“春雷”专项整治行动；制定《湖南省文化市场黑名单管理办法（试行）》，并公布湖南省第一批文化市场黑名单；开展了全省文化艺术品交易场所清理整顿工作。

四是文化工作者队伍建设逐渐加强。承办了文化部市场司 2016 年全国文化市场综合执法案例培训班，举办了全省“全国文化市场技术监管与服务平台在线培训考试系统”培训班、全省文化市场监管形式分析和行政审批业务培训班等。

（四）文化事业蓬勃发展，文化产业稳步提升

2015 年省级财政文化体育与传媒支出达到 111.7 亿元，增长 39.7%，2011～2015 年，年均增速达到 26.58%，现代传播体系建设迈上新台阶，“三网融合”扎实推进。乡镇综合文化站、广播电视“村村通”等文化惠民工程建设成效明显。湖南省文化站的基础设施建设、设备配备等方面都有了长足的发展，建筑总面积达到 1139862 平方米，已配备计算机 14064 台，藏书 14448473 万册。2015 年，湖南省完成 100 万户“户户通”建设任务，以及 82 座电视发射台和 11 座广播发射台建设改造任务，基本实现 85% 左右的城乡居民免费收看 12 套以上

的地面数字电视节目，免费收听3套数字广播节目。文艺精品创作打开新局面，多部作品获得国家级奖项。“书香湖南”全民阅读活动持续推进，创新了阅读手段，推动全民阅读工作深入基层。文化遗产传承保护迈上新台阶，文物本体保护有力，事业发展经费保障明显改善，截至2014年底，中央财政对湖南文物事业的投入增长到4.6亿元，对非物质文化遗产保护事业累计投入专项资金9835万元；省级财政和地方政府财政投入也逐年递增，考古与申遗工作成效突出，非遗保护亮点纷呈，老司城成功入选世界文化遗产名录。

2015年湖南省文化和创意产业增加值达1714亿元，增速达13.2%，占GDP比重约5.9%，连续3年位列全国第一方阵，发展后劲十足。作为产业融合发展的新形态，以“文化+科技”、“文化+金融”、“文化+旅游”等为代表的“文化+”融合模式正迸发出强大活力。电广传媒与阿里巴巴签署全面战略合作协议，共建家庭信息娱乐中心；天闻数媒在线教育产品覆盖20个省份；科技指导布展，华凯创意成国家文化产业示范基地。文化与旅游融合也是如火如荼，湖南保护性开发了老司城、里耶古城等文化旅游资源，规划12条文化旅游精品线路，推出首批12个湖湘风情文化旅游小镇建设。湖南体育产业集团发挥《体坛周报》品牌优势，用“体坛+”模式，打造了“体育—文化—健康—食品”一体化的发展体系。湖南还打造了一批重点文化活动，连续举办五届长沙（国际）动漫游戏展和中国原创手机动漫游戏大赛，形成金鹰电视艺术节、橘洲音乐节、张家界国际乡村音乐节、吉首鼓文化节、麦咭音乐节等一批文化品牌节会。探索文化产权交易，首批27家文化企业在联合利国文化产权交易所挂牌。全省有国家级文化产业示范园区基地12个。

（五）公共文化服务方式不断创新，服务能力和水平明显提升

湖南省制定出台了公共文化建设联席会议制度，形成由省级领导牵头负责的全省公共文化服务体系建设协调机制。从2011年起全省公共图书馆、博物馆、美术馆、文化馆、文化站全部实现免费开放，2015年各级公共图书馆、文化馆（站）、博物馆分别服务群众1574万人次、2101万人次、3531万人次，服务人次均比2011年免费开放前增长20%以上。

坚持文化服务重心下移，对老少边贫地区实施文化精准扶贫，从文化服务、争资引项、人才培养等方面予以扶持。采取与步步高等企业开展文化宣传合作、扩大政府购买文化服务等途径，积极引导社会力量参与文化服务。全省文化志愿者达7.4万人，文化志愿者服务经验面向全省推广。

促进了文化与科技融合发展，省市两级文化部门“两微”（微信、微博）新媒体平台基本建成，乡镇基层点公共电子阅览室全省普及。全省建成文化信息共享工程分支中心 138 个、乡镇基层服务点 2241 个、村级基层服务点 47090 个，初步形成覆盖全省的省、市（州）、县（市、区）、乡镇、村五级文化共享工程。国有文艺院团转企改革全面完成。湖南图书馆、省博物馆法人治理结构试点工作取得阶段性成果。

（六）群众文化活动日益丰富，文化生活改变显著

群众文化活动蓬勃多样，参加第十一届中国艺术节“群星奖”选拔赛的作品惠民演出 40 场，惠及群众 15 万人；庆祝中国共产党成立 95 周年“红旗颂”大型群众合唱比赛活动，全省共 14 万余人参赛，演出 233 场，惠及群众 42 万人；组织开展以核心价值观为主题的“我们都来跳（唱）”湖南省原创广场舞歌曲创作活动，通过网络面向全国征集词曲；与贵州、湖北开展湖南文化志愿服务区域联动。

以“欢乐潇湘”群众文化为主抓手，全省城乡掀起了群众文化活动新热潮。连续两年举办大型群众文艺汇演，共演出 1.8 万场、参与群众 3000 万余人次，2016 年群众美术书法摄影作品评选活动共收到作品 8.8 万件、省级评奖并集中展示作品 675 件，“欢乐潇湘”已经成为近年来全省规模最大、涉及艺术门类最广、群众积极性最高的群众文化品牌。广泛开展送戏、送展览、送讲座等文化惠民服务，每年全省惠民演出达到 1.1 万场以上。从 2013 年起实施“雅韵三湘”高雅艺术普及计划，累计演出 538 场。2016 年围绕抗战胜利 70 周年主题，精心举办全省舞台艺术展演、书法美术摄影展、群众文化展演等精彩活动，各界反响强烈。湖南艺术节作为全省性的“艺术的盛会、人民的节日”，已连续举办五届，为丰富提升群众文化生活搭建了重要平台。原创广场舞大赛、长沙的“欢乐星城”、衡阳的“广场旬旬演社区周周乐”、常德的“文艺百团大赛”等各地打造的活动品牌 1500 余项，深受群众欢迎。近 4 年来有《岩生哥的婚事》、花鼓戏《两份协议》等 79 个节目荣获国家“群星奖”剧目。

据 2015 年数据统计，全省文化馆评估定级上等级文化馆数量达 120 个，排名全国第 5 位，全省公共图书馆机构数 137 个，排名全国第 7 位，全省艺术表演团体平均每团演出 242 场，全国排名第 2 位，博物馆参观人数达 4758 万人次，全国排名第 4 位。

(七)针对贫困地区开展文化扶贫逐渐推进,公共文化服务均等化水平有效提升

大力推进“文化精准脱贫工程”,启动了400个贫困地区村级综合性文化服务中心示范点建设,申请专项资金约1.1亿元,对35个贫困县的460个乡镇综合文化站和3710个村文化室进行提档升级;申请专项经费1350万元,对51个扶贫工作重点县的270个社区文化中心活动室进行设备购置。通过抓好贫困地区村综合文化服务中心示范点建设,采取盘活存量、整合资源、调整置换、集中利用等方式,用两年时间,在全省贫困地区建设688个村级综合性文化服务中心示范点。加强优质文化产品供给,组织大型舞台剧目和专题文艺晚会到贫困地区惠民巡演;开展“送戏曲进万村、送书画进万家”活动;不断加强贫困地区文艺创作基地建设等。

三、湖南省加强公共文化服务体系建设的几项重点工作

湖南省公共文化服务体系建设面临着最好的发展时期,我们要把握机遇、乘势而上,脚踏实地、努力奋斗。湖南省文化厅考虑,通过省公共文化服务体系建设协调机制,把财政、发改、新闻出版、广电、编制、教育、人事、体育、扶贫办、文明办、总工会、团省委、妇联、残联、标准化管理等部门都组织起来形成合力,重点做好以下工作:

(一)促进城乡基本公共文化服务均等化,统筹城乡公共文化发展

把促进城乡基本公共文化服务均等化纳入国民经济和社会发展总体规划及城乡规划,统筹城乡公共文化设施布局、服务提供、队伍建设、资金保障,均衡配置公共文化资源。把公共文化服务体系建设与新农村、和谐社区建设有机结合起来,实行城乡同治,建设美丽社区和村庄。拓展重大文化惠民项目服务“三农”内容,推进“三农”出版物出版发行、广播电视涉农节目制作和农村题材文艺作品创作。完善农家书屋、职工书屋出版物补充更新机制,将入选全国农家书屋年度重点出版物推荐目录的省内图书、报刊和电子音像制品纳入政府定点采购范围,实行定期配送。统筹推进农村地区广播电视用户接收设备配备工作,鼓励建设农村广播电视维修服务网点。大力开展公共文化流动服务和数字服务,推进公共数字文化服务“进村入户”,打通公共文化服务“最后一公里”。建立公共文

化服务城乡联动机制，以县级文化馆、图书馆为中心推进总分馆制建设，加强对农家书屋、职工书屋的统筹管理使用，实现农村、城市社区公共文化服务资源整合和互联互通。加大对农村民间文化艺术的扶持力度，让民间文化和乡土文化焕发生机。推进城乡“结对子、种文化”，加强城市对农村文化建设的帮扶，形成常态化工作机制。

（二）加强公共文化设施建设，继续提升管理和服务水平

按照城乡人口发展和分布，坚持均衡配置、严格预留、规模适当、功能优先、经济适用、节能环保的原则，合理规划建设各级各类公共文化设施。充分利用现有城乡公共设施，统筹建设集宣传文化、党员教育、科技普及、普法教育、体育健身等多功能于一体的基层公共文化服务中心，配套建设群众文体活动场地。统筹规划建设高新区、开发区等务工人员集中区域的公共文化设施。按有关规定支持县级以上工人文化宫、青少年宫、妇女儿童活动中心、科技馆、体育健身中心的建设、改造和升级，充分发挥其公共文化服务作用。坚持设施建设和运行管理并重，健全公共文化设施运行管理和服务标准体系，规范各级各类公共文化机构服务项目和服务流程。推进全省现代公共文化服务体系示范区创建。探索村（社区）公共文化建设模式，做好村（社区）公共文化建设模式创新与示范推广。

（三）提升公共文化服务效能，丰富优秀公共文化产品供给

完善公共文化设施免费开放的保障机制。深入推进公共图书馆、博物馆、文化馆、纪念馆、美术馆等免费开放工作，大型体育场馆（体育场、体育馆、游泳馆）免费或低收费向社会开放，科技馆、工人文化宫、青少年宫、妇女儿童活动中心以及青少年校外活动场所免费提供基本公共文化服务项目。鼓励党政机关、国有企事业单位和学校的各类文体科普设施，在特定时段向社会免费或优惠开放。建立群众文化需求反馈机制，及时准确了解和掌握群众文化需求，制定公共文化服务提供目录，开展“菜单式”、“订单式”服务。加强公共文化服务品牌建设，推动形成具有鲜明特色和社会影响力的服务项目。加大对跨部门、跨行业、跨地域公共文化资源的整合力度。以行业联盟等形式，开展馆际合作，推进公共文化机构互联互通，开展文化服务“一卡通”、公共文化巡展巡讲巡演等服务，实现区域文化共建共享。加强基层广播电视播出机构服务能力建设。充分利用广播、电视、网络双向互动功能，为各级政府部门便民服务提供窗口和平台。

鼓励本土文化艺术工作者从现实生活中采集素材，创作地方特色浓郁、人民群众喜闻乐见的文化产品。加强戏曲等优秀文化艺术的普及推广工作。大力开展“中国梦”主题创作和展示活动，认真做好“深入生活、扎根人民”主题实践活动，精心组织精神文明建设“五个一工程”，抓好重点图书、广播、电影、电视和剧目的创作、生产与演出。推进送戏、送书、送电影下乡等项目和优秀出版物推荐活动。继续支持广电、出版、演艺、动漫等优势文化产业做大做强，为公共文化服务提供坚实的产业支撑。提高网络文化产品和服务供给能力，促进优秀传统文化瑰宝和当代文化精品网络传播。完善少数民族语言文字文化服务。加强知识产权审核和版权保护，防止侵权或盗版产品进入公共文化服务供给体系。大力发展社会主义核心价值观教育、法制教育、国防教育等主题内容公益广告，有效推广全民终身学习和公益慈善理念。

（四）加大文化科技融合创新力度，推进公共文化服务数字化建设

围绕公共文化服务体系建设的重大科技需求，发挥文化和科技相互促进的作用，将公共文化科技融合创新纳入科技发展专项规划，深入实施文化科技创新工程。鼓励高校和科研院所开展文化科技融合重点课题研究及专用装备、软件、系统的关键技术研发应用，推进公共文化服务创新手段、提高效能。发挥湖南省计算机和网络技术的优势，促进公共文化与“互联网+”的融合发展。加强科技成果转化应用，支持公共文化机构、科研院所、高科技企业合作开展各类关键技术研究，建立一批文化科技融合示范基地，实施一批公共文化服务科技创新应用示范项目，加速科技成果转化，推进文化科技产业发展。

开展示范性数字文化馆建设，统筹实施全省文化信息资源共享、数字图书馆博物馆和科技馆、直播卫星广播电视公共服务、农村数字电影放映、数字农家书屋、城乡电子阅报屏等项目建设，构建标准统一、互联互通的公共数字文化服务网络，在基层实现共建共管共享。以湖南图书馆、省博物馆、省科技馆和省地质博物馆为中心，逐步建成全省各图书馆、文化馆、博物馆、美术馆、科技馆等分工合作的数字资源协作加工平台和数字资源服务平台。加快推进数字文化资源在智能社区中的应用，实现“一站式”服务。支持数字版权公共服务平台建设，实现公共数字文化资源有效保护。加强公共文化大数据采集、存储和分析处理，推动县级以上公共文化机构网站建设，鼓励在公共文化设施内免费提供无线上网服务。

（五）创新公共文化管理体制和运行机制，做服务型政府

建立公共文化服务体系建设协调机制。完善党委领导、政府管理、部门协同、权责明确、统筹推进的公共文化服务体系建设管理制度，明确政府在构建现代公共文化服务体系中的主导作用。完善省公共文化服务体系建设协调机制，由省文化厅牵头，充分发挥各部门职能作用和资源优势，在规划编制、政策衔接、标准制定和组织实施、考核评价等方面加强统筹、整体设计、协调推进。各地要根据实际，建立相应的协调机制。发挥基层党委和政府作用，建立统一的基层公共文化服务平台，加强各类重大文化项目的统筹实施，探索整合基层公共文化服务资源的方式和途径，实现共建共享，提升综合效益。

创新基层公共文化管理机制。发挥城乡基层群众性自治组织的作用，推动开展公共文化服务参与式管理，推广居民、村民评议等行之有效的做法，健全民意表达和监督机制，引导城市社区居民和村民参与公共文化服务项目规划、建设、管理和监督，维护群众的文化选择权、参与权和自主权。调动驻村（社区）单位、企业和社会组织等多方面力量，统筹资源，共同参与基层文化的管理和服务，形成多元联动格局。推进将公共文化服务纳入基层社区服务网格进行管理，培育城乡社区互助文化，营造社区和谐环境。

（六）加大公共文化服务的财税保障力度，加强基层文化队伍建设

合理划分各级政府基本公共文化服务支出责任，建立健全公共文化服务财政保障机制，按照湖南省基本公共文化服务实施标准，落实提供基本公共文化服务项目所必需的资金，保障公共文化服务体系建设和运行。进一步完善转移支付体制，加大省级财政转移支付力度，重点向革命老区、民族地区和贫困地区倾斜，着力支持农村和城市社区基层公共文化服务设施建设，保障基层城乡居民公平享有基本公共文化服务。进一步拓展资金来源渠道，加大政府性基金与一般公共预算的统筹力度，落实从城市住房开发投资中提取1%用于社区公共文化设施建设的规定。鼓励社会资金建立乡镇（街道）、村（社区）文化活动基金。落实国家对文化事业和文化产业的税收优惠政策。加强对公共文化服务资金管理使用情况的监督和审计，开展绩效评价。

按照控制总量、盘活存量、优化结构、有减有增的要求以及国家出台的公共文化机构人员编制标准，结合湖南省实际和财力，适时研究制定湖南省相关实施意见，并根据业务发展状况，就公共文化机构人员编制进行动态调整。对实行免

费开放后工作量大量增加、现有机构编制难以满足工作需要的公益性文化事业单位，要结合实际和财力，合理增加机构编制。理顺乡镇综合文化站（中心）与县文化主管部门的关系。加强对农村文化队伍的管理和使用，在现有编制总量内，落实每个乡镇综合文化站（中心）编制配备不少于1～2名的要求，规模较大的乡镇适当增加。在村（社区）设立城乡基层公共文化服务岗位，配置由公共财政补贴的工作人员。将公共文化服务专业人才培养纳入国民教育体系。建立公共文化机构从业人员培训上岗制度，全面提高从业人员素质。加强省级文化人才培训基地建设。完善基层公共文化服务人才激励和保障机制。加强基层乡土文化人才建设。发展壮大社会体育指导员队伍。完善革命老区、民族地区、贫困地区文化人才支持工作机制。

总　报　告

湖南省公共文化服务体系建设的蓬勃发展

颜　喜　李松青　叶建武

公共文化服务体系是指面向大众的公益性的文化服务体系，主要包括先进文化理论研究服务体系、文艺精品创作服务体系、文化知识传授服务体系、文化传播服务体系、文化娱乐服务体系、文化传承服务体系、农村文化服务体系七个方面。本报告立足于2015～2016年湖南省公共文化服务发展的总体情况与基本公共文化服务领域建设的具体状况，通过分析有关部门公布的数据以及湖南农业大学课题组调研所得的相关数据，梳理出湖南省公共文化服务发展中存在的突出问题，并提出对策建议。

一、2015～2016年湖南省公共文化服务发展概况

（一）2015～2016年湖南省公共文化服务体系建设总体情况

湖南省高度重视公共文化领域改革，坚决贯彻落实中央系列决策部署要求，出台了湖南省《关于加快构建现代公共文化服务体系的实施意见》等文件，并把2016年确定为全省文化系统"政策落实年"，切实推动各项政策落地生根，下大力气夯实公共文化服务事业的发展基础。

湖南省领导对公共文化领域改革高度重视，多次听取改革汇报，对重点改革亲自调研，对改革方案亲自把关，示范带动，传导压力，逐级落实，实施以点带面，促进改革不断深化。在工作中，坚持循序渐进，既敢于突破，又一步一个脚印、稳扎稳打向前走，确保实现改革的目标任务。积极创建公共文化服务体系示范区（项目），为全省探索路径，效果较为明显。从各县市区公共文化发展不平衡的实际出发，分类指导，坚持因地制宜、分类施策、加强管理、注重实效。湖南省狠抓文化扶贫，主攻改革薄弱环节。构建现代公共文化服务体系、实现基本公共文化服务均等化标准化，最艰巨的任务在贫困地区。为此，湖南省把文化扶贫内容纳入《湖南

省农村扶贫开发条例》，与精准扶贫、美丽乡村建设、新型城镇化等工作相结合同步推进。湖南省加强舆论宣传，营造改革良好氛围。各级政府及文化厅等相关部门坚持把宣传文化改革发展作为一项基础性的长期工作，常抓不懈。通过深入宣传，营造了全社会参与文化、支持文化、创造文化的良好氛围，为文化改革打下坚实基础。

概括来说，2015～2016年湖南省公共文化服务体系建设在以下几个方面取得了重大成绩：第一，长沙市国家公共文化服务体系示范区创建及标准化试点、全省文化志愿者、文化法治、文化调研、艺术创作等工作，初步形成了可复制的经验。第二，公共文化发展动力明显增强，群众集资建文化中心、村里办春晚、乡镇办文化艺术节等已经成为一种普遍的文化现象。第三，公共文化设施项目加快推进，文化设施建设掀起新高潮。第四，文化产业迈进“千亿产业行列”，文化产品供给焕发新活力。第五，文化服务效能实现新的提升，文化惠民工程取得了长足的发展。

（二）2015～2016年湖南省公共文化服务体系建设的具体措施

1. 以加强顶层设计为抓手

以省委省政府两办的名义正式出台了《关于加快构建现代公共文化服务体系的实施意见》（湘办发〔2015〕39号）及附件《湖南省基本公共文化服务实施标准》，标志着湖南在贯彻落实中央两办文件精神、加快构建现代公共文化服务体系方面迈开了扎实的步子。以省政府的名义组织召开湖南省现代公共文化服务体系建设现场推进会，全面部署中央两办《意见》和湖南省《实施意见》的贯彻落实工作。

扎实抓好公共文化服务体系构建的试点、示范工作。建立湖南省公共文化服务体系建设联席会议制度，全面启动长沙国家公共文化服务标准化试点，全省14个县市区全面铺开省级公共文化服务体系示范区创建工作，示范区各类文化联动活动广泛开展。成立湖南首届现代公共文化服务体系建设专家委员会，为推进公共文化服务体系建设提供政策建议、业务咨询和理论指导。

制定《湖南省文化志愿者管理办法》（暂行）。与省住建厅、省民政厅、省体育局联合出台《湖南省关于引导广场舞活动健康开展的实施意见》等公共文化建设的各项配套政策文件，进一步完善了湖南省现代公共文化服务体系建设的顶层设计。协同省发改委等七部门联合制定并即将出台《“十三五”时期湖南贫困地区公共文化服务体系建设规划纲要》，将精准扶贫工作与公共文化服务体系建设紧密联系，必将推动湖南省贫困地区公共文化建设实现跨越式发展。

2. 以打造品牌群众文化活动为载体

积极打造深受群众喜爱的群众文化活动品牌，“欢乐潇湘”系列群众文化活动自2013年举办起，逐年设置大型群众文艺汇演、群众广场舞比赛和群众美术、书法、摄影活动等不同的主题，达到了“让草根当主角，让群众乐起来”的目的，仅2015年的“欢乐潇湘”群众美术、书法、摄影活动，就吸引了8.7万人、8.8万件作品参赛，受到基层和群众的广泛好评。

积极组织“雅韵三湘”高雅艺术普及计划活动，2015年完成“雅韵三湘”高雅艺术普及计划演出219场、“送戏下乡”惠民演出10291场。持续开展“三湘读书月”活动，“书香湖南”全省少年儿童读书活动，“湘图讲坛”等阅读推广活动受到广大民众欢迎。“出版湘军”、“广电湘军”等全国知名品牌在很大程度上也推动和促进了湖南省公共文化服务的发展。

依托现代公共文化服务体系示范区创建，以文化志愿服务项目为引领，实施区域文化联动，促进基层群众文化活动蓬勃发展，推动树立“一地一品”群众文化品牌。仅2015年，全省组织开展的各类文化志愿服务活动就达16.4万人（次），各地结合“湖南艺术节”、“欢乐潇湘”等全省文化惠民活动，推出文化志愿服务示范活动项目300多项，全年服务人数达326.4万人次，涌现出了“湖南农民工春晚”、“乡村大舞台”区域联动等一大批文化部表彰的全国基层文化志愿服务活动典型案例和示范活动。

3. *以加大公共文化资金投入力度为保障*

全省文化事业费不断增加，2015年争取中央专项资金11.51亿元，同比增长16.8%；投入省级专项资金5.26亿元，同比增长11.6%，带动全省市州、县市区两级财政文化投入13亿元，增长约10%。在此基础上，公共文化资金投入也逐年增加，其中，2015年新增省级公共文化示范区创建专项资金1500万元。

以省人民政府办公厅的名义下发《关于做好政府向社会力量购买公共文化服务工作的实施意见》，提出将有限的财政资金用到人民群众最需要的地方，推动形成与全省经济社会发展水平相适应、与人民群众精神文化和体育健身需求相符合、具有湖南特色的公共文化资源配置机制和供给机制，为现代公共文化事业的发展保驾护航。

省委宣传部牵头，联合文化厅等相关部门投资1.04亿元，每个点投入26万元，启动首批400个贫困地区村级综合性文化服务中心示范点建设项目。计划用两年时间帮助全省贫困地区建设688个村级综合性文化服务中心示范点，并配备一定数量的文化体育、广播器材，为满足基层群众文化需求，丰富基层群众文化生活提供便利。2016年省政府已将村级文体小广场建设纳入各级政府为民办实事项目。目前，全省贫困地区400个村级文体小广场建设项目已经全面铺开。

(三) 2015～2016年湖南省公共文化服务体系建设的实践成效

湖南省根据“保基本、建机制、强基层”的思路，加快推进现代公共文化服务体系建设，人民群众基本文化权益得到更好保障，群众文化获得感明显增强。具体表现如下：

1. 公共文化服务体系建设全面推进

积极贯彻落实中办、国办《关于加快构建现代公共文化服务体系的意见》，以省委、省政府办公厅的名义出台《关于加快构建现代公共文化服务体系的实施意见》，为全省公共文化服务体系建设提供了制度遵循。建立省级现代公共文化服务体系建设联席会议制度和专家库，不断提高公共文化服务体系建设科学化水平。组织开展省级公共文化服务体系示范区创建工作，14个县（市区）创建热情高涨，创建成果显著。积极推进宁乡、宁远、炎陵三县开展“县级图书馆总分馆制”试点工作。召开现代公共文化服务体系建设现场推进会，召开基层综合文化服务中心建设现场推进会暨省级示范区创建培训班，出台《关于推进基层综合性文化服务中心建设的实施意见》，新建文体小广场达到1.1万个。推动政府向社会力量购买公共文化服务，出台《关于做好政府向社会力量购买公共文化服务工作的实施意见》，探索从演艺领域先行试点。文化扶贫精准发力，出台《“十三五”时期湖南贫困地区公共文化服务体系建设规划纲要》、《“十三五”湖南省文物保护利用精准扶贫计划》，按照“七个一”的建设标准推进688个贫困地区村级综合性文化服务中心示范点建设。

2. 公共文化设施网络基本建成

全省已建成各类博物馆（纪念馆）109家、美术馆16个，县级以上公共图书馆136个、文化馆143个，乡镇（街道）综合文化站2530个，初步建立了以公共图书馆、文化馆（站）、博物馆（纪念馆）、美术馆为骨干的覆盖城乡的公共文化设施网络。这种“家门口、零门槛”的文化设施网络为湖南民众的10分钟生活圈增添了许多便利。湖南艺术职业学院搬迁扩建项目主体工程已全面完工，省美术馆将于2018年建成开放，省博物馆改扩建工程等一批省级文化设施项目正在加快推进中，各市州在建的公共文化设施重点项目达219个。2015年投入使用的长沙滨江文化园占地面积196亩，包括博物馆、图书馆、规划馆和音乐厅四大核心场馆，拥有上万平方米的中心文化广场，开园当日访客人数即突破历史纪录，现已成为长沙市公共文化服务的标杆性窗口。

3. 国家级示范区创建成效显著

自2011年省会长沙被国家文化部、财政部确定为全国首批国家公共文化服务体系示范区创建城市，且最终以总分全国第二、中部第一、文化满意度居全国第一的好成绩成功创建以来，湖南省严格按照示范区项目建设的各项要求，全力推进国家级示范区创建工作，成效显著。至今，获评国家公共文化服务体系示范区 2 个（长沙市、岳阳市）、正在创建 1 个（株洲市），获评国家示范项目 4 个、正在创建 2 个，形成一批可供复制的经验并逐步推广。长沙市在示范区创建的全过程和各方面，均显示出政府主导有方、财政保障有力、文化服务有效的特点，形成了“设施网络化、供给多元化、城乡一体化、服务普惠化、活动品牌化、机制长效化”的公共文化服务“长沙模式”。岳阳市作为第二批创建城市之一，在确保全面达标的基础上，以创促建、整体提升，基本形成了“独具特色、辐射力强、城乡协同发展”的公共文化服务“岳阳模式”，打造的“幸福岳阳”系列文化品牌更成为创建亮点。正在创建第三批国家公共文化服务体系示范区的株洲市，把创建工作作为一把手工程，作为提升城市文化软实力的重要抓手。株洲市委、市政府安排创建经费 3000 万元，将创建工作纳入对县市区的绩效考核，启动制度设计课题研究，基本建立起“结构合理、发展平衡、网络健全、运营高效、服务优质、覆盖城乡”的公共文化服务体系框架。力求通过示范区创建，让群众无障碍零门槛共享公共文化，用丰富多彩的文化滋养群众的精神家园。

4. 公共文化服务效能不断提升

各级公共文化场馆实行免费开放，按照“标准化”、“均等化”原则为人民群众提供“超市式”供给和“菜单化”服务。2015 年全省各级公共图书馆、文化馆（站）、博物馆服务人次均比 2011 年免费开放前增长 20% 以上，群众满意度达 90% 以上。2015 年，立足群众文化需求，不断创新服务方式的长沙县福临镇综合文化站荣获“全国优秀文化站”称号。坚持以培训为抓手，不断加强人才队伍建设，切实提升文化队伍的服务水平。2015 年全省先后培训市县区图书馆、文化馆专职人员 3 万余人次，培训业余文化骨干、志愿者等业余文化队伍 23 万余人次，远程培训教育 18 万余人次，为提升公共文化服务效能提供了有力的人才保障和智力支持。省文化厅下发《关于组织 2016 年全国基层文化队伍培训工作的通知》，按菜单式将文化部 31 批次示范培训落实到 82 名基层学员，此做法得到文化部推广。

5. 群众文化活动如火如荼

近年来，湖南省扶持市州重大群众文化活动品牌 44 个，79 台群众文艺精品剧目荣获文化部“群星奖”，21 个乡镇（社区）荣获“中国民间文化艺术之乡”称号，评选出 40 个“湖南省民间艺术之乡”。“公共大戏台”、“乡村大舞台”等群众文化品牌被中宣部作为全国公共文化服务创新案例予以推广。全省各地群众文化活动丰富多彩，乡镇办文化艺术节、村里办春晚等文化现象此起彼伏，影响广泛。从2003年开始，湖南省坚持“政府买单、群众看戏”，10多年来，每年完成“雅韵三湘”高雅艺术普及200多场、“艺动四水”送戏下乡10000场，群众文艺热情得到极大激发。自2013年起，连续举办四届“欢乐潇湘”大型群众文艺活动，每届直接参与演出的群众达20万余人次，迅速发展成为湖南省近年来规模最大、发动最深入、参与面最广的群众文化活动。2016年组织开展庆祝中国共产党成立95周年“红旗颂”大型群众合唱比赛，吸引全省1400支群众文艺团队、14万余人直接参与活动。以践行社会主义核心价值观为主题组织“我们都来跳（唱）”湖南省原创广场舞歌曲创作活动。

6. 文化志愿服务活动蓬勃开展

目前，湖南省文化志愿者注册数已达79640名，省文化志愿服务总队下辖3个省直支队、14个市州支队、774个县级分队。初步形成了湖南省文化志愿服务工作“143”体系经验，即“打造一个覆盖全省的文化志愿服务网络组织”（坚持总分结合、坚持分门别类、坚持广泛覆盖）；“建立健全文化志愿服务的四项管理制度”（实名登记注册制度、服务内容登记制度、培训制度、激励制度）；“探索形成文化志愿服务的三种服务模式”（区域联动模式、省内互动模式、名人带动模式）。各级文化志愿服务团队坚持开展“送文化”与“种文化”深度融合的志愿服务活动，每年免费培训湖南原创广场舞骨干1.5万余人次，开展讲座3000余次，举办文艺辅导3.7万余次，对进一步提升公共文化服务效能、促进湖湘文化传播、推动区域文化合作、增强基层群众的文化获得感起到了积极的作用。湖湘文化“基层行”、“边疆行”等活动已形成品牌效应，文化志愿者现已成为湖南省现代公共文化服务体系建设工作中的重要力量。

二、湖南省公共文化服务体系建设的基本情况

（一）2014~2015年湖南省公共文化服务机构和从业人员、公共文化投入基本情况

1. 公共文化服务机构和从业人员基本情况

2015年以来，公共文化机构和从业人员总量基本稳定。据统计，2015年纳入统计范围的湖南省文化单位15755个，比2014年末减少1949个；从业人员101665人，比2014年末增加1021人。其中，文化部门所属单位3597个，增加90个；从

业人员 27681 人，增加 3636 人。具体情况见表 1。

表 1　2014～2015 年湖南省公共文化服务机构和从业人员统计数据

单位：个，%

指标	年份		2014 年较 2015 年增长速度
	2014	2015	
文化机构数	17704	15755	-11
文化从业人员数	100644	101665	1.01

资料来源：《湖南省统计年报 2014》、《湖南省统计年报 2015》。

公共文化机构的从业人员人数略有增加，从业人员素质也有所提高。以四大类公共文化机构为例，增长最稳定的是群众文化服务机构，2015 年群众文化服务机构较 2014 年都有稳定增长。整体上具有正高级、副高级、中级三类职称的公共文化从业人员人数都有增加，其中，正高级职称从业人员持平，副高级职称从业人员增加了 17 人，中级职称从业人员增加 20 人。具体情况见表 2。

表 2　2014～2015 年湖南省公共文化从业人员结构统计数据　单位：个，%

指标		年份		2015 年较 2014 年增长人数	2015 年较 2014 年增长速度
		2014	2015		
公共图书馆	正高级职称	10	12	2	20.00
	副高级职称	143	142	-1	-0.70
	中级职称	739	765	26	3.52
群众文化服务机构	正高级职称	16	16	0	0.00
	副高级职称	129	146	17	13.18
	中级职称	707	727	20	2.83
文物业机构	正高级职称	32	33	1	3.13
	副高级职称	107	100	-7	-6.54
	中级职称	468	493	25	5.34
艺术业机构	正高级职称	21	24	3	14.29
	副高级职称	96	97	1	1.04
	中级职称	121	194	73	60.33

资料来源：《湖南省统计年报 2014》、《湖南省统计年报 2015》。

2015 年以来，湖南省公共文化设施建设工作稳步开展推进，公共文化服务体系逐渐完善，公共设施网络初步形成，服务条件也得到改善。截至2015年底，公共文化服务设施都呈现增长趋势，其中，美术馆的增长速度最快，增幅为3.67%，共有113个美术馆。具体情况见表3。

表3　2014~2015年湖南省主要公共文化服务设施数发展情况　单位：个，%

指标	年份		2015年较2014年增长速度
	2014	2015	
公共图书馆	136	137	0.74
文化馆	143	143	0.00
文化站	2530	2534	0.16
美术馆	109	113	3.67
博物馆	16	16	0.00

资料来源：《湖南省统计年报2014》、《湖南省统计年报2015》。

2. 公共文化投入基本情况

湖南省在中央财政的带动和引导下，湖南省公共文化投入实现了平稳增长。下面主要通过分析湖南省文化事业费、人均文化事业费、湖南省文化事业费总支出占财政支出比例方面来总结公共文化投入情况。

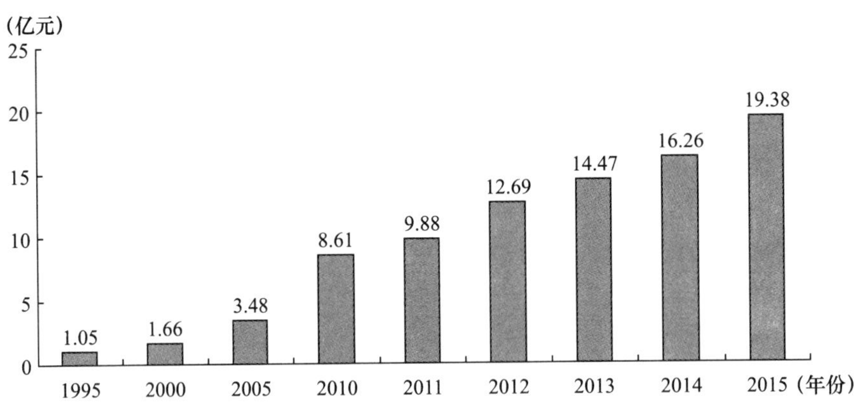

图1　湖南省文化事业费

资料来源：文化部财务司编：《2016年中国文化统计提要》，中国统计出版社2016年版。

湖南省文化事业费持续保持上升的趋势。2015 年湖南省文化事业费达 193798 万元，比 2014 年增加了 31185 万元，增长 19%。具体情况见图 1。

湖南省人均文化事业费保持迅速的增长。2015 年，达到 28.57 元，比 2014 年增加 4.43 元，增长幅度为 18.3%。具体情况见图 2。

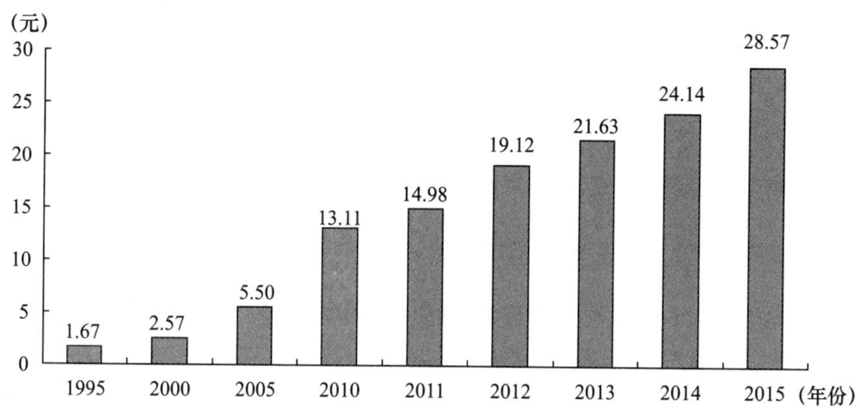

图 2　湖南省人均文化事业费

资料来源：文化部财务司编：《2016 年中国文化统计提要》，中国统计出版社 2016 年版。

1995～2010 年，湖南省文化事业费占财政支出的比重呈减少的态势，2010～2015 年呈波动上升趋势。具体情况见图 3。

在经济新常态的趋势下，随着社会财富、居民收入的持续高增长，未来公共文化服务事业的投入应该以提升人均文化事业费为主要任务，要加大投入，不断满足居民公共文化服务的基本需求。

（二）湖南省公共文化服务四个领域发展的基本情况

公共文化服务项目主要包括公共图书馆、群众文化机构服务、文物业和公共美术馆这四个主要领域。本报告选取这四个主要领域进行分析。

1. 湖南省公共图书馆基本资源发展情况

随着湖南省公共文化服务供给的不断增长，公共图书馆文化资源也进一步丰富。截至 2015 年底，公共图书馆共 137 个，比 2014 年增加 1 个；图书馆藏书量 2555 万册，比 2014 年增加了 113 万册；电子图书 929 万册，较 2014 年增加了 223 万册，增长率高达 31.59%；2015 年公共图书馆实际使用公用房屋建筑面积 41 万平方米，比 2014 年增加了 3 万平方米。有效借书证 1064061 个，增长率 7.5%。具体情况见表 4。

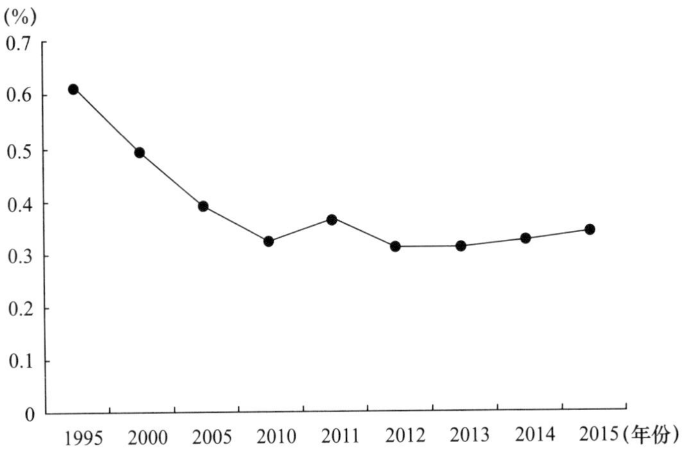

图3　湖南省文化事业费占财政支出比重

资料来源：文化部财务司编：《2016 年中国文化统计提要》，中国统计出版社 2016 年版。

表4　2014～2015 年湖南省公共图书馆资源发展基本数据

指标	年份		2015 年较 2014 年增长（%）
	2014	2015	
机构个数（个）	136	137	0.74
从业人员数（人）	2106	2092	-0.66
图书总藏量（万册）	2442	2555	4.63
公共图书馆电子阅览室终端数（台）	4399	4361	-0.86
电子图书（万册）	706	929	31.59
实际使用公用房屋建筑面积（万平方米）	38	41	7.89
有效借书证（个）	989838	1064061	7.5

资料来源：《湖南省统计年报 2014》、《湖南省统计年报 2015》。

湖南省公共图书馆资源使用率稳步提升。图书总流通人次为 1617 万人次，增长了 2.99%；书刊文献外借人次为 823 万人次，增长了 3.91%。公共图书馆举办培训班数、公共图书馆参加讲座人次，公共图书馆参加展览人次等较 2014 年都有较大的提升，特别是公共图书馆参加培训人次增长显著。具体情况见表 5。

表 5　2014～2015 年湖南省公共图书馆资源使用基本数据

指标	年份		2015 年较 2014 年增长（%）
	2014	2015	
图书总流通人次（万人次）	1570	1617	2.99
书刊文献外借人次（万人次）	792	823	3.91
书刊文献外借册次（万册次）	1476	1539	4.27
公共图书馆举办展览数（个）	574	553	-3.66
公共图书馆举办培训班数（个）	1355	1424	5.09
公共图书馆参加讲座人次（万人次）	51	52	1.96
公共图书馆参观展览人次（万人次）	93	102	9.68
公共图书馆参加培训人次（万人次）	14	19	35.71

资料来源：《湖南省统计年报 2014》、《湖南省统计年报 2015》。

2. 湖南省群众文化机构服务发展基本情况

截至 2015 年末，湖南省群众艺术馆、文化馆（站）机构数达到 2677 个，比 2014 年末增加了 4 个，省级文化馆 1 个，市级文化馆 15 个，县市级文化馆 127 个，文化站 2530 个。至此，一个包括省、地市、县、乡、村和城市社区在内的公共文化服务网络已初步形成。

2015 年，各项群众文化活动顺利开展。各项群众文化活动基本数据大多处于增长之中。其中，组织文艺活动 29555 次，增幅 1.24%。除参加训练班人次有缩减之外，其余各项指标都实现了稳步增长，可以看出群众的文化需求比较旺盛。群众艺术馆、文化馆（站）服务活动基本数据见表 6。

表 6　2014～2015 年湖南省群众艺术馆、文化馆（站）服务活动基本数据

指标	年份		2015 年较 2014 年增长（%）
	2014	2015	
组织文艺活动（次）	29194	29555	1.24
参加文艺活动人次（万人次）	1478	1526	3.25
举办训练班班次（次）	15499	15833	2.15
参加训练班人次（万人次）	133	123	-7.52
举办展览（个）	4977	5284	6.17
参观展览人次（万人次）	422	452	7.11

续表

指标	年份		2015 年较 2014 年增长（%）
	2014	2015	
组织公益性讲座次数（次）	969	1248	28.79
参加品牌节庆活动（个）	175	195	11.43
流动舞台车演出场次（场次）	1093	1625	48.67

资料来源：《湖南省统计年报 2014》、《湖南省统计年报 2015》。

3. 湖南省文物业发展基本情况

截至 2015 年末，湖南省文物业机构总数为 265 个，增长率高达 223%。其中，文物科研机构 3 个，占总数的 1.13%；文物保护管理机构 84 个，占总数的 31.70%；博物馆 113 个，占总数的 42.64%；文物商店 2 个，占总数的 0.75%；其他文物机构 63 个，占总数的 23.77%。从业人员比 2014 年增长 3738 人，绝大多数集中在博物馆和文物保护管理机构，两者分别占总数 60.3% 和 18.4%。由此可见，湖南省文物机构开展公共服务的基础得到进一步夯实。表 7 为 2014～2015 年湖南省文物业服务基本情况。

从表 7 来看，文物藏品数量大幅度增加，增长率高达 612%。2015 年文物业实际使用房屋建筑面积、举办临时展览增速非常快。2014 年实际使用房屋建筑面积为 8.7 万平方米，2015 年比 2014 年增长 673.56%，这说明湖南省加大了对文物业基础设施的财政投入。举办临时展览上升到 259 个，增幅 896.15%，说明文物业积极满足群众的文化需求。文物业参观人数呈几何级递增态势，说明公众对文物业文化需求保持高水平。

表 7　2014～2015 年湖南省文物业服务基本情况

指标	年份		2015 年较 2014 年增长（%）
	2014	2015	
文物藏品（件套）	138377	985246	612.00
实际使用房屋建筑面积（万平方米）	8.7	67.3	673.56
临时展览（个）	26	259	896.15
文物业参观人次（万人次）	371	5218	1306.47

资料来源：《湖南省统计年报 2014》、《湖南省统计年报 2015》。

非物质文化遗产保护事业也在蓬勃发展。据统计，截至 2015 年底，湖南省共有非物质文化遗产保护机构131个，工作人员889人，举办展览746个，举办演出1793场，举办民俗活动504次，开展非遗工作人员培训班784班次，培训人员5万人次；开展传承人群培训班227班次，培训人员0.8万人次。

4. 湖南省公共美术馆发展基本情况

公共美术馆建设也是现代公共文化服务体系建设的重要内容。截至2015年底，湖南省公共美术馆数量16个，免费开放16个；从业人员80人，专业技术人才64人，其中正高级职称1人，副高级职称14人，中级职称人员25人，藏品5174件（套）。

湖南省公共美术馆分布在地市和县市区，分别为6个和10个。其中，地市级美术馆年度展览86个，自助办展55个；县市区美术馆年度展览54个，自助办展38个。

三、2015～2016年湖南省公共文化服务发展存在的问题及其对策

（一）存在的问题

在推进公共文化领域改革中，虽然做了一些工作，取得了一定成效，但是整体发展相对滞后，仍存在一些困难和问题，需要下大力气解决，任务仍然相当繁重。

1. 政府主导的责任落实不明确

从贯彻落实中央《意见》和湖南省《实施意见》的情况来看，尚有8个市州尚未制定出台相关文件，70%的县市区尚未出台实施方案。以县级政府作为体系建设主体的责任落实不到位，存在“等靠要”思想。

2. 标准化均等化水平偏低

从2015年全省全面建成小康社会统计监测结果看，各市州文化建设平均实现程度为74.2%，在五大类（经济发展、民主法治、文化建设、人民生活、资源环境）中排名最末位。其中，文化及相关产业增加值占GDP比重实现程度低于70%的有5个市州，人均公共文化财政支出实现程度低于70%的有12个市州，城乡居民文化娱乐服务业支出占家庭消费支出比重实现程度低于70%的有6个市州。特别是边远贫困地区基层公共文化设施资源仍然匮乏，全省122个县市区仅有一级公共图书馆23个、一级文化馆41个、一级综合文化站253个，艺术表演场馆44个，其中专业剧场仅18个。针对老人、少年儿童、残疾人、农民工等特殊群体的公共文化资源总量偏少。

3. 服务效能与群众需求存在差距

现有服务覆盖能力有限，针对贫困地区、特殊群体的服务项目有限。服务方式、手段还较为滞后，存在需求和供给“两张皮”的现象，公共文化服务送得较多，深受群众喜爱的项目相对较少。不少地方存在“重设施建设，轻管理使用”的问题，一些公益性文化单位活力不足，乡镇文化场馆设施被挤占现象严重。多元化服务供给不足，尤其是“一县一区一品”方面，对文化资源挖掘利用不够，缺乏统一规划和创新，城乡差距大；群众文化主体作用尚未充分激活，社会力量参与公共文化建设的长效机制还未普遍形成。此外，保障水平还不够。公共文化服务机构人员数量不足，年龄结构老化、专业人才断层等现象突出。县区一级财政投入差距还较大。

4. 人才建设亟须加强

全省文化艺术从业人员总数93135人，其中专业技术人员12124人，具备高级职称的专业技术人员仅1245人。编剧、导演、作曲、舞美、经营管理等文化类专业人才严重不足。基层文化队伍素质整体偏低、参差不齐。以上这些问题，必须采取措施，切实加以解决。

5. 人均公共文化服务设施占有率偏低

流动文化服务车等流动文化服务设施缺乏现象较为普遍；县区“两馆”和乡村两级文化设施落后，设备短缺，公共电子阅览室达标难度大。全省122个县市区仅有一级公共图书馆22个、一级文化馆32个、艺术表演场馆44个（其中专业剧场18个，影剧院等综合性场馆26个，10个场馆已经无法使用）。同时，湖南省还有51个贫困县（占全省县市区总数的42%）、8000个贫困村和近500万贫困人口，贫困地区现代公共文化服务体系建设任务艰巨。

（二）下一步工作对策

1. 进一步强化政府主导责任

进一步强化政府主导责任，加强检查督促，全面落实湖南省《关于加快构建现代公共文化服务体系的实施意见》，深入研究供给侧结构性改革对公共文化服务体系建设的新要求，切实提高有效供给，着力推动基本公共文化服务标准化、均等化、数字化、社会化、专业化取得突破，不断增强群众的文化“获得感”。

2. 实施试点示范引领工程

强力推进国家公共文化服务体系示范区（项目）和省级示范区创建工作，抓好长沙国家公共文化服务标准化试点工作，及时总结经验，为全省探索路径。抓好文化设施建设工程。按照城乡人口发展和分布，合理规划建设各类公共文化设施。因地制宜启动建设基层综合性文化服务中心，新建和建成一批市、县级文化馆、图书馆、博物馆、美术馆。积极拓展公共数字文化工程建设覆盖面和内涵，与各地智慧城市数据平台相联通，更加注重各类文化设施的使用和管理。

3. 继续抓好优化升级及服务增效

虽然湖南省已建立起覆盖全省的公共文化服务网络，但还处于较低水平，需要进一步完善网络，提高标准，提升使用管理水平。要在搞好省级重点公共文化设施建设的同时，加大基层公共文化设施建设力度，加强市州、县市区图书馆、博物馆、文化馆、美术馆、影剧院，以及乡镇（街道）综合性文化活动中心，村（社区）文化活动室（场所）建设。在原有文化惠民工程基础上，重点搞好村综合文化服务中心等新的文化惠民工程建设。要采取切实有效措施，加强基层综合性文化服务中心的管理和使用，解决投入不足、管理不顺、人才匮乏、考核缺位、效能发挥不充分等问题。

准确把握群众文化需求，把群众“要”文化与政府“送”文化匹配起来，推行菜单式、订单式服务，开通公共文化服务 APP，切实提升文化服务精准度。认真落实湖南省《关于政府向社会力量购买公共文化服务工作的实施意见》，推动文化服务提供主体和方式多元化。不断丰富群众文化活动，着力在群众参与度、内容丰富性、活动品牌化上下功夫。组织“三湘群星奖”优秀节目参加第十一届中国艺术节评选。开展“欢乐潇湘”全省群众文艺汇演、纪念建党 95 周年“红旗颂”大型群众合唱、纪念红军长征胜利 80 周年读书征文等活动。加强民间文化艺术之乡建设，不断提高免费开放和文化志愿者服务水平。

4. 抓好公共文化服务队伍建设

加强公共文化服务机构的人才队伍建设，加强人员的配备和培训，促进有关政策落到实处，切实提高公共文化服务队伍的综合素养。2017 年将拉开人才大培训的帷幕，在省内举办多种形式、多种层次的培训班，力争在 3 ~ 5 年使全省文化骨干普遍轮训一次。开展城乡“结对子、种文化”活动，加强省、市州级文化单位和文艺工作者对基层文化单位和个人的结对帮扶。采取切实措施，引导和支持社会力量参与公共文化服务，加强文化志愿者队伍建设，充分发挥社会力量在现代公共文化服务体系建设中的重要作用。

5. 实施文化精准脱贫工程

要引导文化资源向大湘西、武陵山片区等老少边贫地区倾斜，着力补齐文化投入、人才、设施、服务“最后一公里”、特色资源利用五大短板。坚持文化专项资金重点向农村贫困地区倾斜、优先安排，引导贫困地区积极探索“小财政”办“大文化”的新路子；多渠道多形式开展文化人才培养，进一步加大“三区”人才支持计划在农村贫困地区的实施力度；在集中连片特殊困难地区县和国家扶贫开发工作重点县，启动建设县级剧团综合性排练场所，建设400个村级综合文化服务中心示范点，为每个县级文化馆配备1辆流动文化车，推动文化设施共建共享；坚持“送”文化与“种”文化相结合，广泛组织各级各类文艺院团、文博机构、社会组织为贫困地区送演出、展览、戏曲等，推动数字文化共享工程进村入户，让群众在家门口就能享受到优质文化服务；积极支持贫困地区挖掘、开发、利用民族民间文化资源，因地制宜开发传统村落、文创产品、建设文化遗产园区、举办文化旅游节会，带动群众脱贫致富，让文化真正成为精准脱贫的重要抓手。此外，努力扩大服务人群覆盖面，使特殊群体基本文化权益得到保障。

地方实践篇

长沙市现代公共文化服务体系建设概况

长沙市文广新局

近年来，在省委、省政府的正确领导和省文化厅的精心指导下，长沙市深入贯彻落实党的十八届三中、四中、五中全会精神和中央、省印发的《关于加快构建现代公共文化服务体系的意见》（以下简称《意见》），以国家公共文化服务标准化试点为抓手，坚持问题导向、需求导向，在推动市、县、乡、村四级公共文化服务设施建设实现全覆盖的基础上，积极创新探索，推进公共文化服务体系建设向标准化、均等化发展，向建设、管理、服务并重转变，向政府、社会、市场共同参与转变，构建了“机制长效化、设施标准化、服务效能化、供给多元化、评价体系化”的公共文化服务体系新格局。

一、贯彻落实情况及主要做法

（一）坚持政府主导，工作机制常态化

中办、国办《意见》及湖南省委、省政府两办《实施意见》下发后，市委、市政府领导高度重视，先后组织召开专题会议，研究贯彻落实意见，着力强化“四个机制”。一是强化组织领导。全市成立了以市委副书记、市长任组长，市委、市政府分管领导任副组长，相关市直部门和各县（市）区领导负责人为成员的长沙市加快构建现代公共文化服务体系领导协调小组，各县（市）区都成立了相应的领导小组。全市通过举办专题培训班、召开主题报告会、邀请专家辅导等方式，组织相关负责人读通读透文件，理解精神实质，把握文件内容。同时，充分发挥各级各类媒体广泛宣传，在全社会形成关心、支持、参与现代公共文化服务体系建设的浓厚氛围。二是强化目标责任落实。根据中央、省文件精神，结合长沙实际，组织专门人员起草文件，并广泛征求了有关专家、基层文化单位、市直相关部门的意

见，经反复修改后，以市委、市政府名义出台了《长沙市关于加快构建现代公共文化服务体系的实施意见》，并层层制定了目标责任分解表，明确标准、明确时间、任务到岗、责任到人。全市各级各相关部门建立了联席会议制度，重大事项会商协调制度，形成了上下联动、部门协作的工作目标责任体系。三是强化投入保障。财政每年安排1800万元公共文化服务体系长效运行引导资金，各县（市）区分别设立了500万～1000万元的引导资金。在原保障渠道不变的情况下，加大了乡镇（街道）综合文化站、农家书屋、广播电视户户通、文化信息资源共享工程、送戏下乡等文化惠民工程的投入。仅2015年市级财政就增加资金达8000万元，全市投入文化建设资金达20亿元。四是强化督查督导。将构建现代公共文化服务体系纳入了各级党政班子和领导干部的绩效考核内容，纳入了实事工程的考核范畴，加大督导检查力度，每季度对区县（市）构建现代公共文化服务体系推进情况进行督查，对督查结果进行通报。在大幅度清理评比评估中，保留了公共文化服务体系的评估项目。

（二）夯实基层基础，设施建设标准化

按照现代公共文化服务体系建设要求，紧紧围绕群众需求和城乡发展需要，累计投入57亿元，加快完善市、区县（市）、乡镇（街道）、村（社区）四级公共文化设施网络。一是实施市级标志性文化工程。占地196亩、总投资17亿元的滨江文化园“三馆一厅”（图书馆、博物馆、规划展示馆、音乐厅）已于2015年底建成开放，开园首月举办群众文化活动45场，长沙音乐厅演出21场，平均上座率达91%，入园人数超100万人（次），被市民誉为“省会地标、城市客厅、文化圣殿、百姓乐园”。二是推进图书馆、文化馆总分馆服务体系建设。已建成图书馆分馆100个、地铁自助图书馆3个、24小时街区自助阅览室2个，文化馆分馆50个，把图书馆、文化馆建在老百姓家门口。三是加强基层文化阵地建设。9个区县（市）建成文体中心6个，高标准建成集宣传文化、党员教育、科学普及、普法教育、体育健身等功能于一体，资源充足、设备齐全、服务规范、保障有力、群众满意度较高的示范性乡镇（街道）综合性文化服务中心158个，村（社区）综合性文化服务中心600个，为群众提供了便捷高效的文化活动场所，成为当地百姓学习休闲娱乐的首选地。

（三）突出群众获得感，服务质量效能化

一是实施全民艺术普及工程。市财政投入373万元建设文化馆数字化服务平台

和远程艺术辅导培训系统，通过录制视频，组织文学、音乐、舞蹈、书法、绘画、摄影、戏曲、曲艺、工艺、非遗技艺 10 个门类的专家，进行远程开班授课辅导。全市各乡镇（街道）、村（社区）的群众，只要打开电脑终端就能便捷获取各类艺术辅导资源，根据自身兴趣爱好跟着老师学习艺术知识和技能。2015 年，全市参与艺术普及工程的人数达 20 万人。二是打造“百姓”文化活动品牌。改变原来市、县区文化品牌各自为政、比较分散的状况，整合打造“百姓”系列活动品牌。将分布在市级场馆的“橘洲讲坛”、“市民文化遗产大讲堂”、“船山讲堂”等整合为“百姓大讲堂”，邀请知名学者、文化名人、业界专家开坛授讲。以长沙音乐厅、实验剧场、湘江剧场为载体，定期举办“百姓大舞台，有艺你就来”活动。联动国有、民办博物馆、美术馆推出“百姓大展厅”。2015 年，共举办“百姓”大讲坛 20 次、大舞台 100 场、大展览 50 次，参与人数达 40 万。三是开展公共文化“五送五进”活动（送戏、送电影、送图书、送展览、送讲座，进农村、进社区、进校园、进企业、进军营）。2015 年实现农村公益电影放映 2.15 万场，完成“送戏下乡”惠民演出 700 场、送图书 20 万册、送展览 100 次、送讲座 200 场，完成广播电视“户户通”6.14 万户，提质改造农家书屋 1364 家。全市 10 个公共图书馆、文化馆，22 个博物馆、纪念馆和 180 个乡镇（街道）文化站全部实现免费开放。在各县（市）区广泛开展农村“文化集市”活动，惠及 100 万农民群众，让老百姓共享文化发展红利。

（四）创新方式方法，实现供给渠道多元化

一是整合行业资源聚文化。探索省市、市区、政企、校地等多层次的“阵地共建、资源共享、项目共推”机制，整合党员远教、农业科技、社区建设、文化信息资源共享等，推进基层阵地建设；整合教育、园林、体育系统阵地资源，推动公共场馆免费开放；整合省会高校资源，开展“校园文化进社区”，40 所高校 100 多个学院对接全市 200 多个社区。二是鼓励社会力量兴文化。出台鼓励民办博物馆、实体书店、艺术团体发展的扶持政策，扶持民营博物馆 20 多家，举办“艺术长沙”双年展等活动；组建“长沙人艺话剧社”、“长沙人艺歌舞团”等 10 家民办公助的文艺团体。推动市场反哺文化，开展“十万群众进歌厅”、“群文节目进歌厅”等活动，实现长沙图书交易会与“三湘读书月”活动有机结合。三是畅通网络渠道供文化。广泛运用信息网络技术，大力推进网上博物馆、图书馆等网络载体建设，积极运用微信、微博、微视频等新媒体手段，提高网络文化产品和服务供给能力，促进优秀传统文化、长沙地方文化和文艺精品的网络传播。

（五）强化考核督导，绩效评价体系化

一是评估责任上建立新体系。建立由市长任召集人的全市构建现代公共文化服务体系工作联席会议制度，明确路线图、时间表、责任人，确保工作落到实处；切实加强横向协同，在项目、资金、服务等方面大力支持，实现公共文化资源跨地区、跨部门、跨领域、跨系统高度整合和深度优化。二是评估方式上引入第三方。建立群众需求反馈机制和评价机制，探索组织或委托“第三方评估”开展公共文化机构公众满意度调查测评，测评结果作为评估公共文化机构绩效的重要依据。三是评估效果上看重满意度。以设施建设、资金投入、产品供给、服务效能等为主要指标，将服务基层情况和群众满意度作为重要考核指标，全面实施公共文化服务绩效评估，进一步把品牌打响、把机制搞活、把参与度提升，形成普及化、常态化的新格局，让群众从中享受愉悦、感受幸福。

二、面临的问题和困难

虽然长沙市在构建现代公共文化服务体系方面取得了一定成效，但与上级的要求和群众的期盼相比，还有一定差距。主要表现在：

一是区域发展不平衡。大部分地区已达到或超过制定的建设标准，但有些地区因土地、财力等原因在设施条件方面城乡仍有差距。

二是资金缺口较大。由于历史欠账较多，现代公共文化服务体系设施建设均需大量的资金，仅依靠地方财力投入有限。

三是队伍建设有待提高。部分乡镇（街道）综合文化站没有按要求配足工作人员，不能做到专职专用。

三、今后的工作思路

一是进一步推进公共文化服务均等化发展。把促进城乡基本公共文化服务均等化纳入长沙经济和社会发展年度计划及城乡规划，统筹城乡公共文化设施布局、服务提供、队伍建设、资金保障，均衡配置公共文化资源。重点推进纳入全市城乡一体化建设范围的 15 个小城市、中心镇、特色镇文化设施建设。在主城区和城关镇、中心镇和特色镇、一般乡镇分别建成 10 分钟、15 分钟和 30 分钟公共文化服务圈。加快乡镇、村综合文化服务中心的标准化建设，对部分不达标的，采取新建或改扩

建等办法，缩小城乡差距。

二是进一步加大公共文化产品和服务供给力度。引导社会资本更多投向公共文化服务领域，增加产品和服务总量，大力实施全民艺术普及工程，使公共文化服务成为培育和促进文化消费的重要推手。深入挖掘文化特色资源，加强文化创意产品研发，创新文化产品和服务内容。鼓励和支持在商业演出和电影放映中安排低价场次或门票，鼓励网络文化运营商开发更多高品质、低收费业务，引导和支持各类文化企业参与公共文化服务。

三是进一步加强基层公共文化队伍建设。落实中央、省里要求的基层公共文化机构人员编制标准。设立城乡基层公共文化服务岗位，配置好由公共财政补贴的专职工作人员，做到专职专用。依托高等院校、艺术职业院校等教育机构，建立公共文化人才培训基地，实施文化人才培训计划，全市每年培训基层文化工作者、文化辅导员、业余文艺骨干不少于 1000 名。加强基层乡土文化人才建设，完善基层公共文化服务人才激励和保障机制。

衡阳市现代公共文化服务体系建设概况

衡阳市文体广新局

为认真贯彻落实中共中央办公厅国务院办公厅《关于加快构建现代公共文化服务体系的意见》(中办、国办〔2015〕2号)、中共湖南省委办公厅湖南省人民政府办公厅《关于加快构建现代公共文化服务体系的意见》(湘办发〔2015〕39号)精神，全市高度重视，从衡阳实际出发，开展了一系列卓有成效的工作。

一、以政策导向为准绳，出台专项文件

公共文化服务体系建设与人民群众息息相关，是确保人民群众文化权益得到保障的有效手段，但在实际建设中，弹性空间大，刚性量化不足。国办、省办的文件不仅从理论上确定了指导方针，更具有明确的目标量化数据，为确保国、省政策在衡阳落地，真正实现接地气、惠民生，我市重点抓了政策的出台。一是成立领导小组，组织专班人马。成立了以市委常委、宣传部长为组长，分管副市长为副组长，市委宣传部、市文体广新局、市财政局、市发改委等相关职能部门为成员的领导小组。领导小组办公室设市文体广新局，文体广新局局长兼办公室主任。同时，从各成员单位及驻衡研究公共文化服务体系建设的研究机构抽调专家，组成撰写衡阳市《关于加快构建现代公共文化服务体系的实施意见》专门班子。二是吃透上级精神，注重衡阳实际。在起草《实施意见》时，重点吃透上级的刚性量化，比如基本服务项目、硬件设施建设，又从衡阳实际出发，不生搬硬套，比如人员配备。三是广泛征求意见，努力达成共识。从2015年10月着手起草，至2016年3月出台文件，历时半年，从初稿到文件，其间反复修改20余次，召开专家论证、成员单位座谈等专项意见会5次，还通过微信、微博等网络广泛征求人民群众意见。

二、以实际需要为原则，抓好服务保障

为确保文件政策落地生根，保障人民群众的基本文化权益，真正实现公共文化服务惠民、乐民，让人民群众均等享受公共文化服务，衡阳市始终坚持以人民为中心，从实际需要出发，抓硬件设施建设与抓软件服务管理相统一，抓服务人员能力素质提升与抓经常性活动开展相协调，城乡统筹，又城乡有别，大众兼顾，又突出特殊，循序渐进。一是搭平台，建设施。重点以完善市、县市区及村级公共文化硬件设施建设为突破口，带动全市各项公共文化设施建设上台阶。市本级投资近 6 亿元建设“三馆两中心”，目前新市图书馆主体工程已竣工，市新文化馆、影视艺术中心、非遗保护中心等文化设施主体工程加快推进，新市博物馆、市酃酒博物馆等建设工程已纳入规划立项。耒阳市“两馆一中心”、“武广星城”全民健身中心、罗含纪念馆、蔡伦纪念园提质改造项目，常宁市体育中心、图书馆，衡山县体育中心、文化艺术中心、“美丽衡山”文化旅游综合城，衡南剧院、衡南云集窑博物馆，衡山县影剧院，南岳区美术馆，祁东文化馆，衡东体育广场等一批文化设施建设已全面启动。同时，由市委组织部牵头在全市 2200 多个村开展农村综合公共服务中心建设，服务中心含图书阅览、文化信息共享、文化广播、小型文化活动排练等各类文化活动室，还有一个 1000 平方米以上的文体活动广场。2015 年 9 月，首批确定衡山县 9 个村为农村综合公共服务中心建设示范点。目前，该县长江镇柘塘村、开云镇山竹村 2 个试点村正在有序运行，其余 7 个试点村已完成整个项目建设和功能布局，部分业务已开展。下一步，将按照“整合一批、新建一批、改建一批、扩建一批、提质一批”等方式，全市 2000 多个行政村的农村综合公共服务中心建设全面铺开。二是搞活动，兴事业。经过多年积累，衡阳市打造了“广场旬旬演、社区周周乐”、“书香雁城，文化衡阳”全民读书月活动、“欢乐潇洒，幸福衡阳”群众文化活动、“和风衡州”群众文化艺术节、“节庆群众文化活动”、“公共文化服务进社区”、“周末百姓剧场”、市群众艺术馆“群文之家”、市图书馆“雁城市民课堂”、市少儿图书馆“周末快乐读书活动”等一批文化品牌，实现了民生文化服务内容的丰富性，服务形式的多样化。在下乡村、入企业、进学校服务时，实行“菜单式”供给侧改革，有效满足了人民群众的精神文化需求。2015 年，市本级举办群众文化活动 562 场，开展送戏下乡 1100 场，开展“春润蒸湘”文化志愿服务进社区等志愿服务 102 场，创作的小歌剧《多多的春天》入选国家艺术基金扶持剧目，大型戏剧《一塘清水一塘莲》积极申报国家艺术基金扶持。同时，衡南县还

成功申报省级公共文化服务体系示范区创建。三是筹资金，保基本。在公共文化服务投入上，始终坚持财政投入稳增长，社会筹措多方式。近年来，市及各县市区在公共文化服务类投入上始终保持两位数增长，增速高于全市 GDP，特别是 2015 年，市本级财政文化投入增速高达 90%，为文化事业发展，公共文化服务辐射面扩大，提供了有力保障。为确保农村综合服务中心建设，市委市政府牵头组织各县市区向国家农开行申请 15 亿元专项资金贷款。2016 年，市直各剧团负责的“演艺惠民，送戏下乡”单项经费预算，计划由以前的每年 300 场次 150 万元，提高至每年 600 场次 600 万元。同时，积极鼓励企业兴办文化设施，广泛向社会爱心人士募捐文化资金。据统计，2015 年，市及各县市区企业出资、向社会募捐文化设施建设资金及文化活动举办经费近 2 亿元，其中，衡阳县出现了成功人士捐款 100 万元在家乡农村兴建村级综合文化服务中心。四是优队伍，出人才。人才兴，事业旺。对于文化服务特殊行业，文化人才尤为重要。一直以来，衡阳市始终把文化人才队伍建设摆在文化事业发展的重要位置。第一，严格落实文化单位岗位人才编制配备。近年来，通过公开招考、特殊人才引进等途径陆续补齐、补全了全市文化馆、图书馆、乡镇综合文化站等公益性文化事业单位人员。第二，加大岗位人员业务培训。每年通过脱产学习、轮训、业务提高、学习交流、调研考察等形式，培训业务人员近 5000 人次。同时，市及各县市区还举办各类专业培训班、擂台比武赛等培训活动上百次，培训人员逾万人次。第三，聚拢社会人才资源。通过成立图书、舞蹈、音乐、曲艺、美术等各种文艺团体，广泛招募文化志愿者，聚拢社会文艺人才。全市有各级各类文艺团体 1500 余支，有文化志愿者 10 万余名。

三、以促进事业为目标，破解发展瓶颈

为积极营造党委重视、政府主导、社会参与、共建共享的基层公共文化服务体系建设良好氛围，优化基层公共文化服务体系建设工作运行机制，缓解公共文化供需矛盾，推动文化事业持续健康发展，衡阳市充分发挥党委政府主管主抓、人大政协参政议政、职能部门全面履责的多功能互补机制。一是邀请政协参政议政，开展专题调研。为积极有效推进国、省、市《关于加快现代公共文化服务体系建设的实施意见》的贯彻落实，切实使《意见》在县级及乡镇级落到实处，不走样。2016 年初，市文体广新局主动协商市政协教科文卫体委，围绕“基层公共文化服务体系建设”主题，开展专题调研、参政议政。活动从 2 月开始至 6 月结束，持续半年，分动员、调研、集中协商、成果转化四个阶段。成果转化主要将调研过程中发现市

基层公共文化服务体系建设中存在的问题及在外学习考察中取得好的经验，形成意见建议，以市政协参政议政见面会的形式，书面上报市委、市政府，要求贯彻落实。通过借助外部力量，解决公共文化现代服务体系建设中各相关职能部门推诿扯皮、配合不力、政策落实走样的问题，改变文化部门单打独行的困境。二是树立典型先行先试，推动全面铺开。为切实发挥好基层公共文化服务体系建设中乡镇综合文化站的桥头堡作用，在广泛征询意见的基础上，开展了衡阳市“乡音乡韵”特色乡镇综合文化站评选活动，充分发挥好乡镇（街道）综合文化站弘扬优秀传统文化的桥头堡作用，传承传播地方特色文化的排头兵作用，惠民、乐民基层公共文化服务的领头雁作用。评选实行“主动申报、动态跟踪、考核公示、特色评定”，对评选上的乡镇综合文化站，实行以奖代补资金激励，并挂牌定位，突出特色，形成“一乡一品，一乡一韵”格局，唱响乡音，守护乡韵，记住乡愁，从而达到典型引路、荣誉激励、全面开花的目标。同时，为强化图书全覆盖，方便读者借阅，推动县乡图书通借通还，选定衡南县启动县级图书馆分馆制试点。三是建立项目登记制度，推行服务购买。为激活公共服务活力，提升服务质量，确保政府提供的公共文化服务产品既符合主旋律，又深受群众喜欢，衡阳市对公共服务项目实行分类登记，编制项目入库，细化每项开支，纳入财政预算，将服务项目向社会公示，由老百姓“菜单式”点击，向社会公开竞聘配送。

株洲市现代公共文化服务体系建设概况

株洲市文体广新局

近年来，尤其是2015年被确定为第三批国家公共文化服务体系示范区创建城市以来，株洲市委市政府按照体现“公益性、基本性、均等性、便利性”的基本要求，精心谋划、精准发力，聚焦“公共文化+科技”融合发展，探索了一条既符合文化发展规律，又彰显株洲特色的现代公共文化服务体系建设新路径。

一、构建现代公共文化服务体系的主要措施

一是注重四级联建，完善了“设施网”。市级重点抓好标志性设施建设，投资8亿元新建神农大剧院，目前委托保利剧院管理公司运营；投资3亿元新建神农文化艺术中心，市博物馆、市美术馆将整体搬迁进驻，目前正进行内部装修；投资2000多万元对市群艺馆、市戏剧传承中心进行改扩建。县市区着重加快文体中心建设，图书馆、文化馆、博物馆等骨干性设施提质改造。乡镇（街道）努力推动综合文化站提档升级和20个示范站点建设。村（社区）着力完成基层综合文化服务中心、文体广场和40个示范点建设。国家公共文化示范项目“乡村大舞台”，全市共新建167个，改、扩建1400多个，已顺利通过验收评审。基本形成了市级有标志性设施、县市区有馆、乡镇有站、社区有室、村村有书屋、通电视的公共文化服务网络。

二是注重精品创作，构筑了“供给链”。实施精品战略，为公共文化服务注入活力。以赛促产，通过举办全市优秀折子戏与新创小戏比赛，集合专业院团力量，创作推出了《五朵村花》、《试官》、《拦车》等一批以当代农村题材为背景，反映社会热点问题的小戏作品，在全市展演，深受观众喜爱。以演促兴，精心打造株洲史上首部音乐剧《天使合唱团》，复排《江姐》、《刘海砍樵》等经典剧目，在周末剧场和各县市区免费巡演60余场，满足了群众的多元文化需求。

三是注重供需对接，建立了“服务圈”。突出政府主导，将送戏、送电影、送图书等一批民生实事列入“市政府民生100工程”，实行“一月一通报、一季一督查、半年一评比、一年一考核”，保障了群众基本文化权益。调动社会力量，延办“株洲全民阅读月、公益电影展映月、周周乐、韵律株洲·高雅艺术五进、欢乐潇湘·欢乐株洲、全民健身节”等10余项多年反映较好的活动，塑造了公共文化品牌。紧跟群众需求，大力打造文化建设“五个一”，即一县一批文化示范站点、一县一个公共文化服务优秀项目、一县一项重点文化产业、一县一个文化活动品牌、一县一支文化志愿服务队伍，打造了新的文化名片。目前，全市所有的文体场馆都被管起来、用起来、活起来，做到了天天有安排、周周有活动、月月有亮点，基本形成了“城市15分钟，农村30分钟”服务圈。

四是注重队伍建设，充实了“人才库”。始终把人才建设作为重点，以人才来兴文化、办文化、管文化。让专业人才“挑大梁”。培养一批文化领军人物和文化新秀，充分激发专业人才的创造活力和工作热情。让文体专干“唱主角”。配齐配强乡镇文化专干，明确人员编制3名以上；探索设立城乡基层公共文化服务岗位，每个村和社区至少配置1名公共财政补贴的工作人员，并将工作待遇纳入各地财政预算。让文化志愿者“当先锋”。建立文化志愿者数据库，招募文化志愿者16000余名，成立文化志愿服务队伍69支，全年开展活动1000多场，成为公共文化服务中一道亮丽的风景。

五是注重政府主导，编制了“保障网”。建立健全管理制度。成立公共文化服务体系建设协调机制，市委常委会、政府常务会议专题研究示范区创建工作，把示范区创建列入“一把手”工程，制定时间表、任务书，层层签订责任书，纳入年度绩效考核，用考核的“硬杠杠”推动标准落实。同时，多措并举增加投入。政府层面，设立示范区创建工作专项资金，灵活采用政府采购、项目资助、项目补贴等方式，有序推进创建工作。出台《株洲市政府购买公共文化服务实施方案》，每年安排财政资金500万元，购买演出、讲座等公共文化服务1000多场。社会层面，实行经济搭台、文化唱戏，通过部门主办、企业冠名、个人捐赠等办法，鼓励企业和社会民间资本参与公共文化服务，形成多元投入机制。

二、提升公共文化服务效能的主要特色

一是采取“PPP模式”，建设数字平台。采取PPP模式，重点建设了两个数字平台，基本实现了公共数字文体服务全城一张网、一份图、一键通的目标。一个是

“韵动株洲”平台。该平台由市文体广新局授权，湖南韵动文体产业公司负责投资开发、建设和运营工作。平台架构上采用的是“1＋X”的模式，“1”即株洲公共数字文体服务平台，“X”即市本级的四馆一中心（图书馆、博物馆、美术馆、文化馆、戏剧传承中心）、全民健身服务中心和电影院线、文体社团，并将各县市区的文体行政部门网站形成网站集群，整合各类文体信息资源，为其提供统一发布、统一检索、统一入口的服务，实现市、县、乡、村四级公共文体服务全面覆盖、互联互通，形成一个联系市民、场馆、协会和政府部门的文体服务生态圈。2015 年 8 月试运行，通过平台预定场地 15 万人次，发布文体活动信息 4000 多条，组织线下文体活动 200 多场次，通过平台参与活动 10 万人次，微信公众号的关注人数达到 12 万，累积阅读总量超 500 万人次，使用频次超 1000 万人次，信息反馈超 50 万人次，成为名副其实的“文体专业运营商”。1 年来，政府购买服务投入每年约 40 万元左右，平台通过商业开发，目前基本可以做到收支平衡，实现了文化和体育、线上和线下相结合的发展模式。另一个是公共信息服务平台，该平台是市文体广新局与市国投公司、新华社合作打造的“国内户外第一资讯品牌”，主要结合电视无线信号发射系统、联播技术，通过电子阅报屏，对外发布城市应急信息、党政职能宣传及通告、城市文体服务信息等，目前在全市布点 100 多个，进一步满足了群众高效阅读、绿色阅读、全民阅读的需要。

二是推动“文化＋”，助力精准扶贫。株洲的茶陵县和炎陵县是革命老区，享受国家级贫困县政策，目前有省级贫困村 196 个。为解决公共文化服务城乡不均等问题，市里出台了《文化扶贫三年攻坚计划》，探索了“文化＋电商”、“文化＋旅游”两种文化精准扶贫模式。一方面，吸纳村办企业，共建村级电子商务站和村级信息平台，对村综合文化服务中心等重点区域进行 WiFi 全覆盖，并设置特色农产品展销区。利用农家书屋、电子阅览室等场所开展电商培训，积极对接“互联网＋农户”、“互联网＋土鸡蛋”、“互联网＋红茶”、“互联网＋竹制品”等多种形式。通过农村电商的推动，解决了农产品滞销的问题。另一方面，结合村寨特色打“旅游牌”，把村综合文化服务中心与旅游接待站结合起来建设，把特色文化元素注入小城镇建设。定期在村文化广场，表演极具地域风情的特色节目，既丰富了村民的文化生活，又满足了游客的文化需求。例如，炎陵县中村瑶族乡定期进行瑶歌、瑶舞、瑶拳和器械表演等原生态的瑶族风情表演，为游客送上了一份独具民族特色的文化大餐。目前该村有农家乐 10 余家，村民平均年增收 1 万～2 万元，带动周边村民就业 300 余人。

三是启动“馆际联盟”，打造书香株洲。组建株洲图书馆联盟，改变原来各个图书馆单打独斗的局面，努力做到1+1>2。该组织由市图书馆、高校图书馆、县市区图书馆、机关企事业图书馆、民营图书馆等各类型共35家图书馆组成，下设五个分支，即总分馆联盟分支、公益讲座联盟分支、数字资源共建共享联盟分支、阅读推广联盟分支、展览联盟分支，每个联盟分支明确一个牵头单位。馆际之间共建共享数字资源，联合征集地方文献，互联互通图书服务，逐步实现了全市图书借阅“身份证通”的服务体系，有效推动了全民阅读。目前，市图书馆正在加快总分馆建设，已有7家直属分馆正式开馆。同时，按照“总体部署、分步实施、逐步推进”的原则，先后建设了12处拥有自主知识产权的24小时智能书屋，进一步将图书馆服务延伸到社区、公园等公共场所，形成布点合理、方便快捷的智能图书馆群。作为总分馆建设中的中心馆——各县级公共馆也正在有序推进。

四是开展“星级评定”，鼓励社会参与。按照“摸清家底、登记造册、评定星级、分类扶持”的原则，对全市业余文艺团队进行摸底调研，收集群众文艺团队名录信息1286条，编印了《株洲市业余文艺团队名录》。根据团队的专业展示与自身建设等情况，进行综合考评，依据考评结果，评选出从高到低的五星级、四星级、三星级、二星级、一星级业余文艺团队。每年财政安排30万~50万元专项资金，对现有的106个星级团队予以重点扶持，使其在活动场地、设备器材、服装道具等硬件设施方面得到改善提高，为星级团队的高效规范、可持续发展打下了良好基础。通过评星定级活动，极大地调动了业余文艺团队参与公共文化服务的热情。

五是实施“文教联姻”，延伸服务功能。与教育部门共同发力，推动优秀传统文化进教材、进课堂、进课外、进队伍建设。首先，开展艺术普及。选派文艺骨干定期到学校上公益课，为学生讲授书法、美术、舞蹈、音乐知识，提高学生艺术素养；寒暑假则利用馆内培训教室，开设提高班，一般为期一周，培训结束后进行汇报演出和作品展览。其次，建立传承基地。与中等职业院校合作开办戏曲专业班，确定一批“长沙花鼓戏（湘东路子）”项目传承保护基地。班级为三年中专建制，专业老师由非遗项目传承人担任，教学大纲由传承人与学校共同编制，对探索戏曲专业人才培育机制有重要意义。最后，推进电影进校园，将每个学校每个学期必须看两场爱国主义电影列入创建规划。明确要求教育部门牵头组织，文化部门负责提供片源和放映设备。双方各负其责，通力合作，目前已在全市50所学校公益放映200余场爱国主义电影，受到师生热烈欢迎。

尽管株洲市在公共文化服务体系建设方面做了大量的工作，但与全市经济社会总体发展水平相比，与人民群众日益增长的精神文化需求相比，特别是对照《国家公共文化服务体系示范区（中部）创建标准》，在设施、人才、资金等方面，还存在一定的差距。当前和今后一个时期是贯彻落实中央全面深化文化体制改革部署，抢抓机遇加快现代公共文化服务体系建设，打造富有张力、充满活力、独具魅力人文城市的关键时期，我们将进一步增强责任感使命感，切实按照中央、省市的部署要求，以更大的勇气和智慧、更有力的举措和办法加强和改进公共文化服务，使改革红利最大限度惠及城乡群众。

湘潭市现代公共文化服务体系建设概况

湘潭市文体广新局

近年来，湘潭市委、市政府认真贯彻落实中共中央办公厅、国务院办公厅《关于加快构建现代公共文化服务体系的意见》（中办发〔2015〕2 号）、中共湖南省委办公厅、省人民政府办公厅《关于加快构建现代公共文化服务体系的实施意见》（湘办发〔2015〕39 号）文件精神，以保障广大人民群众基本文化权益为出发点，坚持政府主导、公共财政支撑、全民参与的原则，高度重视现代公共文化服务体系建设，着力推进公共文化服务体系建设公益性、均等性、基本性、便利性进程，为建成网络健全、结构合理、发展均衡、运行有效的公共文化服务体系做出了积极的努力，取得了阶段性的成效。

一、工作开展情况

（一）抓引导，强保障，不断强化公共文化服务体系建设的组织领导

一是强化组织领导和部门协同。“十二五”期间，市委市政府提出建设文化湘潭的目标和要求，市委成立了由市委书记任顾问，市委副书记、市长任组长，市委常委、市委宣传部部长和市人民政府分管副市长任副组长，相关部门主要负责人为成员的文化改革发展领导小组。建立了由分管副市长为召集人的公共文化服务体系建设工作联席会议制度，联席会议由市委、市政府 21 个工作部门组成。2015 年初市委成立全面深化改革领导小组，将“构建现代公共文化服务体系”作为湘潭市 2015 年深化改革的重要工作内容。近年来，领导小组和联席会议先后牵头组织召开了文化强市建设工作会议、公共文化服务体系建设工作会议、文化湘潭调研活动和制定文化改革发展规划等工作，较好地发挥了领导我市文化改革发展和公共文化服务体系建设的作用。

二是强化规划引领和顶层设计。先后出台了《湘潭市文化发展规划纲要（2011～2015年）》、《湘潭市文化发展第十二个五年规划》、《关于加快推进文化体制改革工作的若干意见》、《中共湘潭市委关于贯彻党的十七届六中全会精神加快推进文化湘潭建设的意见》、《湘潭市进一步支持文化事业和文化产业发展的若干政策措施》、《中共湘潭市委办公室湘潭市人民政府办公室关于加快构建现代公共文化服务体系的实施意见》等，把构建现代公共文化服务体系纳入了全市国民经济和社会发展“十三五”规划，为构建公共文化服务体系和文化改革发展工作的稳步推进提供了强有力的政策支持。

三是强化政府资金引导和保障。从2014年开始，市财政每年安排两个1000万元的文化事业和文化产业发展引导资金；连续4年将新建城乡文化广场列入政府为民办实事工程，投入近800万元；投入2716万元用于新建或改扩建乡镇、街道文化站，为构建公共文化服务体系提供了强有力的经费保障。

（二）抓基层，强基础，全面完善公共文化服务的网络体系

1. 加强文化重点项目建设

湘潭市有国家一级文化馆6个，国家一级图书馆2个，国家二级图书馆2个，国家三级图书馆1个，2015年，总投资4.6亿元的湘潭市新博物馆（党史陈列馆、规划展示馆）正式对外免费开放，“十二五”期间新建了市群众艺术馆河东分馆，改扩建了市非遗保护中心和非遗保护传习所。县市区级新建了韶山市图书馆，改扩建了岳塘区文化馆和图书馆，改建了湘潭县青山唢呐非遗保护传习所，市县乡村四级公共文化设施基本完成。全市获评全国文化先进县3个，全国文化先进集体1个，省级文化先进县1个，岳塘区2015年成功创建省级现代公共文化服务体系示范区，市图书馆的少儿主题读书活动被列为文化部第四批公共文化创建示范项目。

2. 加强基层文化广场建设

湘潭市总共包括8个县市区，45个乡镇，30个街道，863个村，185个社区。其中综合性文化服务中心已建810个，18个在建；已建文体小广场共257个，200～500平方米的130个，500～1000平方米的70个，1000平方米以上的57个。近两年，市级投入加大，建成规模较大、设施较全的农村文化广场42处，总投入800万余元。自2012年起，湘潭市连续将城乡文化广场设施和村级社区基层文化室建设列入为民办实事工程，共建好144处城乡文化广场设施和村级社区基层文化室，全面改善了我市基层公共文化基础设施。

3. 加强基层人员队伍建设

全市乡镇街道合并之后，全市建有乡镇文化站共76个，其中40个独立数量；

配套文体广场61个，具有独立法人资格单位45个，组织文艺活动、展览、培训次数430余次/年，参加活动达36万余次/年。乡镇街道文化专干170人，均纳入公务员编制或全额事业编制，各乡镇、街道综合文化站专干定编至少1人，大的乡镇文化专干定编为2~3人。

4. 加强基层服务网络建设

湘潭市、县、乡镇（街道）、村（社区）四级文化网络建设完善，发展势态良好。近年来，投入建设和装备资金2716万元，对全市乡镇、街道综合文化站全部实施了新建或改扩建，目前，84个乡镇、街道基层综合文化站全部拥有了300平方米以上专业用房，文化设备齐全，活动开展经常。同时，全市建好社区、村级文化室、电子公共阅览室1271个，建成绿色网吧110家，社区、村级文化室、电子公共阅览室、绿色网吧均有文化辅导员管理。建成“农家书屋”1628家，实现行政村全覆盖，并对所有“农家书屋”图书全部进行了更新。村村响、户户通项目全面推进。

（三）抓活动，创品牌，大力开展丰富多彩的文化活动

1. 搭建了百姓参与的文化舞台

“莲城周末大戏台”定时定点开展专业剧团免费演出，现场观众爆满。岳塘区“周周乐”、雨湖区艺术节、湘乡市广场文化活动、湘潭县群众卡拉OK活动、韶山的杂艺表演等活动常年开展，深受群众喜爱。“大匠之门”系列艺术展览、系列文化讲座等，深受老百姓欢迎，成为莲城百姓家喻户晓的群众文化品牌服务项目。自2013年以来，湘潭市已连续举办了4年“欢乐潇湘·幸福湘潭”大型群众文艺汇演活动，推动了湘潭群众文化活动向常态化、规模化、大众化方向发展，不断掀起群众文化活动新高潮。据统计，自2013年以来，每年全市“欢乐潇湘·幸福湘潭”节目场次达100多场，参演团队近2000支，参演人数超过10万，新创群众性节目100多个，观众人数超过100万人次。全市群众文艺队伍在活动中不断壮大，目前，遍布全市城乡的群众艺术团已达到1700多支。我市连续两年获奖成绩与长沙市并列全省第一。

2. 形成了春节“四个十”的惠民品牌

为丰富全市人民春节文化生活，满足人民群众精神文化需求，营造欢乐祥和的气氛，从2011年开始，湘潭市连续6年开展“我们的中国梦·文化进万家”春节文化惠民系列活动。连续开展6年的“四个十”活动内容包括：举办10场全市性群众文化活动；举办10场送戏惠民演出活动；城区免费放映10场广场电影；面向

困难群众免费提供10场电影。6年来，“四个十”已经形成湘潭文化惠民的特有品牌，每年的春节文化惠民系列活动内容多达40项，为全市人民送去了市委市政府的美好祝愿，送去了全市广大文化工作者全心全意为人民服务的一片热忱，让老百姓切实享受到了湘潭文化大发展大繁荣的丰硕成果。2016年春节文化惠民共组织120余场活动，送出春联及福字3500余副，免费观影1.7万人次，送戏惠民观众3.3万人次，加上其他活动，共有20余万湘潭市民感受到了文化惠民的温暖。

3. 扩大了“文化下乡”的社会影响

湘潭市积极开展“三下乡”活动，并将文化下乡活动变集中下乡为经常下乡，积极号召、动员全市文艺工作者和文化志愿者广泛参与，在完成好规定动作的同时，根据乡镇农村不同的文化需求，主动提供自选的一些服务项目，有针对性地开展图书报刊、戏曲小品、电影电视等下乡活动。近年来，文化下乡踏遍了全市所有的乡镇、街道，近200个村、组，下乡演出的各类小型文艺剧（节）目达600多个，传统小戏、折子戏100多个，传统戏剧、改编剧目30余台（部），现场观众人次逾20万人次；免费发放《潭农信息》小册页1万份以上；每年开展“送戏下乡演艺惠民”活动600场以上，为农民群众免费放映电影均不少于19000场；每年开展农村群众文化辅导、农村文化馆站免费培训等活动。文化下乡成为常态化的品牌文化活动。努力探索文化下乡新模式，推出了以“欢乐潇湘·幸福湘潭”、“我们的中国梦——文化惠民进万家”、“美丽乡村行·百团千村演”等为主题的系列群众文化活动，让广大农民群众在家门口欣赏到喜闻乐见的文艺节目的同时，自编、自导、自演，参与到活动中来，实现展示自我、增进技艺、获得快乐的目的，进一步激发了他们自觉投身文化活动的热情，增强了文化下乡活动的群众性、广泛性和吸引力、感染力，发现和培育一批优秀的群众文艺表演团体和群众文艺骨干，有力推动了全市群众文化活动水平的大幅提高。

4. 打造了独具特色的文化精品

一是精心举办了中国（湘潭）齐白石国际文化艺术节。连续成功举办了四届中国（湘潭）齐白石国际文化艺术节，2015年举办的第四届中国（湘潭）齐白石国际文化艺术节围绕“艺术与世界和平”论坛、齐白石文献原作精品展、国际艺术作品交流展、当代中国名家作品邀请展、大型花鼓戏《齐白石》、CCTV－7“美丽中国乡村行——走进湘潭齐白石故里”等主题活动，在“时代性、持续性、品牌性、带动性”等方面实现了创新突破，艺术节突出群众性，让普通市民充分参与，共襄盛典，受到了社会各界的高度关注，仅三大展览就吸引了近10万名中外艺术爱好者前来参观。第67届联合国大会主席、世界文化发展组织主席武克·耶雷米奇向节会发来了贺电。第十一届全国政协副主席郑万通，全国政协常委、中国美协副主席、北京画院院长王明明，俄罗斯美协终身荣誉主席西多罗夫等出席了艺术节并对艺术节给予了高度评价，人民日报、新华社、中央电视台等新闻媒体对艺术节进行了广泛深入的报道。二是精心打造了中国最大的实景演出节目《中国出了个毛泽东》。节目开演至今已演出了439场，观众达65万人次，得到了观众的广泛好评。三是精心组织了文艺精品创作。近年来，湘潭市文艺家出版各类文艺作品集（专集）200余部，在省级以上出版（发表、演出）有影响的文艺作品400余件，获全国、省级以上奖项的近300人次，其中国家级大奖60余人次。200余件作品参加省级以上展览，先后有120余件作品入选省、国家级权威大展并获奖。电影《我爱北京天安门》和电视剧《东山学堂》获省“五个一工程”奖，大型现代花鼓戏《特别支部》获湖南省艺术节田汉新剧目奖。大型花鼓音乐剧《齐白石》已纳入国家艺术基金2015年度资助项目，并在第五届湖南艺术节上获得大型剧目最高奖“田汉大奖”。2016年9月，在省文化厅要求下，在北京进行湘戏晋京展演，获得圆满成功，取得较大影响。在首届湖南省文艺成果评奖中，湘潭有4件作品获奖，名列全省市州前列；在2014年全国第十二届美展中，湘潭市有12件作品入选国美展，入展作品数量在全省市州位于前列。2015年在湘潭市成功举办的第五届湖南艺术节美术、书法、摄影精品展，湘潭市获奖数量名列全省第一。四是精心开展了文化遗产保护。全市现有各级文物保护单位50多处，其中全国重点文物保护单位5处11点，省级文物保护单位23处，市、县级文物保护单位31处。已查明地下文物有古墓葬（群）72处、古城址4处、古窑址58处、古遗址98处，地上不可移动文物点400多处，地下重点文物埋藏区2万多平方米。湘潭县青山桥唢呐列入湖南省第一批非物质文化遗产保护名录、国家第一批名录，韶山山歌、湘潭特色花鼓戏被列入湖南省第三批非物质文化遗产保护名录。

二、存在的问题和不足

一是认识有待提高。市委、市政府对公共文化服务体系建设的重视程度日益提高，但少数地方、个别单位对公共文化的重要性、必要性、紧迫性的认识存在差异性，在组织开展公共文化服务时协调不顺、监督缺位、资源浪费等问题仍不同程度存在。

二是投入有待加强。近年来，市本级财政对公共文化服务事业的投入有了较大的增长，但县市区、乡镇街道两级财政投入不刚性、不均衡、不到位的问题仍然客观存在。

三是服务有待改善。基层文化行政部门的公共文化服务水平不均衡，服务手段不先进，服务人才不专业的问题比较突出。基层公共文化设施设备近年来日益增多，但普遍缺乏专业人员管理，人民群众对文化活动的需求和愿望逐渐增强，但基层文化辅导的素质和水平亟待提高。

三、下一步工作重点

1. 进一步推进城乡基本公共文化服务均衡发展

促进城乡基本公共文化服务均等化，把促进城乡基本公共文化服务均等化纳入国民经济和社会发展总体规划及城乡规划，统筹建立市县公共文化基础设施共建共享机制。加大资源整合力度，推进城乡公共文化设施布局、服务提供、队伍建设、资金保障。以县级文化馆、图书馆为中心推进总分馆制建设，大力开展公共文化流动服务和数字服务，推进公共文化数字服务“进村入户”。以农村基层为重点，继续大力实施广播电视“村村响”、“户户通”、“中央广播电视节目无线数字化覆盖”、乡镇综合文化站、农村电影放映、农家书屋、乡村文体小广场等文化惠民工程。大力推进服务网络和特色文化资源建设，逐步推进文化共享工程各级支中心和乡镇（街道）、村（社区）基层服务点建成公共电子阅览室，建设文化共享工程3G信息服务网站，推进数字文化服务的全社会共享。切实保障农民、进城务工人员、残障人士等特殊群体的基本文化权益。力争到“十三五”末，基本建成“设施网络化、供给多元化、机制长效化、城乡一体化、服务普惠化”的现代公共文化服务新格局。

2. 进一步创新公共文化服务机制

强化各级党委、政府的主导作用，推进公共文化资源的综合利用，创建一批国家级、省级公共文化服务体系示范区（项目）。培育和促进文化消费，积极举办文化艺术展会，繁荣文化艺术品市场，提高群众文化欣赏水平。引导和鼓励社会力量、社会资本参与公共文化服务，以保障人民群众看电视、听广播、读书看报、进行公共文化鉴赏、参与公共文化活动等基本文化权益为主要内容，加大政府购买服务力度，探索购买渠道多样化和公共文化服务承接主体多元化，做到扩大覆盖、消除盲点、完善服务、改进管理。建立群众评价和反馈机制，推行“菜单式”服务，变“我给你接”为“你需我送”，推动文化惠民项目与群众文化需求有效对接。

3. 进一步加强公共文化产品和服务供给

统筹提升市县、城乡公共文化服务效能，完善公共文化服务设施免费开放的保障机制。继续完善公共图书馆、博物馆、文化馆、纪念馆、美术馆等免费开放工作，深入推进大型体育场免费或低收费向社会开放，科技馆、工人文化宫、青少年宫、妇女儿童活动中心以及青少年校外活动场所免费提供基本公共文化服务项目。丰富优秀公共文化产品供给，鼓励本土文化艺术工作者从现实生活中采集素材，创作人民群众喜闻乐见、地方特色浓郁的优秀文化产品。丰富群众文化生活，加大优秀群众文化产品供给力度，继续抓好全国、全省“群星奖”群众文化汇演活动、继续“欢乐潇湘·幸福湘潭”群众文化活动、“五下乡”文化惠民活动、“莲城周末大戏台”活动等品牌文化活动，丰富群众业余文化生活，引导群众在文化建设中自我表现、自我教育、自我服务。组织好传统节日、重大节庆、纪念日的群众文体活动。重点办好中国（湘潭）齐白石国际文化艺术节、中国（韶山）红色文化旅游节、中国（湘潭县）湘莲文化节、中国（湘乡）水府水节等。鼓励文艺院团集中优秀艺术家及精品资源，建立院团保留剧目演出季和低票价制等制度，搞活演出市场。

4. 进一步推动基础文化设施提质升级

推动文化设施全面达标创优，即推动市级文化设施全面创优，基层文化设施全面达标，打造园区文化设施新亮点。全面建成市有三馆（文化馆、图书馆、博物馆）、县有两馆（文化馆和图书馆）、乡有一站（文化站）、村（社区）有一室（文化活动室）的四级公共文化服务网络，构建完善的公共文化服务网络。新建市图书馆，改扩建齐白石纪念馆，推动市博物馆全面对外开放。建设完善好十三大文化公园、广场，配套和提升雨湖公园、和平公园、白石公园、烈士陵园、菊花塘公园、东方红广场、体育公园、湖湘公园的服务能力，建成九华湖中华德文化公园、万楼文化广场、昭山、窑湾老汽车站文化广场，新建宝塔文化公园，新建和配套100个社区、小区微型公园（广场）。完成100个农村文化小广场建设。开辟50个公共阅报亭、10个24小时自助图书借书亭。在新建、改扩建公共文化场馆的同时，整合基层宣传文化、党员教育、科学普及、体育健身等设施，建设综合性文化服务中心。与我市全面建成小康社会的进程同步，到2017年，全市每万人拥有“三馆一站”公用房屋建筑面积≥450平方米。在县（市、区）中，一类中心城市城区人均公共文化体育设施面积≥3平方米，二类城乡复合发展县（市、区）人均公共文化体育设施面积≥2平方米。

邵阳市现代公共文化服务体系建设概况

邵阳市文体广新局

近年来，邵阳市按照“公益性、基本性、均等性、便利性”的要求，加大文化基础设施建设力度，不断完善公共文化服务网络，着力构建公共文化服务体系，全市公共文化事业取得了长足发展。

一、主要做法和成效

1. 注重政策引导，构筑公共文化建设组织平台

出台《关于加快构建现代公共文化服务体系的实施意见》，建立联席会议制度，对21个成员单位进行了任务分工。制定政府公共文化服务考核指标，下发了《开展文化基础设施建设年和基层文化工作加强年活动实施方案》，对公共文化建设任务提出了具体要求，并严格实行绩效考评。

2. 注重加大投入，构筑公共文化服务保障平台

投入资金3276万元，于2012年底完成乡镇综合文化站建设项目221个，实现乡乡有文化站的目标。改建、新建县级文化馆（图书馆）4个，新增流动舞台车16台、演出通程车7台、流动图书服务车8台。近3年累计投放农民健身工程配套器材480套、健身路径840套、社区健身路径168套，修建乡村文体广场4000多个，做到社区群众健身场地设施全覆盖，并扩展为向农村乡镇普及的全面建设。加快重大文体项目建设，总投资7.5亿元的市文化艺术活动中心即将交付使用；市体育活动中心建设累计完成投资6亿元，体育馆主体工程已经完工。

3. 注重满足群众文化需求，构筑公共文化供给平台

大力推进各项文化惠民工程。近3年累计完成农村公益电影放映69750场，周末剧场演出700场，送戏下乡公益演出1025场，全市乡镇（街道）综合文化站覆盖率达到97%，全市行政村（社区）文化活动场地覆盖率达到92%，农家书屋覆

盖率达到100%，村村响工程完成总任务的80%，户户通工程目前已完成数据录入工作。全市13个文化馆、14个图书馆、4个体育馆、1个美术馆全部向公众免费开放，市文化馆、市松坡图书馆和市少儿图书馆陆续增加培训、讲座等10余个免费服务项目，群众年参加量达10万多人次。

4. 注重支持创作文艺精品，构筑公共文化创新平台

立足基层，面向群众，注重从百姓生活中汲取创作营养，文艺创作质量和水准不断提升，一批文艺作品获得国家级大奖。其中荣获专业艺术类全国“梅花”大奖1个、小“梅花”奖2个；湖南省“田汉大奖”3个、“田汉特别奖”1个、“田汉新剧目奖”2个、“非物质文化遗产保护贡献奖”1个、“突出贡献奖”1个；群文类荣获省级金奖12个、银奖23个、铜奖32个；有70多人次获田汉单项奖；荣获省“五个一工程奖”6个。

5. 注重整合文化资源，构筑公共文化品牌展示平台

强化“一县一剧”、“一县一品”、“一站一品”的文体特色，打造和形成一批特色鲜明的全民健身品牌，抓好群众性龙舟赛、全民健身日、“欢乐潇湘·魅力邵阳”、全国“全民健身挑战日”等品牌活动，努力将绥宁“四·八”姑娘节和城步“六·六”山歌节打造成为全国知名文化品牌。与此同时，认真组织开展隆回县省级公共文化服务体系示范区创建申报工作。

6. 注重保护和传承优秀民族文化，构筑公共文化遗产保护平台

目前，邵阳市非物质文化遗产保护中心登记在册的普查项目共计101项。其中，有14项成功入选国家级非物质文化遗产目录，21项成功入选湖南省非物质文化遗产目录。

二、存在的主要问题和困难

1. 基础设施落后

每万人拥有公共文化场馆面积、人均体育场地面积等指标，距离全面建成小康社会目标差距较大。并且县市文化馆、图书馆等设施大多数建于20世纪七八十年代，无论是质量、结构、布局都远远不能适应现代需求。县级全民健身活动中心建设推进缓慢，部分县市仍为空白。

2. 经费投入不足

虽然市财政在极其困难的情况下，逐年增加了文化事业的经费投入，但依然远远不能满足文化事业发展的需要，文体事业投入与实现小康指标要求相差比较大。

3. 专业人才匮乏

由于体制机制等原因，专业艺术人才、教练员、文物专业人才和文化管理经营人才严重匮乏，严重影响了文体广新事业发展。

三、下一步工作重点

1. 不断完善公共文化考核评价体系

建立健全基层文化单位评价体系，将服务农村、服务农民作为基层文化单位工作的重要考核内容。加强对公共文化单位的指导和管理，深化年度考核工作，严格按照目标责任书，加大督查力度，确保工作落实。

2. 不断完善公共文化设施网络体系

高标准建成市文化艺术活动中心、体育活动中心、体育公园和工人文化宫等项目，改建大祥坪体育场、黄家山体育场一批大型标志性文体设施；县市区全面启动“三馆两院一场”（图书馆、文化馆、博物馆或美术馆、数码影院、大剧院、文化广场）改造或新建工程；乡镇全面建成“一站一屋、一场一院”（文体站、农家书屋、文体广场、影剧院）；完善乡、村两级文化阵地运行长效机制，拓展社区文化活动中心等基层阵地服务功能。

3. 不断完善公共文化人才队伍保障体系

科学核定公共文化单位人员编制，保证公共文化单位基本队伍数量与质量。建立公共文化单位从业人员继续教育制度，将公共文化服务内容纳入干部培训计划和市、县两级党校教学体系。深入开展文化志愿服务，建立文化骨干进农村（社区）包片辅导制度，每年评选一批优秀志愿者并予以表彰奖励。

4. 不断完善公共文化服务需求体系

办好“红旗颂”大型群众合唱比赛、邵阳赛区“欢乐潇湘”群众文艺演出、“雅韵三湘”高雅艺术普及计划、全民广场舞大赛和龙舟赛、“宝庆大戏台”等惠民文化品牌和绥宁“四·八”姑娘节、城步“六·六”山歌节等一批公益性文化服务项目。常年开展文化下乡活动，深化开展广场舞等群众参与性强的活动项目，构筑“天天有活动”、“周周有演出”、“月月有竞赛”的立体型、群众性文化活动体系。

5. 不断完善公共文化经费保障体系

继续增加财政投入，加大公共文化产品采购力度，确保每年公益性文化活动的数量和质量。制定财政支持引导政策。采取以奖代补、政府贴息贷款等方式，鼓励支持文化企业参与公共文化建设，开展公益性文化服务活动。

岳阳市现代公共文化服务体系建设概况

岳阳市文广新局

"气蒸云梦泽，波撼岳阳城"。岳阳地处湖南东北部，古称巴陵，又名岳州，是龙舟故里、端午源头。岳阳现辖6县3区和4个非行政区，总面积1.5万平方公里，总人口562万。2015年GDP总产值2907亿元，财政总收入302亿元，均稳居湖南省第二位。改革开放以来，岳阳先后荣获国家历史文化名城、中华诗词之市、全国文明城市、最具文化软实力城市等荣誉称号。自2013年岳阳市开展示范区创建工作以来，特别是中央、省、市关于加快构建现代公共文化服务体系的意见出台以来，在国家文化部和省文化厅的关心和指导下，对照国家公共文化服务体系示范区创建中部标准，以创促建、整体提升，基本形成了独具特色、辐射力强、城乡协同发展的公共文化服务体系"岳阳模式"。

一、以高位统筹为抓手，扎实推进示范创建

市委、市政府高度重视，将创建工作作为实施"文化强市"战略的重要抓手，作为建设"一极三宜"江湖名城的重要任务，强力推进。

（一）高层组织推进

市委市政府将示范区创建工作与经济工作同部署、同推进、同落实。市政府将示范区创建纳入《政府工作报告》和全面小康绩效考评，明确任务和责任，确保工作落实。成立以市委书记任顾问、市长任组长的高规格创建国家公共文化服务体系示范区领导小组，先后召开8次专题会议研究协调创建工作。各县市区和市直相关单位均成立了相应的领导小组和工作机构。

（二）高调引导宣传

市委市政府制定创建规划，出台《关于加快构建现代公共文化服务体系的实施

意见》，各级各相关部门出台创建文件100多个，加强对创建工作的政策引导。全方位、多渠道开展宣传，共发送短信10万余条，发放公开信8万余份，在市级以上媒体刊播稿件2200余篇，营造了浓厚的创建氛围，激发了岳阳市人民的创建热情。

（三）高位督促指导

建立了人大监管、效能监察、第三方测评、舆论监督和群众评议相结合的综合监督体系。特别是由市委、人大、政府、政协分管领导牵头，邀请部分人大代表、政协委员成立督导组，月月开展督查，次次进行通报，有效地助推了创建工作。

二、以推进均等为重点，努力提升公共服务

紧扣中部标准，结合岳阳实际，按照补齐短板、整体提升的思路，努力推进公共文化服务体系建设。

（一）坚持标准化，推进文化设施建设

在新城开发和旧城改造中，做到文化设施与城市建设同步规划设计、开工建设、投入使用。全市共新建文化设施167个，整合文化设施455个，市县乡村四级公共文化服务网络基本形成。岳阳博物馆完成提质改造，被授予“湖南省科普教育基地”称号。启动洞庭湖博物馆、市图书馆新馆、王家河文化创意工程等“十大文化工程”的规划和建设，总投资29.2亿元。全市建成博物馆11个、图书馆12个、文化馆11个，全部达到部颁三级以上标准。建成乡镇（街道）综合文化站203个、农家书屋3443个、村（社区）文化活动室3148个、文化信息资源共享基层服务点3148个，并配套建成城区大型文化广场45个，村级文化广场1137个，成为广大群众文化活动的大舞台。目前，市政府正在加快推进基层综合性文化服务中心建设，已完成首批省级示范点的建设。

（二）坚持均等化，推进公共文化服务

以贯彻中央、省、市关于加快构建现代公共文化服务体系的意见和标准为主线，坚持重心下放、资源下沉、服务下移，加快建立覆盖城乡、便捷高效、保基本、促公平的现代公共文化服务体系。岳阳市深入推进“公共文化惠民”的做法，受到来岳考察的李长春、刘云山等同志高度评价。一是着力提升免费开放。全市图

书馆、文化馆（站）、博物馆、美术馆已全面实行免费开放，并形成“岳州讲坛”、“高雅艺术惠民演出”、“一元周末剧场”等品牌服务项目78个，举办活动3700多场。二是着力推进惠民工程。开展“三下乡”、“四进社区”等活动，全市每年送戏送电影下乡4万多场，送书进村10多万册。建成爱心图书室543个，公民图书漂流站10个，公益阅读吧38个，24小时自助图书屋3个。群众自发开展的广场舞、棋牌、书法美术等活动实现经常化、体系化。三是着力打造活动品牌。近年来，逐步形成“岳州大舞台”、“巴陵大戏台”、“外来务工者之歌”等“幸福岳阳”系列文化活动品牌。“欢乐潇湘·幸福岳阳”群众文化活动已演出1863场。平江县“乡村大课堂”被中央电视台推介。四是着力繁荣文艺创作。成立岳阳市舞台艺术专家委员会，举办岳阳市原创小戏小品大赛，推动群众文艺创作出精品、出人才、出效益。近年来，我市文艺作品获省级以上奖300多个。

（三）坚持长效化，推进文化发展保障

一是抓好资金投入保障。创建期间，在保证正常的文化事业经费外，全市共投入8.5亿元用于文化建设，并积极争取社会投资55.83亿元。市政府每年设立1500万元公共文化建设资金、1000万元历史文化名城保护资金；设立“岳阳文学艺术奖”基金1000万元；示范区创建市级配套1600万元。二是加强基层文化队伍建设。实施巴陵人才工程，开展“文艺岳家军”支持计划人选选拔工作，举办文化强市等12个专题培训班，加强文化人才引进和培养。落实乡镇（街道）文化站3名专业人员、村（社区）文化活动室1名财政补贴人员。制定《关于进一步扶持社会文艺团队的实施意见》，全市80%的村（社区）有2支以上业余文艺团队。三是推进数字文化建设。建设岳阳公共文化服务网，建立涵盖文、图、博的现代信息技术公共文化服务平台。市数字图书馆购买大量数字资源，并自建岳阳作者文库、花鼓戏、巴陵戏等特色文化数字资源。岳阳市成功纳入文化部首批市级文化馆数字化建设示范地区。汨罗市建成汨罗龙舟节等特色数字资源库和特色资源网站，君山区建成内陆省份首个县级公共文化数字平台。

（四）坚持社会化，推进制度设计引领

一是加强专家指引。成立岳阳市公共文化服务体系专家库，2015年来先后抽选省市专家162名，参与48个咨询活动。组建课题专家组和研究组，完成《公共文化服务社会化发展推进机制研究》并顺利通过国家评审，研究成果转化为市级政策文件28个，县市区相关文件82个。二是整合文化资源。将党工青妇科教系统的

设施和资源纳入公共文化服务体系，鼓励企事业单位与所在社区共建共享公共文化设施。成立“岳阳图书馆联盟”，建立以县级公共图书馆为总馆的总分馆制，实现公共图书资源共享。三是全面深化改革。建立华容县图书馆理事会等公共文化服务法人治理机构，制定《岳阳市政府购买公共文化服务指导目录》，建立公共文化服务群众需求征集和评价反馈机制。据不完全统计，市政府在创建以来购买公共文化服务和项目总投资50.84亿元，采购项目33个。岳阳市连续两次荣膺“全国文化体制改革工作先进地区”，市文广新局被评为“全国国有文艺院团体制改革工作先进单位”。

三、以提供示范为动力，积极探索机制创新

在创建过程中，岳阳市以先行先试、探索经验、提供示范为己任，积极探索公共文化服务的新模式、新思路、新举措，形成了具有一定示范意义的工作亮点。

（一）融合传统资源，打造文化新品牌

云溪区“乡村文化礼堂”、“家规家训”文化品牌被中央文明委评为改革开放30年十佳典型案例。“中国汨罗江龙舟节”、“长乐万人闹元宵”被评为文化部项目类“群星奖”。汨罗市花鼓戏艺术节、平江文化旅游灯会节等文化节庆，成为展示特色传统文化的平台，形成“一乡一品”发展格局。

（二）实行区域联动，构建交流新模式

承办文化部“春雨工程”和“大地情深”活动，牵头组建“湘鄂赣”区域公共文化联盟、湘鄂赣非遗保护交流联席会，发起成立洞庭湖区图书馆工作协作委员会，开展“长江经济带国家公共文化服务体系建设示范区城市、创建城市文化志愿服务成果展”，加强沟通与交流，促进学习与提升。

（三）鼓励社会参与，开创发展新局面

鼓励、引导和支持社会力量参与文化建设，形成公共文化服务社会化发展的“八大岳阳模式”，得到文化部专家一致肯定。2013年以来，全市已有50多家企业出资支持公共文化活动。据不完全统计，全市通过“民间众筹”方式建设的公共文化设施达100多个，总投资超过5.74亿元。文化志愿服务深入推进，我市“三千文化志愿者下社区、乡镇活动”被文化部评为文化志愿者基层服务年示范项目。

（四）推进精准扶贫，搭建惠民新平台

积极支持贫困地区挖掘、开发、利用民族民间文化资源加快发展，让文化成为精准扶贫的重要抓手。切实保障弱势群体基本文化权益，“同心·关爱”留守儿童服务站和“外来进城务工者之歌”才艺竞赛、“周末课堂”、“爱在金秋”等活动，深受广大群众喜爱，被中央、省级媒体大力推介。

（五）培养民间团队，增加服务新力量

开展民营剧团摸底，筹建民间文化人才信息库，举办“草根戏班·唱响民间”民营、社区表演团队展演，建立汨罗市“剧团大联盟”，利用民营文艺团体优势强化公共文化服务功能。扶持业余文艺团体3670个，成规模建制的民间职业剧团达到1145个，每年演出12万多场。

四、以提质增效为目标，继续加强后续管理

下阶段，岳阳市将按照示范区后续建设要求，继续深化示范区创建成果，确保示范区创建工作成为常态。

（一）强化组织领导

成立以市长任组长的岳阳市公共文化服务体系提质增效领导小组，各县市区也将成立相应的领导小组。

（二）强化责任落实

制定《岳阳市公共文化服务体系提质增效三年行动计划（2017～2019年）》，建立联席会议、会商协调、督导检查等制度，形成上下联动、部门协作的工作体系。

（三）强化投入保障

设立公共文化服务体系长效运行引导资金，在原保障渠道不变的情况下，加大乡镇（街道）综合文化站、广播电视户户通、送戏送电影下乡等文化惠民工程的投入。

（四）强化惠民措施

落实《岳阳市向社会力量购买公共文化服务的实施意见》，加强基层公共设施基础建设、资源整合和互联互通，强化公共文化人才队伍建设，继续实施“一元周末剧场”等文化惠民工程。

（五）强化考核评价

完善公共文化服务体系提质增效考核机制，建立月报季查年总结制度，加大督导检查力度。对工作推动力度大、见效快的地区，通过“以奖代扶”进行激励。

提升公共文化服务体系建设工作永无止境，岳阳市将以示范区授牌为动力，针对存在的问题和不足，思想认识上再强化，目标任务上再明确，对策举措上再加力，进一步加快推进惠及全民的现代公共文化服务体系建设，努力增强公共文化服务可持续发展能力，为推进岳阳“一极三宜”江湖名城建设做出新的贡献。

常德市现代公共文化服务体系建设概况

常德市文体广新局

近年来，常德市委、市政府认真贯彻落实中共十八大和十八届三中、四中、五中全会精神以及习近平总书记系列重要讲话精神，紧紧围绕中央、省“建成覆盖城乡、便捷高效、保基本、促公平，与全面小康社会要求相适应的现代公共文化服务体系的总目标”和市委市政府“五个常德”（智慧常德、健康常德、美丽常德、现代常德、幸福常德）的战略部署，把公共文化服务体系建设作为保障人民群众基本文化权益的重要内容，精准谋划、精准部署、积极推进，已呈现出整体推进、重点突破、全面提升的良好发展态势。

一、常德市公共文化服务体系建设基本概况

常德市现有公共图书馆9个（国家一级馆2个，国家二级馆5个，国家三级馆2个)，面积44054平方米，其中县级图书馆面积35622平方米；文化馆10个（国家一级馆2个，国家二级馆2个，国家三级馆2个)，面积34398平方米，其中县级文化馆面积24357平方米；各类博物馆纪念馆21个，面积131583平方米；影剧院10个；乡镇（街道）综合文化站212个，面积122802平方米；村（社区）文化活动中心面积215743平方米，信息资源共享工程县级分中心9个，乡镇共享工程服务点212个，挂牌村级共享工程服务网点3612个；农家书屋3929家；书香社区25个。已开通自然村“盲村”广播电视“村村通”用户148374户，开通户户通用户84450户。8个农业区县市全部实现了“农村广播村村响”全覆盖。鼎城区2014年被授予“全国先进文化县”，石门县、临澧县通过“全国先进文化县”、“全国文化工作模范县”复评。2015年，鼎城区成为全省现代公共文化服务体系示范区创建单位。

二、开展的主要工作和取得的成效

近年来，常德市多措并举，多点着力，在全力推进现代公共文化服务体系的建设过程中抓重心、抓关键，获得了实在的工作成效。

1. 抓政策引领

市委、市政府高度重视公共文化建设，相继出台了《关于加快建设文化强市的意见》、《关于加快构建现代公共文化服务体系的实施意见》、《常德市基本公共文化服务实施标准（2016～2020年）》、《常德市全民健身实施计划（2016～2020年）》、《常德市市本级政府购买服务指导目录》、《常德市完美社区建设总体工作方案》、《“书香常德”建设工作方案》；编制了《常德市“十三五”文化事业发展规划》、《关于推进基层综合性文化服务中心建设的实施方案》；设立了“常德市原创文艺奖”。这些政策的出台，有序、有效、有力地推动了全市公共文化工作的开展。

2. 抓设施建设

市“三馆三中心”、白马湖文化公园、丁玲文化公园、丁玲纪念馆、非物质文化遗产展示厅、柳叶湖唐诗墙、沙滩公园、老西门文化街、德国风情小镇、大小河街、穿紫河风光带等重大公共文化设施项目已相继建成并投入使用，市博物馆原址改扩建工程已转入装修和准备布展阶段。鼎城区投入3亿元的江南文化外滩公园2016年4月28日已正式开园。汉寿、安乡、津市三地的图书馆新馆和鼎城文化活动中心、澧县体育中心已全部建成并投入使用。桃源县自筹资金近3亿元建设的文化体育中心休闲广场、大剧院、电影院、文化馆、图书馆已相继投入使用。国家重大项目澧县城头山国家考古遗址公园已于2016年6月7日正式开园。临澧红色革命博物馆、汉寿专业演出剧场等建设正在进行。乡镇综合文化站功能进一步完善。开展村级综合文化服务中心市级示范点建设。石门县11个贫困地区村级综合文化服务中心省级示范点已经完成，全市每个乡镇都建设有一个村级综合文化服务中心市级示范点。目前已建成100平方米以上的村级文化活动中心（室）432个，500平方米以上的村级文化广场801个。开展“书香社区”建设。2016年在市城区重点建设的15个“书香社区”已全部投入使用。近年来新增全民健身基础设施健身路径313条，省级雪炭工程9个，青少年校外体育活动中心10个，“农民体育健身工程”532个。全市人均拥有公共文化体育设施面积已超过2.5平方米，每万人拥有“三馆一站”公用房屋建筑面积已达570平方米。

3. 抓人才队伍

积极引进专业人才。近几年来，市县两级积极引进有艺术实践经验、有一定专长、有所建树的年轻音乐、舞蹈、文学、美术、曲艺专业人员40多人。广泛开展各类培训。各级开展的文艺辅导培训年度培训次数达2500次，培训人数10万多人次，举办公益讲座120期以上，举办各类文艺骨干培训班70多次，培训3000多人，业务人员下基层辅导每年超过1500人次。不断提升队伍素质。先后挑选20多名业务骨干参加国家和省级多个文化人才培训班；组织5名县级文化馆骨干先后参加了“2016年全国基层文化队伍示范性培训班”；举办的“常德鼓书传承保护讲习班”，邀请国家级专家来常授课；举办的“社会主义核心价值观”——原创广场舞培训班，采用课堂讲授与现场教学相结合，30名人员受益；举办的“第二届全国文化（群艺）馆9+2区域合作联盟”交流研讨会，邀请广西、湖北、贵州、广东、重庆、四川、海南、江西、安徽等湖南周边九个省市和天津、陕西、内蒙古的文化馆专家共商公共文化繁荣发展之道。培育乡土文化精英。建立以基层文艺团队成员、乡土文化能人和民族民间文化传承人为骨干的人才库，全市现有各级文化馆馆办团队20多个，民间文艺团体2000余个，近年新增市级各类体育社团31个，发展各类健身俱乐部9个，健身站点72个，发展等级社会体育指导员1320人，组建社会体育指导员志愿者服务队伍14个，现有登记注册的文化志愿者1600多人，组建文化志愿服务队伍13个。

4. 抓精品创作

连续多年举办歌词、歌曲、曲艺小戏小品、舞蹈、美术书法摄影创作笔会，鼓励精品文艺创作，其中歌曲创作笔会已连续举办17届，小戏、曲艺创作笔会连续举办了11届。大型舞台剧《孟姜女传奇》参加2016年的湘戏进京演出，受到北京观众的一致好评；《村长家的尿不湿》参加了第十一届中国艺术节的“群星奖”决赛。《等在桑树边》、《沅澧清风》在2016年全省“欢乐潇湘”展演决赛上获金奖，群星合唱团参加全省庆祝中国共产党成立95周年“红旗颂”大型群众合唱比赛决赛获“金奖”。举办的2016年常德市歌词、舞蹈、曲艺小戏小品、歌曲创作笔会，共产生新创歌词作品53件，歌曲创作作品48件，曲艺、小戏小品作品40件，为庆祝建党95周年、纪念长征胜利80周年以及全省的“欢乐潇湘”、全市的“百团大赛”等文艺演出提供了一批新创作品。群文刊物《常德演唱》更名为《艺术常德》后，增加了文学、诗歌等内容，2015年荣获首届全国“文化杯”文化（群艺）馆期刊评选“优秀栏目奖”。

5. 抓活动开展

近年来，常德市“百团大赛”、“广场健身舞大赛”、“鼓王擂台赛”、“百团大赛大舞台”、“武陵欢歌”等群众文化活动以及2015年湖南省常德柳叶湖半程马拉松赛、2016 年常德柳叶湖国际马拉松赛、环湖自行车赛、2015 年和 2016 年“我们的节日·端午·屈原杯”湖南省第二届、第三届群众性龙舟赛总决赛、2015 年中国湖南国际旅游节系列体育活动等赛事活动深受群众喜爱。“百团大赛大舞台”每年免费为市民演出 180 场以上。“广场健身舞大赛”已连续举办 6 届。采取层层选拔方式，连续举办了 5 年的群众文艺演出百团大赛和已连续举办 10 届的鼓王擂台赛，形成了“城乡互动、全民同乐”的生动局面。开办的艺术常德大讲堂、2016 年湖南省社会科学普及主题活动周专题报告会和 2016 年常德市少儿美术书法考级优秀作品展、《“行迷未远”李其臻书法展》、《翰墨沁香·常德市文化馆馆藏作品展》、《常德市首届公安民警书法、美术、摄影展》、《纪念中国抗战胜利 70 周年书画展》、《画家覃仕泉美术作品展》等艺术讲座、展览活动深受群众欢迎。开展的“我是雷锋家乡人，湖湘文化进万家”等 9 大主题文化志愿活动和“阳光工程”文经志愿服务活动，为城乡群众提供了高质量的经常性的文化服务。

6. 抓服务效能

常德市公共图书馆、博物馆、纪念馆、文化馆、乡镇综合文化站、农家书屋、休闲书吧等公共文化设施全面实施免费开放，设施场地每周免费开放时间达 42 小时以上。2015 年，常德市图书馆接待服务读者 50 万余人次，博物馆（纪念馆）举办陈列展览 27 个，观众流量 81 万余人次。各区县市图书馆举办各类公益培训，培训人数上万人次。市图书馆在武陵区新东街社区、紫桥社区、丝瓜井社区设立的图书馆分馆，每天开放时间不少于 10 小时，不仅实现了图书的通借通还，还根据当地居民的要求，开展了人性化、个性化的服务，建立了有托管功能的“社区四点半学校”，开设了电子阅览室，购置了电子阅读机，读者在图书室内不仅能看书、上网，还能直接从电子阅读机上下载所需的电子书。常德市文化馆开设有广场舞、声乐、器乐、舞蹈、书法等各类免费培训班 200 多个，仅市文化馆每周就开设有 30 个免费培训班，每年培训 4 万多人次。市城区 3 处大型公共体育场馆均已全部实现免费开放，各级体育活动组织、体育场所的开放等逐步被列入政府购买清单。市县专业艺术团体进社区、进乡镇、进学校、进企业惠民演出年均 800 多场；农村数字电影院线深入开展公益电影放映，年均免费放映电影 5 万余场。

三、下一步主要思路与总体部署

在下一步的工作中，常德市将认真按照“建成覆盖城乡、便捷高效、保基本、促公平的现代公共文化服务体系”的总体要求，开展文化事业、文化产业、文化名城“三文一体”攻坚建设，重点实施“城市文化记忆恢复和传播工程”、“文化旅游融合发展工程”、“城市文化标识建设工程”和“公共文化惠民工程”，力争让市民享有超过全省标准的基本公共文化服务，增强群众文化“获得感”。主要从以下几个方面加快推进：

1. 大力推进公共文化设施建设

打造沅江风光带文化景观，形成“北诗南画”、交相呼应的独特沅江风光；建设老西门、常德河街等一批展示常德地方曲艺、民俗文化，让人可观赏、可参与、可体验、可消费的特色文化街区；抓好穿紫河风光带文化景观建设。新建常德大剧院、常德图书馆、常德美术馆，升级改造市体育中心等一批标志性文化工程。修缮和保护一批古镇、古居、古城、古遗址和名人故居。新建或提质一批县级文化馆、图书馆、博物馆。实施村级文化平台提质“五个一”（文体广场、书屋、演出舞台、文化广播器材、体育设施器材）工程，完善基层综合文化服务中心的功能布局，加快乡村、社区文体小广场建设。

2. 继续加大财政对公共文化服务体系的投入

认真落实湖南省《关于做好政府向社会力量购买公共文化服务工作的实施意见》，建立健全政府向社会力量购买公共文化服务机制，推动文化服务提供主体和方式多元化。加强政府购买文化服务效能，充分发挥社会力量参与公益性文化服务。

3. 进一步加强文化队伍建设

进一步推进公益文化事业单位改革，激活公益性文化事业单位的活力。加强文艺人才培育，继续组织专业文艺人员进院校进行业务培训。进一步扩大对乡镇文化专干和基层文艺骨干到高校培训学习的数量和规模，提升基层文艺骨干的服务能力，着力培养一批具有现代意识、创新意识的公共文化管理者和基层公共文化服务人才队伍。加大对有特色、有精品的业余文化队伍扶持、奖励力度，使之不断提高知名度，扩大影响力，提升业余队伍的专业水平。

4. 大力开展精品创作

以现实题材创作为重点，组织本土文艺工作者深入开展“深入生活、扎根人民”文艺创作，并采取社会征集、定向邀约等多种方式，开展优秀舞台剧节目剧本征集及评选工作，从而创作一批、储备一批、投排一批有担当、有责任、有温度、有常德特色的扛鼎之作。进一步打磨《孟姜女传奇》以及一批群文优秀剧（节）目作品，力争在“湘戏晋京”展演和第十一届中国艺术节中取得好成绩。

5. 广泛开展文化惠民活动

继续组织开展“百团大赛”、“鼓书擂台赛”、“广场舞健身舞大赛”等品牌活动。进一步完善免费开放的工作机制。继续开展送戏送电影下乡等文化惠民活动，积极拓展公共数字文化工程建设覆盖面和内涵。切实提升文化服务的精准度。

6. 努力提升公共文化设施管理水平和服务效能

按照《常德市基本公共文化服务保障实施标准》，指导区县市加快开展现代公共文化服务体系建设，规范公共文化服务的服务项目和服务流程，完善内部管理制度。加快推进基层综合性文化服务中心建设。严格考核督导。将构建现代公共文化服务体系的情况纳入市政府对各区县市政府的年度目标管理考核之中，促进我市现代公共文化服务体系的建设。

张家界市现代公共文化服务体系建设概况

张家界市文体广新局

张家界作为湖南省对外开放的窗口，不仅拥有世界一流的旅游资源，而且富有古老悠久的历史文化、独具风情的民族文化、充满传奇的红色文化和独一无二的生态文化。自2010年张家界市委五届九次全会上提出建设文化强市的战略目标以来，张家界围绕“提质张家界，打造升级版”，扎实推进文化强市建设，促进文化与旅游深度融合，全市文化事业不断进步，文化产业逐步壮大，群众文化民生显著改善，为全市经济社会科学发展创造了良好的文化氛围，并取得了一系列的成绩，被评为“文化强省建设先进集体”，在2012年全国文化体制改革工作表彰大会上，张家界市被授予全国文化体制改革工作先进地区，是湖南省唯一获此殊荣的市州。

一、加快推进现代公共文化服务体系建设基本情况

（一）强化各项保障措施

一是加强政策保障。市委、市政府高度重视现代公共文化服务体系建设，在落实国家、省里要求的基础上，制定出台了《张家界市关于加快构建现代公共文化服务体系的实施方案》、《张家界市基本公共文化服务实施标准（2016～2020年)》、《张家界市公共文化体育设施建设发展“十三五”规划》、《张家界市“十三五”文化广电新闻出版事业发展规划》等系列文件，将公共文化服务体系建设部分任务列为政府绩效考核内容。二是加大财政投入。近3年来，市级财政对公益文化事业投入资金2000万元、基础设施建设投入3亿元，各区县对公益文化事业投入资金共计4000万元，为张家界市公共文化服务体系建设提供了坚

实的财力保障。三是加强队伍建设。目前全市现有文化单位职工500余人、文艺队伍800支、文艺骨干近10000人、文化志愿者800余名。四是加强立法保障。市人大常委会高度重视文化工作，将《张家界市非物质文化遗产管理办法》、《张家界市文物保护管理办法》列入“十三五”期间地方立法规划。五是深化体制改革。完成了文化、体育、广播电视、新闻出版“四局合一”和国有文艺院团转企改制、文化市场综合执法改革等文化体制改革工作，文化资源整合、产品供给、运营管理、监管保障等方面的能力有了一定的提升，公共文化服务水平得到加强。

（二）完善服务网络体系

目前全市已基本形成四级公共文化设施网络体系。一是强化基础建设，创建标准场馆。市博物馆已完成建设并于2016年9月2日开始免费对公众开放。区县全部建起了公共图书馆和文化馆，乡镇（街道）综合文化站实现了全覆盖。市文化馆和区县公共图书馆、文化馆均达到国家等级标准，全市96个乡镇综合文化站已建成国家等级文化站46个，其中一级11个、二级16个、三级19个。二是结合精准扶贫，推进基层文化设施完善。全市将基层文化设施建设纳入扶贫攻坚五基工程，2014~2017年，每年新建改造15个乡镇综合文化站和152个村级文化活动室。依托农家书屋和社区活动中心建成1612个村（社区）文化活动室（中心），占全市所有行政村（社区）的97.5%。三是探索多种模式，抓好试点创建。2015年，张家界市慈利县获批湖南省公共文化服务示范区创建点。慈利县积极探索出项目带动、众筹募集、建整扶助、旅游融合四种模式提升公共文化服务现代化水平。总投资约1.2亿元的江垭文化活动中心、宽心文化广场项目相继签约。2016年3月，全省基层综合文化服务中心建设现场推进会暨省级示范区创建培训班在慈利县举行，公共文化建设慈利模式广受推介。四是重视民生项目，打造精品示范。在2016年省级重点民生实事项目中，张家界市慈利县、桑植县共有24个基层综合文化服务中心示范村建设任务。10月，省委宣传部牵头在慈利县召开湖南省贫困地区村综合文化服务中心示范点建设现场会，慈利县在会上作典型发言，其探索社会多元化建设村级综合文化服务中心的模式受到肯定。市政府在积极落实省级任务的同时，比照省级示范村七个一建设标准，要求永定区、武陵源区同步开展示范创建任务（共6个村），并列为市级重点民生实事项目。目前，省、市级重点民生实事项目30个示范村建设基本完成。另外，市文体广新局自筹资金60万元，采取以奖代投的方式要求每个区县建设一个精品基层综合文化服务中心，示范带动成效正在彰显。

（三）增强文化惠民活力

一是实施文化惠民项目。每年由政府采购开展了“送戏下乡”、“农村公益电影放映”、“全民阅读”等文化惠民项目，完成群众演出230场，农村电影放映18000多场，组织300多家企事业单位参加“共享阅读·传递爱心”关爱村级小学公益活动，募捐图书3万多册，惠及边远贫困小学20所，现有3个家庭、1所学校、1个乡镇、1个机关分别获得省级全民阅读先进荣誉。二是开展公益文化活动。张家界市各级公共文化场馆全部免费开放，每周为公众服务48小时以上。市博物馆自9月开馆至国庆长假结束共接待观众17万人次。区县图书馆年均接待读者25万人次，组织流动图书下基层6万册次。市区县两级文化馆年均组织活动150余场，覆盖人群超过80万人次。市文化馆组织了系列“道德大讲堂”国学推广活动，全市国学氛围浓郁，市民素质大有提升。三是打造“文化张家界”微信公共文化服务平台。挖掘提炼本土民族、民俗非遗文化，宣传解读文化惠民政策，定期推送公益文化惠民活动信息。四是探索开展“文化进企业”活动。市文体广新局与步步高集团张家界店签订了战略合作协议，步步高集团为张家界的民俗、民族、非遗文化及文化政策法律宣传提供阵地，每年不定期在超市广场开展各种群众广泛参与的惠民文化活动。五是广泛开展群众文化活动。持续开展了“欢乐潇湘”系列群众文化活动。培育扶持花灯、舞狮、腰鼓、管乐、舞蹈、业余剧团等基层文化队伍百余支，基层群众文化活动日益活跃。各区县充分发挥地区文化优势，组织举办各类文化活动，将不同文化元素挖掘整合，融入活动内容中，形成了市区县联动、城乡互动、产业联动、融合发展的群众文化活动新格局。永定区罗水乡获“茅古斯艺术之乡”称号，桑植县瑞塔铺镇获“花灯艺术之乡”称号，慈利县龙潭河镇获“板板龙灯艺术之乡”称号。

（四）集聚文艺创作动力

一是实施“旅游文化名家”工程。张家界市共选拔旅游文化名家人才10名，后备人才10名。开办了文化名家工作室，市文化系统专家孙建华创办的“孙建华劳模创新工作室”获“省市职工（劳模）示范创新工作室”称号，孙建华获“湖南省先进工作者”光荣称号。大力推进文艺人才培训工程，张家界市与中南民族大学进行战略合作，为民族文化建设、文艺创作提供了智力支撑。二是组织开展“深入生活、扎根人民”主题实践活动。市区县多次组织文艺采风活动，创作出了《哎咯咋张家界》等10首张家界本土原创曲目，土家《花灯》和新编《阳戏》还入选了第二套湖南省原创广场舞教材。张家界景区和慈利县零溪镇象鼻嘴村被列为湖南省首批文艺创作采风基地。三是力推文艺精品创作。近年来，全市新排剧目60多个，花灯戏《莫家寨》作为代表张家界参加第五届“湖南艺术节优秀剧目展演”的唯一剧目在长沙红色剧院精彩上演。

（五）文化与旅游融合发展

一是打造节庆文化活动品牌。深入挖掘本地传统民族民俗节庆文化，广泛开展“春节文化活动周”、“元宵灯会”、“六月六”民俗文化活动月等节日文化活动，成功举办了森保节、中国首届文化旅游节等节会活动，其中元宵灯会成为我国“五大灯会”之一，获“三湘群星奖”，“六月六”成为本地土家族人的狂欢节，吸引了国内外众多游客前来观赏和参与。二是积极培育、壮大文化企业。黄龙洞投资股份有限公司、张家界魅力湘西旅游开发有限公司、张家界天元山水旅游文化有限公司、军声砂石画研究院等一批文化企业逐步发展壮大，成为骨干性文化企业。三是重点培育旅游演艺品牌。支持旅游企业面向旅游市场开发旅游演艺节目，《张家界·魅力湘西》、《天门狐仙·新刘海砍樵》、《烟雨张家界》、《梦里张家界》、《梦幻张家界》、《幻·凤凰》等旅游演艺节目接踵而至，2016年市政府成功引进宋城演艺发展股份有限公司，共同建设旅游文化主题公园，打造大型歌舞《张家界千古情》，“白天看美景，晚上赏大戏”已经成为新的旅游文化体验消费方式。四是积极扩大对外文化交流。自2009年开始，成功举办了3届张家界国际乡村音乐周，被誉为“巧用软实力提升国家形象的成功实践”，有效营销了张家界，提升了欧美游客在入境游客中的比重。积极争取参加文化部、外交部联合举办的欢乐春节海外演出活动，自2014年连续3年选派本土节目赴意大利、保加利亚、伊拉克等国家参加海外“欢乐春节”表演，产生了良好的国际反响。“十三五”期间，张家界市将积极对接“张吉怀旅游共同体”工作，整体推进张吉怀精品生态文化旅游经济带规划建设。

（六）强化文化遗产保护传承

一是加强文物保护工作，首先要完成第一次全国可移动文物普查。市博物馆、贺龙纪念馆完成装修布展，实现对公众免费开放。石堰坪古建筑群和普光禅寺维修保护工程，全市青铜器修复和红二、六军团旧址保护工程等项目进展顺利。二是加强非遗保护传承。组织开展了第四批省级非遗项目和第五批非遗传承人推荐申报工作，推荐申报了3名国家级传承人、12个省级项目，其中有8个省级项目已申报成功并公布。成为全省率先开展国家级项目代表性传承人抢救性记录保护的9个市州之一。申报建立文化生态实验保护区，已被纳入全省考察计划。启动非遗项目数字化保护试点工程，组织开展市级非遗生产性保护基地、展演展示基地、传习所创建认定工作，14家单位通过认定并挂牌。大力推进非遗进校园、进演出、进市场，全市30多个非遗项目进入大中小学校园，其经验做法在全省推广，一批表演类非遗项目搬上旅游演艺舞台，溪布街引进了25个生产性非遗项目，积极打造全省、全国非遗传承体验基地。另外，张家界市还开展了文化遗产日、“5·18国际博物馆日”等宣传活动。

二、存在的主要问题

（一）公共文化服务设施建设欠账不少

张家界市公共文化基础设施建设滞后，目前还没有美术馆、大剧院、音乐厅、非遗展示中心、青少年活动中心，市文化馆没有活动、创作、排练、展示场所，基层群众文化表演场所相对较少。

（二）基层文化投入不足

张家界市农村文化活动经费不足、服务能力偏低的问题仍然存在，少数村级文化活动室因缺乏必要的资金保障，没有发挥应有的作用。同时，基层群众对文化的需求刚性增长，对改善基层公共文化服务设施条件和服务的要求和呼声越来越强烈，需要投入的基层文化领域太多。

（三）文化队伍建设任务较重

张家界市文化干部队伍在专业结构、年龄结构、知识结构上不尽合理，基层文化工作队伍的整体素质需要进一步提高，文化经营管理人才相对缺乏。

三、下一步工作部署

张家界市将对照省级公共文化服务体系示范区创建标准与要求，突出现代公共文化服务体系建设，扎实推进文化强市建设，为全面实施“提质张家界、打造升级版”战略，早日实现旅游胜地梦、全面小康梦目标，谱写中国梦张家界美好篇章，创造良好的文化环境。

（一）加大财税支持力度

合理划分各级政府基本公共文化服务支出责任，建立健全公共文化服务财政保障机制，按照全市基本公共文化服务实施标准，落实提供基本公共文化服务项目所必需的资金，保障公共文化服务体系建设和运行。整合各类财政资金，着力支持农村和城市社区基层公共文化服务设施建设，保障城乡居民公平享有基本公共文化服务。进一步拓展公共文化投入渠道，加大政府性基金与一般公共预算的统筹力度，落实从城市住房开发投资中提取1%用于社区公共文化设施建设的规定。认真落实省政府《关于做好政府向社会力量购买公共文化服务工作的实施意见》，组织拟订《张家界市人民政府向社会力量购买公共文化服务工作实施方案》，建立健全张家界市政府向社会力量购买公共文化服务机制，推动文化服务提供主体和方式多元化。

（二）加强文化队伍建设

加强文艺人才培育，建立专业文艺人才进专业院校轮训机制，分类组织专业文艺人员进院校进行业务培训。加强农村文化队伍建设和管理，配齐配好乡镇综合文化站文化专干，提高从业人员素质。加强市级文化人才培训基地建设、基层乡土文化人才建设，发展壮大社会体育指导员队伍，提升文艺队伍的服务能力。

（三）着力加快文化项目建设

加快重大公共文化基础设施项目、文化产业项目建设，启动实施音乐厅、澧水风貌带文体设施建设等市本级重点文化项目。加强区县公共文化体育设施建设，加快推进基层综合性文化服务中心建设完善。扎实推进文物保护工程建设，重点推进红二六军团旧址维修保护、石堰坪古村落维修改造、天罗山古城堡建筑维护和环境整治、普光禅寺古建筑群维护工程，打造一批富有历史文化底蕴的景点。

益阳市现代公共文化服务体系建设概况

益阳市文体广新局

近年来，益阳市认真贯彻落实文化强国、文化强省战略部署，深入推进文化强市战略，始终坚持“五个注重”，着力构建“五个平台”，公共文化服务体系更加健全，文化设施更加完善，文化活动更加丰富，文化创造活力明显增强，满足群众文化需求的能力持续提升，得到省委、省政府督查组的充分肯定。

一、公共文化服务体系建设基本情况

（一）注重领导协调，着力构建组织保障平台

建立全市公共文化服务体系建设协调机制，成立由19个市直单位组成的全市公共文化服务体系建设工作领导小组。出台《关于加快构建现代公共文化服务体系的实施意见》。召开全市现代公共文化服务体系建设现场推进会，研究部署全市现代公共文化服务体系建设工作，市直有关部门，各区县（市）政府和文化部门负责同志、新闻媒体记者共80多人参会，省文化厅党组副书记、副厅长禹新荣、市政府副市长黄东红等领导出席会议并作重要讲话。督促区县（市）成立相应工作机制，构建起目标清晰、职责明确、市县联动的工作格局，为全面推进公共文化服务体系建设工作提供了强有力的组织保障。

（二）注重基础先行，着力构建服务网络平台

一是稳步推进文化基础设施建设。持续加大文化基础设施建设的投入和支持力度，引导社会力量兴建20余家博物馆和陈列展示馆，初步构建起三馆齐全、特色鲜明的文博体系，形成益阳文博现象。有序推进重点文化建设项目，启动梓

山湖生态文化公园、益阳文化中心建设前期准备工作，其中文化中心规划建设博物馆、图书馆、规划展示馆、群艺馆、科技馆等九个文化场馆。安化县城形成了由县图书馆、县文化馆、中国（安化）黑茶博物馆、安化大剧院、罗马国际影院、陶澍文化广场、羽毛球活动中心等组成的公共文化设施网络。南县新建“德昌公园戏楼”。桃江启动文化体育中心建设，改造了县影剧院，新增了文化馆馆舍，并决定投资百万元建设公共大戏台。赫山区完成叶紫故居二期、周谷城故居恢复、金家堤支部纪念园扩建、雷锋教育基地建设、胡林翼陵园扩建等。沅江市青少年活动中心建成开放。目前，全市建成文化馆 9 家、图书馆 7 家、影剧院 10 家、博物馆 18 家，“三馆一站”全部实行免费开放。推进文化惠民工程建设，全市建成乡镇综合文化站 88 个，文化信息资源共享工程基层网点 1664 个，农家书屋 1793 家，周末广场电影院 30 个、社区文化活动室 577 个。

二是着力抓好示范区创建工作。2015 年 10 月，桃江县成功申报省级现代公共文化服务体系创建示范区。桃江县委县政府高度重视示范区创建，把创建工作作为推动桃江县公共文化服务体系建设的重要机遇，采取积极措施，加强组织领导，形成了职责明确、齐抓共管、整体推进的工作格局。在创建过程中，强化政策引导，先后出台了一系列推进公共文化服务体系建设的政策文件。召开了全县创建工作动员大会，围绕创建规划，对创建达标任务进行了职责分解。为确保示范创建顺利推进，2016 年初，市文体广新局先后多次到桃江县进行创建工作现场指导和督查。

三是启动基层综合性文化服务中心建设。贯彻落实《关于推进基层综合性文化服务中心建设的指导意见》（国办发〔2015〕74 号），将基层综合性文化服务中心建设纳入《益阳市“十三五”文化体育发展规划》。起草《关于推进基层综合性文化服务中心建设的实施意见》（征求意见稿）。举办全市基层综合性文化服务中心文体专干培训班，着力提升基层综合性文化服务中心文化专干业务能力、服务水平。确定 2016 年基层综合性文化服务中心建设任务，其中在安化县建设基层综合性文化服务中心 11 个、在其他区县（市）试点建设 80 个。

（三）注重供需对接，着力构建服务供给平台

深入把握群众精神文化需求，积极组织开展群众喜闻乐见的文化活动。扶持文化演艺组织建设，深化国有院团改革，完成 3 家国有院团改制工作，全市演艺团体达到 200 个。探索建立“益阳花鼓大戏台”、“周末花鼓戏剧场”、“周末广场电影”、“农村公益电影”等公共文化服务供给模式。连续 3 年开展“益阳花

鼓大戏台·演艺惠民”送戏下乡活动，政府每年投入150万元，采购300场花鼓戏在市中心城区和88个乡镇巡回演出。开展节事文化活动，春节、元宵节等重大传统节日做到市、县、乡镇都有文化活动。实施农村公益电影和周末广场电影放映工程，在中心城区及县城、集镇设立“周末广场电影”固定放映点32个，2015年放映公益电影25093场，其中农村24073场、城镇1020场，受益观众达100万人次。扎实开展农村广播“村村响”工程建设，2015年完成57个乡镇1104个行政村的农村广播村村响任务目标，桃江县广播电视台荣获全国“服务农民、服务基层”先进单位称号。公共文化活动做到了进乡进村进社区，让群众在家门口享受文化大餐，广受群众欢迎。

（四）注重示范引领，着力构建体系创建平台

坚持整体推进、示范引领原则，推进全市公共文化服务体系建设工作。2016年5月，在南县召开现场推进会，全面部署全市现代公共文化服务体系建设工作，明确工作目标和工作要求。省文化厅、市政府相关领导出席会议并作重要讲话。精心部署桃江县省级示范区创建工作，桃江县委、县政府加强创建工作领导，建立起职责明确、齐抓共管、整体推进的工作格局，出台具体推进措施，召开现代公共文化服务体系示范区创建动员大会，围绕创建规划分解创建达标任务，启动文化体育中心建设，改造县影剧院，新建文化馆馆舍，规划投资百万元建设公共大戏台，公共文化服务体系建设走在前列。

（五）注重整合资源，着力构建服务品牌展示平台

以打造有鲜明地域特色的公共文化品牌为目标，加强公共文化资源整合，深入挖掘城市文化底蕴，更好地满足群众公共文化需求。实施花鼓戏振兴工程，2013年成功举办首届中国湖南花鼓文化艺术节，举办4届花鼓戏汇演和两届花鼓戏票友大赛，深受群众欢迎，花鼓戏艺术得到集中展示，形成“益阳花鼓现象”。鼓励和支持各区县（市）充分挖掘区域文化特色，打造“一县一特色”，形成百花齐放、特色发展的发展格局。县级文化活动推陈出新，南县地花鼓艺术节、沅江洞庭渔火节、桃江文化旅游节、安化黑茶文化节、大通湖捕捞节等文化活动规模宏大，影响深远，已形成独具特色的地域文化品牌。2014～2016年，南县、沅江市三眼塘镇、赫山区兰溪镇获被评为“湖南省民间文化艺术之乡”，南县被评为“中国民间文化艺术之乡”。

二、存在的突出问题

1. 思想认识有待提高

有的地方、有的同志不能深刻认识文化建设对落实中国特色社会主义“五位一体”新部署、推进“四个全面”战略布局的重大意义，致使文化自信不够，工作动力不足，服务不到位。

2. 基础设施有待完善

近年来，国家加大了公共文化服务体系的建设力度，但益阳市的文化基础设施建设仍不完善，文化活动阵地少，大部分区县（市）缺乏地方标志性文化建筑和大型群众文化活动场所。一些文化基础设施存在有馆无舍、馆舍陈旧、条件较差的问题，无法满足人民群众的文化需求。

3. 服务效能有待提升

公共文化服务体系重建设、轻服务的现象还一定程度存在。一些公益性文化单位活力不足，乡镇文化场所设施被挤占现象严重。农家书屋虽已全面建成，但存在管理不善、书籍丢失、实用性不足等问题。个别乡镇综合文化站建成后，虽然实行了免费对外开放，但由于缺乏管理维护经费和其他原因，使用率很不理想。配备的文化信息资源共享工程和文艺活动基本设备，有的被挪作他用，有的处于闲置、浪费状态。

4. 队伍建设有待加强

益阳市公共文化队伍建设存在专业人才结构不合理、门类不全、文化专干文化素质偏低、文化人才青黄不接等问题，编剧、导演、作曲、舞美、经营管理等专业人才严重不足。基层文化队伍素质整体偏低、参差不齐。

三、深化现代公共文化服务体系建设的基本思路

现代公共文化服务体系建设是一项长期任务。我们将深入贯彻落实中央和省、市总体工作部署，突出重点，稳步推进，持续深化全市公共文化服务体系建设工作。

（一）深入推进公共文化设施网络优化工程

结合实际，建设一批更好地面向群众、便于群众参与、代表地方形象的公共

文化设施，重点推进梓山湖生态文化公园、益阳文化艺术中心、资阳区图书馆以及桃江县、沅江市、南县文体中心等重大项目建设，构建坚实的文化设施网络。统筹城乡设施建设布局，新建一批标志性重点文化设施和标准化基层文化设施，缩小公共文化服务半径，构筑公共文化服务圈。坚持以重点文化设施和场所为载体，广泛开展推进文化惠民活动，提高公共文化设施网络利用率，更好地发挥文化设施服务功能。

（二）深入推进公共文化服务水平提升工程

始终突出文化服务这个核心，持续完善公共文化服务机制，更加注重做好丰富文化内容、提升文化服务、加强文化管理工作，全面推进公共文化设施免费开放。完善公共文化服务体系建设协调机制，统筹服务设施网络建设，促进全市基本公共文化服务标准化、均等化。建立群众评价和反馈机制，推动文化惠民项目与群众文化需求有效对接。完善公共文化服务建设考核机制，严格督查考评硬件建设情况、配套资金落实情况、人员配备情况、运行管理制度建设情况、活动开展情况。加大政策扶持力度，引导和鼓励社会力量参与文化事业发展。精心策划参与性好、感染力强、影响面大的群众文体活动。抓好文化下乡活动，每年定期向基层送书、送戏、送电影等，精心组织公益性文化展演、展示、讲座等群众文化活动，不断丰富群众的精神文化生活，满足群众精神文化需求。

（三）深入推进省级示范区创建工程

坚持以桃江县创建省级现代公共文化服务体系示范区为契机，巩固公共文化服务体系建设成果，集中解决一批突出矛盾和问题，形成典型经验，为全市公共文化服务体系建设探索路径、提供示范。精心指导桃江县按照分类创建原则，对照创建标准，做好公共文化设施建设、公共文化服务供给、公共文化服务保障、公共文化服务体制机制建设工作，确保顺利通过创建验收。坚持示范引领、统筹推进，在全市创建一个“现代公共文化服务体系示范区县（市）”，每个区县（市）创建一个“现代公共文化服务体系示范乡镇”，每个乡镇创建一个“现代公共文化服务体系示范村”，推动市县乡现代公共文化服务体系建设齐头并进。

（四）深入推进基层综合性文化服务中心建设

认真落实《关于推进基层综合性文化服务中心建设的指导意见》要求，力争到2020年全市各乡镇（街道）和村（社区）普遍建成集宣传文化、党员教育、科学普及、普法教育、体育健身等功能于一体的基层综合性文化服务中心。城市社区比照行政村综合文化服务中心建设标准，按照“有组织、有队伍、有场地、有设施、有活动”要求，因地制宜，加快推进配套设施建设，缩小公共文化服务半径，构筑公共文化服务圈，消除公共文化服务“盲区”。依托基层综合文化服务中心，积极开展文化活动和提供各类公共服务，让文化阵地成为百姓的文化小舞台、政策传播台、才艺展示台、思想转化台。积极探索社会化建设管理模式，不断丰富服务内容，创新服务方式和手段，引导、鼓励群众参与基层综合性文化服务中心的建设和管理。

郴州市现代公共文化服务体系建设概况

郴州市文体广新局

中共中央办公厅、国务院办公厅《关于加快构建现代公共文化服务体系的意见》和中共湖南省委办公厅、湖南省人民政府办公厅《关于加快构建现代公共文化服务体系的实施意见》印发后，郴州市委、市政府高度重视，把构建现代公共文化服务体系作为落实“四个全面”战略部署、加快推进文化建设的重要内容和推进公共文化事业发展的重要契机狠抓落实。2015 年以来，郴州市委、市政府多次召集市直各相关部门进行专题讨论研究，结合郴州实际，起草出台了《郴州市关于加快构建现代公共文化服务体系的实施意见》，稳步推进现代公共文化服务体系建设各项工作。

一、贯彻落实的具体举措

一是深入学习宣传文件精神，营造良好舆论氛围。郴州市委市政府将学习和贯彻《意见》和《实施意见》作为加快推进文化建设的重要内容和推进公共文化事业发展的重要抓手和首要任务，摆上重要位置。举办了专题培训、辅导报告会等，在文化系统开展集中培训，邀请有关专家学者进行详细解读，广泛开展学习交流，研究贯彻落实思路和措施。同时，充分发挥新闻媒体宣传和自媒体优势，广泛开展宣传活动，营造了全社会关心、各方面支持、广大群众积极参与的良好氛围。

二是深入开展调查研究，认真谋划公共文化发展思路。组织文化等相关部门在全市范围内开展了广泛深入的调查研究，在广泛听取基层党委、政府和相关部门意见建议的基础上，准确把握广大群众对公共文化服务的需求，将实施方案的制定与编制“十三五”时期现代公共文化服务体系建设规划结合起来，作为贯彻落实《意见》和《实施意见》的重要任务。

三是强化分工协作，加快推进实施方案的制定实施。建立了由文化部门牵头的《郴州市公共文化服务体系建设联席会议制度》，明确议事规则，落实责任分工，充分发挥各成员单位职能作用，形成工作合力。实施方案制定过程中，以城乡基层和贫困地区为重点进行研究，深入分析面临的困难和问题，提出有针对性的具体规划、项目和措施，加快推进公共文化服务均等化。

四是坚持重心下移，强化基层贫困地区公共文化建设。按照《实施意见》关于加强基层文化队伍建设的要求，郴州市切实落实乡镇综合文化站编制，配齐适应综合性文化服务中心功能要求、具备综合性服务能力的专职工作人员，进一步明确岗位职责任务，有效解决“在位不在岗”等问题。同时，采取政府购买方式，设立城乡基层公共文化服务岗位，配置由公共财政补贴的工作人员，壮大基层公共文化服务力量。强化经费保障，切实用好用足农村文化建设专项经费等专项补助资金，确保专款专用，提高资金使用效益。制定贫困地区公共文化建设专项规划，结合贫困地区实际策划一批新的文化惠民项目，推动贫困地区公共文化建设跨越式发展。

二、所取得的初步成效

近年来，郴州市按照公共文化服务体系建设“覆盖城乡、结构合理、功能健全、实用高效”的总体要求，把公共文化服务体系建设作为保障人民群众基本文化权益的重要内容，突出公益服务，坚持文化惠民，全力推进公共文化服务体系建设，取得了明显成效。资兴市、桂阳县荣获“全国文化先进县”荣誉称号，桂阳县成为首批省级现代公共文化服务体系示范区创建地区。目前，全市共有公共图书馆 11 个，文化馆（群众艺术馆）12 个，博物馆、纪念馆 8 个，美术馆 2 个，乡镇（街道）综合文化站 201 个，文化信息资源共享工程乡镇服务点 268 个，村级农家书屋 3106 家，城区免费休闲读书吧 1500 余家，基本实现全覆盖。

（一）覆盖城乡的公共文化服务设施网络基本建立

1. 做好规划设计，整体推进现代公共文化服务体系建设

一是市委宣传部、市财政局、市文体广新局等相关部门高度重视，出台《关于加强基层宣传思想文化工作的意见》、《关于在全市宣传文化系统开展“五强五比”活动的意见》、《郴州市基层宣传思想文化工作三年行动计划》、《关于在全市开展理论宣讲“四个一批”、乡镇综合文化站、读书吧文化先进村评选活动

方案》和《2016年郴州市市本级政府购买服务指导目录》等系列文件，将公共文化服务体系列为重点强力推动。二是出台《郴州市文化事业“十三五”规划》将全市的重点文化设施建设项目纳入“十三五”规划，确保公共文化设施建设到位。三是加快推进桂阳县省级现代公共文化服务体系示范区创建，加快落实《郴州市中心城区公共文化设施专项规划（2014～2030年）》，为公共文化服务体系建设打下良好基础，并在全市起到示范区作用。

2. 提升设施功能，适应现代公共文化服务体系建设需求

一是高标准建设公共文化设施。市文化艺术中心项目（包括：市博物馆、市群众艺术馆、市规划展览馆、市科技馆、市音乐厅）投资近8亿元，建设规模59612平方米，主体工程已建设完成，建成后将成为郴州市标志性的公共文化设施。资兴市三湘四水、桂阳文化园一期工程、临武县文体中心、安仁县根雕博物馆建成投入使用；资兴市、宜章县、汝城县、嘉禾县等一批包括文化馆、图书馆、博物馆、体育馆、演艺场所的大型综合性文化设施，已开工建设或已规划立项。二是实施广播影视“村村通”、“村村响”、“户户通”、“无线数字化覆盖”和“公益电影放映”等惠民工程建设，切实保障基层文化权益。到2016年12月底，完成县乡村三级农村广播“村村响”11个县级播控平台，184个乡（镇）播控平台和2988个行政村的工程建设，共安装高清喇叭16396个、音柱7198组。完成了“村村通”10922个广播电视盲村工程建设，解决了165000农户看电视听广播问题。现各县（市、区）正在进行30户以上通电自然村的“村村响”工程建设。2016年完成“户户通”5万户，完成“10座电视发射台和10座广播发射台无线数字化覆盖”建设改造任务。三是夯实基层农村文化服务网点，完善基础文化服务功能。为257个乡镇（街道）综合文化站（撤乡并镇前数量）、60个城市社区配送了电脑、卫星接收设备、音响、乐器、书架等服务设备，提升了综合文化站服务能力。四是强力推进村级文体小广场建设。将文体小广场建设列入“民生100工程”，到2016完成建设近2000个。一个以市、县两级大型公共设施为骨干，以乡镇（街道）综合文化站和村（社区）文化活动室、农家书屋、广播站等基层文化设施为基础的公共文化服务设施网络逐步健全。

（二）公共文化服务效能明显提高

1. 大力提高队伍素质，增强公共文化服务能力

根据新形势新任务的要求，每年组织多种形式的业务培训和知识竞赛活动，2016年组织了全市乡镇综合文化专干培训班，对全市200多名乡镇文化专干进行

了轮训，着力提升乡镇文化专干的综合素质。汝城县、宜章县等向社会招聘了一批有文艺特长的文化专干充实到乡镇文化站。全市文体广新系统招募了3000余名文化志愿者，吸收了一批社会优秀人才参与公共文化服务工作，全市文化工作者队伍的整体素质有了大幅度提升，为公共文化服务体系建设目标的实现提供了坚强有力的组织保证。

2. 全面实施免费开放，保障群众基本文化权益

从2010起，郴州市启动了“三馆一站”（公共图书馆、博物馆、文化馆、乡镇综合文化站）免费开放工作，目前我市公共图书馆、博物馆、纪念馆、文化馆、乡镇综合文化站、农家书屋、休闲书吧等公共文化设施全面实施免费开放。2016年，全市博物馆、纪念馆共接待观众120万余人次。郴市公共图书馆共接待读者80余万人次，市图书馆举办林邑讲堂、郴图讲堂等公益讲座22场次，各县市区图书馆举办各类公益培训，培训人数上万人次。市图书馆牵头开展的读书公益推广项目“春苗书屋”在社区、村组建立流动图书站点50多个，发展少年儿童会员20000余人，参与服务的志愿者2000余人，捐赠书籍6000余册，获得了社会的关注与广泛好评。全市文化馆（群艺馆）免费举办广场舞、声乐、器乐、舞蹈、书法等各类免费培训班100余期，培训人员6000多人次。资兴市依托东江湖摄影艺术馆开展公益摄影服务，东江湖旅游摄影艺术惠民公益平台建设项目被文化部列入第二批国家公共文化服务体系示范项目。

3. 积极开展文艺活动，丰富群众精神文化生活

近年来，郴州市打造主题群众文化活动品牌，突出地方文化特色，以品牌活动带动基层群众文化的繁荣，涌现出了一些新亮点。一是文化惠民有精品。“郴州艺术节”3年一届，已举办7届，每届精选全市原创节目和作品近2000个（幅），为群众免费举办展演和展览近40场；“欢乐潇湘美丽郴州我的家”已连续举办3年，通过层层发动、广泛组织，开展群众文化活动，选拔出来自基层的优秀节目，在广场、公园和乡村为百姓展演。“中国经典昆曲展演”两年一次，来自全国的昆剧院团带来优秀的剧节目为群众送文化大餐。二是品牌引领有特色。市直举办的“昆曲周末剧场”、“欢乐广场月月演”、“快乐大舞台双周汇”、“春风进万家”文化志愿服务等活动已经深入人心。各县市区品牌文化活动如火如荼，苏仙区的“苏仙岭放歌”活动每周星期天上午8点半准时在4A级景区苏仙岭桃花居进行；资兴市“激情广场”文化活动量身为群众打造，每年开展50多次；汝城县依托革命老区，坚持28年不间断的开展“湘粤赣三省三县文化交流”活动。三是群众参与有热情。特别是安仁“赶分社”、宜章“夜故事”、汝

城“香火龙”、永兴“倒灯”等民俗文化活动万人空巷，让人感受郴州各地浓郁的特色文化风情。2016年各类群众文化活动2000多场，“演艺惠民、送戏下乡”906场，农村电影放映35256场、广场电影放映7900场，组织文化志愿者开展“进军营、进企业、进福利院、进敬老院”等慰问演出活动200多场，基层群众的文化生活日益丰富。

三、存在的问题和困难

（一）公共文化服务体系建设的投入不足

近年来，郴州市的公共文化服务体系建设投入在增加、设施在改善、服务在提升，但是由于历史欠账较多，基层薄弱，与全面小康社会的建设要求和群众的精神文化需求相比，还有一些差距。

（二）公共文化设施布局不全、标准不高

郴州市公共文化设施在近几年有了很大的改善，但总体来看，还存在一些问题。一是市中心城区至今没有建立美术馆，没有专业演出剧场。二是市级图书馆和博物馆依然不是独栋独院。三是布局不全。县级公共图书馆、博物馆（纪念馆）、美术馆还没有全覆盖，北湖区没有公共图书馆，有4个县没有博物馆（纪念馆），只有2个县市有美术馆。部分乡镇综合文化站、农家书屋在建设时布局不合理，位置较偏，存在利用率不高的问题。四是标准不高。在“三馆”中我市只有2个一级馆，大部分都是二级馆、三级馆，文化馆中还有无级馆。街道文化站、社区文化活动室普遍存在面积偏小、设施不全的问题。

（三）公共文化人才队伍建设亟待加强

一是公共文化服务机构人员编制不足。全市公共图书馆、群艺馆和文化馆，普遍编制偏少，县市区文化馆编制最多的北湖区文化馆只有13人，少的馆只有8人，县级图书馆编制最少的图书馆只有5人。乡镇综合文化站基本都是1～2个人，个别乡镇有2个以上的人员，并且乡镇文化专干不专的问题仍十分突出。二是文化人才队伍素质不高。市县一级的文化馆、图书馆、博物馆等机构高级人才缺乏，郴州市打造精品文艺节目都需向外地或省里聘用导演、编舞、编曲等专业人才，编剧、作曲、演员等领域也存在青黄不接的问题。乡镇（街道）、村（社

区）一级文艺专业人才缺乏，很多文化专干不懂文艺，不会组织文化活动。

（四）服务内容有待丰富，服务形式有待创新

郴州市公共文化服务的主要内容和形式是送戏曲、文艺、电影、图书进社区、进农村、进学校、进企业、进机关，还有电视、广播的村村通、户户通以及不定期地组织群众性文化活动，由于公共文化提供主体人才缺乏、资源有限、供给机制固化，对公众丰富多样的文化需求回应性十分有限，往往只是“送”多“种”少、“旧”多“新”少、“俗”多“雅”少。而大家喜欢的网络文化消费、互动性文化活动、高雅艺术欣赏、珍贵文物观赏等有待纳入服务体系。

永州市现代公共文化服务体系建设概况

永州市文体广新局

2015年，湖南省召开现代公共文化服务体系建设现场推进会，对现代公共文化服务体系建设工作提出了很多新精神和新要求。会后，我局积极主动汇报，得到了市委、市政府的高度重视，积极落实全省会议精神，围绕建设社会主义核心价值体系和满足城乡居民精神文化需求的要求，坚持政府主导、突出群众主体、实施共建共享，以公益性、基本性、均等性、便利性为基本原则，以保障人民群众看电视、听广播、读书、看报、艺术鉴赏、参与公共文化活动和体育健身为主要内容，在建立覆盖城乡、结构合理、功能健全、实用高效的公共文化体育服务体系方面取得了一些成效。

一、加强公共文化服务体系建设的主要做法

（一）强化保障措施，进一步完善体制机制

永州市坚持把加强现代公共文化服务体系建设工作作为全面小康、精准扶贫的核心工程抓紧抓好抓实。一是深化思想认识。党的十八大以来，以习近平同志为总书记的党中央，把加快构建现代公共文化服务体系纳入全面深化改革全局，永州市上下高度重视，认真组织学习中办、国办印发的《关于加快构建现代公共文化服务体系的意见》和《国家基本公共文化服务指导标准》和省里《湖南省关于加快构建现代公共文化服务体系的实施意见》等文件，从中提炼新理念、树立新观点，把现代公共文化服务体系建设作为提升城市文化软实力、实现公民文化权利的一项重要事业来抓，努力实现公共服务型政府，为公民提供基本公共文化产品和服务，创造条件，拓宽渠道，让公民能够参与各种文化活动。二是强化政策支持。近年来，永州市相继出台了《关于加快建设文化强市的意见》、《关

于扶持文化产业、文化事业发展的有关规定》等一系列文件，为文化发展提供保障。2015 年，永州市研究制定了《“十三五”文体发展总体规划》。市委、市政府主要领导做出批示，要求贯彻落实中央、省里会议和文件精神，成立了专门班子，建立了联席会议制度，结合永州市实际出台了关于加快构建现代公共文化服务体系的实施意见。市文体广新局作为全市文化体育行政主管部门，草拟了永州市关于加快构建现代公共文化服务体系的实施意见，在 2015 年 11 月通过函件的形式书面征求了市委办、市政府办、市财政局等 13 个市直单位和各县区的意见。同时把草拟稿发给各县区文体部门，委托县区局通过网站征求意见，还在永州文化网等网站刊登征求意见函，广泛征求人民群众和社会各界的意见和建议。永州市先后组织召开了三次专家学者座谈会，征求他们的意见和建议。在草拟稿多次修改的基础上，市政府分管领导出面组织市直有关部门召开专门会议，邀请各有关部门分管领导和经办科室负责人参会，再次征求意见和建议，形成了永州市《关于加快构建现代公共文化服务体系的实施意见》，市委、市政府审议通过，已经正式印发。三是加大资金扶持。尽管永州市财力十分紧张，但仍然保证了财政对文化建设的投入逐年增长，并设立了文化发展专项基金，形成了稳定的公共文化投入保障机制。同时，积极创造条件，全面落实中办发〔2007〕21 号文件《关于加强公共文化服务体系建设的若干意见》中“要把社区文化中心建设纳入城市规划，从城市住房开发投资中提取 1%，用于社区公共文化设施建设”、“市县各级财政对文化事业的投入不得少于本级财政收入的 1%”的规定。目前，永州市正在起草具体的操作办法，征求相关部门的意见和建议后，提交市委、市政府讨论通过。四是加强队伍建设。鼓励系统内干部职工参加专业培训，每年人均培训时间不少于 15 天。每年举办全市文物、群众文化、非遗保护、图书馆业务、群众体育、电影放映、市场监管等 30 多个培训班，培训学员 1200 多名，还选送 50 多名优秀人员参加中央、省市专业培训。五是实施“三区”人才支持计划。制定了《永州市“三区”人才支持计划文化工作者专项实施方案》，先后选派原市文物管理处稽查科长赵仁万同志、市群众艺术馆副科级舞蹈专干杨承军同志、市艺术创作中心办公室主任敖铭住同志到江华瑶族自治县挂职。新田县和江华瑶族自治县也选派业务精、责任强的专业技术人员先后到各乡镇兼任乡镇综合文化站副站长开展乡镇文化工作。积极选派人员参加省厅举办的“三区”人才支持计划文化工作者省、市选派人员培训班。同时，落实政策保障、经费保障、生活保障，明确了选派到县区和乡镇的文化工作者，选派期间人事关系和工资福利待遇不变，对于选派工作期间业绩突出、基层欢迎的优秀人员，予以表彰奖励。市选派干部赵仁万在挂职期间表现突出，被提拔为市文物处副处长。选派工作经费由中央财政下拨经费支出，按每人实际每天30元的标准给予伙食补助，培养工作经费按照实际开支支配。要求受援县、受援乡镇安排好选派人员的住宿生活场所，解除其后顾之忧。“三区”人才支持计划文化工作者专项工作实施3年来，永州市选派的文化工作者根据自己的专业特长，对受援县、受援乡镇进行文物保护、群众文化、基层文化队伍建设、文化辅导、戏曲普查等方面的指导，推动了受援县、受援乡镇的文化发展。

（二）落实各项任务，进一步加强体系建设

近年来，永州市以基础设施建设为抓手，突出公共服务和现代市场体系建设，文化体育事业产业呈现良好的发展态势。

1. 文体基础设施得到夯实

一是场馆建设扎实推进。市美术馆、市图书馆、市体育馆、舜帝陵古遗址博物馆已建成开放，新建或改扩建了8个县的文化馆、图书馆。二是群众文化设施不断完善。市体育广场、蘋洲文化广场、蘋洲书院竣工投运。三是数字影院建设喜人。全市共建成了18家多厅数字影院，在建影院3家。四是有线电视网络数字化进展良好。有线数字电视整体转换和网络双向化改造基本完成，发展用户40万户。五是基层文化设施初步完善。配备流动演出车22辆、演出通勤车12辆、新华书店汽车11辆，建成12个文化信息资源共享工程县区支中心、4072个乡村网点，并基本配齐了文化活动设备，完成了全市177个乡镇综合文化站建设。2016年，投入600余万元为贫困县和社区配备了各种文化设施设备。我市投资4亿元的文化艺术中心已经开工建设，还规划筹建市博物馆、市图书馆等一系列大型城市文化设施，打造永州市新的城市文化核心，从根本上彻底改变中心城区文化设施建设水平较低的状况。

2. 文体惠民工程来势喜人

公共文化体育场馆对外免费开放或低费开放，年均送戏下乡760场次，送电影下乡60708场。广播电视村村通工程累计解决30多万户偏远山区农民收看电视收听广播难的问题。新建“农家书屋”5173家。全市有11个任务县区启动了“村村响”设备安装和招投标工作，总投资1.3亿元。道县、新田县完成了930个村的广播“村村响”建设任务。全市共完成“户户通”信息录入144930户，用户信息录入率为100%，总录入数和进度居全省第一。修建农民体育健身工程1993个，建设雪炭工程、多功能运动场、一县一品、江湖山道品牌项目等45个。

2016年共争取到394套全民健身路径（1万元/套），市级体彩公益金采购器材16套，器材已全部分配到社区、村居委会。培养国家级社会体育指导员6名，一级社会体育指导员600余名，二级社会体育指导员2500余名。

3. 群众文体活动成效明显

一是广泛开展各类群众演出活动。每年新春、元宵、国庆等佳节举办新春音乐会、元宵灯谜会、龙舟大赛、庆国庆滨江广场文艺汇演，以及少儿音乐舞蹈大赛、永州电视歌手大奖赛。二是依托滨江广场、市体育馆、市体育公园、县区的休闲广场等设施，组织群众开展各种文艺表演，以及美术、书法、摄影作品展，基本实现了“一季一主题、月月有活动”、“一月一场大演出、一周多场小活动”。三是打造了九嶷山公祭舜帝大典和“阳明山”文化旅游节、盘王节、清明祭柳、女书文化活动周等省内外有一定影响力的大型活动。群体活动方兴未艾，整体水平不断提高，2016年在全省欢乐潇湘节目评选中，永州市获3个金奖，3个银奖，4个铜奖，跻身全省先进行列。全省“红旗颂”合唱大赛获金奖第二名，核心价值观广场舞大赛获金奖。“欢乐潇湘和美永州”活动每年组织1500多场大小不等、形式多样的文化活动，参与群众演员达3万人，观看群众近100万人。每年主办大型群体活动80场次，承办国家级、省级大型群体活动12场次，协助各单位、各协会举办交流赛事200场次，参与群众达80余万人次。四是开展纪念中国共产党成立95周年和红军长征胜利80周年系列活动。举办了永州市庆祝中国共产党成立95周年“红旗颂”大型群众合唱、纪念中国共产党成立95周年和红军长征胜利80周年书画展。五是全国第四届草书展等系列活动落户永州。全国第四届草书展、首届怀素草书展、全国草书名家邀请展已正式签订合同，确定将于2017年2月分别在长沙和永州举办。六是2016年永州市举办了全市广播体操培训班、永州市首届登楼比赛、全市工间操比赛、全市门球赛、首届永州城市健康乐跑、道县龙舟赛、全市乒乓球赛、8月8日全民健身日活动、全市足球比赛、全市二级篮球裁判员培训班、湖南省原创广场舞免费培训班、市直单位职工篮球赛等，承办了2016年全国女子篮球青年锦标赛、全国男子水球联赛常规赛、全省青少年水球锦标赛、中美篮球对抗赛以及2016湖南省“强民杯”农民篮球、乒乓球比赛等具有广泛影响力的赛事。永州市首届中学生足球比赛和中学生运动会的举行为青少年体育发展起到积极推动作用。

4. 文艺精品力作喜获丰收

电影剧本《毛泽东与齐白石》获得全国“五个一工程奖”，是永州市首次获得全国性的综合大奖，获得省“五个一工程奖”6个，湖南艺术节金奖12个、银奖23个、铜奖40个，优秀作品奖104个，保护非物质文化遗产贡献奖1个，田汉表演奖10个。长篇小说《度戒》进入全国第九届茅盾文学奖入围篇目名单。出版发行了《千字文碑》、《永州国宝》、《永州石刻》、《三色永州》、《蔚蓝天空上的18朵云彩》等10多部反映永州文化的专著，对宣传推介永州起到了积极作用。2016年，永州市申报国家艺术基金提交项目库成功的共12个项目，相比2015年数量增加了1倍。王青伟编剧的电影《过山榜》已由上海电影制片厂开拍。唐孟冲的音乐作品《我在云水间》荣获“锦绣潇湘快乐湖南”首届原创旅游歌曲大赛十大金曲奖，赵斌的音乐作品《瑶山追梦》荣获湖南原创精品歌曲十大金曲奖，《幸福山寨》、合唱《美在永州》、《斯尕几格罗》在《音乐教育与创作》杂志上发表。

5. 文化遗产保护得到加强

一是文物保护工作成果丰硕。以永州创建国家历史文化名城为契机，全市发现新文物1371处，开展了上甘棠、武当山、鬼崽岭等重大文物考古，组织了舜帝陵、浯溪碑林、柳子庙等文物维修。国家重点文物保护单位增加19处、达到27处，省级文物保护单位增加43处、达到56处，名列全省第二；有8个全国历史文化名村、22个全省历史文化名村名镇。市保单位总量上升至222处。已全面完成全市可移动文物数据采集和登录任务，共登录文物13108件（套）。2016年以来，全市文物保护经费共投入4416万元。二是非遗保护传承持续推进。零陵区柳子街成为中国首批30个历史文化街区之一，是湖南省唯一获此殊荣的街区。新增国家级非遗4项，达到7项，新增省级非遗8项，达到18项，位居全省前列。祁剧、长鼓舞、女书等非遗保护得到加强，女书应邀参加了第三届和第七届“联合国中文日”展览，2014年谭盾的《女书》暨美国费城交响乐团音乐会在湖南首演，并在全国和世界各地巡演，扩大了《女书》的世界影响力。2016年，江华、江永、宁远、蓝山四县联合申报瑶族文化生态保护区。市委、市政府重点打造了集餐饮、文化、旅游、非物质文化遗产展示等一体的源味街，促进了非遗项目产业开发。近年来，全市争取中央、湖南省文物保护资金达3.6亿元，非遗保护资金近1500万元。

6. 竞技体育成绩取得突破

组队参加了2016年全国举重高水平后备人才基地举重锦标赛，获得9金6银3铜。永州市选手伍阳英、廖秋云分别在2016年全国柔道锦标赛和2016年全国举重冠军赛中夺金。近年来，我市共获得奥运会冠军2个，世界冠军3个，亚运会季军1个，全国冠军10个、亚军9个、季军17个，全省冠军170个。创建国家级高水平体育后备人才基地、全省“四强”工程4个、省体育传统项目学校7个、国家级青少年体育俱乐部5个、全国户外营地1个。

7. 文化市场管理规范有序

每年开展网吧、娱乐场所、扫黄打非、广电行业等系列专项整治行动达10余次，网吧接纳未成年人的现象已基本绝迹，人民群众满意度明显提升，我市网吧整治得到文化部及省委、省政府领导的肯定，人民网、新华网、腾讯网、新浪网、凤凰网等20多家新闻媒体推介我市经验，网友们对网吧整治的“永州样本”纷纷点赞。2015年有2个案件成为国家“扫黄打非”办挂牌督办案件，文化市场总体平稳、健康有序。2016年，我局对行政审批事项进行了认真清理，仅保留11项。开展了“利剑”行动，检查经营单位2461家次，查处违规案件148起。对扫黄打非“清源2016”、“护苗2016”、“固边2016”和“净网2016”专项行动进行全面部署。在“护苗2016”专项行动期间，联合市县文化市场综合执法局（大队）对重点部位的中小学校周边的出版物销售场所、报刊亭、印刷厂、打字复印店以及网吧等，进行了地毯式的全面清查。责令停止播出问题广告16个，查处违规广告案件3起。查获非法销售卫视设施67套，拆除473套非法接收设施，并将其全部并入了有线网。对52家星级宾馆和361家重点非星级宾馆等场所进行了接收境外卫星电视节目专项清查整顿行动。

8. 文化产业发展态势良好

奔腾文化创意、九恒条码、恒津包装、异蛇科技、茹园堂文化传媒有限公司等一批骨干企业，成为推动文化创意产业发展的领军力量和带动产业链条发展的原动力。以潇湘文化古玩城为龙头的古玩、奇石特色经营年交易额可达2亿元。全市文化生产和服务单位发展到6000家，其中规模以上文化企业73家，2015年文化产业增加值41亿元。据初步估算，2016年1～10月全市文化和创意产业增加值约为40亿元，同比增加5.6亿元，同比增长22.9%，占GDP的比重达到4%，比2015年占比提高1个百分点。全市有文化产业个体户8696户、文化产业法人单位5236家，从业人员约为55万人，同比增长12.1%，其中规模以上文化企业45家。安排就业17万人，带动社会就业35万人，带动相关产业增收360亿元以上。目前，永州市体育产业体系基本完善。健身休闲、竞赛表演、场馆服务、中介培训、体育用品制造与销售等体育产业各门类都有较快发展，产业组织形态和集聚模式日趋丰富。全市共有88家体育产业个体经营户，主要销售体育用品、健身器材、服装鞋帽，从业人数约1.5万人，年销售额约3.5亿元。以专业生产NIKE篮球鞋、足球鞋等系列运动鞋为主的祁阳县凯盛鞋业先后带动8家配套企业，形成了一个总投资超过7亿元、年产值超10亿元的制鞋产业群。体彩发行稳步提升，到2016年为止，永州市体育彩票发行1.4亿元，创历史最高水平。

二、当前公共文化服务体系建设中存在的一些问题

近年来，永州市认真贯彻中央和省委、省政府决策部署，大力推进城乡公共文化服务体系建设，取得很多成绩，但与其他地区相比，依旧存在一些突出问题。

1. 公共文化建设投入不足

虽然中央、省对公共文化设施建设下发过、出台过很多文件和政策，但永州市属于经济欠发达地区，还不能完全落实。同时，中央支持的文化项目资金较少，省级配套资金、配套的文化信息共享工程设备和群文器材都未能及时到位，再加上房屋每年需维修管理，设施设备逐年老化需报损补充，而市、县区财力有限没有配套，文化活动的经费、器材、场地等不能得到有效保障，很多活动无法正常开展。

2. 公共文化服务能力较弱

城乡基层文化设施总量相对不足，文化基础设施较为薄弱，文化大院设施陈旧落后，普遍规模小，活动器材和设备落后，公共文化设施利用率不高，文化产业和娱乐形式只能满足群众的低层次文化需求，与群众快速增长的文化需求不相适应。特别是惠及大众、让更多群众享受免费公共文化服务的基层综合性文化服务中心缺乏。永州市大多数县区属偏远山区，受各方面资源条件限制，大多数村、社区都还未启动基层综合性文化服务中心的建设，不能满足大多数群众需要。实施的乡镇综合文化站建设、农家书屋建设、广播电视村村通工程，因投入不足，加之在建设过程中“重硬件、轻软件，重设施，轻人才”，导致一些乡镇、社区的文化站、文化活动中心，没有充分发挥作用。全市现有的村文化室及社区文化活动中心普遍存在应有的文化活动配套设施、设备缺乏的问题，这使得多种文化活动不能开展，大大降低了村活动室的利用效率。

3. 文化产品不能充分满足需求

文化产品内容缺乏吸引力，产品消费形态比较单一，电视、报刊、网络等内容雷同，文化市场东西多、精品少，各类演出数量和种类都不足；文化产品和服务价格过高，人民群众难以承受，看一场电影几十元，看一场演出几百元，文化

消费变成了“贵族消费”；个别地方存在互联网服务场所容留未成年人上网、歌舞娱乐场所藏污纳垢、音像出版市场盗版盗印，互联网信息服务管理、手机低俗庸俗信息管理、音像和书报刊市场管理混乱等现象，一定程度上影响了人民群众的正常文化生活；部分精神文化产品和服务存在“低俗、庸俗、媚俗”现象。

4. 对文化遗产资源重视不够

永州市历史文化底蕴深厚，历史、人文资源丰富，具有本土特色，但缺乏有影响力的传播载体，大多呈原生态。在经济发展过程中，存在资源管理不善、维护不好、服务缺乏的现象，且忽视了对地方特色文化的把握，无文化定位，无特色可言，难以满足群众需求。

5. 人才队伍建设力量不强

大部分基层文化服务中心无专职人员管理，基本上都由村干部兼任，乡镇文化站的工作人员大部分时间都在应付乡镇政府的经济工作，每年除组织全县指定必须要参加的文化活动外，其他文化业务工作难以开展。

三、努力加快构建工作的设想和思路

1. 切实提高基层公共文化服务能力

做到重心下移、资源下移、服务下移，进一步完善覆盖城乡的基层公共文化设施网络。重点推动基层公共文化设施资源整合、共建共享，统筹建设集宣传文化、党员教育、科学普及、普法教育、体育健身等多功能于一体的基层公共文化服务中心。同时，坚持建管并用，对现有的公共文化馆所进行优化提质，最大限度地让群众广泛享有文化发展成果，提高馆所使用效率。

2. 丰富公共文化产品和服务供给

为人民群众提供内容丰富、形式多样、健康向上、品质优良的公共文化产品和服务。要坚持以人民群众基本文化需求为导向，加强公共文化产品创作生产的引导，让群众真正喜欢文化、参与文化、创造文化。

3. 探索有效的路径，壮大文化人才队伍

作为省级历史文化名城的永州，诗书音画等文化人才遍地可寻，但是愿意潜心下基层扶持文化事业的人才还远不能满足现实文化发展的需要。在引进人才方面要创新思路，坚持立足当前、兼顾长远，一方面为当地文化事业爱好者提供免费培训，就近取才；另一方面与高校签约人才，储蓄人才后备力量。

4. 发挥政府、市场还有社会多元主体的作用，拓宽投资渠道

建立以政府财政投入为主，社会投入为辅的机制，吸收更多的社会力量来举

办文化事业，同时，制定鼓励社会力量参与的优惠政策，支持个人、企业、协会等社会力量参与到公共文化服务建设中来。

5. 发挥以点带面的辐射作用，推动县区、乡镇、村社区三级加快建设

一方面要促进示范区创建先行，对照湖南省现代公共文化服务体系示范区创建标准，按照公益性、基本性、均等性、便利性的要求，强化资金、政策支持，督促宁远县组织做好具体实施意见、方案和行动规划。另一方面总结推广宁远县示范区创建的先进工作经验，督促指导其他县区根据当地实际情况，结合农村社区建设、建整扶贫、美丽乡村建设，以及贫困地区连片开发等政策支持制定切实可行、可操作性强的实施方案与项目，采取“典型导向，突出重点”的办法，在每个县区选择几个乡镇办好1～2个村级示范点，以后逐步推开，加快基层综合文化服务中心建设。

怀化市现代公共文化服务体系建设概况

怀化市文体广新局

一、工作开展情况

近年来，我们按照中央、省关于公共文化体系建设的有关要求，全力以赴抓实抓细各项工作。

1. 加快推进公共文体设施建设

近年来，怀化市、县两级想方设法筹集资金，创造条件，不断改善公共文体设施条件。一是城区文娱设施不断完善。完成芷江·湖南人民抗日战争纪念馆布展、芷江受降馆改造，新建通道萨岁广场、新晃晃州风雨桥等公众文娱场所5处，改造怀化迎丰公园、辰溪刘晓公园等公众休闲景观10余处，新建市公共图书馆，建筑面积达8360平方米。目前，全市已有文化馆15个（市级1个、县级14个），建筑面积26400平方米；图书馆15个（二级馆7个、三级馆8个），建筑面积24731平方米；博物馆、纪念馆9个（国有7个、民办2个），展厅总面积11217平方米；剧院（场）34个（市级4个、县级15个、乡级15个）；国有文艺院团7家，电影公司13家，影剧院13家，市民文体活动更加便捷。二是基层文娱设施不断夯实。全市新建乡镇文化站290个（129个被文化部评为等级文化站），建筑面积75747平方米；新建社区文化活动室115个，平均面积达到100平方米以上；新建文化信息资源共享工程县级支中心13个、村级网点3850个，农家书屋3953个；解决了76个社区文化活动室配套资金380万元、配送共享工程设备587台（套）、基本业务设备760台（套）；启动了农村广播村村响建设，其中中方县、洪江市建设任务现已完成；启动了广播电视直播卫星户户通建设，已完成建设任务27261户，乡村文化发展基础不断夯实。三是群众体育活动设施不断提升。市本级已完成市体育中心1期、2期工程建设，建筑面积达3.8万平方米；麻阳等5县区公共体育中心（馆）已投入使用，中方等5县市公共体育中心（馆）正在建设。目前，怀化市共有体育场地3625个（其中室内57个），场地面积435万余平方米，建筑面积17.8万平方米；建设农民体育健身工程1779套、健身路径239个。全市文体工作基本网络初步形成，公共文体服务基本平台日趋完善。

2. 积极促进公共文化服务提升

近年来，怀化市着力丰富乡村群众文娱生活，深入推进城乡文明建设。2015年，怀化市积极开展农村公益电影放映工程，全市放映公益电影46000余场次，基本实现每村每月放映一场公益电影；深入开展“送戏下乡”活动，全市送戏下乡达800余场次；围绕“4·23”世界读书日，市、县两级精心组织全民阅读主题活动和征文活动，市文化部门在全民阅读日期间组织售书达7万余册；积极鼓励公众参与公共文化活动，全面实行文化馆、图书馆、博物馆（纪念馆）、乡镇综合文化站免费开放，群众文化活动服务质量、参与人次不断提升；大力开展全民健身活动，2015年仅市本级就开展全民健身活动60次，参与人数超过50万人次，全民健身得到广泛推广。

3. 大力开展各类节会文化活动

坚持以节会活动推动群众参与文化生活，推动公共文化与旅游产业融合发展。2015年，怀化市先后举办了中国侗族大戊梁歌会暨第四届湘桂原生态风情节、中国·怀化（中方）“刺葡萄文化节”、靖州杨梅节等大型群众节会25场次，民族文化、耕种文化得到广泛传播和彰显；承办了湖南省纪念中国人民抗战胜利70周年大会、第五届中国芷江·国际和平文化节、向警予同志诞辰120周年纪念活动等高规格纪念大会，弘扬了“和平”文化，增强了广大群众爱国意识。2016年，怀化市承办了湖南省首届乡村文化旅游节，组织举办了湖南通道·中国侗族大戊梁歌会、中国·靖州杨梅节暨飞山文化旅游节、新晃山地马拉松赛、中国·黔阳古城“三月三”女儿节等各类活动20余项，打造了通道侗文化、芷江和平文化、洪江古商城文化等一批地方文化品牌，丰富了人民群众文化活动。同时，怀化市还组织了庆祝建党95周年“红旗颂”大型群众合唱比赛、怀化市首届龙舟大赛、怀化市机关单位篮球赛等重大体育文化赛事，溆浦、辰溪、沅陵、通道等县市区的民间端午龙舟、民俗歌会、篮球联赛等各类活动也有序开展，节会文化活动有声有色，有效满足了群众文化需求。

4. 深入开展公共文化体系创建

一是加快出台政策支持文件。为贯彻落实上级相关精神，怀化市先后召开了

4 次协调交流会，充分征求了 15 个市直单位、13 个县市区意见建议，现已完成《怀化市关于加快构建现代公共文化服务体系的实施意见（草案）》，正在走办文程序。二是积极开展文化体系示范区创建。按照“公益性、均等性、基本型、便利性”的要求，将洪江区作为省级现代公共文化服务体系示范区进行建设，明确目标任务，强化工作措施，努力将洪江区建成“覆盖城乡、便捷高效、保基本、促公平”的现代公共文化服务体系，实现以点带线、以线带面，推动怀化公共文化体系发展。三是大力推动社区公共文化标准化建设。选定条件成熟的鹤城区迎丰街道办事处及社区作为 2016 年公共文化服务体系标准化建设试点。截至目前，已筹资 20 万元给该办事处 4 个社区购置图书；投入近 70 万元为该办事处 12 个社区添置群众体育健身路径器材。同时，我们将在有条件的社区，推动实施群众每个月免费观看 1 场数字电影、中小学生每学期免费观看 2 场次爱国主义教育电影、演艺单位每年免费开展 2 场以上文艺演出；对特殊人群和低收入群体参观文物及非遗类博物馆实行门票减免；社区内图书馆（室）、文化馆（站）、电子阅览室提供免费上网服务；等等。努力使社区成为积极健康、文化氛围浓郁的和谐家园。

二、存在的不足与问题

1. 城乡公共文化服务体系发展不均衡

对照中央、省里有关要求，怀化市现代公共文化服务体系建设城乡发展不平衡，乡村公共文化设施标准化建设滞后，农村居民还不能均等享受公共文化，特别是乡村两级的公共文化体系建设基础非常薄弱，一定程度影响了群众文化生活的幸福感。

2. 公共文化服务体系建设投入不足

怀化市属于武陵山贫困地区，经济发展比较落后，各级财力十分有限，以致在现代公共文化建设上投入不足，特别是乡村两级，其经费仅勉强能维持正常运转，无法将工作重心转移到公共文化创新发展中来。同时，个别县市区存在硬件与软件投入不平衡现象，将有限的资金多投向硬件建设，而在文化人才引进、队伍培训、文艺创作等软件提升方面投入不够，影响了公共文化服务水平的提升。

3. 公共文化队伍建设亟待加强

以各县市区文化馆为例，表演人才相对较多，但研究、创作人才严重不足；声乐、舞蹈专业人才相对较多，但其他艺术门类尤其是戏剧、理论人才严重不足；专业艺术人才相对较多，但管理、经营人才严重不足。公共文化队伍建设有待进一步加强和优化。

三、下一步工作打算

对照中央和省有关实施要求，结合实际，怀化市下一步将努力做好以下四个方面工作：

1. 强化现代公共文化服务体系建设保障

怀化市将把现代公共文化建设纳入经济社会发展总体规划，与经济社会发展一同研究部署、一同组织实施、一同落实考核；及时落实上级有关文化发展的财政支持政策，确保专款专用，提高资金利用率；制定市县乡三级财政投入硬性指标，并确保随着财政收入的增长逐步增加，形成长效投入机制；督促县市区进一步集中财力，加大村级文化设施建设资金的倾斜力度。同时，坚持以政府投入为主导，采取政府采购、项目补贴、定向资助、税收减免等政策，引导和鼓励企业、社会组织及个人兴办公益性文化事业，建立多元化文化投入机制。

2. 加快现代公共文化服务基础设施建设进度

进一步加强协调调度，加快推进总投资为5亿元、总建筑面积5.5万平方米的市级“四馆一中心”（艺术馆、博物馆、科技馆、城市规划馆、影视中心）建设，力争2016年开工建设，2018年投入使用。积极拓宽融资渠道，全市发行的20亿元地方债券将重点用于县市区“四馆一中心”建设，着力提升县级公共文化基础设施水平。同时，加快城区公共文娱设施和休闲广场建设，推进基层综合性文化服务中心建设，使更多群众能更好地享受现代公共文化发展成果。

3. 不断加强文化人才队伍建设

一是给予文化人才引进政策支持。对急需型文化人才实施“绿色通道”，注重考察专业技能，增加用人单位选人用人自主权，鼓励用人单位多途径培养、招录急需人才，增加文化部门的专业人才数量。二是加强文化队伍建设。积极落实上级关于文化场馆人员配备要求，配齐配强各级文化场馆人员，确保文化管理队伍稳定。同时，建立文化志愿者的选拔、培训、激励机制，鼓励和引导社会民间团体参与公益性文化服务，充实基层文化队伍。三是实施文化人才培养工程。持续开展大规模文化人才培训，市级重点培养能够策划大中型文化活动、进行文艺精品创作的“领军人才”，逐步建立基层文化队伍培训的长效机制。四是不断壮大文化队伍特别是文艺队伍，发挥基层文化骨干、文化能人的作用，培育和发展业余演出队、文化专业户等，力争有条件的村能够拥有一支农民业余文化队伍。

4. 广泛开展丰富多彩的文化活动

将按照贴近民生的要求，结合重大节庆假日积极开展群众文化活动和送文化下乡活动；充分发挥市县乡村四级公共文化馆（场）的便民服务作用，积极开展多形式的乡村文化活动。大力加强广场文化、村镇文化、家庭文化建设，积极组织开展歌咏、文艺演出、书画摄影比赛等基层文化活动，不断丰富人民群众的精神文化生活。

娄底市现代公共文化服务体系建设概况

娄底市文体广新局

近年来，娄底市各级党委、政府认真贯彻落实《中共中央办公厅国务院办公厅印发〈关于加快构建现代公共文化服务体系的意见〉的通知》（中办发〔2015〕2号）、省委办公厅省人民政府办公厅《关于加快构建现代公共文化服务体系的实施意见》（湘办发〔2015〕39号）等文件精神，把扎实推进公共文化服务体系建设作为全面推进小康社会建设的重要举措来抓，努力促进文化大发展大繁荣，增强文化软实力，取得了明显的成效。公共文化服务网络逐步健全，公共文化服务条件大为改善，公共文化服务水平不断提升，人民群众的文化获得感不断增强。

一、不断健全公共文化政策保障

各级党委、政府按照中央、省部署安排，高度重视公共文化服务体系建设，确保了公共文化服务体系建设顺利推进。2016年3月，原市委常委、原宣传部长伍美华、分管文化工作的副市长甘跃华分别带领宣传、文化等有关部门负责人，深入到娄星区杉山镇十字村、双峰县荷叶镇综合文化站及石林村等地，调研基层公共文化服务体系建设情况，听取基层干部群众对市委办、市政府办《关于加快构建现代公共文化服务体系的实施意见》的修改意见、建议。4月初，市政府召开了公共文化服务体系建设第一次联席会议，副市长甘跃华出席会议。与会人员就如何加快构建我市现代公共文化服务体系以及我市基本公共文化服务实施标准（2016～2020年）、工作分工等进行了热烈讨论。目前，市委办、市政府办出台了《关于加快构建现代公共文化服务体系的意见》［包括《基本公共文化服务实施标准（2016～2020年）》］，公共文化服务体系建设工作纳入了市、县经济社会发展规划，并写进了《政府工作报告》；基层综合性文化服务中心建设也纳入了

“十三五”发展规划，41个贫困地区村级综合性文化服务中心建设已经启动；《意见》中提出的各项工作正在市公共文化服务体系建设联席会议的统一组织协调下，进一步明确分工，细化责任，统筹推进落实。新化县创建全省公共文化服务体系示范区工作全面启动，县政府出台了实施方案，制定了一系列配套创建制度，各项创建工作正在进行，确保在2017年创建成为全省公共文化服务体系示范区。

二、持续推进公共文化惠民工程

在国家、省的安排部署下，娄底市连续多年组织开展文化信息资源共享工程、农家书屋建设、送戏送电影下乡、广播电视“村村通”、“村村响”等文化惠民工程，极大地缓解了基层群众看戏难、看书难、看电影电视难等老大难问题。如全市共建成了3424家农家书屋，覆盖了每一个行政村，年年开展“示范性农家书屋”评选活动，促进长效管理。为文艺院团配备了6台流动舞台车、5台演出通勤车，常年开展“演艺惠民、送戏下乡”活动，实行“群众看戏、政府买单”，每年全市完成送戏下乡任务400场以上。文化信息资源共享工程实现了县市区有支中心、村村有站点的较为完善的网络。新化、涟源图书馆配备了流动图书车，每年共开展流动图书服务20多次。“村村通”工程建设任务全面完成，“户户通”工程正在实施，今年将完成94270户建设任务，“村村响”工程已经完成634个村（社区）建设任务。每年完成电影下乡放映4万余场。目前，正为贫困地区142个村配备音响、乐器等基本文化服务设备。

三、切实改善公共文化基础条件

近年来，娄底市切实加快文化基础设施建设。现拥有图书馆一级馆3个、二级馆和三级馆各1个；文化馆一级馆3个，二级馆、三级馆各1个；乡镇文化站一级站9个，二级站14个，三级站20个。2015年新建成的娄底市文化中心（含市艺术馆、市图书馆、市博物馆、市美术馆、市地域文化传承研究中心）总建筑面积5万多平方米，总投资2.6亿元，除市图书馆正在筹备开馆外，各场馆陆续投入使用，实施免费开放。现正投入1000万元购置设施、设备改善文化中心免费开放条件。娄底市体育中心占地500亩，2016年增加了免费开放项目及时间，如运动场每天从下午3点到晚上10点都实施免费开放等。现在每天来市文体中心健身休闲、文化娱乐的市民不断增加，达到5000人次以上。双峰、新化等县市都建成了体育中心，实施免费开放或低收费开放。新化、涟源等县市文体中心也纳入了建设规划。全市80多个乡镇文化站（乡镇撤并前）新建、改建任务全部完成，每个文化站都配备了价值10万元的电脑、音响、乐器等各种设备，并免费开放。社区文化活动中心设备配置分步实施，娄星区、市经开区100多个社区已经配置到位，新化、双峰、涟源等县市也配备了33个社区，为满足社区群众文化需求，丰富社区文化生活提供了良好条件。娄底市中心城区建成了40个阅报亭，遍布各大街区，方便了广大市民，并列入全省10个“书香湖南”全民阅读品牌示范项目。全市1500多个村（社区）配备了农民体育健身器材和健身路径器材。县级以上都成立了广播电视播出机构，并完成5个高山台站基础设施改造任务。各公共文化机构不断加强队伍建设，通过“走出去”、“请进来”等方式，积极参加国家、省、市举办的业务培训。娄星区每年举办为期1个月的乡镇文化站长培训班，不断提高他们的业务水平、工作能力。乡镇（街道）综合文化站都配有专门编制人员，规模较大的乡镇最多的配有4人以上。市图书馆、美术馆等新设机构、人员编制方案正在报审。

四、努力打造公共文化活动品牌

娄底市十分注重发挥群众的文化主体作用，充分调动他们在公共文化建设中自我表现、自我教育、自我服务的积极性、创造性，开展形式多样的群众文化活动，形成了品牌效应，省领导称赞为“幸福娄底的文化名片”。市委、市政府每年都印发群众文化活动方案，对活动主题、活动安排、组织保障等做出具体安排，做到全市上下全面发动、广泛参与，每年开展大型活动20多场，各种群众文化活动500多场。我市广场文化活动品牌获得了国家“群星奖”；“梅山傩戏艺术节”、冷水江“全民阅读节”获得了湖南艺术节“群星奖”，新化山歌节、曾国藩文化旅游节等活动在国内外都影响深远，“锑都道德讲堂”评为全国文化志愿服务示范项目。2015年至今，连续两年举办书画艺术交易博览会，组织开展了“娄底美术馆开馆暨全国书画名家作品邀请展”、“万幅书画作品惠民交易展”等主题活动，参与群众10万多人次，成交作品9000多幅。2016年3月26～28日，又在文化中心成功举办了2016年“娄底市樱花季·文化节暨全民阅读活动”，组织开展了观赏浪漫樱花、倡导全民阅读、品味高雅艺术（6场文艺演出）、优雅旗袍走秀、摄影美术采风、时尚婚纱展示、精彩茶艺表演、品尝美食小吃八大主题活动，参与群众15万多人次。连续4年开展“欢乐潇湘·幸福娄底”大型群众文化活动，有40多个精品文艺节目参加全省展演并获奖、20多幅群众美术、书法、摄影作品参加全省展览并获奖。每年承办全国、全省性体育赛事10多项，并连续两年主办全国“国标舞”体育舞蹈大奖赛，2016年来自10多个省市的96支代表队3100多人参赛，赛事品牌辐射力、影响力不断扩大。

我市公共文化服务体系建设取得了明显成效，但也存在一些困难和问题。

一是公共文化建设经费短缺。地方政府财政十分紧张，而公共文化建设任务重，大部分需要政府投入，资金矛盾较为突出。根据制定的《娄底市基本公共文化服务实施标准（2016~2020年）》，由专业会计师事务所对达到标准所需经费进行了测算，全市构建现代公共文化服务体系需经费12亿多元，其中市文化中心要实现全面开馆、免费开放，需经费9830万元，实施基本服务项目、完成硬件设施建设、达到人员配备要求等需经费11.7亿元。这对市、县政府来说，既是刚性经费需求，又是难以解决的较大资金困难。

二是基层文化队伍相对薄弱。突出表现在少数乡镇文化站，配备有几个干部，但存在专干“不专”、“不精”的现象，专业人才少。县级文化馆等公共文化机构也存在专业人才缺乏的问题，国家、省提出的《公共文化服务实施标准》中“专业人才占比80%”的标准短期内难以达到。

三是少数干部群众缺乏文化自觉。少数基层领导干部不重视文化工作，有的上级配送的文化设备，如电子阅览室电脑设备被挪用。文化馆、图书馆实施免费开放，而一些群众很少去感受先进文化，享受公共文化服务。

四是一些指标任务完成压力很大。如目前我市人均公共体育场地面积1.17平方米，国家要求这项指标“十三五”期末要达到1.8平方米，据测算需经费近2.4亿元。专业文艺院团送戏下乡每场经费需3万元，全市每年需完成400场，而地方财政补贴不够，院团负担很重。小康社会建设指标要求2020年人均公共文化财政支出要达到200元，对我们欠发达地区来说，目前差距较大。

五是国有文艺院团转企改制后问题较多。娄底市原有5个国有文艺院团，娄底市花鼓戏剧团改制为“娄底市地域文化传承研究中心”和“娄底市文化演艺公司”，46名干部职工实行“混编”，即“中心”核定15个全额拨款事业编制，其余31人享受差额拨款事业编制人员待遇，而且改制时规定退一减一，人员只出不进。新化县、冷水江市、双峰县3个县市文工团均注销了事业法人，改制为“演艺公司”，创作生产、演出经营艰难。

下一阶段，娄底市将加强组织领导，完善工作机制，扎实推进构建现代公共文化服务体系各项工作。重点抓紧抓好抓实以下三个方面的工作：

一是进一步加强组织领导。切实加强对公共文化服务体系建设的组织领导，进一步明确和强化各级责任，对《实施意见》部署的各项工作任务，列出工作清单，明确分工，强化责任。建立构建公共文化服务体系建设联动机制、考核评价机制，纳入文明创建评价体系、政府绩效考核体系，增强各级领导干部的文化自觉、文化自信，从而不断推动公共文化服务体系建设。

二是进一步完善体制机制。尽快制定出台公共文化服务体系建设配套政策和相关文件，为加快构建现代公共文化服务体系提供政策保障。娄底市的《基本公共文化服务实施标准》在"省标准"的基础上，注重结合创建全国文明城市、小康社会建设有关公共文化服务指标，注重结合娄底实际，增加了7项，对有的指标进行了细化，如市本级建成二级以上公共图书馆、开馆藏书量20万册以上；有条件的地区，设立24小时书店或24小时公共图书室；推进公益演出服务，市本级每年完成40场以上，县级每年完成20场以上；各县市区每年组织开展较大规模的全民健身活动10场次以上；村及具备条件的社区设有1个舞台（基本标准长10米、宽5米、高0.8米）等。对各项指标，明确完成时限和责任部门，其中16项要求2016年完成，16项要求在2017年完成，5项要求在2018～2020年完成。建立督察工作机制，强化县级政府责任，推动全市公共文化服务体系建设。

三是进一步打造活动品牌。充分发挥娄底市文体中心龙头及辐射功能，加强部门协作、城乡联动，持续开展艺博会、"欢乐潇湘·文化娄底"群众文化活动、戏剧周展演等一系列大规模文化活动，丰富人民群众文化生活，不断满足人民群众的公共文化需求，增强娄底人民的文化认同，为推动创建全国文明城市、打造文化强市进程做出贡献。

湘西自治州现代公共文化服务体系建设概况

湘西自治州文广新局

近年来，湘西自治州的文化工作坚持以项目建设为核心，以活动开展为载体，以制度建设为抓手，积极推进公共文化服务体系建设。

一、湘西州公共文化服务体系建设基本现状

湘西州民族传统节庆活动被文化部列入第三批全国公共文化服务体系示范项目，泸溪县成功创建湖南省现代公共文化服务体系示范区。建设完善了一批公共文化基础设施，覆盖州、县、乡、村四级的公共文化设施网络形成，2016 年，全州启动并完成村综合文化服务中心标准化示范点建设 68 个，力争到 2020 年实现全覆盖。

（一）公共文化设施建设情况

一是加快推进公共文化标志性工程建设。截至 2016 年 10 月，湘西州正式启动并实施了代表湘西文化形象的文化广场建设项目，整个文化广场占地 450 亩，整个项目建设年限为 2013～2020 年，规划建设州博物馆、州非遗馆、工人文化宫、文化广场、会议中心、公共资源交易中心、文化艺术商品交易中心等项目。其中，州博物馆和州非遗馆建筑面积 25000 平方米，已经动工建设，计划 2017 年湘西 60 年州庆建成开放。二是完善公共文化基础设施。2015 年成立了湘西州美术馆、湘西州民族文化馆，全州现有 167 个乡镇综合文化站、1975 家农家书屋建设，8 个县（市）文化信息资源共享工程支中心和 2141 个基层网点，有广播电视台 9 个，高山转播台站 11 个。村村有了农家书屋、乡乡有了文化站。州图书馆、州群艺馆、州博物馆、州美术馆以及 8 个县级公共图书馆、8 个文化馆、

5个公共博物馆、7个美术馆及所有乡镇综合文化站全部实现免费开放。广播电视“村村通”完成10余万户，启动了广播“村村响”、广播电视“户户通”和无线覆盖3大工程。三是全面铺开武陵山区（湘西）土家族苗族文化生态保护区建设。全州确定了8个试点村寨，全面修复文化活动空间。全州建立了34个非遗传习所，2个国家级生产性保护基地，12个州级非遗生产性保护基地。

（二）《湖南省基本公共文化服务实施标准》实施现状

一是相关政策意见积极出台。结合湘西州实际，州委、州人民政府出台了《中共湘西自治州委湘西自治州人民政府关于进一步加强和改进宣传思想文化工作的实施意见》（州发〔2014〕19号），对文化生态保护区建设，文化事业繁荣、文化产业发展提供了新机遇，创造了新条件。明确规定：“把文化生态保护区建设工作纳入全州‘五个文明’建设绩效考核管理；设立文化事业产业发展引导资金，州本级财政每年安排500万元，县市财政每年安排不少于100万元；州级非物质文化遗产项目代表性传承人补助标准提高至每人每年3000元；在全州村（社区）设立宣传文化辅导员，工作补助比照有关村干部待遇标准纳入县级财政预算等。”

目前已经出台我州关于贯彻落实省委办公厅、省人民政府办公厅《关于加快构建现代公共文化服务体系的实施意见》的实施方案及标准。

二是基本服务项目积极实施。湘西州提供基本公共文化服务的主要机构是公共图书馆、群艺馆、文化馆（站）、博物馆、美术馆、文化广场、文化中心、农家书屋及全国文化信息资源共享工程服务点等。所提供的主要内容是看书看报、看电影、看电视、看戏、文化艺术辅导培训、群众性文体活动等。当前，这些文化基础设施运行良好，有一定的运行经费，除农家书屋和资源共享工程安排兼职的人员外，图书馆、文化馆、博物馆、文化站等均配备了编制人员。全州“三馆一站”全部实现免费开放，年接纳群众60万人次以上。全州数字化图书馆已经开建，全国文化信息资源共享、农村数字电影放映在全州已经实现。部分县市和城镇街道等人流密集地点设置了阅报栏和电子阅报屏。7县配送了流动图书车和演出通勤车，凤凰、花垣、泸溪配送了流动舞台车。全州各文化部门依托文化流动服务设施，积极开展送戏、送图书、送电影下乡。在满足群众基本文化需求特别是边远地区群众文化需求上发挥了作用。

湘西州广播电视服务主要采用有线数字广播电视联网、无线地面数字电视覆盖入户、直播卫星地面接收三种方式进行。全州现有1个州级广播电视台、8个县级广播电视台，共自办了11套电视节目，3套广播节目。1个地区级有线网络公司、8个县市级网络公司，传送120套以上的广播电视节目，全州共8个高山转播（微波）台站，承担中央广播、电视节目的无线覆盖任务。“十二五”期间共完成7338个20户以下自然村寨102051户。全州广播电视综合人口覆盖率98%以上，其中，有线电视总入户率为44.56%，常住户入户率为49.76%。全州通过直播卫星提供了8套广播节目，通过数字音频提供了8套广播节目，通过直播卫星提供62套电视节目，通过地面数字电视提供了62套电视节目。全州已完成无线数字化转换，但目前，高山台站数模并存，模拟化提供7套电视节目。每年开展演艺惠民送戏下乡500场以上，农村公益电影放映23000场以上，湘西州按照国家“为农村群众提供国产新片不少于1/3和为中小学生每学期提供2部爱国主义教育影片”的规定执行开展电影放映。城乡居民依托文化服务中心、文体广场等公共文化设施可就近方便参加各类文体活动。

三是文化活动积极开展。结合全州少数民族地区实际，大力开展民族传统节庆活动，打造民族节庆品牌。积极开展中国梦主题文艺创作和“深入生活、扎根人民”主题实践活动。近年来，全州新创作各类文艺作品10000余件，其中，大型民族歌舞《凤凰》代表湖南省赴京参加全国第五届少数民族会演，荣膺剧目金奖。通过“欢乐潇湘”、“广场舞大赛”、“文艺创作大赛”等活动，在尊重人民群众的主体地位基础上，通过“政府搭台、百姓唱戏”的方式，让“群众上舞台，草根当明星”。近年来，湘西州以“欢乐潇湘”等主题群众文化活动为契机，大力开展群众性文化活动，特别是在丰富群众文化生活上，湘西州下功夫引导广场文化活动健康开展，开展了原创民族广场舞编创工作，依托民族文化，编创出湘西歌曲、湘西舞蹈等以湘西民族文化为元素的原创广场舞蹈。湘西州编创出10套，推广6套，制作光碟3000余张，发放到全州1970个行政村、180个社区及全州每一个广场舞表演队，400支队伍2万余人参加了广场舞的初赛、复赛和决赛，在湘西大地形成了“民族舞蹈，舞动湘西”的群众文化热潮。另外，湘西州还积极推进文化志愿服务和对外文化交流。全州成立文化志愿者队伍13支，湘西州“民族节庆文化志愿服务活动”被评为“全省文化志愿服务推进年”示范项目。同时，湘西州不断扩大对外文化交流，组织了《岩生哥的婚事》等节目参加中国艺术金奖等重大赛事活动，组织了《土家族毛古斯》等节目走出国门，向世人展示湘西民族文化魅力。承办了“湘桂手牵手，民族一家亲”广西群星奖节目来州演出、“山海相连兄弟一家”、“湘江连青海和美一家亲”春雨工程海南、青海文化志愿交流等活动。

四是人员编制及管理实现保障。湘西州文化艺术、图书资料、文物博物、群众文化、广电工程、新闻系列、出版系列、播音系列8个类别人才共695名，其中高级职称37名；中级职称297名；初级职称361名。全州乡镇文化站机构数167个，从业人员403人，专职人员306人，在编人员388人，有专技人员190人。社区、村级文化活动室2146个，无专职文化专干。乡镇文化站人财物的管理归属于地方政府，州、县级文广新局只负责业务指导。全州选派了200名“三区人才”支持计划文化工作者驻乡进村，开展基层文化辅导培训工作。每年对文化馆长、文化站长及专业技术人员开展业务培训，提升服务基层水平。县级以上公共文化机构按照职能，配备了编制人员。乡镇综合文化站按照实际，人员编制均在1人以上。村（社区）公共文化服务中心文化岗位多为义务工，由政府购买的公益文化岗位还处在起步和摸索阶段。在人员培训上，湘西州每年对县市文化专业人员开展不少于4次的集中培训，培训时间基本达到15天。村级文化专兼职人员每年参加县里举办的培训不少于2次，培训时间在5天以上。

二、湘西州公共文化服务的实现方式和典型做法

全州公共文化服务主要通过“建、创、办、探、推”等方式来实现。

建：通过积极向国家、省争取，建设完善了一批公共文化基础设施，覆盖州、县、乡、村四级的公共文化设施网络基本形成。2015年，全州启动了乡镇文化活动广场标准化和村（社区）文化活动广场建设工作，全面实施基层文化服务中心建设，不断夯实基层公共文化服务阵地。

创：创作生产出丰富的优秀文化产品为民服务。积极开展中国梦主题文艺创作和“深入生活、扎根人民”主题实践活动。近5年来，全州新创作各类文艺作品10000余件，其中，大型民族歌舞《五彩湘韵》代表湖南省赴京参加全国第四届少数民族会演，荣膺剧目金奖，小品《美丽的黄昏》获全国戏剧小品一等奖。音乐作品《国泰民安》在全国作曲家创作大赛上荣获一等奖。2016年8月，湘西州再举办一次全州文艺创作大赛，积极打造一批优秀文艺作品，促进文艺更好地服务人民。

办：办好群众主题群众文化活动。近年来，湘西州以“欢乐潇湘”等主题群众文化活动为契机，在活跃群众文化生活上，下功夫引导群众文化活动开展，主要表现在两个方面，一是大力开展民族传统节庆活动。从2013年开展，在全州范围内开展民族传统节庆活动，州委州政府要求每个县市结合当地的传统民族

习俗开展2个民族节庆，通过传统民族节庆活动的开展，让湘西人民牢记乡愁，增强民族文化的自觉、自信和自豪感。通过连续3年的努力，依托民族传统节庆品牌项目，“湘西州民族传统节庆项目”成为国家公共文化服务体系示范创建项目，是全省仅有的2个示范项目之一。二是丰富群众广场文化。开展了原创民族广场舞编创工作，依托民族文化，编创出湘西歌曲、湘西舞蹈等以湘西民族文化为元素的原创广场舞蹈。2015年，湘西州编创出10套，推广6套，制作光碟3000余张，发放到全州1970个行政村、180个社区及全州每一个广场舞表演队，400支队伍2万余人参加了广场舞的初赛、复赛和决赛，在湘西大地形成了“民族舞蹈，舞动湘西”的群众文化热潮。

探：探索基层文化机构服务群众途径。一是探索文化惠民方式。湘西州创新文化惠民方式，将演艺惠民送戏下乡、农村公益电影放映、送图书下乡、文化艺术辅导培训等项目打捆整合，集中时间、集中人员、集中地点，向群众集中服务。这样的资源整合，极大地提高了为民服务实效。二是积极探索乡镇综合文化站标准化建设。通过探索，总结出了“领导重视，部门支持；县乡（镇）联动，乡（镇）村共管；尊重群众，激发活力；培训交流，考核选拔；政府主导，社会参与；因势利导，创新发展”的乡镇文化站工作基本经验。很好地解决了农村基层文化地位不高、体制不顺、基础不牢、队伍不优、投入不足、特色不够的问题。

推：积极推进文化志愿服务和对外文化交流。全州成立文化志愿者队伍13支，湘西州“民族节庆文化志愿服务活动”被评为“全省文化志愿服务推进年”示范项目。同时，湘西州不断扩大对外文化交流，组织了《岩生哥的婚事》等节目参加中国艺术金奖等重大赛事活动，组织了《土家族毛古斯》等节目走出国门，向世人展示湘西民族文化魅力，还承办了“湘桂手牵手，民族一家亲”广西群星奖节目来州演出、“春雨工程”——海南、湖南文化志愿者边疆（湘西）行等活动。

三、存在的主要困难

全州公共文化服务体系建设虽然取得了一定成效，但是对照《国家基本公共文化服务指导标准》，仍然存在不少的困难。

（一）硬件设施还很薄弱

一是标准很难统一。全州8县市均设立了图书馆、文化馆和乡镇文化站，除乡镇文化站属中央投资项目建设标准明确外，图书馆、文化馆大部分为20世纪50～70年代所修建，馆舍面积大小不一，功能发挥不一，很难形成统一标准，集中和最大化满足群众精神文化需求还有很大的差距。二是基础设施还有空白。目前，全州还没有非遗馆，全州8个县市，还有一半没有博物馆、美术馆。标准化的乡镇文化广场和村级文化广场还处在建设起步阶段。湘西州要达到公共文化基础设施面积达到人均1平方米以上的全国小康社会指标任务还很艰巨。城镇主要街道、公共场所、居民小区等人流密集地点，特别是乡镇和村（社区），设置阅报栏或电子阅报屏还不能实现全覆盖。三是各级公共文化设施为残疾人配备的无障碍设施还不健全。

（二）财政力量投入有限

虽然财政对文化建设的投入力度不断加大，但由于湘西州是少数民族贫困地区，长期以来文化建设经费基数低，财政投入的增长与文化发展的需求之间仍有不小差距。中央关于“各级政府每年对文化事业拨款的增长幅度要高于当年财政预算增长幅度的1～2个百分点”的政策落实难度大。财政投入不足，直接影响到公共文化服务体系的建设。

（三）人才队伍建设亟须加强

主要表现在几个方面：一是人员的配置还达不到国家指导标准。虽然乡镇文化站都配备了编制人员，但村（社区）还没有全部达到政府购买的公益文化岗位的要求。二是人员知识结构和年龄结构不尽合理。我们对2010～2014年文化队伍进行了调研，35岁以下年轻文化人才所占总量不足28.9%，而36～50岁文化人才所占比例高达58.3%。2014年，全州文化艺术类146名人员，研究生学历不到1%，本科学历15%，专科学历57%，中专学历及以下27%，全州出版系列类文化人才几乎没有，年龄结构偏大，知识结构不合理，影响文化队伍整体素质。三是人员流动和用人机制有待完善。主要表现在基层文化站，目前湘西州乡镇文化站实行“行政隶属乡镇领导、业务接受主管部门指导”的管理体制，文化站工作人员名为专干，其实大多数身兼数职，抓民政、计划生育等工作，有的文化专干是队伍转业安置人员，有的工作人员对文化工作一窍不通，文化专干不专。

（四）服务效能有待提高

一方面，当前公共文化产品种类数量少、质量不高的问题比较普遍，一些公益性文化单位活力不足、效率不高。“重设施建设，轻管理使用”的问题普遍存在。另一方面，由于建立健全公共文化服务体系的刚性法律法规偏少，基层“重经济、轻文化”的观念得不到根本改变，基层公共文化服务的绩效考核评估机制不完善，直接影响到公共文化服务效能。

示范创建篇

●国家级示范区(示范项目)创建成果

扎实推进公共文化服务标准化试点工作

——长沙市创建第一批国家公共文化服务示范区的实践报告

长沙市文广新局

2013 年，长沙跻身首批国家公共文化服务体系示范区。2014 年 9 月，长沙被文化部确定为国家公共文化服务标准化试点地区。两年来，长沙市紧扣国家标准抓试点、立足长沙实际抓实践，以公共文化服务标准化试点升格全域示范区建设、升华文化幸福感体验、升级体系现代化水平，试点工作取得明显成效。

一、坚持示范引领，顶层设计定标准

一是科学定标准。在标准的制定过程中，突出标准的引领性，制定的公共文化服务各项标准均高于国家标准，既具有可行性，又走在全国前列。体现宗旨的群众性，立足于“文化让民生更爽”，把为群众服务、增强群众文化获得感贯穿于标准全过程，都是通过实实在在的文化惠民活动和项目，让群众在文化共享发展中有更多的获得感、幸福感。注重服务的创新性，推动公共文化服务与科技融合，培养“文化 +”新兴业态，运用数字手段打通公共文化“最后一指尖”。二是配套出标准。通过基层反馈、部门酝酿、专家把脉，市政府研究制定出台了《长沙市基本公共文化服务实施标准》，《实施标准》分为公共文化服务保障标准、业务和技术标准、评价标准三大部分，对市、县、乡镇、村四级公共文化服务单位各项标准进行了具体量化和分解，让标准执行有据可依、让基层操作有章可循。三是广泛推标准。标准出台后，市政府在本地媒体进行了公示，邀请相关专家进行专题讲座，举办专题培训班 4 期，培训基层文化干部 800 余名，发放宣传手册 2 万余册，先后在长沙县、岳麓区分别召开公共图书馆、文化馆、乡镇综合文化服务中心标准化建设现场经验交流会。

二、坚持政府主导，多措并举推试点

一是强化组织领导。成立了以市委副书记、市长任组长，市委、市政府分管领导任副组长、相关市直部门和各县（市）区领导负责人为成员的长沙市国家公共文化服务标准化试点工作领导小组。各县（市）区都建立了相应的领导和工作机制。2015 年 5 月，市委、市政府召开高规格的国家公共文化服务标准化试点工作会议，专题部署标准化建设的推进。省委常委、市委书记易炼红同志亲自动员部署试点工作。二是强化投入保障。市财政每年安排 1800 万元试点工作经费，各县（市）区都设立了试点经费。在原保障渠道不变的情况下，加大了乡镇（街道）综合文化站、农家书屋、广播电视户户通、文化信息资源共享工程、送戏下乡等文化惠民工程的投入。2015 年仅市级财政就增加资金达 8000 万元，全市投入文化建设资金达 20 亿元。三是强化考核评价。将标准化试点写入 2015 年政府工作报告，纳入了各级党政班子和领导干部的绩效考核内容，纳入了实事工程的考核范畴。在大幅度清理评比评估中，保留了公共文化服务体系的评估项目。

三、全面落实实施标准，促进设施建设提档升级

一是抓标志、树品质。建成开放了占地 196 亩、总投资 17 亿元的“三馆一厅”（图书馆、博物馆、规划馆、音乐厅）。新建了水稻博物馆、青铜博物馆及长沙县、宁乡县文体中心等重点设施。启动了市美术馆、非遗馆、实验剧场二期工程建设，推进了梅溪湖国际文化艺术中心和汉长沙国王陵、铜官窑、炭河里三大国家考古遗址公园建设。二是抓基层、强基础。全面升级完善四级设施网络，区县（市）图书馆、文化馆 100% 达到国家一级标准，80% 区县（市）建有文体中心；建成示范性乡镇（街道）综合文化服务中心 188 个、村（社区）综合性文化服务中心 700 个；升级 1364 家农家书屋，60% 达到星级管理水平。三是抓载体、建实体。推进图书馆、文化馆总分馆建设，延伸服务触角，建成图书馆分馆 100 个（其中地铁自助图书馆 5 个、24 小时街区图书馆 3 个）、文化馆总分馆 60 个，实现了群众家门口“读有书屋、唱有设备、演有舞台、看有影厅、跳有广场、讲有故事、创有指导、学有辅导、联有网络、办有经费”的十有目标。

四、以标准为引领，重点破题，突出效能显特色

一是艺术普及全民。按照“公民自主、精准服务；十管齐下、体系支撑；一人一艺、全民参与”的工作思路推动全民艺术普及工程。投入400万元建设文化馆数字化服务平台和远程艺术辅导培训系统，通过录制视频，组织文学、音乐、舞蹈、书法、绘画、摄影非遗技艺等10个门类的专家，进行远程开班授课辅导。全市各乡镇（街道）、村（社区）的群众，只要打开电脑、手机等终端就能便捷获取各类艺术辅导资源，根据自身兴趣爱好学习艺术知识和技能。同时以联盟馆的方式广泛吸收青少年、妇女儿童活动中心、工人文化宫、老年大学等公共文化服务机构以及社会力量开办的艺术培训机构加入全民艺术普及工程。截至目前，全市参与艺术普及工程的人数达到50万人。2016年7月7日，《人民日报》以《这里文化馆为什么这样火》为题，用3000字的篇幅对长沙市的做法进行了报道。二是联动社会办文化。市财政设立2000万元政府向社会力量购买公共文化服务专项资金，出台鼓励民办博物馆、实体书店、艺术团体发展的扶持政策，扶持民营博物馆20多家；组建“长沙人艺话剧社”、“长沙人艺歌舞团”等10家民办公助的文艺团体。推动市场反哺文化，开展“十万群众进歌厅”、“群文节目进歌厅”等活动，实现长沙图书交易会与“三湘读书月”活动有机结合。三是打造“百姓”新品牌。改变原来市、县区文化品牌各自为政、比较分散的状况，整合打造“百姓”系列活动品牌。将分布在市级场馆的“橘洲讲坛”、“市民文化遗产大讲堂”、“船山讲堂”等整合为“百姓大讲堂”，邀请知名学者、文化名人、业界专家开坛授讲。以长沙音乐厅、实验剧场、湘江剧场为载体，定期举办“百姓大舞台有艺你就来”活动。联动国有、民办博物馆、美术馆推出“百姓大展厅”。2015年，共举办“百姓”大讲坛80次、大舞台200场、大展览50次，参与人数达40万。

五、坚持群众满意，完善绩效评价标准体系

一是在评估方式上引入第三方。建立群众需求反馈、评价机制，推动文化部立项课题《基于公众满意度的公共文化服务绩效第三方评估研究》成果转化，出台《长沙市公共文化服务绩效第三方评估实施办法》，组织“第三方评估”开展公共文化机构公众满意度调查测评，避免“既当裁判员，又当运动员”。二是

在评估效果上看重满意度。综合考量设施建设、资金投入、产品供给、服务效能等方面因素，将群众参与度和满意度作为公共文化服务绩效评估主要指标，让群众从中享受愉悦、感受幸福。三是在结果运用上用好指挥棒。将试点工作纳入各级党委政府绩效考核、纳入实事工程，建立常态的通报讲评、明察暗访、交叉检查制度，强化动态的区县排名、绩效挂钩和行政问责机制，推动工作落实落地。

公共文化服务体系建设永远在路上，群众的需求与时俱进，长沙市的追求永不止步。下一步，长沙市将以试点深化为起点，克难奋进、迎难而上，着力破解区域发展不平衡的问题，着力深挖服务效能更优质的潜力，着力开创出人才队伍更宏大的局面。重点做到“五抓五保”：一是抓好设施的有效延伸、确保全覆盖；二是抓好功能的有效发挥、确保真管用；三是抓好产品的有效供给、确保对胃口；四是抓好创新的有效跟进、确保不落伍；五是抓好队伍的有效提升、确保担重任。

全面推进公共文化服务社会化发展

——岳阳市创建第二批国家公共文化服务示范区的实践报告

岳阳市文广新局

2013年10月，岳阳市成为第二批国家公共文化服务体系示范区创建城市。在文化部、省文化厅的指导下，岳阳市按照中央关于现代公共文化服务体系建设的新要求，结合本市公共文化建设的实际和优势，以推进公共文化服务社会化发展为突破口，整体推进全市公共文化服务体系的提质升级，圆满完成了示范区创建的各项任务。2016年10月26日，文化部、财政部正式为岳阳授牌“国家公共文化服务体系示范区”。

一、公共文化服务社会化发展的探索模式

创建以来，岳阳市树立“面向社会、立足社会、融入社会、服务社会”的文化治理理念，按照“政府主导、社会参与、机制创新、共建共享”的思路，从八个方面大胆探索，形成了公共文化服务社会化发展的“岳阳模式”。

（一）社会资本进入公共文化设施建设的“资本运营”模式

基于公共文化设施建设领域较大的资金缺口和社会资本的参与热情，岳阳市因势利导，适时出台《岳阳市社会力量参与公共文化服务促进办法》、《屈子文化园招商引资暂行办法》等，形成了“强化政策引导，优化投资环境，加强项目监管，保障投资权益”的社会资本进入公共文化设施建设的“资本运营”模式。创建以来，在公共文化设施建设中，各县市区财政投入约8.5亿元，而引入的社会资本超过55.83亿元，社会资本投资占到了全部投资额的86.8%。

（二）文化产业助力公共文化服务发展的“产业助推”模式

基于文化产业与公共文化融合发展的文化发展规律，我们着力在两者的结合

上下功夫，形成了“文化产业与文化设施同步开发、文化盈利与公益服务同步发展、文化服务供给与文化消费引领同时兼顾”的文化产业助力公共文化服务发展的“产业助推”模式。创建以来，通过产业项目与公共文化设施“捆绑式招商”的方式吸引的资金达到50亿元以上；一大批文化企业在参与提供公益性服务中拓展了市场，实现了产业与事业的双赢。

（三）文化志愿服务协助公共文化机构的“编外参与”模式

基于岳阳文化志愿服务的发展优势，岳阳市将志愿者的服务热情与公共文化机构的服务需求进行有机对接，制定《岳阳市文化志愿服务促进办法》，形成了“强化团队建设、丰富服务模式、探索长效机制”的文化志愿服务协助公共文化机构的“编外参与”模式。全市注册文化志愿者已超过14937名，文化志愿服务团队1000多个。岳阳市“三千文化志愿者下乡镇（社区）活动”被文化部评为示范项目。在文化志愿服务的协助下，公共文化机构提供的服务质量更好，效能发挥更加充分。

（四）民间文化组织参与公共文化服务的“扶持奖励”模式

基于遍及城乡的草根文化组织的发展势头，岳阳市着力培育、正面引导，使其有序参与到公共文化服务活动中来，出台《关于进一步扶持社会文艺团队的实施意见》，形成了“着力团队培育、激发内在活力、重视人才培养、培植地域特色”的民间文化组织参与公共文化服务的“扶持奖励”模式。近年来，活跃城乡的3670支民间文化组织茁壮成长，已经成为参与公共文化服务供给的强大生力军。

（五）提升文化惠民实效的文企联姻“市场运作”模式

文化惠民活动是公共文化服务供给的重要内容，为了让好事办好，让群众享受更好的服务，岳阳市着力在提升文化惠民实效上借助企业的力量，形成了搭建文企联姻合作平台、推出高雅艺术惠民演出、开展“一元周末剧场”惠民活动、试水公共文化服务外包的提升文化惠民实效的文企联姻“市场运作”模式。创建以来，通过文化与企业联姻，我们使文化惠民活动更受群众欢迎，实现了企业的发展、人民群众文化生活的满足与政府服务效能提高的多重效果。

（六）基层群众参与公共文化设施建设的“民间众筹”模式

基于岳阳市群众自办文化的好传统，特别是近年来农村兴起的众筹建文化设施的热潮，各级政府在规划、土地、融资等方面制定优惠政策，逐渐形成了“政府顺势引导、民众乘势筹建、注重规范整合”的基层群众参与公共文化设施建设的“民间众筹”模式。自创建以来，据不完全统计，在自然村或村民小组一级，通过“民间众筹”方式建设的公共文化设施已达到100多个，总投资超过5.74亿元，有效拓展了基层文化设施网络。

（七）全民参与提升服务效能的“公益阅读”模式

推进公共图书资源高效利用，促进市民阅读习惯的养成是现代公共文化服务体系建设的重要内容。岳阳市出台《岳阳市公共图书馆总分馆建设实施方案》，广泛动员社会力量，依托现代科技手段，形成了以“24小时自助图书馆”、“公益阅读吧”、“公民图书漂流”、“爱心图书室”、“高校图书馆联盟”等为载体的全民参与提升服务效能的“公益阅读”模式。创建以来，全民参与的“公益阅读”模式将社会主义核心价值观渗透到每一个细节，使公共文化服务所蕴含的公共价值理念落地生根，让人民群众体验着参与公共文化建设的价值回馈。

（八）公共文化共建共享的“资源整合”模式

岳阳市树立公共文化资源共建共享的理念，着力在打破部门、区域分割上下功夫，出台《岳阳市关于加快整合公共文化资源的十条意见》，形成了“体系建设部门协调、文化设施共建共享、区域发展互联互通”的公共文化共建共享的“资源整合”模式。创建以来，岳阳市建立了公共文化建设的部门协调机制，组建了“湘鄂赣”区域公共文化联盟的合作机制，举办了“长江经济带创建示范区城市文化志愿服务成果展”等。

二、公共文化服务社会化发展的基本经验

（一）坚持以人民为中心，最大限度地激发全市人民的参与热情

全市始终将示范区创建作为一项民生工程来抓，最广泛地动员全社会的力量投入建设。为提高创建工作认知度、影响力，按照“六个一”思路广泛开展创建宣传工作，即发放致全市人民的一封公开信，编印一份示范区创建工作简报，设计一个文化徽标，开设一个创建专栏，公布一组创建宣传口号，汇编一本创建工作大事记。各级创建办全方位、多渠道开展创建工作宣传及报道，共发送短信

10万余条，发放致市民的公开信8万余份，在市级以上媒体刊发稿件2200余篇，全面、系统、客观地宣传我市示范区创建工作，营造了浓厚的创建氛围，激发了全市人民的创建工作热情。

(二) 坚持以改革为抓手，最大限度地为社会力量参与留出空间

推进公共文化服务社会化发展本质上是政府文化管理体制和公共文化服务职能实现方式的转变。岳阳市在推进公共文化服务社会化发展过程中，坚持以改革为抓手，不断为社会力量参与公共文化服务体系腾出更多的空间，稳打稳扎，不断推进公共文化服务社会化发展。一是通过机构职能合并，不断扩大文化资源的整合力度。在市县两级采取职能合并的方式，成立文化旅游广电新闻出版局。二是通过国有文化企事业单位改革，不断壮大主流文化生产者的服务能力。市县两级的文艺院团改革，新闻、广电、出版等事业单位的企业化改制等取得重要成果，文化生产能力取得明显提高，为引入竞争机制，推进公共文化服务社会化发展创造了条件。三是启动公共文化机构的内部改革，增强公共文化服务供给能力。改革图书馆、博物馆、文化馆等文化机构的人事、财务、职称等制度，建立华容县图书馆理事会等公共文化服务法人治理机构，为社会力量参与公共文化服务机构的运行创造制度条件。因改革成效突出，我市连续两次荣膺“全国文化体制改革工作先进地区”，市文广新局被评为“全国国有文艺院团体制改革工作先进单位”。

(三) 坚持以创新为动力，最大限度地激发社会参与的内在活力

让社会参与的内在积极性与活力充分释放出来是推进公共文化服务社会化发展的客观需要。岳阳市坚持以创新为动力，最大限度地激发社会力量参与的内在活力。一是在公共文化设施布局上创新。全市正在铺开的“公益阅读吧”建设，就是通过发动省级文明单位援建形成的。这种方式为省级文明单位履行社会责任搭建了平台，也为其参与到公共文化服务体系建设中创造了契机。二是在社会参与的服务内容上创新。在公共文化服务社会化发展过程中，一些新兴的文化企业开始积极投入到公益性文化服务活动中来。政府积极引导，让这些企业就近就便提供与其业务性质相关的文化服务。比如岳阳星广文化传媒公司在做艺术培训业务的同时，在政府引导下，举办“岳阳公益实验剧场”免费为市民演出。一些“网咖”连锁店开辟一定的区域为市民免费提供上网服务，并在其中设立“公民图书漂流架”等。这些创新，使社会力量参与的长效性得到了巩固，激发了社会

化参与的内在活力。

（四）坚持以内容为核心，最大限度地挖掘岳阳市地方文化资源

公共文化服务设施网络体系建立完善以后，内容供给成为公共文化服务体系建设的核心问题。岳阳市在推进公共文化服务社会化发展进程中，以非物质文化遗产的传承保护为重点，最大限度地挖掘岳阳本土文化资源，使公共文化服务的吸引力和凝聚力进一步增强。以大型巴陵戏、花鼓戏传承为内容的“一元周末剧场”文化惠民活动由于深受群众欢迎，吸引了众多的社会力量参与其市场运作中。岳阳县各乡镇充分挖掘资源，培育特色，形成了张谷英的孝友民俗文化，鹿角、柏祥、月田的楹联文化，甘田、饶村的尚武文化，大云山的宗教文化和公田板桥村的长寿文化等。鹿角镇东庄村自建休闲文化广场，修建诗词墙，经常性开展集体文化活动，创造出东庄特色的“文化圈”，受到当地群众的好评。云溪首创成功的“家规家训”和“道德评议”文化品牌，被中央文明委评为改革开放30年十佳典型案例。通过对地方文化资源的挖掘、呈现，增添了公共文化服务的吸引力，增强了人民群众主动参与公共文化服务体系建设的积极性和主动性。

（五）坚持以效能为宗旨，最大限度地整合岳阳市域外文化资源

为增强示范区创建的整体推动力，岳阳市主动与其他创建城市沟通协调，最大限度地整合域外文化资源，为提高示范区创建的成效和公共文化服务体系的服务效能服务。基于湘鄂赣同属中部地区，经济发展水平相近，文化生态相似等共同属性，岳阳市与湖北襄阳、江西新余共同组建“湘鄂赣”区域公共文化联盟，联合举办湘鄂赣三地书法美术摄影作品联展、非遗保护成果图片展等系列文化活动，定期举行公共文化服务体系建设经验交流，得到文化部、省文化厅高度评价。在湖南省文化厅指导下，开展“跨长江经济带创建城市公共文化创建成果展”，与北京市东城区开展示范区区域文化联动活动，加强沟通与交流，促进学习与提升，形成文化发展合力。将其地区成功经验应用到岳阳的创建实践中，极大地提高了公共文化服务效能。

（六）坚持以制度为保障，最大限度地巩固社会化发展探索成果

岳阳市推进公共文化服务社会化发展过程中，立足于鲜活的创建实践，充分发挥基层创新的积极性。在创建工作初期，明确要求各县市区确立示范区创建的创新点，鼓励基层以创新的思维，为社会力量参与公共文化服务创造条件。在基

层实践创新的基础上，通过制度化的手段，强化顶层设计，以规范性文件的方式将其固定，最大限度地巩固社会化发展成果。市级出台《关于加快构建现代公共文化服务体系的实施意见》、《岳阳市社会力量参与公共文化服务促进办法》、《关于做好政府向社会力量购买公共文化服务工作的实施意见（暂行）》等政策文件 28 个，县市区出台创建文件 82 个，及时固化公共文化服务社会化发展的探索成果。

通过国家公共文化服务体系示范区的创建，岳阳市公共文化服务体系得到提质升级，广大人民群众享受到了更多的文化服务实惠。上述是岳阳市在推进公共文化服务社会化发展方面的心得体会。总体来看，虽然取得了一定成绩，但提升公共文化服务水平永无止境，岳阳市将以示范区授牌为新起点，进一步加快推进惠及全民的现代公共文化服务体系建设步伐，努力增强公共文化服务可持续发展的能力，为推进岳阳市“一极三宜”江湖名城建设做出新的贡献。

积极开展“公共文化服务进社区”活动

——衡阳市创建第一批国家公共文化服务示范项目的实践报告

衡阳市文体广新局

衡阳，雅称“雁城”，具有2200多年历史，是湖南省第一批历史文化名城。现辖5县2市5区，总面积1.53万平方公里，总人口780万，其中市区建成区120.5平方公里，常住人口120.8万，是湖南省第二大城市。衡阳文化厚重，底蕴深厚，名山文化灵秀天下，湖湘文化影响深远，宗教文化博大精深，抗战文化闻名中外，名人文化流芳千古，民俗文化源远流长，群众文化丰富多彩。最为耀眼的是：四大发明有其一（蔡伦造纸），四大书院有其一（石鼓书院），中华五岳有其一（南岳衡山），被称为人类思想夜空“双子星座”的中外两大古典哲学家有其一（王船山），共和国十大元帅有其一（罗荣桓）。2010年，中共衡阳市委、衡阳市人民政府在城区开展“公共文化服务进社区”活动。2011年5月，衡阳市“公共文化服务进社区”项目入选第一批创建国家公共文化服务体系示范项目（以下简称“示范项目”）名单。三年来，市委、市政府高度重视，市、区、街道和社区四级联动，各部门协同配合，创新手段，完善机制，创建工作取得了明显成效，被老百姓誉为“家门口”工程。2012年1月，在文化部举办的“创建国家公共文化服务体系示范区（项目）培训班”上，衡阳市应邀作了《四级联动，全城覆盖，扎实推进国家公共文化服务示范项目建设》的典型经验介绍。2011年，贺国强、刘云山和刘延东等中央领导莅临衡阳视察文化工作，给予高度评价。

一、做法

1. 定好一个调子

开展“公共文化服务进社区”的原则是惠民、便民、利民，打造“家门口工程”，提高市民的幸福指数，提升城市的文明程度；建设标准是立足衡阳实际，满足市民的文化需求；目标是构建完善的公共文化服务体系，实现好、维护好、发展好人民群众基本文化权益，让市民在家门口享受文化大餐。

2. 建好四级网络

市级设施提质改造。市图书馆、市少儿图书馆、市群众艺术馆、市博物馆、市美术馆相继提质改造。2009 年市财政投入近千万元维修改造了市图书馆和少儿图书馆。区级设施不断完善。除蒸湘区图书馆馆舍正在筹建外，其余三区文化馆、图书馆均达到评估定级必备条件。街道设施符合标准。2010～2011 年底，按照具备“三室一厅一房”（图书阅览室、培训教室、文化信息资源共享服务室、多功能活动厅和办公用房），面积不少于 300 平方米的标准，建成街道综合文化站 22 个。社区设施全城覆盖。坚持“不求所有，但求所在，更求所用”的原则，按照“二室一场三配套”（文化娱乐室、图书阅览室面积不少于 100 平方米，室外文化活动广场不少于 200 平方米，设备、队伍、活动三配套）标准，采取新建、改扩建、租赁、共建共享等多种方式建设社区文化活动中心 174 个，共建成图书阅览室、文化活动室、文化信息共享室 456 间，文化活动场地 3 万平方米，社区文化设施设置率达到 100%。市城区的市、区、街道、社区四级文化设施网络基本形成，实现了全覆盖，为公共文化服务提供了良好的平台和载体。

3. 搞好三种服务

一是实行免费开放。从 2011 年 9 月开始，“三馆一站”实行免费开放，社区文化活动中心从建成之日开始，即对市民免费服务。二是打造活动品牌。打造了“和风衡州”群众文化艺术节、“广场旬旬演、社区周周乐”、“节庆群众文化活动”、“雁城市民讲堂”四个群众文化活动品牌，实现了群众文化活动的群众化、常态化和规模化。“和风衡州”群众文化艺术节自 2007 年启动，每三年举办一届。2010 年举办的第二届历时 7 个月，共举办各种大型晚会、演出 50 余场次，演出节目近 400 个，直接参与演出的演职人员 5 万人，近 150 万群众观看了演出，成为群众的节日、艺术的盛会。2012 年，“和风衡州”群众文化艺术节荣获湖南省“三湘群星奖”项目奖。2016 年举办第三届，4 月 25 日将举行隆重的开幕式。“广场旬旬演、社区周周乐”群众文化活动自 2009 年 6 月正式启动，已连续开展 5 年。它以城区七大广场 174 个社区为活动开展场所、以活跃在社区的 200 多个业余文艺团队为主体，“广场旬旬演”每月演出 3 场，“社区周周乐”每周 1 场。截至 2016 年 3 月底，共开展“广场旬旬演”120 多场、“社区周周乐”活动 1300 余场，参加演出人员 10 万人次，惠及市民达 100 多万人次。从 2008 年春节开始，连续5年举办“文明新风拂雁城”、“春满衡阳”、“幸福衡阳”、“美丽衡阳”、“国庆天天演·市民同欢乐”等节庆文化活动，极大地丰富了市民的节日文化生活。“石鼓书院大讲坛·书院寻道·雁城市民讲堂”从2012年开始，市图书馆以“传播衡阳文化，关注百姓话题”为主旨，邀请市内外专家，每月举办一场面向市民的公益讲座，目前已进行了9讲。三是开展培训辅导。市、区文化部门组织了10次街道、社区文化工作人员的服务知识与技能培训，有效地提高了服务能力和水平。市群艺馆“群文之家”举办市民舞蹈、声乐、器乐、美术、书法业余辅导班，2012年共举办8期，培训800多人次。

4. 育好三支队伍

一是服务队伍。市城区公共文化服务的专业人员、志愿者、业余文化骨干三支队伍健全。市直有公共文化服务专业人员274人，城区两馆共有专业人员38人，街道综合文化站和社区文化活动中心都配备了一名以上文化专（兼）干、文化辅导员或文化志愿者，其中街道综合文化站配备了文化专干31人，社区文化活动中心配备了兼职文化辅导员178人、文化志愿者180人，有效地充实了文化管理队伍力量，为管好阵地、开展服务提供了人力资源保障。二是文艺团队。大力支持、积极引导，成立业余文艺团队，目前已成立的业余文艺团队有200多支。他们活跃在各大文化广场和各个社区，在他们的影响下，群众主动参与文化活动的越来越多。同时，不断提高演出水准，在重大赛事上斩金夺银。2011年奥运年华合唱团先后获全省红歌赛金奖、全国合唱节和全省合唱节银奖，市和风民乐团获全省首届民族器乐大赛银奖。市、区文化主管部门分类组织公共文化服务业务培训，市群众艺术馆专门开设“群文之家”培训业余文艺人才，2012年参训人数达800余人次。三是群众队伍。积极培育群众参与意识，打造参与平台。“广场旬旬演、社区周周乐”活动大部分由业余团队演出。2011年的庆祝建党90周年“永远跟党走”群众歌咏大赛历时3个月，近10万人次参加比赛。2012年的“喜迎十八大，欢歌颂雁城”群众文艺团体大赛历时5个月，3000个团队的近5万人次参加演出，现场观众超过百万人次，群众网上投票参与人次近百万。据不完全统计，2012年城区有110万余人次直接参与重大群众文化活动，参与率91.7%。

5. 做好一套设计

为总结经验、探索路径，推进衡阳文化发展迈上新台阶，按照同步推进的原则，与示范项目建设相结合，组织相关专家，高标准完成了制度设计研究。2011年11月25日，特邀请国家公共文化服务体系专家委员会副主任、北京大学教授李国新来衡阳主讲《文化改革发展与公共文化服务体系建设》，解读中共十七届六中全会精神，指导衡阳市示范项目创建和制度设计研究工作。制定了《衡阳市公共文化服务进社区制度设计研究方案》，成立了以国家公共文化服务体系建设专家委员会副主任、北京大学教授李国新和国家公共文化服务体系建设专家委员会委员、武汉大学教授傅才武为顾问的课题组，采取文献研究、实地调研、数据统计、问卷调查、座谈会、研讨会、分析与比较、回访、撰写调研报告和论文等方法，对公共文化服务设施、设备、活动、管理、运行及网络等方面的制度设计开展实验性研究，对示范项目创建工作进行技术指导，形成了近万字的研究报告，其成果直接为市委办、市政府办出台的《关于加快推进国家公共文化服务体系示范项目创建工作的通知》和市人民政府出台的《衡阳市乡镇综合文化站管理办法》（衡政发〔2012〕35 号）所吸收。项目参与人刘忠平撰写的论文《“公共文化服务进社区”推动图书馆服务体系建设》受到相关专家高度评价，发表于全国中文核心期刊《图书馆建设》2012 年第 10 期。

二、特点

第一，创建氛围“浓”——加强宣传，营造氛围，是创建示范项目的重要基础。“公共文化服务进社区”项目受到各级媒体的极大关注，《中国文化报》、《湖南日报》、《衡阳日报》、《衡阳晚报》、衡阳电视台、红网等媒体多次报道。中央电视台《新闻联播》头条播出，《中国文化报》以《社会力量办文化的衡阳实践》为题重点推介衡阳社会办文化的经验，文化部网站以《湖南衡阳强力推进公共文化服务体系建设》、《湖南省衡阳市公共文化服务进社区活动项目进展情况》为题作了报道，搜狐网、新浪网、国家数字网、中国经济网、中国广播网、河南政府网、河南法制网、重庆晨报官方网等网站全文转发《湖南衡阳公共文化进社区，把幸福送到百姓家门口》，《湖南日报》多次报道，《衡阳日报》推出专版，努力营造了全社会关心、支持、参与示范项目建设的浓厚氛围，充分调动了群众参与建设的积极性。

第二，创建手段“新”——创新手段，完善机制，是创建示范项目的关键环节。完善投入机制。采取以奖代补的办法，在验收合格后市财政对每个街道文化站支持 10 万元，对每个社区文化活动中心支持 5 万元，各区予以资金配套，鼓励社会资金投入，市、区二级共投入建设资金 3000 多万元。市财政从 2009 年开始每年安排群众文化活动经费 200 万元，从 2011 年起每年预算公共文化服务

免费开放配套经费150万元，从2012年开始设立1000万元的市级文化事业发展引导资金。各区按照街道文化站每年不少于1万元、社区文化活动中心每年不少于5000元的标准安排运行经费。完善督导机制。建立和完善督导机制，加强对公共文化服务进社区的督察指导。市文化局成立五个督察指导组，分别负责四城区和高新开发区创建督导工作，每组确定一名局领导带队，明确责任科室和责任单位，经常指导、督察各区创建工作，定期汇总通报情况，分析、解决督察中发现的问题。市四大家分管领导率队先后开展6次专题调研和督导，市人大、市政协还分别组织了人大代表、政协委员专项视察活动，充分体现了党委政府高度的文化自觉，有力推进了创建工作。完善考核激励机制。市委、市政府将“公共文化服务进社区”列为民办实事考核内容，对创建工作做出贡献的单位、社团和个人给予奖励。近几年用来奖励群众文化活动先进集体和个人的经费达150万元。

第三，创建动力“足”——上下联动，形成合力，是创建示范项目的有效途径。早在2008年12月，市委、市政府就出台了《关于广泛开展群众文化体育活动的意见》，对基层文化阵地建设、队伍配备、经费支持、活动开展做出了具体规定，成为指导全市文化建设的一个重要政策性文件，被省文化厅在全省推介。2010年，市委、市政府决定在城区开展“公共服务进社区”即“六进”活动，公共文化服务进社区是“六进”之一。2011年，“公共文化服务进社区”获批为创建国家公共文化服务体系示范项目后，迅速成立了以市委常委、市委宣传部部长谢宏治为组长，市政府副市长许满意为常务副组长，相关职能部门负责人、各城区分管副区长为成员的创建示范项目领导小组，负责创建工作的领导和协调。市委办、市政府办出台了《关于加快推进国家公共文化服务体系示范项目创建工作的通知》。2012年3月22日，市委市政府在蒸湘区召开创建国家公共文化服务体系示范项目推进会，市四大家分管领导、各城区和职能部门主要负责人参加，进一步明确创建任务、落实措施和工作要求。各城区均成立了创建工作领导机构，召开了动员会。各职能部门、城区党委政府、街道、社区各负其责，密切配合。市文化部门主动作为，履行职责，制定了《衡阳市创建国家公共文化服务体系示范项目规划》、《衡阳市“公共文化服务进社区”活动实施方案》及《衡阳市社区文化活动中心建设考核验收办法》，加强领导，经常督察，严格验收。

第四，创建效果“好”——群众享受，改善民生，是创建示范项目的最终目标。民生改善。一个个街道文化站、社区文化活动中心，把丰盛的文化大餐送进了社区，送到了老百姓家门口。居民不出社区就可以享受到基本文化服务，参加群众文化活动，切实感受到文化魅力和参加文化活动的愉悦，每次活动都可以听到老百姓由衷的笑声和赞叹。品位提高。示范项目的创建使市民陶冶了情操，提高了品位，围在麻将桌前的人越来越少，看书的人越来越多，社区文化氛围越来越浓。市区各大广场每晚热闹非凡，舞蹈表演、民乐演奏、声乐辅导等各具特色。幸福提升。公共文化活动在雁城火起来了。广场文化活动天天有，社区文娱赛事周周有，重大文艺演出月月有，品牌文化节会年年有，让市民备感自豪和幸福。

三、设想

1. 管理制度化

在四级公共文化服务设施比较完善的情况下，如何以制度化管理确保其功能的发挥，真正实现“为市民服务，让市民共享文化发展成果”的目的，是衡阳市示范项目创建工作的重要任务。要进一步完善街道文化站、社区文化活动中心的管理和服务制度，实施制度化管理，加强对制度落实和阵地服务工作的督促检查。要进一步加大经费投入，确保街道文化站、社区文化活动中心正常运转。

2. 服务规范化

各级公共文化单位提供的服务，无论内容还是形式，都需要进一步规范和提质。要实施国家《公共图书馆服务规范》，启动城区图书馆服务一体化平台建设，使服务形成体系，真正实现全市文化信息资源共建共享。认真完善“三馆一站一中心”免费开放工作，街道综合文化站和社区文化活动中心每周免费开放时间不少于35小时。

3. 活动经常化

要继续抓好“和风衡州”群众文化艺术节、“广场旬旬演、社区周周乐”群众文化活动和节庆文化活动，提高质量，扩大影响，做大做强，并努力打造新的公共文化服务品牌。要科学规划、合理安排各项活动，每个社区要有一支以上的业余文艺社团，每年开展6次以上主题文化活动，让老百姓能够就近经常性地参加群众文化活动，真正让群众文化活动在蒸湘大地火起来。

做大做强民间惠民演艺业

——鼎城区创建第一批国家公共文化服务示范项目的实践报告

常德市鼎城区文广新局

近年来，随着农村经济的不断发展和群众文化需求的日益增长，常德市鼎城区通过政策引导、资金扶持、活动推广、市场导向，民间惠民演艺事业迅速发展壮大，全区各种文艺团体发展到200多个，从事文化产业的农民超过万人，全区农村民间惠民演艺市场形成了一道亮丽的风景线，《光明日报》、《中国经济网》等媒体以《农村演艺业叫响文化品牌》为题进行了相关报道。

一、主要特点

1. 起步早、发展快、来势猛

鼎城区的民间艺术历史久远、植根乡土，有深厚的文化底蕴和群众基础，是两个国家级非物质文化遗产——常德丝弦、常德花鼓戏的传承地。从20世纪80年代开始，一批文艺爱好者开始组建松散型民间剧团，并逐渐形成特色，形成一定的规模。目前，全区共发展各种文艺团体200多个，形成了周家店镇民间铜管乐、尧天坪镇舞龙舞狮、斗姆湖镇腰鼓、草坪镇歌舞等特色品牌，三棒鼓、渔鼓、地花鼓、围鼓、九子鞭、龙灯等民间文化艺术百花齐放，从事民间文艺演出的农民超过万人。其中，周家店镇、尧天坪镇在2008年被文化部分别命名为“全国吹打乐艺术之乡”和“龙狮艺术之乡”。

2. 水平高、受众多、覆盖广

随着群众生活品位和欣赏水平的不断提升，依靠庸俗、低俗、恶俗取悦观众的节目越来越没有生存土壤。他们不断寻求文化规律和农民文化需求的结合点，创新节目内容、提高演出水平，赢得了群众的欢迎和市场的认可。尧天坪镇30多个龙狮表演队，龙狮制作和表演人员达到1000多人，演出辐射湘西北10多个县市。2010 年 6 月 16 日，该镇六龙六狮共 100 多人到首都北京，代表湖南省参加首届中国农民艺术节，依靠精湛的技艺和冲天的气势喜获“精粹奖”。从蔡家岗镇走出来的海燕歌舞团，建团近 20 年来，演出足迹遍及全国 20 多个省、市、自治区，巡回演出 6000 多场，观众达 1000 多万人，被誉为民间版的“心连心艺术团”、洞庭湖畔的“综艺大观”。

3. 风格土、门类多、内容雅

剧团从业人员都是出身农村，了解新时代农民对文化的需求，知道农民喜欢看什么节目。在此基础上，他们从民间传统文化中汲取精华，从外界流行艺术中吸收养分，小品、歌舞、乐器演奏一应俱全。节目内容根据本地的新人、新事、新风尚而自编、自导、自演，格调高雅、内容健康、雅俗共赏，涵盖了农村邻里和睦、赡养老人、倡导科学、破除迷信、打击地下六合彩、宣传惠民新政等方方面面，来自农村，服务农村，为广大群众喜闻乐见。

二、主要做法

1. 专业艺术“带”

农村民间演艺团体毕竟没有受过专业训练，演职人员参差不齐，编导、创作等专业艺术人才缺乏，往往是“拿来主义”。随着社会主义经济市场的逐渐成熟和群众欣赏水平的逐步提高，已越来越不适应时代的发展，严重制约了自身队伍的发展壮大。针对这种现状，鼎城区提高专业艺术的“帮”、“辅”、“带”，加强了对民间职业艺术团体的指导与辅导。鼎城区丝弦艺术团、花鼓戏剧团、文化馆等一批专业艺术人员，以及一批专业素养好、热心农村文化事业的乡镇文化专干，通过送戏下乡、文化进社区以及两年一届的全区民间职业剧团大赛等活动，来带动民间剧团的创作和表演。近年来，实施专业艺术人员包片辅导制度，深入全区 30 多个乡镇，将示范性演出和面向基层的文艺辅导紧密结合，仅 2010 年，专业剧团免费送戏下乡 61 场，组织了 8 支文艺轻骑小分队，深入农村举办音乐戏曲辅导、理论讲座等 50 余次。2009 年举办了“金秋鼎城”民间艺术团体大赛；2010 年举办了“善德鼎城善卷故里”民间职业剧团大赛，100 多支队伍近 300 个节目参加比赛，观众如云，盛况空前。民间艺人现场观摩和学习，聘请专家进行现场品评和指导，民间演艺团体的整体水平得到了很大的提高。

2. 政府部门“扶”

2007 年以来，鼎城区财政每年拿出 100 万元作为支持农村文化品牌建设的导向资金，用于奖励、扶持优秀民间艺术团体等。2010 年投入 500 多万元改建原武陵镇电影院为区文化中心，让民间艺术团体有了一个良好的交流平台。3 年时间，鼎城区农村文化建设的综合投入达 3000 多万元，28 个乡镇综合文化站建设全部达标。近几年举办的民间职业剧团艺术大赛，评选表彰了 30 多名民间艺人和 50 多个民间职业剧团。此外，还培训了 500 多名农村文艺骨干。

3. 挖掘市场“拓”

随着民间演艺队伍的壮大，市场开拓成了当务之急。为了开拓广阔的演艺市场，让这支队伍“墙内开花墙外香”，鼎城区组建了一支演艺经纪人队伍，依靠专职经纪人“跑”、专业协会“联”，在演出服务上细致周到，在演出场次上互通有无、相互调剂，在演出质量上重评价、讲信誉，“海燕歌舞”、“草坪歌舞”、“尧天坪龙狮”等民间文化品牌逐渐成形。活跃在本土的演艺团体，演出市场不但辐射到周边县市，还到了湘西、湖北荆门等地。走出去的歌舞团，演出足迹遍及全国 20 多个省、市、自治区。

三、下一步措施和思路

一是进一步加大政府扶持。从 2011 年起，区财政连续每年拿出 200 万元作为支持农村文化品牌建设的导向资金，用于开展民间演艺交流活动，奖励、扶持优秀民间艺术团体和奖励优秀民间艺人等。

二是进一步加强阵地建设。区财政在投入 500 多万元改建原武陵镇电影院为区文化中心的基础上，将继续投入 500 万元改造内部设施，把区文化中心打造成一流的演艺交流平台。乡镇综合文化站将全部配套演艺设备，使之成为民间演艺团体日常训练、交流的场所。

三是成立“鼎城区演艺联盟”。按照“资源共享、品牌共创”的指导思想，组建以区文化馆为主体，以区专业剧团为龙头，以全区优质的民间职业剧团为骨干的全区演艺联盟，把民间演艺业做大做强，扶持、带动民间演艺业上一个全新的台阶。加强农村文艺骨干的培训，不断提高他们的业务水平。

大力推动“乡村大舞台”建设

——株洲市创建第二批国家公共文化服务示范项目的实践报告

株洲市文体广新局

湖南株洲市位于湖南东部，下辖5县4区和1个国家级高新区、1个“两型社会”建设示范区，总面积1.1万平方公里，总人口400多万。这里是炎黄文化的重要发祥地和中国第一个红色政权诞生地，素有“中国电力机车的摇篮”之称。近年来，全市GDP、投资、消费、规模工业增加值等指标增速高于全国、全省平均水平，发展势头良好。先后被评为全国文明城市、中国优秀旅游城市、国家园林城市、国家卫生城市等。

一、示范项目创建的具体措施

2013年10月，株洲市“乡村大舞台”成功入选第二批国家公共文化服务体系示范项目。市委市政府将“乡村大舞台”建设作为推动新农村建设和全面建成小康社会的有效载体，作为现代公共文化服务体系建设的首要任务，纳入市政府民生100工程，以强有力的手段推动工作落实。

（一）加强领导，建立机制

成立了创建工作领导小组，形成了主要领导负总责、分管领导具体抓、各单位部门积极配合的工作格局。建立了公共文化服务协调机制，强化地方党委、政府的主导责任，与各县市区政府签订了创建工作责任书，将“乡村大舞台”建设纳入年度绩效考核内容，采取“听、查、看、访”四种方式，对创建进展情况进行督察，做到有部署、有落实、有检查。

（二）统一标准，合理规划

通过深入基层实地查看、调查研究、专家咨询等方式，多方收集基础信息及数据，精心编制了创建规划，确定了“乡村大舞台”的建设标准：“五个有、五个一”的创建要求，即有文体广场、文化活动室、农家书屋、共享工程、文化活动和体育健身器材；配套有一套“教学讲传”影像资料、一套实用报刊、一套广场舞移动音响、一处宣传栏、一套管理办法。场地选址把握四条标准，即活动面积2000平方米以上，位于人口相对集中、可以辐射周边的乡村屋场或乡村屋场之间的结合部。

（三）开展试点，树立范本

攸县是湖南首批小康县，也是最初提出“乡村大舞台”的县，所以确定以攸县为试点，试点期间，攸县集中精力新建“乡村大舞台”103个。2014年5月，株洲市文体广新局组织各县市区在攸县召开“乡村大舞台”现场会，总结推广攸县“乡村大舞台”的成功经验和做法，要求各县市区因地制宜建设本地区的3～5个“乡村大舞台”示范点。该项工作列入当年政绩考核内容。

（四）整合资源，分类建设

不仅整合现有的农村公共文化设施阵地、农村文化广场、村级文体活动中心等各类场地，而且优化配置，把宣传文化、党员教育、计生服务、农技培训、文体活动、科技推广等全部纳入“乡村大舞台”，做到共建共享。从农村的实际情况出发，根据乡村的经济状况，实行分类分批“建”：经济基础好的乡村一次性建设到位；经济基础一般的乡村先建好舞台和活动房屋；经济基础差的乡村只要求平整好土地，能够接纳送戏下乡。

（五）深化创建，推出“社区大舞台”

2015年，参照“乡村大舞台”，在各社区开展了“社区大舞台”示范点建设工作，即在城区选择人口集聚区和交通便利的地区，特别是有群众文化基础的社区，建设简易舞台，定期开展群众文化活动，在全市涌现出沿江风光带钢琴广场、炎帝广场、文化园世纪广场等人员集聚、活动频繁、影响广泛的社区文化活动广场。

二、示范项目创建的主要成效

两年多以来，在省文化厅的悉心指导和市委、市政府的高度重视下，株洲市以县为单元，认真落实创建工作规划和制度设计研究方案，形成了百姓跳舞有广场、表演有戏台、健身有场地、娱乐有器材、阅读有书籍的生动局面。“乡村大舞台”已作为一个响亮的区域品牌走向全国，得到新华社、中央电视台、《人民日报》、《中国文化报》等多家媒体的广泛宣传报道。截至目前，全市共新建“乡村大舞台”文化服务点167个，改、扩建“乡村大舞台”文化服务点1400多个，在城区推出“社区大舞台”，实现村村有文化活动场地的目标，人民群众对“乡村大舞台”建设和活动开展的满意度达到90%以上。出台了《“乡村大舞台”文化服务点管理办法》、《“乡村大舞台”文化服务点管理规定》、《“乡村大舞台”文化服务点运行经费管理制度》、《“乡村大舞台”文化服务点管理人员工作职责》、《株洲市“乡村大舞台”考核细则》等一系列相关制度，基本涵盖了规划、建设、管理、运营等各个环节的制度需求。具体成效体现在以下几个方面：

（一）集合各种力量，推动了文化独家唱戏向团队合唱转变

“乡村大舞台”升级优化了宣传文化、党员教育、农技培训、体育健身、科技推广等设施场所，建成了集“思想宣传教育、文化知识传播、文体娱乐活动、计生医疗服务、法制科技普及”等功能于一体的文化综合服务平台。改变了文化一家去干、单打鼓、独划船的局面，形成了多类型、多形式、多部门共同参与的模式，强有力地确保了项目建设与发展的常态化和可持续性。每年，通过“乡村大舞台”举办送戏下乡1000多场次、送电影下乡20000多场次，开展送图书、科技、书法美术作品展览300多次，推出各类政策宣讲、科普讲座、健身养生讲座等2000多场次，服务群众200万人次，推动农村公共文化服务从单一向综合，从独家唱戏向团队合唱的发展。

（二）注重多元投入，推动了文化资金短缺向资金整合转变

“乡村大舞台”建设采取公共财政主导、项目资金整合、民间资本带动的模式，市、县两级财政通过以奖代补的形式共投入1000多万元，整合农业、党建、宣传、广电、民政等项目资金3000多万元。通过部门主办、企业冠名、个人捐赠等办法，积极鼓励社会自办文化，发动企业和群众投资捐建，引导民间资本参与农村文化建设，形成“众筹办文化”的合力。项目创建以来，共撬动社会投入建设资金近3亿元，其中群众自发捐款180多万元，吸引企业冠名赞助文化活动资金1000多万元，解决了基层文化建设经费不足的突出问题。

（三）筑牢文化阵地，推动了基层群众由观众向演员转变

“乡村大舞台”把分散的文化爱好者集结起来，使群众文化活动有了固定的队伍、便利的场所，促进了农民自办文化的发展。创建工作开展以来，吸引了不同年龄段、不同文化层次、不同爱好者的热情参与，全市共组建民间文化队伍3000多支，每年开展群众性文艺活动1万余场次，引导群众在文化建设中自我表现、自我教育、自我服务，优化了农村文化生态。同时，建立了市县乡村四级志愿服务联动机制，6000多名离退休人员和文体骨干加入，带动文体爱好者15万余人，基本实现了村村都有文化领头人。

（四）创新社会治理，推动了文化娱乐向促进邻里和谐转变

“乡村大舞台”文化服务点辐射范围达到了4～5个行政村，符合新型城镇化背景下撤乡并镇、合村建居的大趋势，从公共文化服务供给、农村社会文化生活方面为农村新型社区的整合打下了文化基础。坚持建、管、用并重，服务内容与弘扬社会主义核心价值观相结合，设立精神文明宣传长廊，实现“一村一特色、一墙一风景”，体现了浓郁的地方特色和文化底蕴。把“道德讲堂”引入“乡村大舞台”，将弘扬孝老敬老爱老传统、提倡勤俭节约、遵德守礼等内容广泛传播，使群众修身行善、明礼守法。目前，村民聚众赌博的少了，勤劳致富的多了；打架斗嘴的少了，和睦互助的多了；不尽孝道的少了，敬老尊贤的多了。“乡村大舞台”已经成为邻里和谐的促进台、村风文明的培育台，在有效凝聚人心、构建和谐社会、引领新时期农村社会发展等方面发挥了积极的作用。

长期的创建实践充分表明，“乡村大舞台”示范项目建设符合株洲市农村公共文化服务体系建设实际，符合创新性、导向性、带动性、科学性的原则，是推进基层综合性文化服务中心的一条切实可行的路径。一是创新性。“乡村大舞台”建设，破解了农村文化建设资金难题，创新了农村文化服务模式，同时，在管理运行机制、组织方式、制度建设、活动内容等方面进行了大量探索，取得了较大进展，创新了覆盖全社会的公共文化服务体系建设机制和体制。二是导向性。“乡村大舞台”坚持公益性、基本性、均等性和便利性，面向基层、面向农村，实现文化重心下移、资源下移，为统筹城乡发展，推动基本公共文化服务均等化，保障广大群众特别是农民群众基本文化权益提供了一个有效途径，对新农村文化建设起到了很好的示范导向作用。三是带动性。通过多年的运作实践，“乡村大舞台”解决了“建得起、能运转、效果好、可持续”的问题，实现了从

“文化下乡”到“文化在乡”的转变，对建设覆盖全社会的公共文化服务体系起到了积极的带动作用。四是科学性。项目实行管理公益化、运作市场化，保证了“乡村大舞台”旺盛的生命力和文化服务的常态化，形成了农村公共文化服务持续发展的保障机制，农民群众的基本文化权益得到有效保障。

三、示范项目创建的创新做法和特色亮点

“乡村大舞台”是株洲在农村文化建设实践中的有益探索，为深入推进基层公共文化服务体系建设积累了有益的经验，特别是发展目标上的整合导向、建设模式上的投入创新和运营管理中的方式创新可供全国同类城市进行参考。

（一）在目标定位上强调整合导向

株洲市在谋划“乡村大舞台”建设之初，就强调要整合资源，“一台多用”，不片面强调文化的单一功能，而是把它作为农村工作的有力抓手，站在解决“三农”问题的高度来建设好“乡村大舞台”。把“乡村大舞台”建设作为农村文化的切入点，以新阵地带动新文化，以新文化武装新农民，让新农民建设新农村；把“乡村大舞台”建设成为农村宣传的主阵地，在功能定位上坚持休闲场所、活动中心、培训基地、文明窗口“四位一体”；把“乡村大舞台”建设成为农村服务的大平台，推动城市文明向大延伸、先进文化大展示、市场信息大交流、部门服务大综合，实现了以文化人的新成效。特别是在炎陵等地，还尝试将“乡村大舞台”与电商融合，推动了农民脱贫增收。

（二）在投入机制上实现多元投入

探索出了一条资源整合、项目带动的文化建设路径，建立了多元投入机制。一是捆绑项目资金。将远程教育、农民健身、农家书屋、农村电影、村级活动场所等部门项目捆绑整合到“乡村大舞台”文化服务点的建设之中。全市有将近一半的乡村大舞台和乡镇文化站是合并建设的，还有一部分是与中心村的村级活动中心合并建设的。二是整合闲置资产。充分利用撤乡并镇的政府办公场地、教育布局调整的废弃校舍、搬迁撤离的闲置工厂等资源，开发建设成 56 个乡村大舞台文化服务点。三是撬动民间资本。按照“群众文化群众办”的思路，积极鼓励社会自办文化，发动群众投资捐建，确保全市整体推进，形成了“众筹办文化”的模式。地处偏僻山区的攸县峦山镇咸弦村，听说要在自家门口建乡村大舞

台缺资金，全村90%的农户慷慨解囊，全村累计捐款13万多元，最多的超过了1万元。

（三）在运营管理中方式创新

改变以往政府部门“包打包唱”的情况，探索了一条机制—活动—志愿者的运行路径。一是建立送文化的政府购买机制。制定了送戏每场补助2000元，送电影每场补助200元等具体标准，把财政资金从“养人”为主向“养事”为主转变，财政出资购买专业剧团、电影公司及部分业余团队的文化服务下基层。二是建立种文化的培育机制。各级文化馆将培训送到乡村屋场，开展文艺辅导员进村入户包片辅导培训，农家姐妹经过培训成为各个乡村大舞台的文艺指导员，经她们带出了一批文艺骨干，农民群众由“大舞台”的观众变成“大舞台”的主角。三是建立赛文化的激励机制，让农民群众在竞赛中激发活力。炎陵县鹿原镇每年组织各村的广场舞比赛、农民趣味运动会，激发农民参与文体活动的兴趣。醴陵将各乡镇每年举办4～6次群众文化活动列入了政绩考核指标，乡镇之间进行文化竞赛交流。攸县定期举办“乡村大舞台、才艺大展示”系列竞赛活动，调动了全县上下参与的热情。这种竞赛交流活动在县级层面变成了“罗霄放歌——两省四市七县区域文化交流”，湖南省株洲市（攸县、炎陵县、茶陵县）、郴州市（安仁县）、江西吉安市（永新县、井冈山市）、江西省萍乡市（莲花县）每年组织区域文化交流活动，乡村大舞台的品牌效应正在外溢。这种活力又变成了一种吸引力，吸引着民间资本投向文化活动领域，企业冠名赞助各类文化活动变成一种常态，经济繁荣了舞台，文化唱起了主角。四是建立文化志愿服务机制。充分发挥当地的退休教师、文化名人、文艺爱好者的作用，建立文化志愿者队伍，通过能人带动，管好、用好乡村大舞台。如攸县罗家坪村乡村大舞台的管理员李月华就是一名退休教师，通过他的努力，该村的大舞台没有要乡镇运营补贴，活动一样风风火火，老百姓非常满意。

四、示范项目创建的后续工作

将好的做法固化于制、内化于心、外化于行，是各项工作保持长效的基础。“乡村大舞台”建设，作为一项遍及全市、惠及城乡的系统工程，没有长效机制，难免“一阵风”或虎头蛇尾，难免会成为摆样子、走过场的一场应景式“行动”。为此，有几点需要在今后的工作中深入思考，逐步完善。

（一）加强“乡村大舞台”长效机制建设

加快出台《株洲市“乡村大舞台”考核细则》、《关于组织开展“乡村大舞台”四省七县（市）区域文化联动的通知》等文件，不断完善管理办法，推动区域文化联动，为“乡村大舞台”的管理和使用提供制度保障，建立乡村培训资源供给的多元保障机制、相关人员的培训考核机制、文化服务的共享共建机制、稳定规范的领导协调机制、科学有效的数据管理机制。

（二）结合公共数字文化服务体系建设，强化大数据在“乡村大舞台”中的服务延伸

在公共数字文化服务体系建设中，重点谋划基层大数据服务平台建设，构建数据交汇系统，整合“乡村大舞台”各种数据资源，建立乡村大舞台文化志愿者、文艺团队、优秀节目、演出服装设备等资源数据库，实现文化资源在农村的合理流动和共享，有效解决传统管理中因资源分散形成的“信息孤岛”现象、资源“碎片化”现象，切实提高服务的整体水平。

（三）抓好“乡村大舞台”与综合性文化服务中心的有效融合

株洲的“乡村大舞台”与国家要求建设的综合文化服务中心的建设目标和功能定位高度吻合，都是以“文化＋”的理念推进公共文化服务的“末端”整合，重点突出“文化”的龙头引领作用，整合基层文化体育、党员教育、农技推广、科学普及等多项公共服务。某种意义上讲，一个“乡村大舞台”就是一个综合性文化服务中心。下一步，株洲将在“乡村大舞台”的基础上，认真对照综合文化服务中心的建设标准，查漏补缺，陆续完善乡村大舞台建设，尽快实现“乡村大舞台”与综合性文化服务中心的有效融合。

示范项目创建只是一个抓手，关键要持之以恒，不断总结经验、创新形式、丰富内容，使株洲的“乡村大舞台”焕发出更加强大的生命力，绽放成为基层文化活动中一道亮丽的风景。

创建“郴州市东江旅游摄影艺术惠民公益平台”

——郴州市创建第二批国家公共文化服务示范项目的实践报告

郴州市文体广新局

郴州市位于湖南省东南部，有“福城”美誉，为湖南对接粤港澳的“南大门”、中国优秀旅游城市、中国温泉之乡、“中国有色金属之乡”，辖11县市区，总面积1.94万平方公里，总人口约460万。

东江是郴州资兴市的风景旅游区。资兴市为郴州市下辖县级市，国土总面积2747平方公里，总人口37万，辖13个乡镇、街道，是中国优秀旅游城市、全国首批生态旅游示范区。

2013年10月，“郴州市东江旅游摄影艺术惠民公益平台”成功获得了2013~2015年第二批国家公共文化服务体系示范项目创建资格。郴州市为该项目主办单位，资兴市为项目实施责任单位。该项目创造性地将群众文化活动与旅游相结合，以文化艺术公益惠民为宗旨，以建设保障机制、基础设施、教育普及、展示展览及宣传推介五大平台为基础，形成了“旅游景区+摄影创作基地+摄影艺术馆展览活动+公益性免费开放活动+广大群众和游客全员参与”的一项公益性群众文化活动，其创新性、导向性、带动性、科学性得到了较好的体现，在郴州、湖南省范围内引起了广泛的关注。

一、项目创建工作开展情况

（一）政府主导，规划引导

郴州市、资兴市都研究制定了公共文化服务体系建设实施规划，牢牢把握了公共文化事业发展的主导权和引导权。成立了由党委政府分管领导担任组长的示范项目创建协调领导小组，研究制定了项目建设规划、项目实施方案，确定了项目创建人、财、物保障机制。同时，资兴市项目协调领导小组还主持开展了制度设计和课题研究工作，逐步形成了一系列对实践具有很好推动作用的制度，相继研究制定了《郴州市东江旅游摄影艺术惠民公益平台建设规划》、《国家公共文化服务体系示范项目创建工作方案》、《资兴市创建国家公共文化服务体系示范项目过程管理制度》、《东江湖摄影艺术馆免费开放及服务品牌创建实施方案》等制度。同时，郴州市以“风景名胜区群众公益性文化活动对促进旅游和文化产业品质提高的意义与作用”、“政府和文化等相关部门如何把某一景区内群众自发的文化艺术活动组织起来，将其纳入公共文化服务体系建设的新视野”、“如何有效地引导、扶持、管理风景名胜区群众公益性文化活动”及“旅游文化产业如何更好地涵养公共文化事业，进一步提高公共文化服务的品位”等课题，开展了专题研究，并取得了积极成果，推动了示范项目科学规范发展。

（二）狠抓项目，提升平台

一是加大投入，建设了较完善的公共基础设施平台。2013 年 9 月，中国摄影家协会在“雾漫小东江”景区挂牌设立了“全国摄影创作基地”，资兴市累计投入近 2 亿元，完善了该基地的基础设施，把它打造成为闻名全国的旅游摄影专题景区。同时，累计投入 8000 多万元，把东江湖摄影艺术馆作为示范项目最重要的阵地来建设，逐步完善了馆内设施设备，增强了展览、收藏、培训等服务功能，使之成为目前国内最大的摄影专题艺术馆，并成为中国摄影展览中心在国内第一家县级展览中心。二是精心组织，创办了“东江湖摄影大讲堂”和摄影艺术推广“文化志愿者行动”两个常态化的公益教育普及平台。三是加强与中国摄影家协会及各省、各行业摄影家协会的协调合作，通过聘请专业策展人，与国内著名彩色印刷企业——深圳雅昌公司达成合作协议，提高了展览的策展水平，构筑了高品质的公益展示展览平台。四是注重宣传推广，创建了东江湖摄影艺术馆公益服务网站和微信公众号，与《中国文化报》、《中国摄影报》、《大众摄影》、中国摄影网、《湖南日报》、湖南卫视、湖南经视、《郴州日报》、郴州电视台等媒体建立了经常性联系，开拓了全方位的公益宣传推介平台。

（三）集群建设，整体推进

“郴州市东江旅游摄影艺术惠民公益平台”的成功创建，较好地发挥了“小项目”建设带动“大体系”发展的作用，郴州各县市区相继大手笔建设了一批文体中心、文化公园、博物馆、体育馆、休闲读书吧、乡村文体小广场等文化设施。资兴市财政也进一步加大了投入力度，在全市全面推进“两馆一站”、农家书屋、乡村文体小广场升级达标建设，相续扩建、新建了五岭农耕文明博物馆、东江文化广场、东江湾北岸文化公园、东江湖移民博物馆、3D 电影院等公共文化场馆，启动了投资达 18 亿元的资兴市文体中心建设，全市公共文化网络进一步完善。

（四）活动助推，扩大影响

2013～2015 年，东江湖摄影艺术馆共推出了 86 个专题展览，共举办摄影讲座、培训 45 期（次），开展摄影采风活动 160 多次、群众性摄影大赛 20 多次，年接待观众达 12 万人次。先后承办了第二十四届全国摄影艺术展、第九届中国摄影金像奖获奖作品展、第五届“全国农民摄影大展”颁奖仪式和首展、中国摄影艺术学会主办的《壮丽山河·多彩世界》摄影艺术展以及《历届“荷赛”（中国）获奖作品展》等国内最有影响力的摄影展览，众多国内知名的摄影家都来东江湖摄影艺术馆举办展览、讲座，国内共有 23 家省级及行业摄影家协会来东江湖摄影艺术馆交流学习过。正是基于东江旅游摄影活动的影响力及群众的广泛参与性，2016 年 2 月，资兴市成功创建为第九个“全国摄影之乡”。

二、项目创建工作主要成果

（一）带动了公共文化服务体系整体水平的提升

目前，资兴市公共文化设施的建筑总面积超过 15 万平方米，平均每万人拥有 4000 平方米。同时，公共文化服务产品也日益丰富，满足了群众就近、便利享受公共文化服务的需求。2014 年，资兴市再次成功创建“全国文化先进县（市）”。

（二）促进了“文化 + 产业”深度融合

“郴州市东江旅游摄影艺术惠民公益平台”建设有效实现了文化与旅游的深度融合，使这一文化品牌转化为资兴旅游产业的亮点和名片，成为以文化有效带动旅游产业发展的成功典范。在东江湖核心景区，三湘四水·东江湖旅游文化街、寿佛寺、五岭农耕文明博物馆、东江湖奇石博物馆、东江湖移民博物馆、桃花岛婚纱摄影主题公园等一批文化旅游项目相继建成，并成为文化旅游的热点，一批“文化＋生态农业”、“文化＋商业”项目也应运而生，并产生了显著效益。

（三）项目建设模式被广泛复制、推广

示范项目提供了“群众文化活动＋旅游”高度融合的典型案例和创新模式，发挥了典型示范作用，成为郴州市各县区建设公共文化服务体系的样板。目前，在郴州苏仙飞天山设立了航拍地貌摄影基地、永兴便江设立了宗教文化摄影基地、宜章莽山设立了森林生态摄影基地，建设了类似的惠民公益平台，旅游摄影群众文化活动在整个郴州市发展迅猛，方兴未艾。

三、项目创建的特点亮点和创新做法

（一）始终突出政府主导地位，敢于投入

郴州、资兴市两级政府始终坚持公共文化的公益属性，坚持政府主导，大胆地投入。2013～2015 年，资兴市市财政累计投入项目创建运转经费 708 万元，投入项目基础设施建设资金超过 2 亿元，同时，还把东江湖摄影艺术馆设置为全额拨款事业单位，作为项目实施的常设机构。政府给予的人、财、物的有力保障，是公共文化服务体系健康发展的关键。

（二）借助活动强势助推，打造品牌

示范项目成功地将一项公益性群众文化活动打造成为一个文化旅游品牌。借鉴这一成功经验，近两年来，资兴市成功举办了东江湖“桃花节”、“油菜花节”、“梨花节”、“鱼文化节”、“长寿美食节”等文化旅游活动，对提升资兴市文化旅游产业的知名度和影响力产生了积极作用。

（三）推动文化旅游互促，跨界融合

在新常态下，必须改变“就文化办文化，就旅游办旅游”的惯性思维，要不断推动文化与旅游、体育、农业、商业等产业融合，实现“文化＋”的放大效应。

四、项目后续建设措施

（一）加快完善示范平台建设

重点是完善东江湖摄影艺术馆的软硬件设施，加大摄影创作基地配套设施建设力度。

（二）加大平台建设经验推广

在郴州全面推广示范项目的经验成果，推动项目落地，提升全市公共文化服务水平。

（三）加强人才队伍建设

重点加强专业、骨干、业余三支队伍建设，为公共文化服务体系建设提供人才保障。

（四）进一步加强制度建设

着力完善保障机制建设，确保公共文化服务体系规范化、科学化、可持续发展。

●省级示范区创建成果

打造群众幸福家园

——宁乡县推出“五大举措”全面推进示范创建

宁乡县示范创建区

宁乡县获得湖南省现代公共文化服务体系示范区创建资格以来，县委县政府高度重视，以文化强县建设为目标，以创建省级现代公共文化服务体系示范区为抓手，加大文化基础设施建设力度，完善公共文化服务网络，提升公共文化服务效能，全县公共文化服务体系建设迈上了新台阶。创建工作取得了一定成果。

一、科学规划、周密部署，画好创建“路线图”

创建工作开展以来，宁乡县注重全局观念，科学规划、谋篇布局，全县上下齐心协力，创建工作有序推进。一是强化组织领导。成立了以县长任组长的创建省级现代公共文化服务体系示范区工作领导小组。组织召开了县长办公会1次，会上强调创建工作要把握时代属性、公共属性、文化属性和服务属性，并明确将创建工作经费纳入了县财政预算，每年县财政配套200万元用于示范区创建工作。2016年3月召开的民本民生工作会对全县的创建工作做了全面的部署与安排。4月在示范点夏铎铺镇召开示范区创建工作推进大会。二是制定并下发政策文件。组织创建工作领导小组召开了调研和座谈会5次，认真听取了各方面的意见和建议，制定并以政府名义印发了《宁乡县创建省级现代公共文化服务体系示范区和建设现代体育公共服务三年行动计划（2015~2017)》，制定了《宁乡县政府向社会力量购买公共文化服务实施方案》、《宁乡县创建省级现代公共文化服务体系示范区信息报送制度》、《宁乡县文化屋场创建方案》，明确创建工作任务、时间表和路线图，把创建工作纳入县对乡镇的绩效考核内容，《2016年乡镇（街道）文化站绩效考核实施办法》以创建工作领导小组文件正式下发，把创建

工作作为一票否决内容。积极组织调研实践，进行制度设计，探索建立文化志愿者的长效管理机制，进行了宁乡县文化志愿服务制度设计；以图书馆总分馆为制度设计课题，探索建立全县域的图书馆资源共建共享体系。三是注重过程管理。由主管副县长组织创建工作领导小组召开工作例会5次，创建工作联络员会议和培训5次，每月逐级报送创建工作进度表和工作信息，制定并下发了《宁乡县创建省级现代公共文化服务体系示范区过程管理有关规定》、《宁乡县创建省级现代公共文化服务体系示范区任务分解表》，对县直单位、各乡镇（街道）进行了任务分解，县直单位、各乡镇均对照创建标准，根据自身的工作任务制定了创建工作方案。组织创建工作培训2次，并对图书馆、文化馆、电影公司等几大创建主体和创建成员单位进行了2016年重点工作铺排。

二、全力推进，统筹兼顾，唱好创建“重头戏”

创建工作开展以来，宁乡县从夯实基础、完善阵地、加强服务等方面着手，全力推进，创建工作取得了实在的成效。一是重大项目筑骨干。文体中心投入600万元完善了场馆功能。配套的影剧院装修稳步推进，还将建设宁乡文化展览馆，炭河里青铜博物馆完成建设，2016年国庆已经全面开放，24小时自助图书馆项目正在进行招投标，几个重大项目2016年均会全面实现免费开放，位于县城的老剧院纳入旧城改造范畴将全面进行提质升级。二是基础设施建网络。文化馆、图书馆连续10年为国家一级馆，2016年新建3家、提质提效3家示范性乡镇（街道）综合文化站、100家示范性村（社区）文化活动中心、30个示范性文化屋场、8家乡镇（户外）全民健身中心。到2016年底，基本实现乡镇综合文化站、全民健身中心、固定电影放映点、村（社区）文化活动中心的全覆盖，累计投放健身器材130套、室内外篮球架482套、乒乓球台385套、广场舞音响设备480套，基本实现城乡健身器材、广场舞音响设备全覆盖。获批省级示范性农家书屋2家，市级示范性农家书屋5家，市级固定电影放映点9个，提质提效农家书屋100家。三是惠民服务上水平。创建开展一年以来，相继开展了春节系列文体活动50余场，宁乡县花鼓戏、皮影戏比赛及“周末我登台”群众文艺展演活动50余场，“楚沩讲坛”读书知识竞赛活动等50余场。宁乡县两馆和电影公司均配备流动服务车，图书馆常年开展流动图书服务200余场，文化馆2015年专门对流动服务车进行了修缮，开展流动演出和文艺辅导30余场，流动文化艺术展览20场，电影公司完成公益电影放映4626场。文化志愿服务活动100

场、镇村级文体活动1000余场，向社会力量购买阅读推广和读书活动100场、文化艺术培训100场、文艺演出60场，公益体育培训300场、室内固定电影放映250场，并积极鼓励各乡镇（街道）参照县级购买服务方案自行购买各类文体服务。四是社会力量参与有亮点。创建工作开展以来，全县上下共同努力，社会力量参与文化建设和农民自办文化如火如荼，依托美丽乡村建设，群众建设文化屋场、文化广场的热情日益高涨，如老粮仓先锋坝村的文化广场，沙田乡合塘村、南田坪宜坪村的文化活动室都由群众自筹资金建设；推荐为“最美基层文化人”道林廖仁章的沈家巷农家书屋、煤炭坝贺石桥村唐伏莲的农家书屋、资福周自强的双柳农家书屋、大成桥谢国恩的农耕文化馆和黄村镇周尧的珍轩阁民俗博物馆均为群众个人自发创办、自主管理，并实施免费开放。

三、挖掘特色，培育品牌，打造创建“新亮点”

一是文体结合，资源共建共享。根据宁乡县实际情况，将省级现代公共文化服务体系示范区创建和长沙市现代体育公共服务三年行动计划有效结合，实现资源共建共享。县级文体中心体育馆建设宁乡历史展览馆，动静相宜；春节系列活动文体结合，相得益彰；乡镇文化站与全民健身中心结合、社区（村）综合文化活动中心与村级全民健身点结合，制定建设标准，并随同创建工作方案以政府名义下文。二是示范引领，地方特色彰显。示范性乡镇（街道）综合文化站按照“一镇（乡、街道）三特”进行功能提质，即“特色展厅+特色服务”+“特色活动”，如青山桥文化站建设有民俗陈列馆和名人馆，灰汤文化站挖掘温泉资源，夏铎铺文化站展厅以推介乡贤名人为主，村（社区）文化活动中心和文化屋场坚持“因地制宜、突出特色、示范引领”的原则，结合美丽乡村建设，充分挖掘地方文化内涵，培育地方文化特色，开展特色文体活动。各乡镇文化活动强调“一镇一品”，凸显各自的文化特色，如喻家坳、双凫铺的农民文化艺术节，灰汤的温泉旅游节等，旅游特色乡镇为“三经典”、“六故事”量身创作系列原创文艺节目，举办湖湘风情特色城镇群系列文化活动。三是提质“三个中心”，提升品牌魅力。创建开展以来，艺术创作中心创作了《大美宁乡》、《我从基层来》、《如此送礼》、《狮道·奋进》等一大批文艺精品。美术作品《中国梦·民俗情》荣获2015年长沙市“欢乐潇湘”美术、书法、摄影大赛一等奖、省三等奖；《周末我登台》荣获2015年湖南文化艺术节“三湘群星奖”。花鼓戏传承保护中心2016年成立宁乡县花鼓戏剧团，复排2~3个传统花鼓小戏和1~2

个中心剧目。非物质文化遗产保护中心 2015 年申报并获批了 4 个省级非遗项目，获批了 6 个市级非遗项目传承人，开展传统文化进校园活动。

四、规范制度，创新手段，打好创建“保障牌”

创新建设管理制度，实现常态长效、典型示范的公共文化管理体制和运行机制。一是制度建设有保障。县委、县政府牵头，制定了《宁乡县文化体育事业“十三五”发展规划》，会同发改委、规划、财政等部门，对全县的公共文化设施建设制定了全面的规划，预留了公共文化设施建设用地。建立公共文化服务平台、协调机构和工作机制，政府办专门设立了文教卫科，公共财政把主要公共文化产品和服务项目、公益性文化活动纳入公共财政经常性支出预算。二是队伍培训经常化。每个乡镇文化站有 2～3 名以上编制，全县共有 400 多支群众文艺团队和 15 支体育协会，其中登记注册的文体社会组织 50 多家，近万名文化志愿者。为更好地发挥文体专干、文体辅导员在基层文体事业建设中的骨干作用，提升公共文体服务质量，每年开展了文化辅导员、社会体育指导员、农家书屋管理员、文化志愿者等各类培训活动 30 多场次，受益人次近 20 万人。同时，始终注重发挥文艺团队和体育协会的作用，使之成为群众文体活动的主体力量。三是创新管理满意度提升。制定了公共文体需求调查问卷，2016 年 1～4 月，广泛开展调查，并结合调查制定向社会力量购买服务的项目清单、流动服务点申报标准；开展菜单式、订单式服务，提供针对性的公共文体产品和服务。制定公共文化的供给标准，如文化站、村（社区）文化活动室、室内固定电影放映点的建设标准及场馆的免费开放服务内容；规范、量化送图书、送演出下乡、流动服务、艺术培训、群文活动、读书活动的内容、场次和参与人数；严格效益评估机制。将文化工作纳入县对乡镇综合文化站和县委、县政府对乡镇的绩效考核。通过群众满意度调查，广泛征集群众对公共文体服务工作的意见，把群众满意度调查结果作为衡量公共文化产品和服务效果的重要依据。文体工作在全县近年的政风行风测评排名中稳居前列。

五、加强宣传，上下联动，浓厚创建“大氛围”

一是建立创建信息报送制。将信息报送纳入对乡镇综合文化站和二级单位的绩效考核，文化馆、图书馆、电影公司每年省级主流媒体报道不少于 1 篇，市级主流媒体报道不少于1篇，县级媒体报道不少于5篇；乡镇综合文化站每季度上报2条以上创建工作信息，全年向新闻媒体宣传本乡镇（街道）文体工作不少于2条。二是宣传形式多样化。通过报纸、电视、网络、微信等多种形式开展创建工作宣传。开通“宁乡文体”微信公众号，积极宣传创建工作和各项文体惠民政策，发布全县文体活动信息。积极向省市和县级新闻媒体宣传、推介宁乡县创建工作，其中省市级媒体报道30余篇、县级100余篇。三是创建宣传全面化。发放宁乡县创建宣传单1万份，在全县开展“送文艺下乡志愿服务活动”的同时，进行创建工作宣传、文体惠民政策和文化遗产展板宣传，并在活动现场组织创建知识有奖问答，发放带有创建标识的纪念品。各乡镇充分利用电子显示屏、手机短信、微信平台、社区宣传栏等一切宣传工具，大力宣传示范区创建的基本知识和相关做法，群众参与度广、积极性高，有效提升了宁乡县创建知晓率。

以人民为中心　以创建促发展

——衡南县人民文化幸福指数节节攀升

衡南县示范创建区

以人民为中心，树立文化立县、文化强县，构建完善的现代公共文化服务体系，实现文化服务均等化、标准化，让人民群众充分享受文化发展成果，始终是衡南县委县政府确立的文化工作行动指南。2015 年，衡南县被确立为全省首批省级现代公共文化服务体系示范创建区，县委政府高度重视，顶层发力，高位推进，纲举目张，创新机制，加大投入，建管并重，全县动员，全员参与，抢抓文化事业发展新机遇，开创文化事业发展新局面。开展创建工作以来，县委县政府出台专项文件 3 个，投入专项资金 2 亿余元，建成 26 处文化活动场所，面积 13500 平方米，组织大型文化活动、文化节会 20 余场，开展文化演出 300 余场次，惠及民众 200 余万人次，2016 年县文化馆被评为全国优秀文化馆，“泉湖二月八”被公布为省级非物质文化遗产代表性项目。以创建为抓手，以创建促发展，衡南人民的文化幸福指数正如芝麻开花，在示范区创建过程中，节节攀升。

一、上兵划谋，立章建制基石牢

只有建立健全完善的法律法规及政策体系，才能为现代公共文化服务体系建设保驾护航。衡南县在示范体系创建中，立足现有，放眼长远，把抓政策出台、制度建设、做好顶层设计放在一切工作的重中之重。

一是顶层设计到位。县委县政府高度重视省级现代公共文化服务体系示范区创建工作，成立以县长任组长的创建工作领导小组，县委常委、宣传部长、分管副县长任副组长，领导小组下设办公室，文体广新局局长任办公室主任。建立由县文化、财政、发改、教育、规划、旅游、国土等部门组成的联席工作部，每季度召开一次联席工作会议，商议解决重大事项和重点难点问题。

二是制度规范到位。县委县政府审议出台了《衡南县创建省级现代公共文化服务体系示范区工作实施方案》、《衡南县创建省级现代公共文化服务体系示范区工作规划（2015~2017年)》、《衡南县创建省级现代公共文化服务体系示范区工作协调机制》等系列文件，将创建工作作为县委县政府工作的重中之重，纳入重要议事日程，列入县直各部门、各乡镇全年绩效考核，派发任务清单，明确责任主体，实施动态跟踪，适时管理，年初部署，年中督察，年底考评。县文体广新局出台业务干部“下沉”机制，县图书馆、文化馆所有业务干部定向挂钩联系乡镇综合文化站，实行干部下沉，业务下去，下派的业务干部挂职乡镇综合文化站副站长，明确全年帮扶任务、业务成绩及每月在乡镇综合文化站工作时间。

三是评价体系到位。为使省级现代公共文化服务体系示范区创建工作可量化，有统一标准评价，县委县政府在《创建规划》中明确了具体项目，细化了时间节点，量化了标准要求，建立了一套完备的评价体系。

四是全面调度到位。召开了全县动员大会，所有科级以上部门与会，文化、财政等关键部门表态发言。县长一线调度2次，政府专项工作督察3次，重大文化项目建设专题协商会议4次，下发创建工作简报10期。

五是经费保障到位。县委县政府将主要公共文化产品和服务项目、公益性文化活动所需经费纳入公共财政经常性支出预算，要求每年增长速度不低于财政收入增长速度，人均文化事业费不低于20元，对创建单项工作每年财政预算100万元，项目经费单项计算。2015年财政拨款1500余万元，2016年达2000余万元，增长33%。同时，还审议出台了《衡南县人民政府关于社会力量参与公共文化服务体系建设的实施意见》，打通民间资本进入公共文化服务事业建设通道，融合多方力量，整合多方资源，破解公共文化服务事业建设资金瓶颈，近两年融合社会民间资金1500万多元，快马加鞭，推动衡南文化大发展大繁荣。

二、上援下推，设施建设形式活

按照“建成一批、投放一批，巩固一批、规划一批”和“县级骨干设施标志化、乡镇阵地健全化、村级设施普及化”的工作思路，积极整合各类资源和资金，融合多方力量，对准焦点问题，实行重点突破，实行重心下移，服务下移，资源下倾，注重积沙成堆，化零为体，全方位搭建好公共文化服务平台。

第一，打通大动脉。重点以完善县级公共文化硬件设施建设为突破口，带动全县各项公共文化设施建设上台阶，在县城已建成3个标准化的综合性文体广场。2016年投资500万元进一步完善县文化馆、图书馆建设，县文化馆2016年被评为全国优秀文化馆，县文化馆、图书馆均为国家一级馆。计划投资近2亿元建设衡南剧院、衡南云集窑博物馆。县、乡（镇）、村三级“总分制”公共图书馆服务平台建设全面启动。2015年、2016年，引进“梦东方”和宝盖银杏文化产业园等项目资金100亿余元。

第二，疏通小神经。乡镇综合文化站在现代公共文化服务体系建设中，角色突出，地位重要，既是承接带，更是传播源。为充分发挥好乡镇综合文化站作用，在明确标准、差别对待的原则下，按每个站五台电脑、一套乐器、一项文化活动器材的标准，实行了统一采购配送。同时，将全县27个乡镇综合文化站差别化评定为好、一般、较差三个级别，推行“好”的自我完善、“一般”的以奖代补、“差”的对口帮扶，实现整体拉升。整改后，有24个乡镇综合文化站达到了文化部颁布的二级标准，能良好开展文体活动、书刊阅览、教育培训、网络信息、科普宣传和广播影视等服务。2016年，又按照市文体广新局要求，积极选拔了一批地方特色文化厚重、建设管理好的乡镇综合文化站参与“乡音乡韵”特色乡镇综合文化站创建，通过创建达到了“站点建设好、设备管理严、文化氛围浓、活动开展多、亮点特色足”的效果。

第三，活化细血管。突出抓好村级综合文化设施建设，以村级综合文化服务中心为基点，以点带面，呈“蛛网”式散开。创建以来建成、建好174余个村级综合文化服务中心，面积近6万平方米，建成文化体育活动广场900余个，面积逾50万平方米，建成简易戏台50余个，提质改造、升级改善各村人群集中的老祠堂、老祖屋130余处。为村级文化活动场所配齐了必备的办公用品，配备电脑500余台，体育健身器材300余套，文化活动用具，如龙狮、腰鼓、唢呐、二胡、戏服等1200余件。所有村级综合文化服务中心融读书阅览室、农家书屋、文化活动室、设备存储室、“村村响”广播室、远程教育室、特色文化展览室等于一体，充分发挥好村级综合文化服务中心与农村接地气的作用，把现代公共文化服务由城市推向农村，实现了现代公共文化服务均等化、标准化。下一步，将按照“整合一批、新建一批、改建一批、扩建一批、提质一批”等方式，覆盖到全县所有行政村。还以单位、家庭为组织细胞，在全县开展文化庭院建设，把公共文化服务延伸至毛细血管末梢，已命名示范性庭院单位1000余家、文化中心户35户，并被省文化厅推介、推广。

三、上善若水，惠民措施落实好

文化惠民，文化扶贫，丰富人民日益增长的精神文化需求，实现好、保障好人民群众的基本文化权益，核心是接上地气，打通文化服务“最后一公里”。衡南县文化惠民、文化扶贫，重点打造“十里文化园”和“10分钟文化圈”，多措并举，全面发力。

（一）全面发力，文化惠民亮点足

2011年开始，县“三馆一站”（公共图书馆、博物馆、美术馆、文化馆站）免费开放，县级财政加大了专项资金投入，各免费开放单位实现无障碍、零门槛进入。县公共图书馆、乡镇综合文化站图书室和村农家书屋现有藏书116.8万册，人均占有藏书1.2册，平均每册藏书年流通率为0.74次，人均年增新书0.09册，年均服务80万余人次。图书馆、文化馆、乡综合文化站、村级综合文化室都面向群众提供免费上网服务，并提供公共WiFi和可用数字资源4TB。每年开展“送戏下乡，演艺惠民”1010场。2012～2015年，解决“村村通”工程20户以上新通电自然村“盲村”21个，20户以下已通电自然村“盲村”374个。2016年，通过直播卫星“户户通”工程，解决农村20083户收看电视难问题；完成“村村响”工程县、乡、村三级平台建设，在全县389个村安装高音喇叭4000余个，通过定期播放党的政策、农情农适、紧急事项、开心文艺等节目，将之打造成了“民生电台，法规讲台，空中舞台，应急平台”，深受百姓喜爱。同时，每年开展一村一月免费放映公益电影9000余场，解决了农民看电影难的问题。

（二）打造提质，文化品牌气象新

着力打造群众文体活动“天天跳、周周乐、旬旬演、月月赛”品牌，实现“群文、群体、群创”三大系列联动。连续三年开展“欢乐潇湘·幸福衡南”系列群文活动暨衡南县文体艺术节。2016年成功举办了迎春送福“三下乡”、“迎新登高”健身、第八届全国物流“中众衡杯”篮球赛、“泉湖二月八”农耕文化节、“书香云集·文化衡南”全民阅读暨王跃文专题讲座、“阳光工程”文化志愿服务、“欢乐潇湘·幸福衡南”群众文艺汇演、“红旗颂”大合唱、山地户外休闲健身大会暨莲湖湾荷花节、衡南县“卫计杯”第三届男子篮球联赛、洛夫诗歌节、中秋戏剧晚会、衡南县第二届宝盖银杏文化节暨乡村旅游推介会等大型文体活动 15 场。同时，明确县城内每年组织文体活动和赛事不少于 60 场，每星期不少于一次，乡镇全年举办活动不少于 4 场，每季度不少于一次。据统计，每年直接参与文化活动的有近 5000 人，惠及群众 50 余万人次，充分发挥了文化活动在凝聚人心、鼓舞士气方面的作用。

（三）创新形式，文化服务参与广

第一，借助品牌做服务。衡南县文化底蕴深厚，特色突出，有被中央、省、市命名的“诗词之乡”、“楹联之乡”、“唢呐之乡”和“象棋之乡”，每年都组织开展主题鲜明的诗词、楹联、唢呐、象棋赛事，丰富了公共文化服务内容。第二，形成合力推服务。鼓励社会力量通过主办、承办、协办、冠名、合作等方式参与公共文化活动。直接或间接通过自筹、众筹等方式，组织各类文艺团体参与公共文化服务，各类民间业余文艺团体如雨后春笋般不断涌现，协会 24 个，总人数达 6000 余人。成为满足基层群众多层次的文化需求、繁荣公共文化服务、活跃群众文化生活的重要力量。第三，依托志愿组织送服务。吸纳一大批有文艺专长的业余骨干和热心公共文化服务的志愿者组建文化义工队伍，填补公益文化岗位。已组建文化志愿服务队伍 35 支，招募志愿者 3000 余人，各文化志愿服务队充分发挥自身优势，下基层、入村组、进农户，开展“文化对口帮扶”和“文化精准扶贫”，开展文艺辅导、组织文化活动、参与文化设施管理，解了基层燃眉之急，成为打通公共文化服务“最后一公里”的一支生力军，极大地弥补了政府各职能部门在公共文化服务方面的不足和空白。第四，推行公共购买优服务。设立文化事业、文化产业发展专项扶持基金，建立政府向社会力量购买公共文化服务项目库，将“公益电影放映”、“送戏下乡・演艺惠民”、中小学爱国主义教育电影放映、直播卫星电视“户户通”、广播“村村响”等 10 余项现代公共文化服务项目列入政府向社会公开购买，实行“网格化”管理，“互联网式”、“菜单式”、“点送式”供给，推动基层公共文化服务精准化、均衡化，文化服务供给更富“泥土味”和“菜根香”。

（四）协同发展，文化遗产保护好

近五年来，新增全国重点文物保护单位栗江王氏宗祠、云集窑 2 处，省级文物保护单位桐梓山工农游击队根据地旧址、宝盖楼等 3 处，市级文物保护单位廖田果志塘大屋、冠市高岭刘氏宗祠等 9 处，县级文物保护单位孪生将军墓、泰山十三烈士墓等2处。2016年，“泉湖二月八”农耕民俗文化和衡南渔鼓被公布为省级非物质文化遗产保护名录，衡南烧饼、冠市红豆腐等市级5项，衡南民歌、衡南剪纸、莲花落等县级14项。投入资金1000余万元，对10余处文物保护单位进行保护修缮。广泛开展“文化遗产日”宣传活动，积极组织文化遗产展演、展示活动。非遗进校园、进市场、进演出成为新亮点，设立非遗教学基地12个，文化遗产展示利用，成为拉动旅游增长的核心极。

四、上下同心，强基拓优人才齐

人才兴，事业旺。提升现代公共文化服务能力，关键要集聚优秀人才，才能占领精准发力制高点，实现公共文化服务出人、出戏、出彩。衡南县紧紧扭住队伍建设牛鼻子，夯实人才支撑。

一是依托阵地聚人才。各文化馆、图书馆、乡镇文化站充分利用阵地优势，将各类文艺爱好者聚集在馆站内，根据本地文化特色和地域特点，着重建立和培养集宣传、教育、娱乐、科普于一体的综合文化队伍。

二是结合需要补人才。结合文化体制改革、乡镇机构改革等契机，通过公开招考、特殊人才引进、定向培育等方式补齐文化馆员、图书馆员、乡镇综合文化站专干等。全县27个乡镇综合文化站配备有126名专职工作人员，其中全额编制81人，差额编制19人，自费编制26人，多的站有5人，最少的站也有2人，达标率为100%；每个村（社区）均设有公益性文化岗位，每个岗位县财政每年补助0.2万元；县级公益性文化事业单位业务人员占职工总数比为85.7%。

三是举办培训强人才。积极推行“百佳千星”人才队伍培训工程，制订培训计划，通过“请进来教”、“送出来学”、“自办培训”及“以会代训”、“全员轮训”等多种方式，确保专职人员每年人均培训时间都在5天以上。每年通过推荐、选送的方式，向国家、省、市级各类文化培训机构输送参与培训业务人员近20名。县文化馆、图书馆等公共文化服务单位，每年广泛组织开展美术、书法、音乐、舞蹈、摄影、文化遗产等免费培训，培训各类文艺骨干近千人次。以“引进来、走出去”的方式，邀请专家授课，参与交流学习，2016年组织了公共文化服务体系创建培训班，对全县近百名中青年干部进行了培训，邀请了省厅公共文化处金铁龙副处长授课。

坚持“四个一”机制，做好“四个结合”文章

——炎陵县建设公共文化服务体系迈上了新台阶

炎陵县示范创建区

炎陵县以“文化强县”为建设目标，以创建现代公共文化服务体系示范区为抓手，加大文化基础设施建设力度，完善公共文化服务网络，通过统筹城乡、创树品牌，有力促进了现代公共文化服务体系建设向纵深发展，有序推进，全县公共文化服务体系建设迈上了新台阶。

一、科学规划、周密部署，画好创建“路线图”

炎陵县是株洲市创建国家公共文化服务体系示范区的责任单位，同时也是湖南省现代公共文化服务体系示范区创建单位。在创建中，炎陵县注重全局观念，把握整体思路和举措，全县上下齐抓共管、通力合作，形成了工作合力。成立了由县委书记黄诗燕任顾问，县长文专文任组长，相关单位主要负责人为成员的炎陵县创建现代公共文化服务体系示范县领导小组。出台了《炎陵县省级现代公共文化服务体系示范区创建工作方案》，按照省级公共文化服务体系示范区创建要求，制定了《炎陵县创建现代公共文化服务体系示范区任务分解表》，召开创建工作动员大会，全面部署安排，明确目标任务，强化工作责任，及时协调解决创建工作中出现的问题和存在的困难，总结和积累经验，创造性地开展创建活动。炎陵县将创建工作内容纳入政绩考核重点内容之一，“两个创建”一齐抓，相互促进、同步推进，形成“一个项目、一名领导、一套班子、一抓到底”的“四个一”工作机制。

二、强化措施，全力推进，唱好创建“重头戏”

创建工作开展以来，炎陵县从夯实基础、完善阵地、加强服务等方面着手，全力推进，创建工作取得了实在的成效。

一是基础设施网络覆盖全。目前，全县文体设施面积达 40.8 万平方米，人均拥有 2.04 平方米，逐步实现了县、乡、村三级均等化发展，为构建现代公共文化服务体系打下了良好基础。县级文化设施齐全，特色突出。拥有“四馆一中心”，即图书馆（国家一级馆）、文化馆（国家二级馆）、红军标语博物馆、纪念馆、文体中心。其中，文体中心占地 100 亩，投资达 1.2 亿元，集宣传教育、老干活动、文化体育、青少年活动等多功能于一体。各乡镇均建有综合文化站，站内设多功能活动室、图书室、电子阅览室等功能室。农家书屋和文化信息资源共享工程覆盖率达 100%。

二是村级阵地建设步伐快。在村综合文化服务中心建设过程中，炎陵县牢牢抓住政策支撑和资金投入两个着力点，注重利用村组织活动中心现有场地，注重统筹协调，巧借组织、民政、农业、国土、武装等部门之力，形成“众筹”模式，目前已建成 7 个村综合文化服务中心示范点，58 个其他村已建成或正在建设；20 个村已完成规划设计待建。2017 年覆盖 70% 的行政村，2018 年所有行政村全面建成。2016 年以来，全县村综合文化服务中心共举办文化汇演、读书看报、电影放映、文体活动、文化讲堂、专题报告等 154 场次，参与群众 1.8 万人。

三是文化惠民服务上水平。炎陵县始终以统筹城乡发展、推动基本公共文化服务均等化为目标，大力实施各项文化惠民政策，不断丰富和满足城乡群众日益增长的文化生活需求，提高炎陵县公共文化供给水平。①深入推进品牌活动。在满足群众文化生活的同时，炎陵县积极拓展服务农村群众文化生活的新方式，依托传统节日，广泛深入开展客家民俗文化节、“三月三”畲族文化节、桃花节、“全民阅读·书香炎陵”、“关爱留守儿童·放飞梦想”大型公益晚会、“欢乐潇湘·美丽炎陵”文艺汇演暨“红旗颂”合唱比赛等特色群众文化活动。2016 年 10 月 26 日第三届“罗霄放歌”湘赣边界文化惠民联袂巡演在炎陵隆重举行，这是两省九个县市为丰富罗霄片区广大人民群众的精神文化生活共同创作的文化盛宴，此次巡演将惠及九个县市近 400 万父老乡亲。②深入推进惠民工程。坚持公益文化的功能定位，大力开展送戏、送电影等活动，近年来送演出达 290 多场次，每年免费放映公益电影 2424 场。县图书馆、文化馆举办送图书、送文化、送辅导等流动服务 60 余场次。结合各乡镇、各村实际，不断充实各种活动器材和设施，2016 年以来，累计为农村配备音响、乐器、健身器材、乒乓球桌、篮球架等活动器材 159 余套（件），配发图书 2.1 万册。经过努力，广播电视覆盖全县，通有线电视、地面卫星、无线覆盖用户数占全县总数的 98%。2016 年，又配发了“户户通”设备 5220 套。

三、加强宣传，上下联动，营造创建“大氛围”

一是启动村级文化墙建设。为了打造农村文化宣传阵地，弘扬地方特色文化，倡导文明新风，传播社会正能量，结合炎陵县旅游景点和新农村建设，炎陵县计划在炎睦高速霞阳收费站围墙、天平村炎帝生态农庄围墙等 7 处绘制文化墙，目前，已完成炎帝生态农庄和龙渣村 2 处文化墙的绘制。

二是建立信息报送制度。将信息报送纳入对乡镇综合文化站和二级单位的绩效考核，2016 年以来，炎陵县积极向省市和县级新闻媒体宣传推介全县创建工作，其中省文化厅网站发表 15 篇，韵动株洲平台发表 30 余篇，县政府公众信息网发表 30 余篇。

三是开设多种宣传渠道。开通了“炎陵文化”微信公众号，宣传创建工作和各项惠民政策，发布全县文体活动信息。各创建单位开辟了现代公共文化服务体系示范区创建宣传专栏，大力宣传示范区创建的基本知识，有效提升了全县创建工作的知晓率。

四、挖掘特色，培育品牌，打造创建“新亮点”

一是探索图书馆总分馆制建设。为促进城乡公共文化服务一体化、均等化，努力打造城区 10 分钟、乡镇 15 分钟、农村 30 分钟公共文化服务圈，炎陵县图书馆创新服务手段，拟在全县建成 18 个分馆、164 个流通服务点。总分馆制是指文献资源由县总馆统一采购、统一编目、统一配送，全县各分馆之间实现通借通还。目前已建成并正式对外免费开放的有 5 个分馆和 4 个服务点。全县公共图书馆藏书 20 余万册，年流通达到 12 万册，发放“一卡通”通借通还卡 1.2 万余张。图书馆总分馆制的试点建设在推动现代公共文化服务体系和“书香炎陵”建设中发挥了积极作用。

二是开设“老百姓大课堂”。为进一步吸引百姓、凝聚百姓、服务百姓，炎陵县在文化馆开设了“老百姓大课堂”，邀请各方面的专业人才、理论专家、学者及先进人物进行讲座，根据群众个性化需求，推出“订单式”文化服务。该项目启动以来，深受老百姓的欢迎，目前已经开展文化服务活动50余次，受益群众达2万余人，极大地促进了全县群众文化的发展和繁荣。

强基础　建机制　树品牌　重共享

——湘潭市岳塘区助推公共文化服务上新台阶

岳塘区示范创建区

自2015年岳塘区被确定为省级现代公共文化服务体系示范区创建以来，区委、区政府高度重视，举全区之力，按照公共文化服务体系建设公益性、均等性、基本性、便利性的要求，切实加大对公共文化服务的投入，不断夯实基础，努力提高公共服务水平，区、街道、社区（村）三级公共文化设施网络建设进一步推进，基本形成了“设施网络化、供给多元化、机制长效化、城乡一体化、服务普惠化”的现代公共文化服务新格局。主要做法如下：

一、实施大保障，优化工作机制

岳塘区坚持把创建工作摆在重要位置，切实加强领导，明确任务，强化督察，狠抓落实，齐心协力推进创建工作。一是建立了领导机制。成立了以区长为组长，区委宣传部长、分管副区长为副组长，区直相关部门、各街道行政一把手为成员的创建工作领导小组。将创建工作纳入区委、区政府重要议事日程，纳入《政府工作报告》，纳入财政预算，纳入岳塘区“十三五”总体规划。二是完善了考核机制。制定了创建工作实施方案，与各街道签订了创建示范区工作责任状，明确任务，落实责任，形成了政府负总责，部门牵头，街道配合，社会组织和群众共同参与，一级抓一级，层层抓落实的“四位一体”工作体系，并将创建工作纳入绩效考核。三是加大了投入机制。自2013年开始，岳塘区设立了文化事业发展引导资金和文化产业发展引导资金各100万元。2016年开始，将创建示范区工作经费纳入财政预算，每年增加100万元用于创建工作。要求各街道每年预算安排公共文化服务体系建设人均专项经费不低于10元，人均文化活动经费不低于5元。四是加强了制度建设。制定了《岳塘区创建全省现代公共文化服务体系实施方案》、《制度设计研究方案》、“六项制度”、《岳塘区现代公共文化服务体系建设管理标准化手册》、《岳塘区文艺团队管理扶持办法》、《岳塘区原创节目奖励办法》等制度。五是健全了人才保障机制。每个街道、村、社区都配有1名及以上文化专干，负责辖区内文化活动室的免费开放、免费辅导培训等工作。每个街道有1支文化志愿者队伍，村社有2支以上文艺团队。每年文化专干、文艺骨干集中培训达到4次以上。六是实施社会购买服务。2016年，岳塘区积极实施政府购买公共文化服务，第一，通过政府购买的形式委托专业公司进行运营。重点在公益电影放映、“周周乐”、“三下乡”、“情满岳塘”惠民演出活动等工作中采用政府购买服务。第二，向社会力量购买服务。向辖区内有师资力量的文体培训机构购买服务，2016年，岳塘区将舞蹈、书画、器乐、声乐、跆拳道5个专业培训机构，通过政府购买的方式，将其服务延伸到村、社区，定点定时面向全区群众开展公益性的长期免费培训班，目前，共开班9期，学习人数达300多人，受到群众好评。

二、聚焦大宣传，营造工作氛围

他山之石，可以攻玉。2016年，岳塘区十分注重对创建工作的学习和宣传。一是组织外出学习。2016年，岳塘区组织了创建办公室成员和基层文化工作分管领导、文化站长，走出岳塘，到长沙岳麓区、宁乡县等地学习他们好的做法和经验，并结合各自单位的实际，认真抓好本单位的创建工作。二是制定创建标准。根据省现代公共文化服务体系示范区创建要求，结合实际情况，岳塘区制定了《岳塘区现代公共文化服务体系建设管理标准化手册》，并发放到创建工作领导小组成员单位和每个街道、村、社区。三是确定试点单位。制定了基层文化活动中心标准化示范点建设方案，确定了4个街道综合文化站和6个村、社区文化活动中心为示范点，对示范点进行业务指导，通过以点带面的方式，推进街道、村社标准化建设全覆盖。四是强化舆论宣传。充分利用各类媒体和有效载体，全方位、多角度开展舆论宣传，先后刊发创建信息近80条，其中《湖南日报》市州版头版头条1条，《湘潭日报》头版头条1条。省文化厅网站70余条。同时，在岳塘新闻网、莲城手机报上进行了大批量的信息刊发，区文体局还专门开辟了“文化岳塘”微信公众号，对创建及文化工作定期进行宣传，营造了良好的舆论氛围。

三、构筑大平台，夯实工作基础

公共文化服务全覆盖必须依托完善的文化设施。根据创建要求，结合岳塘区实际，在之前区委、区政府实施的“千千万”工程的基础上，2016 年，岳塘区提出“资源整合、分步推进、全面覆盖”的思路，即结合岳塘区社区标准化建设工作，同步抓紧推进基层综合文化站、文体活动中心建设。一是切实抓好区级场馆建设。2016 年，岳塘区对区全民健身中心、区文体活动中心进行了规划建设，区全民健身中心已建成对外开放，区文化馆获评“国家一级文化馆”，区图书馆为“国家三级馆”。建设了文化信息工程岳塘支中心，拥有独立的数据平台，市民进入文化信息共享工程平台和岳塘区图书馆网站就能免费浏览阅读。此外，岳塘区还将加快建设岳塘人民剧场。二是切实抓好基层阵地建设。重点抓好街道综合文化站、村、社区文化活动中心建设，目前，包括试点单位在内，全区 12 个街道，已建有 7 个标准化街道综合文化站、24 个标准化文化活动中心，社区图书室、绿色网吧、文化活动室、多功能室、培训室等较为齐全。三是切实抓好文体设施建设。为方便群众休闲、锻炼，2016 年，岳塘区加大对文化体育设施的投入，第一，在社区、小区内安装了部分体育器材；第二，安排了 60 万元用于添置文化体育用品，发放到各基层单位、文艺团队；第三，投入了 18 万余元对全区所有的文体设施进行了一次全面的维修维护，确保器材安全使用。此外，新建农村示范性广场 2 个。四是切实抓好机关、企业、学校设施对外开放。积极与教育、经信、机关事务中心等部门做好沟通协调，努力争取全区各领域的文体资源实现社会共享。目前，已实现了少数学校、企业、机关在规定的时间内对外开放。

四、注重大融合，确保工作效果

群众的需求是我们工作的方向，公共文化服务尤其需要我们把工作做实做精做优。近年来，通过强化工作措施，整合社会资源，加强队伍建设，岳塘区打造了以“周周乐”为代表的广场文化活动品牌、以“文化艺术节”为代表的综合文化品牌、以“广场舞”为代表的大众文化品牌、以“闹元宵”为代表的民俗文化品牌。为了进一步丰富居民群众文化生活，提升公共文化服务水平，2016 年，岳塘区在此基础上，面向不同的群体，开展丰富多彩的群众文化活动，努力打造新的特色亮点。一是面向农村开展帮扶活动。为加强农村文化建设，2016年1月，岳塘区启动了“结对子·种文化”文化志愿牵手活动，将全区21个城区文艺团队与21个行政村结对进行文化帮扶。截至2016年10月，结对团队共联合为基层演出24场次，城区文艺团队下乡指导农村文艺团队编排节目、培训129次，通过城乡文艺团队互学互促，整体艺术水平都有了很大提高。该项目被省里评为文化志愿服务优秀项目奖。二是面向特殊群体深化服务。关爱特殊群体也是2016年岳塘区文化活动的一个重点。2016年6月，岳塘区在“周周乐”广场文化活动中特别安排了残疾人和未成年人专场，共演出节目25个，观众达3000余人。2016年11月，开展了岳塘文艺志愿“阳光行”活动，组织了岳塘区15名美术、书法等领域艺术家到11名肢残艺术爱好者家里进行上门慰问和作品交流指导，让他们感受到了阳光关怀。此外，在下摄司养老中心、中央一品小区设置了固定电影放映点，丰富孤寡幼儿业余生活。在拥有5000余农民工的岳塘经开区还专门为他们免费放映了公益电影。三是面向群众实施免费开放。作为区级“两馆”，区文化馆和区图书馆每年都面向群众免费开放，区文化馆积极担负培训职能，每年开办各类成品舞、广场舞等培训班4期以上，年培训人数1000余人次。区文体活动中心五楼多功能厅常年对外开放，免费给文艺团队提供训练场地，年训练人数达3万余人次。区图书馆积极开展“全民阅读”活动，建立了岳塘区数字图书馆，区、街道、社区三级设立了文化信息共享工程，实现了线上线下服务群众。为让老百姓不出家门就能欣赏到优秀文艺节目，岳塘区于2016年8～10月开展了“情满岳塘”系列活动，共开展了趣味体育进社区10场、惠民演出进社区12场，受到群众一致好评。

通过文化资源大融合，2016年岳塘区群众文化工作成效显著。“欢乐潇湘·幸福湘潭”大型群众文艺汇演，在省级比赛中，有4个节目获奖，其中《虾灯情缘》获金奖，创下历史最好成绩。岳塘区创作的《十八总的风情》代表湘潭市出征全省第六届全民广场舞总决赛，获得全省第二名的好成绩。

虽然，岳塘区在创建省级公共文化服务体系示范区中做了一定的工作，但与上级的要求、群众的需求和期盼还有较大差距。下一步，岳塘区将严格对照创建标准，着力在建立完善体制机制、加强基础设施建设、提升公共文化服务、培育文艺人才等方面下功夫，在组织领导、资金投入、基础建设、体制创新和文化人才等方面给予更加有力的保障，切实把公共文化服务体系示范区创建工作组织好、落实好，打造创建工作“岳塘模式”。

夯实基础　创新服务

——隆回县积极创建省级现代公共文化服务体系示范区

隆回县示范创建区

隆回县地处湘中偏西南，是我国近代思想家魏源的故乡，全县辖24个乡镇、575个村（居、社区），总面积2866平方公里，总人口120万，是国家扶贫开发工作重点县、武陵山集中连片特困地区重点扶持县、革命老区县、湘西地区开发重点项目县、比照实施国家西部大开发优惠政策县，也是2014年获评的全国文化先进县。2015年11月，隆回县被列为省级现代公共文化服务体系示范区创建县，一年来，各项工作取得了较好成效。

一、强化组织领导，完善创建机制

（一）领导重视，机构健全

隆回县成立了省级现代公共文化服务体系示范区建设领导小组，由县委书记、县长任顾问，县委副书记任主任，县委常委、宣传部长及人大、政府、政协分管副职任副主任，各有关部门负责人和乡镇党委书记、乡镇长为成员。领导小组下设办公室（设县文体广新局），负责创建日常工作。各相关单位相应成立创建工作领导小组，将创建工作纳入重要议事日程。创建工作重大事项由县政府常务会议、县委常委会议研究决定。县政府常务会议研究通过了创建方案和中期推进方案，县委常委会议研究了县文化艺术中心（包括“五馆一中心”，即文化馆、图书馆、美术馆、博物馆、规划馆和演艺中心）、县体育中心等重点文化体育工程项目建设。在隆回县十二届党代会上，县委把“文化兴县”列为全县五大发展战略之一。

（二）规划落实，保障到位

隆回县根据湖南省创建省级现代公共文化服务体系建设标准（三类）制定了创建规划，各项指标总体落实率已超过了60%，目前，隆回县又在研究推进工作规划。在经费保障上，一是“两馆一站”免费开放（19万元）、公益电影放映（40万元）、直播卫星户户通（30万元）等项目配套经费到位；二是财政预算安排文化事业发展引导资金560万元；三是安排广播村村响工程建设资金3000万元；四是启动文化艺术中心建设，计划投资4亿元，2016年已投入400万元。

（三）制度创新，管理落实

隆回县的制度设计研究课题是农村文化体育社区建设。通过对创新开展五个农村文体社区试点建设工作的调查研究，初步认为，农村文体社区建设在相对集中的几个村联合开展文化体育建设，更能有效集中优势财力、人力、物力，更能发挥核心人物的带动作用，使一个或几个能人带动一方，一个或两个特色影响一方，一个社区活跃一大片，使农村文化体育活动能经常、丰富开展。

在创建工作过程中，隆回县积极落实六项管理制度，增强了工作成效。建立了联络员制度，由各部门单位、乡镇分管文化工作的副职任联络员，负责与县创建办联络，并负责信息报送、情况反馈、定期参加工作例会；报送了创建工作进度表；县级人民政府由分管领导组织定期督察指导创建工作；基本按月报送工作信息；落实了专项资金管理制度。

二、夯实文化设施，提升服务能力

据统计，截至2015年底，隆回县人均拥有公共文化体育设施面积为1.08平方米。县级魏源图书馆、文化馆现均为国家一级馆，县影剧院虽未定级，但已达到部颁三级以上标准。同时，隆回县目前正在启动文化艺术中心（包括文化馆、图书馆、博物馆、美术馆、规划馆和演艺中心）、体育中心建设，前期投入已达400万元。目前，县每千人占有公共文化服务设施面积为375平方米，新的艺术中心建成后，将达500平方米。

隆回县乡镇（街道）综合文化站24个，现已获部颁等级的总计14个，其中一级站4个、二级站4个、三级站6个，近两年来，新建达到部颁三级以上标准的有山界回族乡文化站，总达三级以上标准率为62.5%。

隆回县现有575个村（居、社区），据最近逐个实地摸底调查，基本建有基层综合性文化服务中心的村有291个，建有比率为50.6%，按“七个一”标准统计，基本建成基层综合性文化服务中心的村有120个，建成率为22.6%，当然其中部分需要适当完善。

公共图书馆（室）建设与服务不断推进。据统计，隆回县现公共图书馆人均占有藏书1.6册。截至2015年底，隆回县县级图书馆藏书11万册，26个乡镇（便民服务中心）图书馆藏书4.3万册、社区（村）图书室和农家书屋的总藏量为180.9万册，公共图书馆总计藏书196.2万册；隆回县常住人口为120万，人均占有藏书1.6册；平均每册藏书年流通0.58次，共计110.6万册次；人均年增新书0.05册次，2016年已达202.3万册；人均到馆次数0.3次，包括到县、乡、村各级公共图书室（馆）次数，共计40万人次。县级图书馆可用数字资源达4TB，包括本土数字资源和县魏源图书馆购买的移动图书馆。此外，隆回县还在乡镇（街道）、村（社区）公共文化场所配备数字文化服务设施。目前，隆回县每个乡镇都有文化信息共享资源共享工程，有777个村级文化信息共享资源共享工程站点，有电子阅览室。2015年，为每个乡镇文化站均统一配送数字图书5000册。

三、突出基层服务，提升服务质量

（一）实施面向基层、面向农村的服务

隆回县面向基层、面向农村的重要文化项目主要有文化馆的“千场文化下乡演出”，现已实施14年，每年完成52场；有文化馆的文化辅导项目，每年派出专业文艺工作者下企业、联社区、到乡镇进行文艺辅导，每年超过200人次，深受群众欢迎；有魏源图书馆流动图书服务，2015年完成服务24次，基本达到每月至少两场的标准；有文化馆的农民画、艺术创作和表演成果展等；有“欢乐潇湘”系列全县普及的群众文艺汇演、广场舞比赛等。隆回县魏源图书馆配备有一台流动图书服务车，文化馆配备有一台流动舞台车，为面向基层提供了基础设备。

（二）实施公共文化均等化服务

一是保障特殊群体公共文化服务。开展文化进万家活动，定期在县特校开展

文艺演出活动，还专门开展了为特校生送书和益智玩具活动。二是建立农民工文化服务工作机制。重点是在工业园为农民工开展了定期送戏、送电影活动，在部分企业设置了图书馆分馆或流动图书服务；安排专业人员辅导企业文化建设主要是开展职工文化活动。

（三）实施公共文化社会化服务

启动了政府向社会力量购买公共文化服务。2016 年，隆回县政府采购 18 个业余文艺团队到各乡镇开展了 156 场文艺下乡演出。同时积极发展文化类社会组织，文化类社会组织逐年增加，其中以文艺演出队伍最多，现共有登记注册的文化类社会组织 20 余个，有各种文艺团体 1000 余个。

（四）实施免费开放服务

目前隆回县主要开展“两馆一站”即文化馆、图书馆、文化站的免费开放。做到了有经费保障，即要求县级财政配套到位；做到了有服务内容目录并公示；也有品牌服务项目，如魏源图书馆连续 10 余年举行元宵灯谜会，已成为县城元宵节的必有项目；魏源图书馆在培训教室还每年定期举办文化讲堂，请名家讲课，也成为当地文化爱好者提升文化内涵的重要基地。

（五）实施农村两项指标服务

一是每个行政村每月 1 场电影。隆回县每年都超额完成任务，2015 年完成 11811 场，超过任务数（11484 场）327 场。2016 年也已完成任务。二是每个乡镇（街道）每年 4 场演出、4 次文化活动、3 次艺术培训。据统计，隆回县乡镇演出活动主要项目有“欢乐潇湘”群众文艺汇演、广场舞比赛及市、县送戏下乡演出，26 个乡镇 2015 年总量达 120 余场，2016 年将达到 250 余场；2015 年各种知识抢答赛、演讲赛、送春联、多种节庆活动等文化活动总计达 180 余场；各乡镇的艺术培训以广场舞蹈居多，包括教练培训和舞蹈爱好者培训等，全年总计达 100 余场。

四、加强统筹协调，提升保障质量

（一）政府出台公共文化服务体系建设相关规划和政策统筹协调机制

一是建立公共文化服务平台、协调机构和工作机制。隆回县正在采购和建设公共文化数字化服务平台，建成后，将为全县人民提供多种数字化服务内容，方便、快捷、实用。

二是为把公共文化服务纳入法制化轨道，在隆回县“十三五”规划有文化发展专门篇章，还有隆回县文化体育事业和文化体育产业发展“十三五”专题规划。在隆回县十二届党代会上，“文化兴县”被列为“五大发展战略”之一，并提出了具体要求，各有关部门正在起草《关于文化兴县的决定》，将为公共文化服务体系建设做出具体规划并完善统筹协调机制和各项保障机制。

（二）积极落实经费保障

隆回县把主要公共文化产品和服务项目、公益性文化活动纳入公共财政经常性支出预算，公共财政每年预算安排文化事业专项资金200余万元，主要用于公共文化产品和服务项目、公益性文化活动开支。隆回县是人口大县，但据统计，2015年，人均文化事业费也达到了79元。总体来说，隆回县不仅配套了各项文化惠民工程经费，还大投入启动了骨干性文体设施建设，经费投入在不断加大。

（三）落实人才保障四项指标

一是隆回县26个乡镇，乡镇（街道）综合文化站现有编制122个，现有人员115人，人均达5人，远超编制1~2名的达标率。

二是村（社区）设有公益文化岗位不断增多。现每村公益文化岗位以兼职为主，具体从事农家书屋管理、文化活动组织开展、文化宣传等，但也有小部分村有专职非村干部的农家书屋管理员。

三是县级公益性文化事业单位业务人员占职工总数比例超过80%。隆回县公益性文化事业单位现有县文物局、非遗中心、文化馆、图书馆、文化活动中心、影剧院、电影公司等，共有人员176人，其中专业技术人员142人，业务人员达到了80%以上。

四是每个村（社区）业余文艺团队不少于2支。据最近专门下村统计，隆回县575个村，共有各种业余文艺团队1500余支，平均每个村业余文艺团队在2支以上，有些村还多达5支。

（四）加强基层文化队伍培训

隆回县安排了分层级培训计划，文化馆（站）、图书馆等单位负责人安排参加省、市级培训，其他文化工作人员以参加县级培训为主。隆回县近几年还至少举办一次乡镇、村、社区基层文化专兼职人员参加的文化业务集中培训班，时间每年不少于5天。

（五）积极开展文化志愿服务活动

自2012年以来，隆回县建立文化志愿者队伍，现有文化志愿者260多人。隆回县开展的各种文化志愿服务活动，在全县各种文化活动和文化人才队伍素质提升等方面发挥了重要作用。如非物质文化遗产保护志愿者队伍开展非遗田野调查、文化遗产日宣传等活动，效果明显。组织200余名文化志愿者集体参加邵阳市第三届艺术节提供多种服务，促进了艺术节举办提质提效。

总之，自开展示范区创建工作以来，县委、政府领导进一步加强了文化发展的认识，特别是把“文化兴县”列为发展战略之一，体现了新一届领导对文化的高度重视和发展智慧。在公共文化设施建设方面，重大骨干性文体设施建设启动，基层综合性文化服务中心建设全面开展，将为全县文化设施全面提质。全面开展的文化下乡服务、政府购买文化服务、公共文化均等化服务等公共文化服务供给为人民群众提供了更多可共享的文化改革与建设成果。创建工作开展以来，领导更加重视，机制更加完善，全县文化氛围更加浓厚，群众文化活动更加丰富多彩，文化成果更加显著。

夯实基础　注重特色

——临湘市扎实推进省级现代公共文化服务体系示范区建设

临湘市示范创建区

临湘市，素有“湘北门户”之称，总面积1760平方公里，总人口53万，辖10镇3街道办事处。一千多年来，楚文化与湖湘文化在此交汇融合，积淀了一大批地域特色鲜明的历史文化遗产。临湘先后被评为“全国先进文化县（市）”、“中国钓具（浮标）之乡”、“中华诗词之乡”、“湖南书画之乡”。2015年，临湘被列为全省第一批创建省级现代公共文化服务体系示范区城市之后，临湘市市委、市政府高度重视创建工作，在省、市文化主管部门指导、帮助下，按照“文化设施标准化、活动开展常态化、服务供给多元化、保障制度规范化”目标，做调研、做规划，抓推进、抓落实，取得了阶段成果。

一、主要成绩

一是公共文化设施覆盖全域。城区有国家一级文化馆、国家一级图书馆、博物馆、青少年活动中心、剧团、影剧院6个公共文化场馆、3个大型文化广场。13个乡镇（街道）综合文化站实现全覆盖，其中国家一级文化站2个、二级文化站5个、三级文化站4个；50%的村（社区）建有基层综合性文化服务中心，100%的村（社区）建有农家书屋。全市人均拥有公共文化设施面积达2.24平方米，市、乡、村三级公共文化设施网络渐具规模。

二是公共文化服务内容丰富。“三馆一站一中心一书屋”全部免费开放；组织开展了“岳州讲坛”、“送戏下乡”、“一元剧场”、“文化艺术进校园”、“图书借阅自点餐”、“文艺辅导培训进村组”、“百姓健康舞培训”、“关爱留守儿童和空巢老人志愿服务”、“农民工文艺汇演”等形式多样的特色文化活动；推出的“湘鄂赣非遗联动”、“草根文化艺术节”、广场舞电视大赛、“临湘好声音”4个大型艺术活动影响广泛，全年举办大小文艺比赛 58 场、文艺演出及晚会 22 场、各类文化活动 150 场次；广场文化做到“天天有活动、周周有演出、月月有比赛”，极大地提高了群众生活的幸福指数。

三是公共文化服务不断创新。政府购买机制初步建立，送戏、送书、送电影下乡和“一元剧场”已成常态；文化产业发展乘势而上，2016 年临湘市提出“全景临湘、全域旅游”发展战略，强化旅游与文化等产业的融合，着力打造“一中心”、“一走廊”、“一区”、“一园”布局，目前长安创意文化园、龙窖山遗址保护与开发、羊楼司竹文化科技园、聂市镇古街修复、浮标风情小镇等重点文化项目建设都在稳步推进；社会力量茁壮成长，临湘市“本土文化”成“精神主粮”，各乡镇基本上形成了以“一乡一品”为格局的各具特色的民俗文化品牌，全市共有民俗文艺表演队 156 支，参演人员 3870 人，每年演出 3000 余场次，观众达 156 万人次。

二、主要做法和经验

一是建立严格的绩效考核机制，增强示范创建执行力。临湘市市委、市政府高度重视示范区创建工作，成立了以市委宣传部长为组长、分管副市长为副组长、各职能部门和乡镇（街道）主管领导为成员的创建示范区工作领导小组，市委、市政府多次召开会议，专题研究示范区创建各项工作，将其纳入《政府工作报告》，纳入市政府绩效考核指标体系，出台了《临湘市创建省级现代公共文化服务体系示范区实施方案（2015～2017 年)》，制定了《临湘市创建省级现代公共文化服务体系示范区工作督导检查制度》。市政府与各职能部门、乡镇（街道）签订责任状，提高认识、分解任务、落实责任。市委督察室、政府督察办每季度开展一次专项督察，创建办不定期开展跟踪督察，形成了政府负总责、部门牵头、乡镇（街道）配合、社会组织和群众参与，一级抓一级、层层抓落实的“四位一体”的工作体系。

二是建立灵活的经费投入机制，增强示范创建保障力。临湘市在财力有限的情况下，一方面保障文化事业经费投入年增长 25% 以上，另一方面制定了《临湘市政府采购公共文化产品和服务管理办法》、《临湘市社会力量参与公共文化服务促进办法》，引导激励社会资源与社会力量参与公共文化建设，逐步形成以政府投入为主、多渠道筹资、多主体投入的“众筹”文化投入机制。近年来，市财政每年安排 200 万元公共文化建设资金，已撬动社会文化项目投资 2 亿多

元。乡镇通过“众筹”方式，高标准建成投资百万元以上的村级文化活动中心 8 个、投资 50 万元以上的文化广场 15 个。2016 年计划投资 5 亿多元的 PPP 项目——临湘文化创意园，已完成前期评估、立项工作。

三是建立广泛的区域联动机制，增强示范创建吸引力。2013 年，临湘市开始实施“区域文化联动项目”，至今已从“7 乡镇联动”发展为全市“13 乡镇联动”、“湘鄂赣非遗保护联动”。活动以文艺联演、书画联展、文艺创作联手、理论研究联动为主要载体，建立了区域文化交流、互动、共建、共享的机制和格局，提升了区域公共文化服务的水平和能力。每年“草根文化艺术节”、“湘鄂赣非遗戏剧节”、“临湘好声音”活动，吸引周边的通城、崇阳、修水等县的专业剧团来临湘展演；吸引 100 多支民间文艺团队走上舞台；吸引 300 多名民间歌手登台献唱，空前活跃了临湘市草根文化氛围。

四是建立严谨的人才培训机制，增强示范创建支撑力。临湘市瞄准“城区 10 分钟文化圈、农村 10 里文化圈”目标，积极开展与企业、学校、社区、乡村结对子活动，从文化馆、教育系统、社会各界近千名文化志愿者中精挑细选出 100 多人，组建 30 余支文艺辅导分队，常年活跃在基层，开展“非遗进课堂”、“公益艺术培训进校园”、“文艺辅导进村组”等手拉手、一对一的辅导培训，帮助培养当地文化活动带头人，确保一社区一队伍、一村一队伍。同时，文化馆和青少年活动中心充分利用文化阵地优势，安排专业老师在每周一、周三、周五免费对民间文艺队伍进行业务培训，利用双休日、寒暑假为学生免费开办舞蹈、主持、声乐、书画、十样锦、临湘花鼓戏等艺术特长培训班。三年来，培养群众文化活动骨干和带头人 1560 人次，一批能编、能演、能组织、能歌善舞的基层文化能人脱颖而出，成为开展文化活动的中坚力量，为示范创建提供了坚强的文化队伍支撑。

三、存在的主要困难和问题

一是宣传力度有待进一步加强。群众对示范区创建内容、公共文化服务内容的认识不够，文化设施设备使用率不够高，全面享受文化的自觉性和主动性有待进一步提高。二是文化服务硬件建设还需加强。市区“三馆”场馆面积小；乡村两级文化设施落后，独门独院的文化站不多，部分村级文化活动室、公共电子阅览室不达标。三是城乡文化发展不平衡。城乡之间、乡镇之间发展水平不均衡，公共文化投入缺乏刚性指标，没有形成正常增长机制，总量仍然偏低，经济相对落后的乡镇公共文化服务能力有待进一步提高。四是基层文化服务队伍不够健全。公共文化服务单位人员少，结构不合理，专业性不强，免费开放水平不高。农村文化管理人员和文艺人才缺乏，基层文化阵地作用发挥不够。

临湘市虽然在示范区创建方面取得了一定成效，但也还存在一些亟待解决的问题，主要表现在公共文化设施功能不强、公共文化服务供给内容不多、公共文化创建保障措施不全等方面，今后临湘市将进一步加大公共文化服务课题研究力度，建立客观的公共文化创建绩效考核机制、稳定的经费投入保障机制、高效的文化服务供需对接机制、合理的文化设施利用机制，确保2017年建成网络健全、结构合理、发展均衡、运行有效的省级公共文化服务体系示范区。

政府主导　保障建设和供给

——鼎城区推进现代公共文化服务体系建设

鼎城区示范创建区

常德市鼎城区委、区政府始终把推动文化大发展、大繁荣纳入经济社会发展的重要内容。在创建现代公共文化服务体系工作中，坚持文化公益性、基本性、均等性、便利性，坚持文化惠民、文化利民、文化为民。通过“政府投资建设公益性文体设施，政府购买公共文化产品，发挥文化协调作用，打造文化专业团队，扶持壮大民间文艺团体”等措施，激发文化发展活力，使创建工作有声有色。通过创建初步形成了符合本地实际，文化设施比较完整，活动开展正常，覆盖城乡、可持续的基本公共文化服务体系。

一、将公共文化的建设作为重大项目来实施

2015 年，鼎城区被列为创建省级现代公共文化服务体系示范区。根据省委办公厅、省政府办公厅《关于加快构建现代公共文化服务体系的实施意见》精神，鼎城区委、区政府高度重视，迅速部署安排创建工作，并将公共文化的建设作为重大项目来实施。通过一年多的努力，创建工作进展顺利，有效推进，基本实现了省创建办确定的目标任务。

（一）实施公共文化服务“保证工程”

一是组织保证。成立了鼎城区创建省级现代公共文化服务体系示范区工作领导小组。由常务副区长牵头，分管副区长任常务副组长。制定了《鼎城区创建省级公共文化服务体系示范区实施方案》，明确了创建目标任务、工作内容、实施步骤，建立了定期工作调度、督导协调巡查与联合会议制度，将创建任务量化分解到单位，形成一级抓一级、层层抓落实的创建格局。全区上下齐心协力抓创

建，区级领导和文体广新局局长杨珂分片负责下到乡镇、村进行蹲点服务，面对面帮助解决在创建工作中遇到的困难和问题。二是措施保证。健全完善了财政投入机制、信息联络机制、定期调度机制、督察考核奖励机制等，实行“信息月通报、工作季调度”。每个月向省厅及时填报公共文化服务体系示范区创建工作进度表，将设施建设、活动开展、资金保障、重大活动等用文字表格形式汇报，每个季度定期召开公共文化服务体系建设示范区工作推进调度会，总结前期工作特色亮点、指出问题缺点、布置下段工作重点，从而进一步调动了各级各部门参与创建的主动性和能动性。三是资金保证。近年来，鼎城区对公共文化事业的投入逐年上升，现已达到财政收入（含转移支付收入）的1.5%，增长速度高于同级财政经常性收入增幅，人均文化事业费已高于全市水平。2016年公共文化建设纳入区财政预算，增加到1140万元。其中惠民演出经费60万元、免费开放经费50万元、公益电影放映经费30万元、卫星“户户通”专项补贴经费150万元、文化产业引导资金300万元、公共文化服务补贴经费100万元、文化事业经费450万元。

（二）实施公共文化设施“提标工程”

一是建好一批重点文化设施。投资2000多万元，改造建设了面积3000多平方米的区级文化中心，建有文化广场、剧场、戏剧排练厅、群众文化活动室等文化设施；区文化馆完善内部配套设施，新近添置了50万元的设备器材，使之成为名副其实的群众文化活动场馆。区图书馆已列入棚改项目，将于2017年新建一座标准的国家一级图书馆。同时，2017年还将启动“三馆一中心”的建设。投资3.3亿元，建成了融自然景观、健身娱乐、艺术鉴赏于一体的江南沅江风光带，精心策划了十里画墙，将以艺术的形式生动展示常德市两千多年的发展历史和风土人情，2016年启动基础建设，两年完工。二是完善乡镇文化站和村级文化家园设施建设与功能配套。重点扶持了4个乡镇综合文化站的文化服务中心和21个村的文化家园建设。被文化部命名为“中国民间文化艺术之乡”的草坪镇综合文化站，投资200万元，建设了300平方米的综合文化站和2万平方米的文化广场。十美堂镇的东风村、谢家铺镇的向家巷村、石板滩镇的毛栗岗村2016年公共文化服务建设的投入都在80万元以上，其他一般性示范村都在10万元以上。2016年各示范乡镇、村投入公共文化服务基础设施和开展文体活动的投入在600万元以上。鼎城区在办点示范的基础上注重示范带动、均衡发展、全面开花。2016年来，鼎城区共增加农村公共文化活动广场60.4万平方米；22个乡镇

（场）综合文化站全面免费开放；302 个村（社区）有 30% 建成了文化家园。所有行政村均实现农家书屋、信息资源共享工程全覆盖。

（三）实施公共文化服务人才队伍建设"提高工程"

制定了《鼎城区关于引进文化人才的实施意见》、《鼎城区关于大力发展扶持和壮大民间文艺团体的奖励办法》，设立了人才培养、奖励专项资金。2016 年选送了一名优秀青年导演到上海参加为期 1 年的高级研修班学习。组织乡镇群众文艺团体的骨干进行轮训，对轮训后的文艺骨干建档立册，纳入"鼎城文化人才库"。坚持年年举办文化工作人员培训班、剧团演职人员培训班及小戏小品曲艺创作培训班。乡镇文化专干培训、农村演艺团体业务培训常态化，2016 年举办各类业务培训 20 次，人员达 2000 多人。

二、将公共文化的供给作为主要任务来完成

鼎城区委、区政府将公共文化的供给作为创建省级示范区的主要任务来完成，而且收到了满意的效果。

（一）推进文化惠民

一是惠民演出深入民心。全区在区乡两级建立了惠民演出中心。通过政府购买的方式，请专业剧团、民营剧团及民间艺人常年演出，每周保证群众有 2～3 场好戏观看。特别是区文化中心推出"一元剧场"演出后，场场爆满，全年演出 70 多场，打造了"好戏周周演、欢乐满江南"的公共文化品牌。"鼎城民间团体惠民演出"被国家财政部、文化部列为第一批全国公共文化服务体系建设示范项目。惠民演出节目《村长家的尿不湿》2015 年获得"三湘群星奖"金奖。二是文艺大赛引人入胜。每年举办两次以上全区性不同门类的文艺大赛。"欢乐潇湘·百团大赛"、"鼓书擂台赛"、"广场舞大赛"都成为群众的丰盛文化大餐，吸引了众多群众参与。三是文化单位服务常态化。区文化馆常年到乡村开展公益性文化培训和文化辅导活动，年培训和辅导群众文化人员近 5000 人次。区图书馆全年图书借阅量 12 万册，接待读者 4.3 万人次，2016 年为全区中小学校捐送图书 3000 余册，为乡镇综合文化站和村级文化家园配送图书 5000 余册，全区城区周边基本建立了总分馆制，实现图书通借通还。区花鼓戏剧团联合区民营骨干剧团，每年完成送戏下乡 300 多场，区电影

公司每年完成送电影下乡6000多场，实现了每个行政村平均每月看一场电影，每年看四场以上文艺演出的目标。四是志愿者文化服务活跃乡村。举办了“志愿者惠民演出季”、“文化惠民演出周”、“常德汉剧专场”、“湘北大鼓”、“儿童专场”、“龙狮展演”、“管弦乐巡演”等一系列文化服务志愿者惠民演出活动，在群众中产生良好反响，受惠群众超过20万人。五是演艺联盟拓展市场。成立了鼎城区演艺联盟，采取专业艺术“带”、政府部门“扶”、协会组织“拓”等方式，先后发展民间演艺团体198个，农村演艺人员4000多人，他们每年走村串户为群众演出8000多场次。

（二）打造文化品牌

一是打造群众文化品牌。目前，全区打造了民间剧团惠民演出“百团大赛”、“中国民间艺术之乡”、“中国诗词之乡”等多个群众文化品牌。尧天坪镇、草坪镇分别以叫得响的龙狮、民间歌舞被文化部命名为2014～2016年度“中国民间文化艺术之乡”。草坪镇、周家店镇分别被中华诗词学会命名为“中国诗词之乡”。二是打造地域文化品牌。根据全区镇村规划、历史渊源、人文底蕴，重点打造“一镇一品”特色文化。开展了草坪镇民间歌舞、尧天坪镇龙狮、周家店镇吹打乐、黄土店镇竹文化、花岩溪镇佛教文化等地域文化品牌建设。深入开展文化艺术节、文化旅游节活动。推出了十美堂镇油菜花节、花岩溪镇紫云英节等“五朵金花”乡村文化品牌。三是注重文化遗产保护。鼎城区每年拿出专项资金对国家级非遗项目“常德丝弦”、“常德花鼓戏”及省级非遗项目“善卷传说”、“尧天坪龙狮”等传统文化加以研究、传承和保护。恢复排练展演了《生死牌》和《巧点鸳鸯》等大型传统花鼓戏；开展常德丝弦走进校园、民间文化艺术传承进课堂等活动，向广大基层群众普及了非遗艺术。2016年初，区丝弦艺术团受邀参加了“锦绣潇湘·湖南文化走进联合国”展演活动，向全世界展示了中国“非遗项目”丝弦艺术的独特魅力。

三、将公共文化服务的保障作为长效机制来落实

鼎城区委、区政府在创建省级现代公共文化服务体系工作中，不为创建而创建，而是通过创建建立长效机制，使公共文化能长期服务社会、服务群众。

一是制度保障。鼎城区编制、颁布、实施了一系列规划、政策、方案、意见，先后制定了《鼎城区创建湖南省现代公共文化服务体系示范区工作实施方

案》（常政办发〔2015〕19号）、《鼎城区2016年创建省级现代公共文化服务体系示范乡镇（场、街道）、村（社区）实施方案》（常鼎政办函〔2016〕34号）、《关于加快构建现代公共文化服务体系的实施意见》（常鼎政办发〔2016〕52号）、《鼎城区关于大力发展扶持和壮大民间文艺团体的奖励办法》、《鼎城区关于引进培养文化人才的实施意见》、《鼎城区创建省级现代公共文化服务体系示范乡镇、村中期考核验收细则》、《鼎城区文艺贡献奖励办法》等，从制度上对公共文化的建设加以保障。

二是从财力上保障。2015年以区委常委办公会议纪要〔2015〕21号确定了每年文化工作经费200万元进入预算，2016年增加到700万元，其中公共文化服务专项资金200万元。2016年全区财政投入基层文化建设总经费达到1800多万元。同时，鼎城区大力鼓励民营资本投资公共文化建设，将民营资本作为公共文化建设资金的重要补充。"常德一可美术馆"是常德市"双百重点项目"，总投资300多万元，建成常德唯一个体美术馆，拥有300平方米的专业书画艺术作品展示厅，全年不间断地举行各类诗词书画展出，并免费开放，填补了鼎城美术行业的空白。鼎城"张家山庄"位于周家店镇大砖桥村，由海归青年张惟鹏投资2800万多元建设，山庄内设有体育拓展、百姓大舞台、棋牌活动室、图书室、休闲广场等群众文化活动设施。2016年，周家店镇和大砖桥村依托"张家山庄"的文化设施，开展了一系列群众性文体活动。比如，全镇举行的"欢乐潇湘·百团大赛"初赛，周家店镇"健身操（舞）比赛"，村级举办的"全民健身拔河赛"、"诗画展示"、"体育运动会"等，为村民提供了开展文体活动的场所，是民营资本助推公共文化服务的典范。

三是从人才上保障。2016年鼎城区在建立健全区、乡（镇）、村三级公共文化服务组织架构的基础上，创新创特创亮点，积极探索农村业余文艺演出团体的生存、发展模式，实施农村文化能人培养工程，先后将专业剧团的业务骨干送到国家级艺术学院带薪离职培训、乡镇文化站骨干到省级艺术院校培训等，不断提高他们的专业创作与演艺水平。组建有专职和兼职人员在内的文艺创作团队，充分发挥其特长，激发他们的创作热情，用传、帮、带进行一对一辅导。如国家一级作家黄士元辅导的业余作者张蕾，因创作了参加全国小戏展演作品《村长家的尿不湿》而获得赞誉。

鼎城区还注重吸纳培养农村文化能人。通过吸纳农村老干部、老党员、老教师、老文艺工作者、老艺人"五老"发挥余热，引领开展农村文化活动，涌现出了尧天坪镇龙狮传承人文麦秋、周家店镇吹打乐传承人魏祖华等一批"五老"

典型。培养有专业特长、热爱文化事业的中青年，涌现了像唐杰、陈英等农民歌手的典型。全区现有各类文化能人120人，农村业余文艺团体198个，每年开展演出活动8000场，极大地满足了农民群众日益增长的文化需求。

修文化之魅　铸幸福之城

——慈利县全面推进乡村综合文化服务体系建设

慈利县示范创建区

近年来，慈利县以深入推进文化体制改革为抓手，通过脱贫攻坚、旅游带动、文明创建、共建共享等手段，先行先试，边建边推，全力加强村级综合文化服务中心建设，逐步实现了以文化之魅力，涵民众之素养，育慈姑之新风，铸幸福之城市。

一、紧抓脱贫攻坚机遇，锻造乡村文化新图景

坚持将脱贫攻坚作为乡村文化建设的动力和机遇，以脱贫攻坚推动乡村文化基础设施建设、内生动力建设和“富脑工程”建设。一是高起点强化硬件。将村级文化服务中心硬件建设“七个一”纳入脱贫攻坚一盘棋统筹，一张图建设，一把尺验收。2015 年，全县文化民生项目建设比重达 45% 以上，向贫困村投入 712 万元，建设高标准文体活动广场 72 个。零阳镇金花村在村级集体经济和脱贫攻坚双引擎驱动下，投入 400 万元建设的“美丽金花”文化家园成为全县村级综合文化服务中心“高大上”的典范和标杆。二是大格局激发动力。在脱贫攻坚中立足“跳出文化建文化，依靠文化谋发展”的思路，鼓励乡村挖掘文化底蕴，拓展文化产品，让文化软实力变成农民口袋里的硬货币。零溪镇百寿村深挖“寿”字诀，开展农耕文化体验、富硒稻田认筹等活动，村民人均增收 1000 元以上；江垭镇九溪村围绕“人文九溪、韵味古城”，弘扬民俗古城文化，形式多样、内容丰富的乡村文化建设场景不断涌现。三是全方位倡导新风。围绕村级综合文化服务中心建设，积极开展“农民大讲堂”、“道德讲堂”活动，广泛宣讲扶贫开发惠民政策，大力加强社会主义核心价值观、优秀传统文化和脱贫致富先进典型宣传，全面清除“等靠要”落后思想，引导贫困户奋发向上向善，带动

贫困群众“精神脱贫”。投资110万元集中组织编排的精准扶贫花灯戏《莫家寨》，被选为第五届湖南艺术节优秀剧目。

二、创新旅游带动模式，激发乡村文化新活力

充分发挥地处张家界东大门、毗邻武陵源核心景区、自然资源禀赋独特的优势，将乡村文化建设与旅游发展深度融合，激发乡村文化焕发新活力。一是“雅而精”高端旅游舞动。擦亮“中国温泉之乡”、“中国最美休闲旅游度假名县”等金字招牌，引进张家界大峡谷玻璃桥、禾田居、澧水半岛等一大批高端旅游项目落户慈利。三官寺土家族乡罗潭村村民以土地占股17%的形式承接禾田居山谷项目，将土家族文化集中呈现；溪口镇坪坦村以钟灵毓秀的“两溪交汇拥圣地，三十里长潭绕镇流”壮美的自然景色引来6.3亿元的澧水半岛项目，实现旅游项目与乡村文化建设良性互动。二是“小而美”乡村旅游推动。把方兴未艾的探险、休闲、农耕等时尚旅游元素融入村级综合文化服务中心建设，在阳和、三合、南山坪等乡镇开辟红岩岭欢乐公园、茶马古道、美丽南山等15条户外精品文化旅游线路，2015年来，12万名户外爱好者慕名前来，让慈利的乡土文化茁壮成长，走出慈利，传播慈利。三是“壮而盛”节会赛事撬动。突出“一乡一品”，挖掘民间文化资源，走特色发展之路，“龙潭河板板龙灯节”、“岩泊渡二端午龙舟赛”、“五雷庙会”等节会赛事活动盛名远扬，打造了一批具有地方特色、深受群众喜爱、壮美盛大的公共文化服务品牌。

三、踩准文明创建节奏，赋予乡村文化新内涵

积极开展文明创建，重拾乡愁，重唤乡风，重振乡村文化面貌。一是政府“引”出路子。以示范点建设为带动，厚植廉政文化、法治文化、诚信文化、好人文化。开展文明村镇、文明单位、文明家庭评选，“渔浦书院大讲堂”、“欢乐潇湘·幸福慈利”等系列活动，全力倡导“讲文明、改陋习、树新风”。深入开展移风易俗宣传教育，推进文明新风“十进”农家，广泛评选“好婆婆、好媳妇、好夫妻”，全县涌现出1个国家级文明村镇和1个国家级最美家庭。二是社会“促”出成效。充分发挥12个示范点辐射带动作用，推进文明单位与文明村镇帮带共建，利用宣传栏、电子屏、农村广播等宣传阵地，宣传道德模范、优秀乡贤等典型事迹，弘扬传统文化和传统美德，引导社会向上向善、见贤思齐，涌

现出全国道德模范提名候选人朱国庆、澧水舍己救人三兄弟等一大批先进典型。三是村民“闯”出斗志。积极倡导“勇立潮头、敢闯敢干”的拼搏奉献精神，充分发挥村民主人翁作用，引导村民主动谋划、主动建设，全县村级综合文化服务中心建设如火如荼。在未被列入示范点建设的前提下，零阳镇永安村村民自发贡献4亩集体土地建设文体广场，表现出了新时期可贵的集体主义精神。零溪镇象鼻嘴村多名乡贤不计酬劳建设农村国学教育基地，被新华网、《光明日报》宣传推介。

四、坚持共建共享主题，推动乡村文化新跨越

抓紧抓实示范点建设，把好事做细做实，共建共享，推动乡村文化向上向善向好。一是集中力量办大事。坚持把村级综合文化服务中心建设纳入县委、县政府重要议事日程和全面深化改革的重点项目，统筹整合2000万元的资金和项目，高规格、高水准推进示范点建设，大力推进公共文化服务体系建设，投入3.5亿元建设包含博物馆、美术馆、非遗馆等项目的县级文化艺术中心，投入1.5亿元建设县级全民健身中心，投入1亿元建设乡镇文体活动中心，确保到2017年实现25个乡镇综合文化站全覆盖，2020年实现427个村级综合文化服务中心全覆盖。二是强化机制立规矩。建立示范点建设标准管理制度、绩效考核制度和奖补制度，设立文化事业引导资金100万元、文化产业引导资金100万元，按20%的比例逐年增长。2015年发放村级文化小广场奖补资金220万元，引导社会多方投资1700万元，建成61个文体小广场。2016年发放奖补资金200万元，完成45个村级文体小广场。三是多方搭台唱新戏。整合社会资源，充分利用基层党组织活动场所、综合设施、闲置校舍进行村级综合文化服务中心集成建设。引导企业承担社会责任，2015年来，撬动社会资本500多万元投入村级综合文化服务中心建设。

加大力度　夯实基础

——桃江县扎实推进省级现代公共文化服务体系示范区创建

桃江县示范创建区

2015年以来，桃江以创建省级现代公共文化服务体系示范区为契机，以满足人民群众日益增长的精神文化需求为出发点和落脚点，积极探索工作方式、创新工作机制，促进公共文化服务标准化、均等化，有效地推动了桃江文化的发展和繁荣。

一、精心营造日益浓厚的创建氛围

一是领导高度重视。县委常委会、县政府常务会议专题研究了创建工作，成立了以县长任组长的现代公共文化服务体系示范区创建工作协调小组，县文体广新局抽调并培训了11名创建专干，分线指导创建工作。二是全面动员部署。由县政府制定并出台了《创建现代公共文化服务体系示范区工作方案》。县政府组织召开了由各乡镇乡镇长、综合文化站站长及各相关责任单位负责人参加的动员大会，要求全县各级各部门把创建工作作为打造“民本政府”的重要抓手和推动三产业发展的重大机遇，加大资源整合力度，加快推进重大惠民文化项目建设，确保按时完成创建工作任务。12月上旬，将召开全县创建工作现场示范推进会并举办专题培训班，采取典型引路，以点带面形式，全面推进创建工作。三是加大财政投入。县财政每年配套并整合资金210万元，通过“以奖代投”的形式用于乡镇文化站与村级文化活动中心的建设。制定了《专项资金使用办法》，确保资金使用安全，发挥效益。四是落实工作责任。各乡镇和责任部门均向县政府签订了工作责任状。领导小组办公室制定了《考核工作方案》，考核结果纳入部门单位年度绩效考核。县政府督察室按时间进度要求对部门单位创建工作进行督察，并及时通报。

二、稳步推进县级骨干性文体设施建设

一是公共文化设施面积已达标。经过县文体广新局的积极督促，各相关部门的高度重视，加强了文体设施的配送、文体广场的建设，目前，全县人均拥有公共文化体育设施面积2.08平方米，提前达到小康社会指标要求。二是一大批惠民文化工程已经完工或启动建设。县图书馆、文化馆均已达到国家一级馆标准，县图书馆扩建少儿分馆，正办理县级立项手续；投资近500万元的县电影公司3D影院、投资380万元的县影剧院维修改造工程都已完工并投入使用，投资260万元的县城公共大戏台已经建成。三是桃江县文体中心已启动项目工程建设，前期工作已经全部完成即将启动主体工程建设。

三、巩固扩大乡镇综合性文化服务中心建设成果

一是综合文化站提质扩容。各乡镇或收回出租设施，或将党政大楼交付文化站使用，或将其他部门办公楼划归文化站，增加功能室，开辟文体广场，乡镇综合文化站均在积极应对，解决面积不够、功能不齐的问题。二是进一步完善文化站功能。大多数文化站都自觉对照示范区创建标准，重新调整功能布局，添置设施设备，制定规章制度，建好活动台账，整理档案资料，更好地发挥了综合文化服务中心的作用。

四、全面铺开村（社区）文化活动中心建设

一是场地建设热火朝天。全县投融资1.2亿元建设村民服务中心，文化活动中心融入其中，90%以上的行政村将在2017年农历年前完成工程建设，一个个村级文化活动中心都建得富有文化气息，有部分乡镇更是全部新建，掀起了“比学赶帮超”热潮。二是功能发挥进一步完善。普遍建立了文化活动室，图书借阅室、公共电子阅览室、广播室齐全，简易戏台、宣传栏、文化广播器材、体育器材设施应有尽有；图书借阅有序登记，文化志愿者队伍建设，当地特色文化品牌的挖掘整理抓紧进行。三是基础文体设施建设有序推进。投入1000多万元的农村广播“村村响”文化惠民工程全面完成并在全省推广，投入148万元的“户户通”工程已安装5550户，全部完成任务。

五、着力推进公共文化服务圈建设

2016年初提出的“一点一场一中心”建设，随着乡镇综合性文化服务中心建设的推进，步伐得到进一步加快，目前，全县已有60%的乡镇建立了20分钟公共文化服务圈。

六、深化扩大文化流动服务设施建设

县图书馆在桃花江沿江风光带建设了24小时自助图书馆，实现办证借阅服务一体化，解决了随时随地满足读者阅读需求的问题。县数字图书（文化）馆建设项目，包含移动图书馆、知航云图书馆、歌德电子借阅机、博刊报纸期刊阅读机、地方特色资源库门户网站，可望于2017年前完成项目工程，实现全县数字资源全覆盖。县图书馆将在全县51个流动图书馆基层服务点基础上，探索全民阅读推广模式研究，进行总分馆制度设计研究，最终实现全县范围内图书馆系统的通借通还，更方便服务读者。

七、精心组织开展文化艺术活动

一是文化惠民活动开展常态化。每年开展的“欢乐潇湘”活动，参演、观演群众超过15万人；送戏下乡和农村公益电影播放受到群众热烈欢迎；影剧院开展的周末剧场活动和举办的花鼓戏艺术节场场爆满。二是群众文化活动开展自觉化。各乡镇文化协会依托乡镇综合文化站自发开展文化艺术活动，吸引越来越多的群众积极参与。三是文化艺术水平进一步提高。桃花江美人窝合唱团在“红旗飘飘颂党恩”活动中获市级金奖、省级银奖，花鼓小戏《乡长打工》获省艺术节金奖、国家艺术基金奖励。

八、全力打造文化工作优质团队

坚持把加强队伍建设作为创建工作的一项基础性工作来抓。一是志愿者队伍不断壮大。2015年、2016年，全县文化志愿者新增注册2700多人，有效促进了文化志愿服务活动的深入开展。二是人才培训不断创新。文化站长与文化专干培训每年至少举办 1 期，培训时间确保 5 天，参训人数在 100 人以上；从 2015 年起开办了两届桃江县花鼓戏人才培训班，培训花鼓戏人才超过 200 人；每年都对网吧从业人员开展业务培训，参训人数超过 400 人。三是文化服务多元发展。全县民间文艺团体、文化协会共 276 个，创办文化刊物 12 种、微信网络宣传平台 6 个。2015 年《人民日报》（海外版）、《中国日报》等五大主要媒体同步推出桃江外宣专版。

谱写文化民生的崭新篇章

——桂阳县积极创建省级现代公共文化服务体系示范区

桂阳县示范创建区

桂阳县位于郴州市西部，现辖22个乡镇（街道）、398个行政村（社区），总面积2973平方公里，总人口90万，是郴州市面积最大、人口最多的县。桂阳是历史悠久的古郡，文化厚重，是“湘昆”的发祥地，是全国文化先进县。

2015年10月，桂阳被列入湖南省现代公共文化服务体系创建示范区。一年来，在省文化厅和市文体广新局大力支持下，桂阳县把创建示范区作为加快构建现代公共文化服务体系的重大机遇、建设文化强县的重要抓手和保障群众基本文化权益的重要举措，严格按照创建规划和标准抓好各项工作落实，创建工作取得阶段性成果，迈上新台阶。下面就桂阳县创建省级现代公共文化服务体系示范区工作作如下汇报。

一、加强组织领导，构筑创造强大合力

桂阳县高度重视创建工作，成立了以县委书记为顾问，县委副书记、县长为组长，常务副县长、宣传部部长、主管副县长为副组长，18个相关部门和乡镇（街道）主要负责人为成员的示范区创建工作领导小组。组建了办公室，县文体广新局局长任办公室主任。县政府与各乡镇（街道）和相关县直单位签订了目标责任书，并纳入政府目标管理。

制定创建规划。2015年11～12月，创建办组织人员对全县乡镇文化工作和文化“民生100工程”完成情况进行考核，并开展基础调研，基本掌握了全县公共文化的现状，按照现代公共文化服务体系的“覆盖城乡、结构合理、功能健全、实用高效”的原则，制定了《桂阳县创建省级现代公共文化服务体系示范区规划（2015～2017年）》，并经县政府常务会议通过。以县政府名义下发了

《桂阳县创建省级现代公共文化服务体系示范区实施方案》、《标准》，确立了《桂阳县公共文化服务人才队伍建设研究》的制度设计调研课题。县创建工作领导小组在1月、7月两次召开会议，部署推进创建工作。11月，县委、县政府又出台了《关于繁荣发展社会主义文艺的实施意见》、《关于支持湘剧发展传承的意见》等文件。

为加强社会宣传，提高知晓度和群众的参与率，县创建办在桂阳电视台、《桂阳新闻网》、《今日桂阳》开辟了示范区创建工作栏目，广泛开展宣传。各乡镇（街道）、创建工作领导小组各成员单位发挥各自优势，分头抓好任务落实，形成了政府主导、群众主体、齐抓共管、整体推进的创建工作格局。

二、夯实基础设施，健全公共文化服务网络

桂阳县高度重视文化设施项目建设，加大投入力度，公共文化设施网络体系进一步夯实。

一是标志性工程规模大幅提升。投资2.6亿元、占地140亩的桂阳全民健身中心，2015年10月开馆，2016年继续完善配套设施，成功承办了2016年洲际男篮四国争霸赛；投资1.6亿元的桂阳文化园核心区蓉湖游园2015年5月开园后，2016年正兴建二期工程。针对原有公共场馆面积不足的实际情况，县里在桂阳文化园二期工程，按照国家一级馆标准设计、建设新文化馆、新图书馆、新综合博物馆及美术馆、湘剧馆项目都已竣工；投资400万元的刘家岭壁画陈列馆2016年5月竣工，正进行陈列布展工作。

二是农村公共文化设施建设成效显著。全县22个乡镇（街道）都建有综合文化站，每个站国家投入12万元，地方配套12万元，总投资936万元，每个站建筑面积在300平方米以上。站站都设有书报刊阅览室、电子阅览室、文化科技培训室、多功能活动厅、书画（展览）室。近三年来，省文化厅配送加上县财政拨款90万元，分批为各文化站添置书柜、书架、桌椅、音响、乐器、图书等，设备不断完善。村（社区）基层综合文化服务中心正加紧建设，目前，全县398个行政村（社区）已建有320个基层综合文化服务中心，建有率达80%。累计建成农家书屋504个，村级文化体育小广场347个，村村建起了文化信息资源共享工程服务点，广播电视“村村通”、“村村响”、“户户通”工程基本实现全覆盖。

三是公共文化数字化建设扎实推进。积极探索建设公共文化数字综合信息平

台，促进文化资源共建共享。加大电子阅览室建设力度，全县建起一批电子阅览室，其中县图书馆有公共电子阅览室、少儿电子阅览室各1个，数字资源量达到4TB；在城区三大广场设立24小时自助图书馆；乡镇级电子阅览室39个，文化共享工程基层服务点电子阅览室429个，都配有阅览电脑。组织实施了农村数字影院放映工程，建设农村数字固定放映点22个。文化信息资源共享工程通过网络电视、有线电视、手机电视等实现综合入户率达到50%。

三、突出文化惠民，提升公共文化服务供给水平

桂阳县牢固树立以人民为中心的工作导向，坚持面向基层，服务群众，着眼便民惠民，不断提升公共文化服务供给水平。

一是阵地服务全部免费开放。充分发挥公共文化阵地服务作用，拓展服务时间、空间。投资1.6亿元的桂阳文化园核心区蓉湖游园主体工程2015年5月竣工开园以来，每天都吸引大量市民来园观光、休闲、健身。据统计，2016年“黄金周”期间，文化园每天都会接待8000~10000人次，日接待量最高突破2万人次，整个“黄金周”期间接待游客突破10万人次。县全民健身中心全天候开放。“县三馆”和各乡镇（街道）综合文化站常年对外免费开放。一年来，县文化馆开展大型群众文化活动13次；书画展览厅、非遗陈列室开放120天，歌舞厅开放300天，每天8小时；举办各类文艺培训班24期，培训3000人次。县图书馆现有图书、报刊和电子书刊13万册，2016年新增6000册，全年借阅册次78000册，还开展读书活动及流动图书服务13次，参与人数1.5万人次，获省委、省文明办“阅读活动奖”。

二是流动服务进村进社区。通过政府购买服务方式，积极开展“四送”（送演出、送电影、送图书、送展览）和“四进”（进村镇、进社区、进校园、进工地）服务。2016年，县湘剧保护传承中心送戏下基层130余场，覆盖全县22个乡镇（街道），平均每个乡镇（街道）6场，观众达10万人次，被省文化厅评为“送戏下乡、演艺惠民”先进单位。县电影公司全年农村放映电影5880场，工地广场放映2000场；从2014年开始在全省率先普及县城中小学校“爱教片”放映，2015年放映512场，县城15所中小学校近5万名学生免费观看2场；2016年“爱教片”放映扩展到全县城乡中小学校，全年放映“爱教片”1500场，全县11.7万名中小学生人均免费观看4场，在全省首家普及全县“爱教片”放映，《中国电影报》、《湖南电影动态》先后报道了其做法和经验。

三是优化服务做强文化品牌。桂阳县充分利用地域文化优势，大力打造具有桂阳特色的“文化品牌”，不断丰富和提高公共文化服务内容和质量。坚持举办三年一届的“都说桂阳美”文化艺术节；围绕“数字电影”天天映、“湘剧家园”周周演、“欢乐广场”月月欢、“水墨桂阳”四季展、“春陵飞歌”圩圩唱、“书香蓉城”满桂阳文化品牌开展活动。做到周周有演出、月月有活动、季季有大赛。从中涌现出一批群众喜闻乐见，具有省市甚至全国影响力的精品力作。其中，2016年6月，广场舞《长鼓声声迎客来》代表队参加了在江苏省吴江市举办的全国“欢跃四季”百姓广场舞展演活动，演出6场；投资300余万元，由县湘剧保护传承中心打造的原创湘剧《赵子龙计取桂阳》，2015年参加湖南省艺术节获得田汉新创剧目奖、田汉导演奖等五项大奖，2016年9月，作为湖南唯一一部县级创排剧目，参加由省委宣传部、省文化厅主办的“湘戏晋京”展演活动，亮相北京长安大戏院，为“湘戏晋京”压轴之作，中央、省、市40余家媒体进行了报道。9月底，桂阳县原创广场舞《人人平等奔前程》，代表郴州市参加由省文明办、省文化厅主办的“社会主义核心价值观”原创广场舞大赛荣获金奖；10月，在郴州市第四届全民广场舞大赛中，桂阳县群文广场舞队荣获“舞王”称号，再次代表郴州参加由省委宣传部、省文明办、省文化厅、省体育局主办的湖南省第六届全民广场舞总决赛获季军。

四、着力机制建设，强化公共文化服务保障

桂阳县紧紧围绕公共文化服务体系建设面临的突出问题和难题，着力机制建设，为创建工作提供保障。

（一）建立人才队伍建设机制，补齐人才短板

人才是公共文化建设第一要素、重要支撑，也是最难突破的瓶颈。因多种原因，目前桂阳县公共文化服务人才青黄不接，受现有人事政策制约，公共文化单位难以增编，人才严重不足。针对这一现状，桂阳县确立人才在公共文化服务的优先地位，着力构建充满活力、富有效率、更加开放的人才队伍，努力补齐人才短板。桂阳县的做法如下：

加强公共文化单位人才管理。全县22个乡镇（街道）综合文化站编制54名，在编33名，平均每站1.5名，村（社区）公益文化岗位398人。公共文化单位建章立制，规范工作人员下基层时间和任务；建立绩效考核机制、年终奖罚

兑现；加强学习培训，提高人员素质，充分发挥现有人才的主力军作用。

组建文化志愿者服务队。桂阳县是欧阳海的家乡，2013 年桂阳县成立以英雄名字命名的“欧阳海号”文化志愿服务队，组建了戏曲服务队、图书服务队、群文服务队、文博服务队等 6 个服务分队，登记在册的文化志愿者有 1800 余名，大专以上学历占总数的 80%。组织文化志愿者积极参与“送戏进社区”、“送戏下乡”、“送电影下乡”、“送春联、送祝福”、“春风进万家活动”、“中华文化遗产日”等公益活动，开展了文艺指导、文艺培训、文化展示等一系列文化志愿服务活动。

开发社会人才资源。采用政府购买服务的方式，充分利用在外工作的桂阳籍高端人才对桂阳的感情，协同创作文艺精品，如《赵子龙计取桂阳》的编著、导演等。返聘具有较高政策理论水平、实践经验、业务能力的文化单位退休人员，以老带新，担纲一些重要课题、文化活动策划，实行计件劳务补助，充分发挥这些老同志的专业优势。扶持提升重点业余文艺团队和引导民间演出社团，对活跃在街头乡村，为婚庆、升学、庆生日等喜庆、丧葬演出的管乐队、民乐队注册登记，制订演出规章。目前，全县登记在册的业余团队 112 支，活跃了基层文化生活。

（二）建立融资机制，缓解资金不足

公共文化建设需要真金白银。随着桂阳县经济的稳定快速发展，县委、县政府高度重视文化民生建设，加大了财政投入。近几年，县财政在文化上的投入是很大的。为完善公共文化设施，有投资约 5 亿元的桂阳文化园、投资 3 亿元的桂阳全民健身文体中心、投资 400 万余元的刘家岭壁画陈列馆等工程。2016 年，县财政设立了公共文化建设基金，全年文化事业经费预算列支 4608 万元。围绕示范区创建工作，县财政拿钱向社会购买公共文化服务。其中，安排 100 万元群众文化活动经费；为创排大型湘剧《赵子龙计取桂阳》，2015 年拨出专项经费 300 万元，2016 年为加工该剧目参加“湘戏晋京”展演又拨出经费 120 万元；安排县湘剧保护传承中心开展送戏下乡演出 130 余场 78 万元；安排县电影公司送电影下乡 5880 场，广场社区电影放映 2000 场、中小学“爱教片”放映 1500 场，共 400 万余元；安排农家书屋管理员补贴经费 50.4 万元。

同时，管好用活文化资金，把钱用在刀刃上，以奖励、配套、打包的方式把钱投放到效益好、影响大、群众满意的文化活动上，取得良好效果。曾获全国群众文化体育先进单位的樟市镇中的樟市村，每年都要在“五一”举办盛大的农

民艺术节、运动会，对这些活动，县里都给资助，拉动镇、村和企业投入。

2017 年，桂阳县将严格按照省、市主管部门要求，扎实做好各项创建工作，不断推动公共文化服务体系建设健康发展，确保高标准完成示范区各项创建任务。

一是对照《标准》，继续完善公共文化设施，加强“乡村百姓大舞台”建设，推进移风易俗、树立文明乡风；继续优化公共文化服务，打造、丰富公共文化品牌等“常规动作”。

二是重点做好新文化馆、图书馆、综合博物馆、美术馆、湘剧馆的布展、开馆工作。

三是全力办好三年一届以“都说桂阳美”为主题的桂阳文化艺术节，出精品力作。

四是完成有较高质量的《桂阳县公共文化服务人才队伍建设对策》调研报告，以县政府名义出台《桂阳县关于加强公共文化服务人才队伍建设的意见》。

五是加快文化产业建设。制定完善文化产业发展规划，加强文化产业集聚地建设，重点依托桂阳历史文化园，加大招商力度，吸引高科技文化创意项目落户，着力打造具有桂阳县特色的文化产业园区和专业文化生产基地。

群策群力创建示范区
有声有色提升软实力

——宁远县推进省级现代公共文化服务体系示范区建设

宁远县示范创建区

一、基本情况

宁远县地处永州南部，总面积2510平方公里，辖16个乡镇、4个街道、12个社区、406个行政村，总人口86万，区划面积、人口数量均排全省第29位。宁远县现有公共文化服务单位1817个，其中，县级文化单位8个，乡镇（街道）综合文化站20个，村文化室415个，信息资源共享服务点687个，农家书屋687个，公共文化设施建成率为100%，基本建成县乡村三级公共文化服务网络。

二、创建工作情况

（一）创建工作方面

创建工作开展以来，宁远县召开动员会对示范区创建工作进行了安排部署。出台了《宁远县现代公共文化服务体系示范区创建工作方案》（宁办发〔2015〕35号）。2016年4月召开县政府常务会议，专题研究了示范区创建工作，明确了示范区创建县财政支持经费150万元/年、创建工作经费10万元/年。研究制定了《宁远县县乡（镇）村三级公共文化服务中心网络建设制度设计研究方案》、《宁远县创建湖南省公共文化服务体系示范区规划》，安排了3万~5万元的经费用于制度设计研究。建立了联席会议制度，出台了《关于印发〈宁远县创建现代公共文化服务体系示范区联络员制度〉等六项工作制度的通知》，对联络员、示范区定期工作例会、创建工作督察、信息报送、信息宣传工作评分、专项资金管理六项工作规范化、制度化。每个季度召开示范区创建工作会。结合文化部对文化站的效能建设抽查工作，组织创建领导小组人员开展了“乡镇综合文化站服务效能建设和创建省公共文化服务体系示范区督察”，对20个乡镇（街道）和示范区创建的相关单位进行了为期两周的督察。严格专项资金管理制度，制定了示范区创建补助和奖励资金管理使用办法及经费使用方案。坚持示范区创建工作信息报送。示范区创建以来，在省级媒体上稿49篇、市州媒体124篇、县级媒体315篇。

（二）公共文化设施建设方面

截至2015年底，宁远县公共文体设施面积人均2.2平方米。县文化馆为国家一级文化馆，图书馆为国家二级图书馆。潇湘画派研究院、舜德书院等民办公助非企业民间团体成为宁远县人民的文化客厅。县图书馆藏书10万册以上，各农家书屋可供借阅的实用图书达1600种、1900册，报纸期刊15种，电子音像制品150种。仅2016年新增图书就达438种。在全省率先开展农家书屋分类定级探索实践，每年发放农家书屋管理员以奖代补资金20万元。乡镇综合文化站的建设管理水平不断提升，目前，全县有全国一级文化站两个、二级站四个、三级站五个。另外9个乡镇（街道）综合文化站正在积极准备第二次全国文化站评估定级的硬件、软件资料，力争到2017年底，所有乡镇（街道）综合文化站均达到部颁三级以上标准。抓住全省新一轮乡镇区划调整的机遇，县委、县政府决定从2016年开始，分3年在全县20个乡镇（街道）及辖区新建260处、改扩建20处农村综合服务平台，其中村级服务平台300~500平方米，总投资2.46亿元。服务平台包括5个方面内容，其中含文化广场、图书阅览室、健身室、棋牌室、文体活动室等文体活动设施。2016年，计划新建70处、改扩建20处农村综合服务平台。

（三）公共文化服务供给方面

县文化馆购有流动舞台车一台、演出车一台，县图书馆的流动服务车已列入了2017年购买计划。以“两馆一站”免费开放、文化共享、农村公益电影放映、农家书屋、送戏下乡演艺惠民、广场文化建设六大工程为载体，广泛开展文化惠民活动。“两馆一站”及博物馆全部实行免费开放。截至2016年底，文化馆共开展“送戏下乡”惠民演出62场。图书馆下乡指导农家书屋建设120家，送图书7022册。农村电影放映6232场次。继续加强地域文化品牌打造，从2011年开始，宁远县连续6年举办了“乡镇农民艺术节”、“社会艺术团体百团大会战”、“九嶷山民歌节”、“广场文化活动”等群众文化品牌活动，先后举办了68场广场晚会，开展广场文化活动和重大节庆演出70多场次。成功举办了“欢乐潇湘·和美永州”系列活动，舞蹈《枯树的倾诉》、《草桥关》获市一等奖、省银奖，《打油茶》获市一等奖、省三等奖。广场舞《法治》获省一等奖，“庆七一”合唱比赛宁远县合唱团荣获全市二等奖。全民读书活动蓬勃开展，少儿读书活动连续10年获市一等奖。制定了文化志愿服务“关爱特殊人群”活动方案，组织文化馆、图书馆、电影公司等文化志愿者开展了关爱留守儿童、送戏进企业、送电影进企业等系列活动，帮助华荣鞋业、湘威鞋产、莲花水泥产等建起了自己的图书室。制定了《宁远县人民政府关于扶持文化产业、文化事业发展的有关规定》，从增加文化发展投入、实行税收优惠、土地扶持、重点文化产业项目建设的扶持、相关费用优惠和建立奖励机制、对文化活动、文艺创作、文艺团体的扶持以及对文艺创作的奖励范围、标准、对文化遗产保护的奖励与补贴都作了明确的规定和要求。目前，已有舜德书院、潇湘画派研究院、舜文化体验园等非企业民间团体享受了该政策。电视多媒体网络、图书馆、文化馆数字化建设和文化服务稳步推进。县图书馆数字文化信息数据总量已达4TB，乡（镇）、村基层服务点的数字文化信息达1.2TB。2013年以来，又先后购置了电子报刊阅读机2台、电子书借阅机8台，24小时智慧书屋2个，为读者用户提供文化信息。广电网络建设和改造力度不断加大，截至2016年，全县城乡有线电视用户达到8万多户，其中城区有线数字电视用户2.4万户，全县农村有线数字电视用户达到2.2万户，高清电视用户4000余户。

（四）公共文化服务保障方面

2016年，研究制定了《“十三五”文化发展总体规划》。示范区创建工作启动后，根据创建标准和要求，制定了《关于加快构建现代公共文化服务体系的实施意见》。建立了宁远县公共文化服务体系建设联席会议制度，确定了成员单位名单，明确了成员单位工作职责，并定期召开联席会议。在联席会议成员的努力下，经过多方协调合作，县委、县政府决定新建农村综合服务平台260处、改扩建20处，村级服务平台包含基层综合性文化服务中心的“七个一”要求。文体事业经费纳入了财政收支预算。2015年，文化体育与传媒支出9835万元；2016年1～10月，文体与传媒支出8256万元，人均文化事业经费155元。乡镇（街道）综合文化站79人，均为财政全额拨款事业编制；村文化活动室管理员（兼农家书屋管理员）687 人，为政府购买的公益性岗位。2015 年，发放农家书屋管理员以奖代补资金 19.4 万元。县级公益性文化单位 5 个，其中图书馆 22 人，文化馆 36 人，文化执法大队 25 人，文物局（含管理处）37 人，电影公司 64 人。业余文艺团队 800 余支，其中，登记注册的团队 45 支。鼓励文化系统职工参加专业培训，选派优秀文化工作者参加“三区”人才队伍培训，2016 年分别选派了李小春、黄光群、雷星梅、蒋海涛参加了文化部举办的基层文化馆馆长培训、全国基层文化队伍示范性培训、湖南省基层文化人才队伍培训。同时结合宁远县实际，定期举办群文讲座、文化信息资源使用和农家书屋管理、乡镇文化站长、文化站辅导员等培训班，年讲座超过 10 场次，参训人员达到 600 人次。11 月 23 ~24 日，承办了 2016 年全国公共文化巡讲，200 余名基层文化工作者和文化骨干参加培训。成立了宁远县文化志愿服务大队，现有注册队员 121 人，有文化志愿服务分队 3 支。两年来，文化志愿服务大队开展各种文艺文化公益活动 41 次；文化志愿“送戏进乡镇”160 场次；文化志愿“送书进村”12500 余册；文化志愿“送影到身边”26500 场次，受益群众达 20 万人。让文化进企业、进福利院、进景区成为习惯，进福利院、进敬老院、进孤儿院成为常态。

三、创新创特方面

（一）结合“文化 + 旅游”发展方向，举办有震撼的文化活动

2016 年，举办了文化名村下灌村旅游文化节、油菜花节、九嶷山国际摄影大赛、九嶷山国际自行车赛、李郚杯全国麻将大赛等大型活动，使四方宾朋和全县民众得享一次文化大餐。

（二）引入民间资金，建设文化场馆

经多方招商，宁远县已建成由民间出资建设的文化场所数座。如潇湘画派研究院、舜德书院、大舜博物馆均建成开院（馆），舜文化体验园、文化创意园即将开工。

（三）挖掘地方特色，出版系列文化丛书

现已编撰出版的有《宁远花灯》、《舜帝祭典》、《舜帝释疑》、《舜帝与娥皇女英的传说》、《孔子五十一事——宁远文庙圣迹图释》等本土民俗书籍。

强化领导　重在落实

——怀化市洪江区全力推进公共文化示范区创建

洪江区示范创建区

近年来，洪江区在现代公共文化服务体系建设上，有效落实政府主体责任，形成政府主导、社会广泛参与的工作格局，协同推进现代公共文化服务体系建设，人均拥有公共文化体育设施面积约1.5平方米。河滨路街道综合文化站、新街街道田湾社区文化活动中心、桂花园乡铁溪村文化活动中心在全市推广交流活动中受到广泛关注和群众的一致好评。2016年，区管委整合资金700多万元，启动了19个文化活动中心的建设，现将工作开展情况汇报如下。

一、领导重视，示范区创建工作有序开展

自全省现代公共文化服务体系建设现场推进会召开以后，洪江区严格按照会议部署的工作要求，以高质量、高标准为抓手，结合进度要求，狠抓了现代公共文化服务体系创建的推进工作：

制定出台了《洪江区创建省级公共文化服务体系示范区实施方案》，并以区工委、区管委两办行文下发，文件下发到各成员单位、各乡街、各村和社区。实施方案一是将创建任务分为区级指标、乡（街）级指标、村（社区）级指标三个层面，每个级别分别明确了创建任务和实施标准，洪江区必须分级逐步完成各项创建任务。二是落实了责任单位。为完成区级创建指标，洪江区将区直相关单位如财政局、人社局、民政局、教育局等单位确定为创建责任单位，乡（街）级任务指标责任单位是洪江区两乡四街，村（社区）级任务指标责任单位是洪江区各乡街所辖的村和社区。三是确定了创建工作步骤。2015年10~11月为动员部署阶段，2015年12月至2017年8月为全面创建阶段，2017年9~12月为评估迎检阶段，2018年1~4月为总结表彰阶段。四是明确了具体保障措施。在组

织机构、政府投入、任务落实、监督考核、加大宣传等方面都做出了具体规定。方案落实率达到 55%。

建立了洪江区公共文化服务体系建设联席会议制度，由区工委副书记莫文华担任召集人，区管委副主任黄文胜、文体广新局局长王承当担任副召集人，成员单位由区工委宣传部、区编办、区管委办、区发改局、区文体广新局、区教育局、区民政局、区财政局、区人社局、区审计局、区监察局、区电视台、区文明办、区文管所、区总工会、团区委、区妇联、区残联等单位组成。联席会议办公室设在文体广新局，承担联席会议日常工作，统筹协调全区现代公共文化服务体系建设工作，对全区创建工作进行宏观指导。

建立任务落实机制。2016 年 1 月 15 日，洪江区召开创建省级公共文化服务体系示范区动员大会。会议要求，全区上下进一步统一思想，明确任务，落实责任，形成合力，以此进一步完善洪江区公共文化服务体系建设，提升公共文化服务效能，切实保障群众基本文化权益。各责任单位还向区管委递交了示范区创建目标责任书。

加大政府投入，积极筹措资金，建立健全洪江区公共文化服务财政保障机制。要求区财政和乡街财政设立创建示范区项目建设专项经费和工作经费，按照“高于本省人均文化支出”的要求列支，保障必要创建经费。

加强调研，促进示范区创建工作落实。2016 年 2 月 23 日，洪江区工委书记邓小建带领区财政、发改、住建、城投、消防、文体广新局等部门负责人，实地调研影剧院项目改造情况。在影剧院项目现场，邓小建一行详细了解了影剧院的建设、使用、管理等情况，并认真观看了剧院改造效果图。

二、群策群力，筹措资金搞好硬件建设

2015 年，洪江区的制度设计课题研究工作课题确定为“社会力量参与洪江区数字影院建设建设模式研究”，出台方案后，洪江区于 2015 年底积极筹措资金，通过招商引资方式筹资 200 万元将电影院改建成数字影院，达到了预期成果。

目前，影剧院已委托广东一家公司进行建筑主体的安全鉴定，检测结果定位Ⅲ级，符合剧场改扩建的要求。委托省、市有关影视设备装潢公司进行了内部装修方案设计和造价预算，区财政正在进行审核。区文化馆各功能室装修设计效果图也制定出来了。

2016年3月，在各乡街的配合下，洪江区文体广新局摸底走访了全区20个村（合并后为14个村）、18个社区，统计了各村和社区基础设施情况。目前，桂花园乡综合文化站已制定具体方案，正在区财政走采购程序，茅头园村、铁溪村、洪高村、川山村的文化家园正在筹建；横岩乡综合文化站正在建设，菖蒲村文化家园已经建成，鸬鹚村、横岩村文化家园正在建设之中；河滨路街道综合文化站已经建成，所辖的中山路社区文化家园已建成，长寨社区、老团社区、桃李园社区正在建设；沅江路街道综合文化站正在建设之中，所辖的大湾塘社区文化家园已基本建成，犁头嘴社区正在建设；高坡街街道桐油湾社区文化家园已经建成，长岭界社区、高坡街社区正在建设之中；新街街道综合文化站已确定地点，所辖田湾社区文化家园已建成，带子街社区、二凉亭社区、冒天井社区正在建设。加上综合文化站，洪江区共有38个建设点，现已整合资金700多万元，启动19个点的建设，建成8个点，落实率达到了84%。

三、公共文化建设及服务供给取得预期效果

目前，洪江区公共文化体育设施面积总计100508平方米，全区共6.65万人，人均拥有公共文化体育设施面积1.5平方米。图书馆是国家三级馆，文化馆在原址重建中，主题结构已经建成，建成后的文化馆面积有2500平方米，预期达到国家一级馆。博物馆和新的图书馆在拟建项目中，已经通过常委会研究，决定在洪江区川岩新区选址新建。

洪江区图书馆现有藏书55000册，人均占有藏书达到0.8册；平均每册藏书年流通0.75次；人均新增新书0.035册；人均到馆次数0.16次；图书馆可用数字资源已经超过3TB。

2016年，洪江区开展了一系列群众文化活动，春节期间开展了龙狮迎新春、新年音乐会、百姓大舞台、元宵灯谜活动；承办了樱花节文艺晚会；文化馆于4月启动文化演艺惠民、送戏下乡活动，全年共下乡演出10场。举办了“红旗颂”活动及“欢乐潇湘”大型群众文化演出活动。端午节开展了“浓情端午，粽香洪江（包粽子比赛）”，中秋节组织了“共筑精神家园、欢度中秋佳节”活动。全年平均每个乡街文化演出、文化活动3场。文化馆举办各类艺术免费培训10期，约2500余人参加培训。全年放映农村电影任务240场，每个村每月一场电影，全部完成任务。

在人才保障上，洪江区每个乡街综合文化站均配有专职或兼职文化站人员1

名，村、社区均配有兼职人员 1 名，每个村业余文艺团队均有 2 支，有个别人数多的村，有 3 支。

四、考察学习，借鉴外地先进创建经验

2016 年 4 月组织了各乡街主要领导到慈利、浏阳考察学习，实地观摩乡街综合文化站和村级文化活动中心的建设，进行了创建座谈交流，学习了先进经验，使乡街领导对示范区的创建工作和创建模式有了直观认识。

五、示范区创建中的困难和对策

洪江区在创建省级公共文化服务体系示范区工作中，逐条对照标准进行准备落实，由于区划户口、场馆硬件建设、财政资金不足等问题，示范区建设工作中遇到以下困难：

一是公共图书馆、文化馆均配备 1 台流动文化服务车的问题。洪江区由于历史原因，在国家没有行政区划“户口”，上级部门一直以来都没有给洪江区配备流动文化服务车，所以两馆下基层流动服务和流动演出都存在困难，建议市局在示范区创建中对洪江区给予一些创建经费支持，到外租用服务车辆，完成流动服务和流动演出任务，以政府购买文化服务的方式解决这一问题。

二是公共文化设施为残障人士配备无障碍设施的问题。洪江区公共文化免费服务场所的场馆建设比较久，图书馆系四层砖混结构，无法安装电梯和改造无障碍通道。文化馆正在进行改扩建工程，面积由原来的 1000 多平方米增加到 2500 平方米，设计方案中电梯 1 ~4 楼都不停，也没有设计方便残障人士的无障碍通道，现在主楼已经完工，脚手架已经放下，要想修改设计方案比较困难。

三是创建示范区经费比较困难。第一，因洪江区财政经费严重不足，文化馆改扩建工程完工以后，预计装修经费需 210 万元，设备设施添置约需 400 万元，目前尚无着落，请市局向市委、市政府和市财政汇报，给予支持。第二，乡（街）综合文化站、村（社区）文化活动中心建成以后，面临无运行经费、无专职工作人员配备、人员工资短缺的困难。虽然洪江区《实施方案》要求乡街确保综合文化站配备 1 ~2 名专职工作人员，村（社区）公共文化服务中心由政府购买的公益文化岗位，但因经费不足，也难以落实到位。

四是乡街综合文化站及村（社区）文化活动中心的场地硬件建设比较困难。

洪江区辖两乡四街，两个乡的室内、室外场地勉强有，但场地建设资金没有，硬件建设难度大；四个街道有两个还找不到场地。村（社区）的场地就更加困难，全区32个村和社区，场地符合室内、室外活动中心建设条件的只有16个，有的村和社区室内功能室同室外文体广场分离，相距太远，大多数只能建设室内功能室，室外文体广场根本没有场地。

五是大部分村民读书、看报、阅读的积极性不高，影响文化活动中心效益的发挥。洪江区在2012年建成20个农家书屋，从这几年的开放运行来看，农民朋友真正借书阅读的量很少，书籍的借阅率不高。如果建成文化活动中心，必须开展一些农民朋友喜爱的如读书征文、演讲比赛、文体游艺等活动，激发他们的兴趣，培养他们的爱好，吸引他们到文化活动中心参加活动，才能发挥文化活动中心的作用。

六是影剧院门厅魅力时光KTV收回遇到阻力，因双方协商不成，现正在走司法程序进行解决，一审已经宣判，被告方已提起上诉。

六、下一步工作打算

一是继续督促、配合搞好各乡街综合文化站和村（社区）文化家园建设。借鉴慈利、浏阳经验，采取众筹模式，发动本乡、本村在外创业成功人士支援家乡文化中心建设，多方筹集资金，发动群众捐资捐工，建设美丽家园。

二是按一级馆的标准搞好文化馆的装修工作，搞好文化馆、图书馆无障碍设施改造，加快进行影剧院的维修提质改造。配合搞好图书馆、博物馆在川岩新区的选址、规划设计和修建工作。

三是继续开展群众文化活动，加强传统文化的传承、民俗文化的发掘，结合节庆开展活动，组织优秀节目继续开展送戏下乡活动、“三下乡”活动，搞好2017年春节文化活动。

突出服务　突出特色

——新化县全力创建省级公共文化服务体系示范县

新化县示范创建区

“九层之台，起于垒土”。新化县自2015年启动创建湖南省公共文化服务体系示范县工程以来，以服务群众为准绳，以突出特色为抓手，坚持高位推动，强力保障，扎实推进，全面深入地开展创建工作，公共文化服务水平得到了大幅提升，全县文化氛围更加浓厚，为新化县文化大发展、大繁荣奠定了坚实基础。

一、高度重视，上下形成共识

新化县党委、政府高度重视文化事业的发展和文化设施建设，县委、县政府主要领导多次对县创建工作进行考察、调研，并提出具体要求和指导性意见，坚持把公共文化设施建设纳入“十三五”发展规划。县委、县政府还召开了专门会议部署，制定了实施方案，建立了由分管副县长担任总召集人的公共文化服务体系建设联席会议制度，各乡镇场办、各相关县直单位相应成立机构，指定专门人员负责公共文化服务体系建设。出台了《新化县创建湖南省公共文化服务体系示范县实施方案》、相应的实施标准以及相关的配套政策和文件。建立了推进《实施方案》贯彻落实的协调工作机制，明确议事规则，具体落实了责任分工和完成时限。把公共文化服务考核指标纳入科学发展考核体系，作为考核评价领导班子和领导干部政绩的重要内容。通过动员实施，全县基本形成了全力以赴做好公共文化服务体系建设的共识。多次组织工作人员到有关地区参观学习，开阔眼界，增强信心；建立和完善工作汇报制度，制定创建工作奖惩制度；落实评比奖惩，召开表彰大会，对好的经验、做法进行总结、鼓励和推广。

二、文化项目惠民，覆盖城乡全域

一是构建好一个文化生活圈。加强文化设施、文化服务网络和文化内容项目建设，已基本实现公益性文化设施县、乡（镇）、村（社区）三级覆盖，让群众在家门口就能享受到全方位的文化服务，打造了一个具有特色的“文化生活圈”。二是在进一步发挥现有乡镇综合文化站功能的基础上，建设好一批流动文化服务站。以文化部科技创新项目《基层多功能流动文化服务站的开发与应用》为抓手，建设一批流动文化服务站。开展“五项服务到村”工作，即图书服务到村、影视服务到村、公共服务到村、宣教服务到村、文化娱乐到村。通过建设流动文化服务站，有效、快捷地把有限的文化资源盘活、流动起来，使之有效地服务、娱乐于新化县民众，并成为固定的文化活动场所的有益补充。三是打造好一个公共数字文化服务平台。加大推进“文化信息资源共享工程”和“数字三馆”建设。通过创建利用网络数字文献资料的网络服务平台，基本形成资源丰富、技术先进、服务便捷、覆盖城乡的数字化服务体系，实现了县有支中心、乡镇有基层服务点、村有服务站的网络格局。基本实现了“村村通”，基层群众都可以通过基层服务点，七成以上的行政村和社区居民可享受数字图书馆、数字文化馆的资源服务。四是大力推进“村村响”工程，实现无线广播在全县1162个村（社区）全覆盖。同时重视用好扶持、激励政策和机制，鼓励有条件的乡镇如上梅镇、上渡办、西河镇、洋溪镇、科头乡等重点在创建工作中创优创特。进一步建立健全了送文化活动、公益讲座、文化展览、文化培训到基层的服务机制，使全县公共文化社会化运作、管理科学化、规范化，不断拓展服务领域。2015～2016年，新化县文化馆、梅山文化演艺有限公司、新化艺校创作编排精品节目20多个，组织全县性大型文化艺术体育活动31次，参与群众近80万人次，组织送戏、送电影、送书下乡27000余场次，惠及群众220万余人次。

三、增强文化供给，提高服务水平

全面实行公益性文化场馆免费开放。图书馆、文化馆（站）、罗盛教纪念馆等公益性文化机构的硬件设施配置到位，基本文化服务项目健全，建立起免费开放经费保障机制，不断提升免费开放的内容和质量，实现均等普惠的免费服务。县图书馆实行全年“无闭馆日开放”，公共电子阅览室为社会公众提供免费上网服务时间每周不少于56小时，文化馆（站）博物馆等每周开放时间不少于42小时。大力开展公益性文化活动。2015年以来，县图书馆举办各类讲座、展览、培训等活动52场（次），县文化馆建立并实施群众文化辅导员进农村（社区）包片辅导制度，免费举办培训班、演出等活动82场（次），乡镇、社区、村等组织依托综合文化站、社区文化室、图书室、文化活动室、“农家书屋”，按要求组织开展群众喜闻乐见的文体活动。各乡镇综合文化站每年度举办在当地有影响的大中型文体活动均有五六次，开展培训、展览、演出等活动10余次；社区图书室、村“农家书屋”年内开展主题读书活动4次以上，村（社区）文化室年内组织有一定规模的群众文体活动也有5次以上，多的达10多次，举办了第二届全县广场舞大赛。着力提升农村公共文化服务水平。统筹城乡发展，面向基层、面向农村，推进资源下移，逐步实现同城同待遇。文化部门和公共文化机构建立起援助农村文化建设机制，有序开展文化对口帮扶系列活动。县级各公益文化机构持续开展“三送”活动，定期不定期开展送书、送戏、送电影活动，2015年内开展主题文化援建活动6次。乡镇综合文化站应发挥基层文化阵地作用和特色文化资源优势，依托传统节日和重大庆典活动，开展丰富多彩的群众文体活动，确保人均参加文体活动时间每周不少于5小时。据统计，全县正常活动的文体团体有1300多个。积极拓展公共文化延伸服务内容。县图书馆、文化馆每年下基层流动服务次数均达26次以上，县文物管理所、罗盛教纪念馆流动展览次数达10场以上，县专业剧团年下基层演出不少于100场次，实现服务公众“零距离”。成功举办第二届乡村旅游文化节，由新化山歌保护发展中心、县文化馆、县艺校及各单位文艺人员创作编排的各类舞台节目与全国著名团队多次同台演出，并获得省部级以上金奖、银奖多次；编纂梅山文化研究专著30余部。

四、加大资金投入，夯实基础阵地

近年来，新化县不断加大文化方面的投入，基本做到文化体育与传媒支出高于同级财政经常性收入的增长幅度。抓好县级公共文化设施功能提升工程。投资8000多万元建设占地60余亩、建筑面积达2万平方米的文化艺术中心；投资5000多万元建设用地6500平方米、建筑面积达15000平方米的特色文化展馆；投资5亿余元建设结合城市特点的特色文化街区，用地达67430平方米，建筑面积地上部分90500平方米。进一步加快了县文体中心建设，县文化馆、图书馆、罗盛教纪念馆、剧院等重大文化设施条件将全面改善。2017年，县图书馆、文化馆等“四馆一院”将全数迁入新馆。抓好乡村（社区）文化阵地建设。全县所有乡镇均单独设置有综合文化站，其设备配置、活动开展、综合管理等基本达到国家发改委、文化部制定的《乡镇（街道）文化站建设标准》，专职工作人员暂不少于2名，下一步将在全县1162个行政村（社区）文化活动室（中心）建成面积不低于200平方米的文化室，整合农家书屋、党员远程教育、共享工程资源和文体活动场所，形成村级（社区）文体活动室（中心），为各村配备1名财政补贴的专（兼）职文化管理员。抓好文化信息资源共享工程。进一步完善了县级支中心建设，积极建好农村服务点，重点规范乡镇服务点建设和管理；整合了党员远程教育、广播电视“村村通”建设资源，将进一步加快与省市的数字图书馆、文化馆联网，使八成以上的基层群众可享受数字资源服务。抓好“农家书屋”工程。新化县按照政府资助建设、鼓励社会捐助、农民自我管理的原则，与农村基层组织活动场所建设、村级文化室建设等结合起来，实现优势互补、推进“农家书屋”工程建设。所建成的1162个农家书屋均拥有2000册以上藏书，做到内容丰富、服务规范、农民满意。抓好文化遗产保护工程。新化县将着力建设特色文化（新化山歌、梅山武术、梅山傩戏、梅山民俗文物、民俗名人等）博物馆以促进文化遗产保护。加强了文物保护力度，制定文物保护规划，着力做好北塔、红二军团长征司令部旧址、楚怡工业学校旧址等的保护和申报工作，加大保护申报和抢救性保护。

五、充分利用资源，注重打造品牌

结合文化旅游发展方向，举办有震撼力的文化活动。两年来，新化县相继举办有关旅游文化节、山歌艺术节活动、民俗展演、梅山武术擂台赛、国际傩文化研讨会等大型活动，使四方宾朋和全县民众得享一次次的文化大餐。引入民间资金，多方筹建文化场所。经多方招商，新化县将有由民间和私人出资的文化场所数座，如已建好的梅园（梅山民俗文化风情园），筹建中的梅山武术文化园、梅山书画一条街等。挖掘地方特色，出版新化县“梅山文化”系列文化丛书。现已编撰即将出版的有《新化山歌》、《新化民间故事》、《梅山傩戏》、《新化民俗》、《梅山武术》、《梅山饮食》等。

六、存在的问题

一是新化县财政基础差、底子薄、摊子大，是全国贫困县。文化产业发展缓慢，文化人才缺乏，推进文化跨越发展的意识还不够强。

二是各乡村图书信息资源未能得到及时更新，重建设、轻管理问题亟待解决，乡综合文化站、农家书屋的运营管理，尽管镇政府给予了一定的资金投入，但仍存在经费不足的问题。农村的图书室由于缺乏补充，内容老旧，很少有人去看，成为一种摆设，图书可读性低。

三是乡综合文化站人员少，乡村专业文化人才匮乏，服务手段单一，农村文体活动内容单一，形势单调，群众参与积极性不高。比如新化县的傩头狮子舞、新化山歌等因缺少年轻人的参与，缺少活力；由于没有系统的学习培训体系，城乡文体活动主要集中于广场活动，其他的比如书画、音乐、武术等都没有效开展，难以适应新形势下农民群众日益增长的文化需求。

七、下一步工作

一是争取上级支持。在大力发展县财政的基础上，积极争取上级的支持，确保做到文化体育与传媒支出高于同级财政经常性收入的增长幅度。

二是做大做强文化企业，做大文化产业。新化县具有丰富而有地方特色的文化元素，通过大力招商，做大做强文化企业、产业。

三是做好人才工程。通过优惠政策，大力引进文化人才，辅以培训、实践，使文化人才得到扩充、提高。

四是大力开展特色文化活动，占领文化领地。新化县有多种百姓喜闻乐见的新化山歌、梅山武术、梅山傩戏等，通过编排高水平的节目和送戏下乡、艺术节等多种形式，满足百姓的文化需求，使百姓得到文化享受。

五是加大非遗传承和保护力度。新化县非物质文化丰富，在现有基础上，进一步加大非遗的保护力度，使非遗成为一朵文化特色之花。

但对照其他兄弟县市，新化县清楚地认识到自身的差距，尤其是新化县财政基数尚小，硬件水平尚低，给各项服务工作带来影响。新化将认清差距，找出不足，突破现有条件限制，进一步解放思想，发展特色文化，继续把公共文化服务工作深入开展下去，为新化县的公共文化事业做出更大的贡献。

八、意见和建议

一是要培养一支高素质的文化工作队伍。人才的缺乏是公共文化体系难以发挥作用的一个关键因素。要采取多种形式培养一支爱文化、懂文化、爱岗位的高素质的文化工作队伍，并尽可能多地组织各种丰富多彩的文化活动。

二是要把文化建设与服务农村经济相结合。利用电教室、阅览室向群众传授种养技能，通过举办讲座、展览、播放专题片等形式为农民脱贫致富提供帮助，提高群众参与文化活动的积极性。

三是要加大资金扶持力度，加强阵地建设。①县级财政应适当安排文化建设专项资金，满足文化事业发展的需求，进一步完善农村广播电视公共服务覆盖体系，尽力实现全乡广播电视村村通，量力而行地建好村级广播站、图书室、阅览室、电教电影室等公共文化基础设施。②实施农村电影数字化放映工程的实施，同时要确保所放的电影是群众喜欢看的类型。③经常开展送书、送戏、送文化下乡活动。

强阵地　促发展　不断提升百姓幸福感

——泸溪县推进现代公共文化服务体系建设

泸溪县示范创建区

泸溪县位于湖南省西部，湘西州东南部，是武陵山片区区域发展与扶贫攻坚试点县、国家级贫困县以及革命老区县。泸溪历史悠久、文化厚重，是中国盘瓠文化的发祥地，是爱国诗人屈原创作《离骚》的背景地，是“东方戏曲活化石”辰河高腔目连戏的保存地，是文学大师沈从文解读上古悬棺的笔耕地。近年来，泸溪县紧紧围绕“打造文化泸溪，建设文化强县”的战略目标，以创建省级公共文化服务体系示范区为总抓手，高标准、高效率推进现代公共文化服务体系建设，不断提升公共文化服务均衡化、常态化、优质化水平，初步探索出一条“政府主导、群众参与、全民受益”的公共文化建设路子。

一、健机制，强保障，夯实基础促发展

成立了以县长为组长，县委常委、县委宣传部部长、县人民政府分管副县长为副组长，县直相关部门以及各乡镇主要负责人为成员的创建工作领导小组，并制定下发了创建实施方案。将创建工作情况作为重要指标纳入县政府目标管理考核体系。在县财政十分困难的情况下，依然将创建工作专项经费纳入本级预算，切实加大投入力度，保证工作正常有序开展。同时，有效整合部门资金，2015年，泸溪县仅村级文化广场建设一项工作，汇集部门资金达500万余元。大力实施“招才引智”工程，通过在待遇、福利、平台上的各类优惠政策加快文化人才引进。到2016年共引进专业文化人才5名。积极开展各类业务培训，全年举办、参加集中培训班6次，培训各类文化人才300余人次。

二、建阵地，强堡垒，完善网络促均衡

坚持把文化基础设施建设作为构建公共文化服务体系的基础性工作。完成了“两馆一院”建设（即文化馆、图书馆、辰河大剧院），其中县文化馆、县图书馆均为“国家一级馆”，县图书馆通过建设总分馆的方式，初步形成了一个全方位、多层次的图书馆服务网络体系。目前，已建立6个图书分馆，其中思源学校少儿分馆对全县中小学生开放，极大地扩大了全县图书资源共享范围。安装5台电子图书借阅机，对“科技＋公共文化服务”模式进行有益尝试。乡（镇）一级，重点加强文体广电服务站建设，全县15个乡镇均有了一所面积宽敞的独立文体广电服务站。村（社区）一级，加快推进农家书屋、文化广场建设。已初步形成县、乡（镇）、村三级联动的文化设施网络。启动实施了村级文化广场建设工程。按照“分批实施，滚动推进”的思路，计划用3年时间实现所有134个行政村文化广场全覆盖。泸溪县采取与扶贫帮困工作联合发力的方式，与驻村单位联手完成了47个村建设任务。启动了乡镇文化站提质改造、农家书屋出版物补充更新、村综合文化服务中心建设等工作，着力打造优质文化服务阵地。

三、抓队伍，强内力，学练结合促提升

始终坚持以人民为中心的创作导向，组织文艺工作者不断从群众中、从生活中、从传统文化中汲取养料，开展文艺精品创作，推动公共文化服务与传统文化保护有机结合。先后创作了辰河高腔小戏《辛女别父》、《灯光》、男子群舞《沅水遗风》、民族舞蹈《锁妹纱·阿丫》、《情韵花灯》、非遗专著《辰河高腔》、中国第一部记录国家级非物质文化遗产的动漫剧《盘瓠与辛女传奇》等作品；在思源实验学校、泸溪县职中、浦市一小等学校开办非物质文化遗产班，文化志愿者定期对学生进行辅导培训，力保文化传承不断层，为创作注入新血液。此外，辰河高腔传习所全新编排了一整套涵盖戏剧、器乐、歌舞、小品等众多艺术形式的文艺节目，打造升级版送戏下乡。每年选派大约30名优秀工作者到各乡镇及部分特色文化村提供文化服务，并对辅导人员信息予以公开，方便群众随时联系。“三区”工作者在全县各乡镇举办各类培训，策划、指导各类群众、民俗活动，受训群众达6万人次。县文化馆利用免费开放政策，每年大力开办音乐、美术、摄影、戏曲、舞蹈等公益性培训班，培训群众上万人次。有119支群众队伍

活跃在城乡大地，而且相互“较劲”的势头愈演愈烈。泸溪县以农历三月三、中元节、春节等传统节日为节点，举办群众性文化活动，同时积极引导村民自办活动，推动队伍在活动中演练，在活动中提升。2016 年春节期间，全县 11 个乡镇有 10 个乡镇自办了乡村春晚，覆盖率达 90%。“来自身边的演员、植根生活的节目”让老百姓津津乐道。鼓励优秀队伍“走出去”。金秋队在赴韩国首尔交流期间，以一支优美动人的民族舞蹈《阿婆情醉摇篮曲》获“大金”奖；县老年大学舞蹈团编创舞蹈《请到我们湘西来》在第三届“南巡杯”国际才艺邀请赛荣获“大金”奖；民族舞蹈《情韵花灯》在湖南省“欢乐潇湘”群众文艺汇演中荣获一等奖。

四、搭平台，强服务，树立品牌促影响

注重从实际出发，创新思路，与时俱进，打造具有地方特色的文化服务品牌。“文艺汇演月月乐·露天电影周周放·广场舞蹈天天跳”活动，已经成为深受老百姓喜爱的活动品牌。一是变“群众看”为“群众演”。泸溪县一改过去文艺汇演多是“专业队伍演、群众台下看”的常态，整台“月月乐”活动的演出节目均交由群众团队自编、自导、自演，文化部门仅是负责提供技术指导、节目选排以及活动组织，真正让群众成为活动的主体、舞台的主角。二是变“固定演”为“流动演”。“月月乐”将群众文化活动地点设为城乡间流动举办，不设固定地点，城乡队伍均有参与互动、展现自我风采的机会，有近 15 万城乡群众得以近距离感受文化活动的魅力。三是变“移植搬运”为“自我创作”。翻唱、演绎外来节目难以让演员和观众产生共鸣。对此，“月月乐”所有节目全部就地取材，或是对跳香、踏虎凿花、苗族数纱等非遗进行艺术处理，或是将城乡同建同治、“两违”整治等在群众身边开展的中心工作搬上舞台，大大提高了互动性和参与性，同步实现了群众文化活动的“愉悦之效”、“传承之功”和“教化之用”。

工作扫描

坚持指导标准引领　提质公共文化服务

湖南省文化厅

自2015年以来，湖南认真贯彻落实中办、国办《关于加快构建现代公共文化服务体系的意见》，以基本公共文化服务标准化均等化为主线，严格执行国家指导标准，以创促建、重点突破，公共文化建设水平得到新的提升。2015年，人均拥有公共文化设施面积比2014年增加0.29平方米，每万人拥有“三馆一站”公用房建筑面积比2014年增加100平方米，文化建设指标在全面小康六大指标中增幅最大，增长11.2个百分点。

一、坚持政府主导，统筹规划

湖南省委、省政府高度重视现代公共文化服务体系建设，将现代公共文化服务体系建设实行“七纳入”，即纳入“十三五”规划纲要、纳入党代会报告、纳入政府工作报告、纳入精准扶贫条例、纳入省重点改革事项、纳入为民办实事考核内容、纳入脱贫考核分值。在刚刚闭幕的湖南省第十一次党代会上，将建设现代公共文化服务体系的各项要求作为全省建设文化强省的内容写入了党代会报告。省委书记、省长、分管省领导多次专题调研，多次召开会议研究解决重点难点问题。出台了湖南省关于加快构建现代公共文化服务体系、戏曲传承发展、推进基层综合性文化服务中心建设、村（社区）综合文化服务中心管理办法等系列文件，建立了省、市、县三级公共文化服务体系建设联席会议制度，成立省级现代公共文化服务体系专家库。公共文化工作比重在全省绩效考核中由原来的20分增加到50分，新增人均公共文化财政支出、文化市场两项考核指标。四次召开全省现场推进会，组织督察、抽查，推动工作落实。

二、坚持实施标准，务实推进

积极开展国家级、省级示范区创建工作，长沙、岳阳、株洲作为全国公共文化服务体系示范市，其公共文化服务的“投、建、管”体制建设、文化志愿服务、文化调研、艺术创作等工作均取得突破性进展，湘潭、郴州、湘西作为国家级项目的示范单位形成了可复制的经验。省财政投资4500万元，促进14个县市区创建省级示范区工作，村级综合性文化服务中心建设涌现出“项目带动、多方募集、建整扶助”的“慈利模式”，利用社会资源整合的“隆回模式”，集中统一建设的“怀化模式”。加大整合行业协会、各类社会组织等资源，充分发挥其公共文化服务功能。出台《文化志愿服务管理办法》，全省登记注册文化志愿者近8万人。一批省级重点文化设施项目加快推进，在建县级文化设施重点项目329个，总投资119.2亿元。有7个市州地标性文化场馆建成使用，在建重点项目219个，总投资114亿元。以群众需求为导向，新创重点剧目41台和一批优秀小戏小品、群众文化作品，举办了第五届湖南艺术节，广泛开展各类公益性文化展演、展示、讲座等活动，每年送戏下乡1万场以上。公共图书馆、文化馆(站)、博物馆免费开放群众满意度达90%以上。

三、坚持精准发力，补齐短板

积极引导文化资源向大湘西、武陵山片区等老少边贫地区倾斜，投入专项资金6647万元为51个贫困县2791个村添置文化器材。为边远地区统一配送演出通勤车、流动服务车157辆。“十三五”期间将新建28个县级重点特色博物馆，实现贫困地区一县一剧场。实施“百千万”文化人才提升工程。每年选派1000名优秀文化工作者到贫困地区工作和提供服务。支持和引导文化旅游、非遗文创产业发展，推动15个贫困地区文化旅游项目获得国开行近35亿元支持合作额度。稳步推进基层综合文化服务中心建设，贯彻落实湖南省《关于推进基层综合性文化服务中心建设的实施意见》，确保到2020年全省范围的乡镇（街道）和村（社区）的基层综合性公共文化设施和场所达到中央的目标要求。2016年省政府将村级文体小广场建设纳入全省各级政府为民办实事项目。启动全省贫困村公共文化设施建设三年行动计划，对全省6989个贫困村的文化设施进行摸底，用三年时间，投资57.45亿元，使所有贫困村公共文化实施达到“七个一”标准，即一个活动广场、一个文化活动室、一个简易戏台、一个宣传栏、一套文化器材、一套广播器材和一套体育器材。从2016年起，由省级主导在贫困地区建设688个村级综合文化服务中心示范点，其中2016年400个，2017年288个。贯彻落实《湖南省村（社区）综合文化服务中心管理办法》，引导各地依托已建成的村级文化中心常态化开展文化服务活动。据不完全统计，目前全省村级综合文化服务中心已建成1.5万个，覆盖率为67%，文体小广场已建成1.37万个（标准化文体小广场2939个），覆盖率为48%。

四、坚持创新服务，提升效能

创新服务提供模式。出台了湖南省关于做好政府向社会力量购买公共文化服务工作的实施意见。启动4个县市区实施县级公共图书馆、文化馆总分馆制试点。完成湖南图书馆、省博物馆法人治理结构改革工作，将可复制经验向全省文化馆推广。积极构建公共数字文化服务平台，开展15项制度设计课题研究。创新服务评价机制。完善公共文化机构免费开放绩效评估制度，建立专家考评与委托第三方独立评价相结合的评价机制。创新文化服务载体，实施“互联网+文化”行动计划，实现网上网下群众文化互动。湖南省文化厅打造的“公共大戏台”、“乡村大舞台”等群众文化品牌被中宣部作为全国公共文化服务创新案例予以推广。连续六年打造“欢乐潇湘”群众文化品牌活动，从村、社区层层打擂台，让群众广泛参与、让草根当明星，每年吸引3000万人次参与其中、乐在其中，还率先举办湖南省首台电视戏曲春晚——“百花争春”，率先开展戏曲动漫进校园活动。率先将社会主义核心价值观融入广场舞，编创的《湖南原创广场健身舞》教材网上点击率780万次，参与群众达1000万人，其做法先后被中宣部、新华社内参等媒体刊发。

下一步，湖南将以党的十八届三中、四中、五中、六中全会精神为指导，继续立足全局，以群众需求为导向，以长效常态为目标，以基层为重点，不断创新服务方式、提高服务质量，积极打造普惠均等、实用高效、群众满意的现代公共文化服务体系，推动湖南文化强省建设。

艺术的盛会　人民的节日

——关于第五届湖南艺术节“三湘群星奖”活动概况

湖南省文化厅公共文化处

第五届湖南艺术节“三湘群星奖”是湖南省群众文化类政府最高奖，活动自2015年3月启动以来，得到了各市州、省直有关单位及社会各界的大力支持、积极配合。省文化厅公共文化处紧紧围绕“艺术的盛会、人民的节日”这一办节宗旨，齐心协力，开拓创新，扎实工作，成功举办了第五届湖南艺术节“三湘群星奖”系列活动。

一、高度重视，科学筹划，强化落实

(1) 组建活动工作机构。为办好“三湘群星奖”活动，成立了由魏委、李晖等任主任，禹新荣任副主任，颜喜、胡俊、叶伟平等任活动组委会成员的活动机构，各市州按照相关要求，积极组建了活动领导机构和办事机构，机构的成立为活动有序开展提供了有力的组织保障。

(2) 制定活动工作方案。根据湖南省实际情况，经广泛征求意见，2015年3月20日向全省下发了《关于选拔作品参加文化部第十七届“群星奖”暨第五届湖南艺术节“三湘群星奖”评奖活动的通知》(湘文社〔2015〕28号)，进一步明确了活动的宗旨、原则和基本要求。4月13日，为加强作品创作、严格作品的选拔质量和报送质量，制订并下发了相关事项补充通知。

(3) 围绕活动的重要节点召开专项会议和调研。3月27日召开了市州文广新局分管副局长、社文科长会议，讨论、听取“湖南第五届艺术节群众文化活动方案”的意见、建议。5月4日召开了有各市州分管副局长、社文科长、文化馆长和有关专家参加的第五届湖南艺术节“三湘群星奖”艺术创作和评奖工作座谈会，对全省群众文化艺术创作作出了全面安排和部署。6月中下旬到衡阳、湘西、怀化等市州结合处室其他工作对“三湘群星奖”活动开展情况进行了调研，通过调研解决实际问题。

（4）“三湘群星奖”优秀节目进社区、进基层等巡演过程中，组委会统一安排、统一部署，与各市州和省直有关单位各司其职，各负其责，密切配合，形成了横向协调、纵向贯通、整体推进的合作体系，分别多次召开领队、巡演碰头会，部署任务，落实责任，统筹协调各方力量，及时解决活动准备过程中出现的问题和困难，确保了巡演各项任务按时、按质、安全完成。

二、活动内容、作品形式丰富多彩

为满足人民群众多层次、多样化的精神文化需求，“三湘群星奖”活动设置了四大板块，包括作品类“三湘群星奖”、项目类“三湘群星奖”、“三湘群文之星”和全省微电影大赛。其中作品类“三湘群星奖”包含声乐、器乐、合唱、舞蹈、广场舞、小戏、小品、曲艺、微电影等艺术门类，共有252个作品参赛；项目类“三湘群星奖”包含各类群众文化活动和公共文化服务项目，共有42个项目参赛。

除了传统艺术门类外，此次“三湘群星奖”活动还新添了新生军“微电影大赛”，以“90后”为主体的微电影大赛，吸引了一大批在校大学生参与，为“三湘群星奖”活动增加了新的艺术样式，激发了新的艺术活力，有34家私人企业和16家大学、学院学生踊跃参加。

在具体内容上，2016年除了几大门类的专场演出外还设有综合性文艺巡演、少数民族文艺调演和“欢乐潇湘”群众美术书法摄影优秀作品展览，以及2016年新设立的微电影大赛。

参评作品内容题材丰富，涵盖了现实生活的方方面面，形式短小精悍，表演诙谐生动，具有浓郁的生活气息和时代特征，呈现出鲜明的民族风情及地域特色。例如戏剧曲艺有花鼓戏、祁剧、弹词、渔鼓、丝弦、鼓盆歌等湖湘特色剧种和曲种。参评作品中，有来自土家族、苗族、侗族、瑶族、回族等少数民族的作品和涉及非物质文化遗产保护与传承的作品。

三、践行“艺术的盛会、人民的节日”的办节宗旨

“三湘群星奖”活动期间，群众纷纷走上舞台，或歌或舞，或书或画，尽情

抒发对家乡、对美好生活的无限热爱，参演人员既有始龀小儿，又有耄耋老人等各个年龄层次、文化层次的普通群众和文化志愿者，全部参演人员达5500多名，调动了全省群众文化爱好者方方面面的资源，穷尽群众文化活动的各个领域。

参加评审工作的专家们普遍认为，本届“三湘群星奖”作品的最大特点就是“接地气”，大部分作品体现出了对老百姓日常生活细致入微的观察和提炼，对基层普通群众人物性格活灵活现的描绘，以及对生活中积极向上、奋发有为精神的真诚讴歌。

11月3～4日“三湘群星奖”优秀节目进军营、进社区、进学校专场巡演，场场座无虚席，群众演员在台上演，老百姓在台下看，风趣幽默的舞台表演引得观众笑声频频，呈现一片欢乐喜庆的气氛，成为一道独特的文化风景，有力地诠释了“人民演，演人民，演给人民看”的宗旨。

四、做好结合文章，积极推进“三湘群星奖”活动

为贯彻中宣部、文化部开展“深入生活、扎根人民”、“结对子”、“种文化”活动精神，湖南省文化厅公共文化处对优秀节目巡演进行了规划、部署，要求各市州遴选优秀节目下乡演出，进一步创新文化下乡活动机制。通过“结对子”、“种文化”与“三湘群星奖”活动有机结合，全省群众文化工作者发挥部门职能作用，积极投身活动的筹备、辅导、组织、实施工作，并通过送演出、送培训、送讲座、建立文化活动联系点等形式，不仅对城乡群众的文化活动给予了大力扶持，让百姓在家门口享受文化建设成果，还进一步壮大了群众文化队伍，同时促进了巡演作品质量的打磨、提升。在艺术节期间各市州组织节目下基层巡演达2300多场次，免费培训文艺骨干1900多人。

五、规范评奖程序，压缩评奖总量

近年来，由于各级政府和文化部门高度重视群众文化工作和群众文艺创作，特别是2013～2015年“欢乐潇湘”大型群众文艺品牌活动常态化、规模化、大众化发展，本届“三湘群星奖”参赛作品的质量、数量较往届有了显著提升，本届“三湘群星奖”共有252件作品、42个项目、35个群文之星进入决赛。为确保评审公开公平公正，公共文化处严格规范了评审标准、评审流程、评分细则和奖项设置，本届艺术节评委从省文化厅艺术专家库中会同纪检监察室一起，在

24 小时内按照随机抽取的办法确定，专家名单在评审正式开始前严格保密，从机制上改变了以往专家相对固定、评委相对集中的弊端。评审过程纪检监察室派员全程监督，同时评审结果向社会公示，从制度和工作程序上保证了评审工作的严谨和规范。通过严格评审，“三湘群星奖”共评出作品类“三湘群星奖”金奖 41 个，银奖 47 个，项目类“三湘群星奖”31 个，“三湘群文之星”31 个，作品类获奖比率为 34.9%。

为人民抒写、为人民抒情、为人民抒怀

——2015 年“欢乐潇湘”群众美术书法摄影活动概况

湖南省文化厅公共文化处

为深入贯彻落实习近平总书记文艺工作座谈会重要讲话精神，巩固“欢乐潇湘”群众文化品牌活动，2016 年拓展开展了“欢乐潇湘”群众美术书法摄影活动。全省各级组织各种形式的采风、创作、培训活动 2434 批次；新成立群众社团组织 236 个，新增社团成员 1.1 万人；当地财政安排专项经费 1067 万元，社会赞助资金 180 万元；县市区初赛共吸引 8.7 万人、8.8 万件作品参赛，3.3 万件优秀作品参展，举办巡回展览 504 次，在 6703 件复赛作品中遴选出 674 件优秀作品角逐省级决赛，最终 299 件美术书法摄影作品获得一、二、三等奖。活动开展情况、开展效果多次在《中国文化报》、《湖南日报》、《长沙晚报》、湖南经视、湖南卫视、红网、腾讯大湘网、人民网、新华网等中央、省、市州媒体刊（转）载、报道，省组委办公室在省文化厅官网设立了“欢乐潇湘”活动官网和优秀作品网络展，活动官网点击率达 15 万多人次。

一、高度重视，强化保障

成立了由省委常委、省委宣传部部长许又声同志任主任的活动组委会，各市州、县（市区）、乡镇也相继成立了活动组委会，制定了一系列包括宣传、督导、评审、展览等内容的工作方案，在组织、协调工作职能上，强化了市、县文体广电新闻出版局及市、县文联的主体责任，同时十分注重发挥文化馆、美协、书协、摄协等协会的专业职能，赋予其更大的话语权和更多的创新性，使整个活动做到了分工合作、有序推进、形成合力。各级坚持以公共财政投入为主，注重引导社会力量办文化，采取企业冠名、形象宣传、文企联合等方式支持活动开展，进一步增加活动吸引力，有效破解了基层文化建设经费紧张、文化投入方式单一等难题。如永州市吸引社会资金 60 万元，衡阳市 26 万元，株洲、岳阳两市分别为 24 万元和 22 万元，益阳、怀化、娄底三市均为 12 万元。各市州将“欢乐潇湘”活动纳入了各级政府年度绩效考核和文明城市创建考核。各市州组建督导组，不定期深入县市区对工作机制、创作培训、社团组织、宣传报道、初（复）赛进度、经费保障、群众反馈等方面进行重点督察督导，并以此作为评定考评的重要依据。

二、突出主题，发掘特色

一是突出地方特色，创作民俗作品。紧扣“我们的中国梦”主题，创新、发掘地域特色，展示地域文化，全省每个市县区基本做到策划组织了一次以上的主题活动，如永州市先后组织了“锦绣潇湘·永州发现”、“世界水日·中国水周”、“大同致远·柳子家宴”等文化摄影活动。如娄底“娄底记忆”非物质文化遗产摄影大赛活动，新化县“梅山之韵”群众美术、书法、摄影大赛，涟源市“珠梅抬故事”民俗摄影大赛等。活动涌现出一大批富有地域特色的美术、书法、摄影作品，这些作品向各地群众展示了湖南省地域文化的独特魅力，更激发了热爱家乡、建设家乡的豪情。如长沙水彩画二等奖《芙蓉国里的影子戏》，从小就爱画画、后来画画成为她业余爱好的长沙市环保学院陈嘉蓉老师说：“我一直关注中国民间美术，对非物质文化遗产也有研究，湖南的非遗非常多，像滩头年画、剪纸、木偶戏等，我今后都会将它们入画。其实许多好的文化来自民间，我想带动身边更多的人来关注它们，现在我不仅可以用嘴去宣传，还可以有更多的宣传表达方式，比如画画。”二是突出行业特色，创作行业作品。各市州在开展“欢乐潇湘”群众文化活动时，把企业倡导的理念、精神与广大员工的精神文化需求有效结合起来，吸引人民群众积极参与，探索一条以群众美术、书画、摄影活动为载体，促进企业文化建设的成功之路。例如，衡阳常宁“欢乐潇湘·魅力常宁”以公务员为主体的美术、书法和摄影赛，“欢乐潇湘·美丽雁峰”首届廉政书画作品展，“欢乐潇湘·老年大学”书法展，“欢乐潇湘·网友”摄影展；永州企业职工“纪念中国人民抗日战争暨世界反法西斯战争胜利七十周年”书画展；娄底市“欢乐潇湘·国际护士节”书画大赛，涟源钢铁厂“欢乐潇湘·职工杯”摄影大赛，安监局“欢乐潇湘·安全文化”书画大赛等，通过这些行业活动，培育了企业团队精神，树立了企业良好形象。三是突出人群特色，开展不同口味的特色活动。根据不同年龄、不同性别、不同文化需求开展不同内容的群众美术、书法、摄影活动。例如，娄底针对青少年儿童，举办了“中国梦·少儿梦”儿童书画大赛、“欢乐潇湘·致青春”书画大赛；衡阳市妇联开展了“欢乐潇湘·墨彩飞扬”第三届女子书画作品展，“欢乐潇湘·美丽衡阳”第十届少儿书画摄影展；邵阳举办了“欢乐潇湘·快乐老年”书画大赛；等等。通过“欢乐潇湘”活动与行业特色、人群特色、企业文化等的结合，大大繁荣了企业文化、校园文化、军营文化、农村文化等群众文化活动，在全省形成了城乡共同推进、活动异彩纷呈的喜人局面。

三、创新培训，推进创作

普及和提高群众的人文素养是“欢乐潇湘”活动的出发点和落脚点，在提升群众美术书法摄影的艺术水准上，各地不断创新培训形式：发挥文化馆（站）和美术书法摄影协会专业人员优势。各市州为提高组织工作人员业务素质，组织了各县市区文化馆（站）长、文化专干、美术书法摄影协会专业人员以及部分优秀群众文艺团队骨干，开展了三个门类的培训班，并充分发挥他们文艺专业优势，鼓励大家深入基层和各行业进行业务指导，通过以活动带培训、以培训促提高，真正培养了一支业务强、素质高，且善经营懂管理的常驻群众文艺骨干队伍。鼓励全省文化馆（站）、美术书法摄影协会专干发挥部门职能作用，积极投身活动的筹备、辅导、组织、实施工作，并通过送培训、送讲座、创作采风、建立文化活动联系点等形式，与草根文艺爱好者结对子，交流沟通艺术创作心得，百姓在家门口就能享受文化建设成果，有力助推了“欢乐潇湘”群众美术、书法、摄影活动的热潮。充分发挥文化志愿者的业务优势。文化志愿者作为公共文化建设的群众性力量，活跃在全省各群众文化活动阵地，进一步拓展了公共文化服务领域。在郴州、永州、衡阳、怀化等地，有一批美术书法摄影专业方面的在职老师自觉加入到文化志愿者队伍，他们利用业余时间免费为群众进行辅导，群众从一个个业余爱好者慢慢地走上了全省“欢乐潇湘”比赛擂台。随着美术书法摄影活动参与人数的不断增多，各种形式的培训如雨后春笋，公园培训、广场培训、村组屋场培训、进军营、进学校、进企业等公益培训得到深入开展，在“欢乐潇湘”活动期间，全省各级组织各种形式的采风、创作、培训 2434 批次，受益人数达 10 余万；新成立群众社团组织 236 个，新增社团成员 1.1 万人。实现了专业带动业余、城市带动农村、培训带动创作，产生了良好的辐射和传播效益。

四、加大宣传，营造声势

全省各级以“欢乐潇湘”群众活动品牌为立足点，以培育和践行社会主义核心价值观为己任，通过加大宣传力度，开展群众文化传播方式的创新，为活动营造良好的舆论氛围。各级在活动宣传上，做到了活动前突出造势，活动中跟踪报道，活动后宣传典型，各市州制定了分阶段的宣传实施方案，县级以单位由专职信息联络员负责宣传报道工作，活动中，省组委会办公室在文化厅网站开设了“欢乐潇湘”活动官网，活动后299幅获奖作品在红网和活动官网展出，同时市县（区）有110多名信息工作骨干，负责活动稿件采写和新闻稿件上稿并及时与中央和省内新闻媒体通报活动开展情况。通过报纸、电视、广播、网络和微博、微信等媒体，搭建起一个个活动展示展播平台，实施全方位、多角度的覆盖持续跟进报道，展示各市县海选等赛事实况。《中国文化报》、《湖南日报》、湖南电视台、红网、《长沙晚报》以及文化湖南网等省级和各市州平面媒体、广电媒体、网络媒体开设了专题、专栏，对活动进展情况进行了实时跟踪报道，新华网、人民网、腾讯·大湘网、和讯网等媒体也刊发、转发转载新闻信息，提高了活动的辐射面、知名度和美誉度。

“欢乐潇湘”这一活动历经三年的探索，在三湘大地上，参与群众之广、社会影响之深，可以说是湖南省近年来前所未有的“文化惠民”的务实之举。在新的形势下通过培育和践行社会主义核心价值观，进一步准确认识与把握群众文化的特点和规律，充分发挥全省各级文化部门公共文化设施和基层已有的各类服务手段，用优秀传统文化引领时尚、服务社会，根据基层群众的实际需求，进行“点对点”的精准服务；顺应政府职能转变的大趋势，积极探索以购买文化服务与产品的方式，引导社会力量参与的机制；将“欢乐潇湘”活动和重心、资源进一步下移，更进一步彰显其“重在基层、乐在群众，优化机制”的活动定位，使活动常态化，构建“文化惠民”的长效机制等都有待于今后不断探索而加以完善。

创新体系　提高效能　推进湖湘文化志愿服务广泛持续开展

湖南省文化厅公共文化处

湖南省文化志愿服务工作，在不断创新中前进，形成了“143”体系，促进了湖湘文化传播，推动了区域文化合作，丰富了人民群众文化生活。湖南省文化志愿服务工作者曾7次在全国和全省性会议上作典型发言，25项活动、案例被中宣部、文化部、中央文明办表彰，72名文化志愿者被评为全国、全省最美志愿者。主要做法是：

一、打造覆盖文化志愿服务的网络组织

一是坚持总分结合。省级成立文化志愿服务总队，市州设立支队，县市区设立分队，乡镇街道社区村设立小队。二是突出分门别类。为便于发挥文化志愿服务“轻骑兵”作用，公共文化处按音乐、曲艺等11个艺术门类进行分类，再根据其服务内容、时间，设立服务小分队。三是注重广泛覆盖。充分吸纳文化系统人员及社会文化活动积极分子，形成以专职骨干为主、系统外人员为辅的文化志愿者组织结构。目前，省级文化志愿服务总队下辖3个省直支队、14个市州支队、774个县级分队，全省注册文化志愿者79640人，系统外文化志愿者占32.6%。

二、建立健全文化志愿服务的四项制度

湖南省出台了《湖南省文化志愿者管理办法》，对文化志愿者的组织招募、培训、表彰等9个内容进行了详细规定，并将文化志愿服务工作纳入全省文化系

统年度考核目标和总体建设规划。各市州也相应出台了本级管理办法。在此基础上，逐步形成了四种管理制度。一是实名登记注册制度。申请文化志愿者必须通过省文化志愿服务互联网平台完成实名注册，实现从源头上对文化志愿者统一管理。二是服务内容登记制度。要求文化志愿者每年累计服务时间不少于20小时，并要对开展服务的项目、内容、时间进行登记，登记情况将作为评优的重要依据之一。三是培训制度。对新注册的文化志愿者分批开展专题培训，并结合服务项目开展技能培训，确保文化志愿者每年至少接受两次培训。四是激励制度。省文化厅每年结合世界志愿者日，开展“星级文化志愿者”评比。对全省优秀文化志愿者、优秀组织工作者及先进集体、示范项目进行表彰。

三、探索形成文化志愿服务的三种模式

湖南省围绕弘扬湖湘优秀传统文化，探索形成了具有湖南特色的文化志愿服务模式。一是“区域联动”模式。通过省与省（区）之间、邻省的市与市（州）之间区域联动，大大促进了优秀公共文化资源的整合与共享。如缔结“湘鄂赣公共文化服务区域共建联盟”，湖南汝城、广东仁化、江西崇义文化志愿服务区域交流活动等。二是“省内互动”模式。全省各支（分）队结合“楚韵湘音　幸福使者”、“文化暖心　和谐洞庭”等9个主题开展互动交流，形成了“欢乐潇湘——湖湘文化志愿者基层行”、“我是雷锋家乡人　湖湘文化送春风”、“湖南农民工春晚”等系列文化志愿服务品牌，“湘味”十足，影响广泛。三是“名人带动”模式。从7万多名文化志愿者中选拔了20位文化名人、能人担任湖南省“形象大使”，如歌唱家李谷一、易秒英，主持人汪涵，文化创意策划人叶文智等。在他们的带动下，全省文化志愿者深入社区、工地、福利院、部队等场所，为群众“送文化”的同时，更加注重“种文化”。据不完全统计，先后组织专家文化志愿者在岳麓书院大讲堂、湘图百姓课堂、湖湘文化基层行、边疆行等平台，编排节目、采风1612次，培训湖南原创广场舞骨干14700人次，开展讲座3300次，举办文艺辅导37000余次等，直接受益人群达1310万人次，形成了名人带动文化志愿服务的良好氛围，真正做到了“送文化”与“种文化”深度融合，大大地提升了全省文化志愿服务的社会影响力。

2015 年全省基层文化队伍培训工作概况

湖南省文化厅　湖南艺术职业学院

2015 年是“十二五”收官之年，省文化厅在文化部、省委省政府的正确领导下，积极贯彻落实《中共中央国务院关于加快构建现代公共文化服务体系的意见》和文化部《关于开展全国基层文化队伍培训工作的意见》精神，进一步加强公共文化人才队伍建设，充分发挥图书馆、文化馆、乡镇文化站的作用，拓展培训领域与渠道，有计划、有步骤、分层次、分阶段推进基层文化队伍培训工作，培训工作形成了省、市、县培训网络全覆盖，全年先后培训市县区图书馆、文化馆专职人员 30203 人次，培训业余文化骨干、志愿者等业余文化队伍 235395 人次，远程培训教育达 179293 人次，为公共文化服务体系建设提供了有力的人才保障和智力支持。

一、高度重视、精心组织，认真完成国家示范培训工作

按照《2015 年全国基层文化队伍培训工作计划》要求，省文化厅认真组织、选送了 79 名同志，分 26 批次参加了文化部举办的构建现代公共文化服务体系培训、文化队伍师资培训，地市社文科长培训，大学生“村官”培训，群众文化创作、民间艺术之乡、文化志愿者、舞台美术、歌曲、舞蹈、编导等培训，顺利完成了全国基层文化队伍示范性培训计划，极大地提升了全省各级各类文化干部的业务素质和综合能力。

二、搭建平台、促进交流，分层分类开展公共文化干部培训工作

（一）扎实推进“三区”人才支持计划，促进基层文化大发展

按文化部部署开展的全省边远贫困地区、民族地区和革命老区人才支持计

划，湖南省依托省图书馆举办了为期两个月的“三区人才”支持计划公共图书馆馆长研修班，学员为来自湖南边远“三区”的41个县级图书馆馆长，培训采取课堂教学、现场教学、理论学习与技能提高相结合的形式，最大的亮点是采用了异地教学的方式，带领学员行走2000多公里，参观学习了10余家本省、邻近省份和沿海地区发展较好的图书馆，并邀请了文化部公共文化司、省艺术职业学院、省群众艺术馆、曲艺协会等相关专家担任主讲老师，公共文化司副司长陈彬斌主讲了《公共文化服务体系建设》，从国家政策层面阐述了公共文化服务的内涵、价值和创新途径。

在中央文化管理干部学院举办了湖南省“三区”受援县文化局长研修班，共50名受援县文化局局长参加了为期12天的集中研修，通过理论学习、现场观摩、结构化研讨等形式，学习了中国传统文化继承与发展、公共文化服务体系建设、文化产业繁荣发展、文化遗产保护与利用等课程。通过一系列支持计划提升了革命老区、少数民族地区、贫困地区公共文化人才的业务素质和管理水平。

（二）依托现代公共文化服务体系建设现场推进会，提升基层公共文化服务能力和创新意识

2015年10月28～29日，省文化厅以省政府名义召开全省现代公共文化服务体系建设现场推进会，专题研究部署当前和今后一个时期全省现代公共文化服务体系建设工作。同时以会代训，举办了专题培训班，各市州、县市区人民政府分管文化工作的副市（县）长，各市州文广新局局长，14个省级公共文化服务体系示范创建区文广新局局长，22个省公共文化服务体系建设协调机构成员单位等省直有关部门参加培训。通过培训，有效地推动了湖南省现代公共文化服务体系建设，并为湖南省现代公共文化服务体系建设和示范区创建工作提供了有力的指导。

（三）着力抓好两馆干部队伍培训，夯实群众文化建设发展基石

文化馆：围绕免费开放，针对不同业务门类开展了全省引领性公益培训、基础性公益培训、辅导基地建设、培训品牌建设等系列工作，全省各级开办了音乐创作研修班、舞台美术培训班、曲艺表演与创作培训班、创作笔会、美术书法摄影培训班、公益讲座等4980次，同时全省各级还优选了一系列品牌活动，拓展领域开展群众文化进社区、进农村、进企业、进校园、进军营的“五进”活动，如省群众艺术馆的“声乐大课堂”，全年共举办16期，接纳学员15000多人。为

进一步加大“声乐大课堂”的覆盖面，提高基层公共文化服务的供给质量，“声乐大课堂”还赴湘西、炎陵、衡阳进社区、进农村，为基层群文干部、艺术爱好者送去讲座4场，得到学员广泛好评，名家和学员零距离接触，专家、教授对音乐的热情与执着感染了所有学员，取得了良好的社会反响和示范、引领作用。

为深入推进“结对子、种文化”活动，部分市州还设立了辅导基地与辅导服务项目，为城乡群众创造文化交流场所，如常德、岳阳、邵阳、郴州、益阳等地文化馆组织设立了基层文化活动示范基地55个，其中有30个社区或农村基地（示范点），5个未成年人活动基地，为体现公共文化服务的均等化，还专门设立了6个外来务工人员文化活动辅导点和2个残疾人文化活动基地。这些文化活动基地都是面向普通群众，由文化馆专业老师和文化志愿者宣传辅导和培训，定期组织开展健康有益的文艺活动，这些文化活动基地的设立，极大地满足了社区、农村以及特殊群体的精神文化需求，受到了社会公众的广泛热捧。

图书馆：充分发挥省学会各会员单位的积极性，开展对全省各县市区基层图书馆基础业务培训。湖南图书馆积极发挥省中心馆的行业示范引领和协作协调作用，通过省际、省内合作，努力提升全省从业人员业务水平。

主办了为期10天的全省图书馆基础业务培训班，学员为来自省内14个市州图书馆系统的130名工作人员，邀请了省内图书馆界专家和同行授课，开设了《图书馆学基础教程》、《文献分类学》、《信息资源建设》、《读者服务工作》、《图书馆宣传推广与阅读促进》等14门课程；与衡阳市文化广电新闻出版局联合主办了衡阳市公共图书馆业务培训班，衡阳市县级公共图书馆、部分高校图书馆和乡镇综合文化站的90余位学员参加了培训，为全省图书馆工作人员搭建了一个学习知识、交流信息，相互砥砺、共同提高的平台。

各市州也充分发挥省学会各会员单位的积极性，开展多形式的全省各县市区基层图书馆基础业务培训。

（四）借助全国公共文化巡讲活动，为省基层文化队伍培训插上腾飞的翅膀

根据文化部《关于开展2015年全国公共文化巡讲活动的通知》，积极组织各市州与国家培训基地开展合作办班。5月4～9日，长沙市文化广电新闻出版局组织了45名文化专干以合作办班的形式赴四川艺术职业学院参加公共文化服务体系培训班。四川省图书馆副馆长陈雪樵、四川省文化馆副馆长吴灵峰分别为学员作《图书馆创新服务与活动开展》、《基层群众文化活动的创意与创新》专题讲座，介绍了近年来四川图书馆、文化馆的创新服务思路与活动的具体做法，并

结合实际案例与学员分享工作中的创新。组织了学员到市区图书馆、文化馆、博物院等地进行实践教学，使湖南省的学员们进一步了解四川历史发展、民族特点及公共文化发展的地区特色。通过此次培训，湖南与四川的文化工作者建立了深厚的友谊，增强了两地的文化交流，共同探寻了公共文化服务的发展与创新之路。

（五）创新形式，以赛代训，成效显著

省委宣传部、文化厅组织的2013年、2014年、2015年“欢乐潇湘”大型群众文化活动，促进了全省群众文艺创作和群众文化培训工作。2015年全省各市县区围绕“欢乐潇湘”群众美术书法摄影活动主题，充分发挥文化馆（站）长、文化专干、美术书法摄影协会专业人员以及部分优秀群众文艺团队骨干的作用，通过送培训、送讲座、创作采风、建立文化活动联系点等形式，与草根文艺爱好者结对子，交流沟通艺术创作心得，让百姓在家门口就能享受到文化建设成果，有力助推了“欢乐潇湘”群众美术、书法、摄影活动的热潮。随着美术书法摄影活动参与人数的不断增多，各种形式的培训如雨后春笋，公园培训、广场培训、村组屋场培训、进军营、进学校、进企业等公益培训得到深入开展，2015年“欢乐潇湘”活动期间，全省各级组织各种形式的采风、创作、培训2434批次，受益人数达10余万人；新成立美术书法摄影群众社团组织236个，新增社团成员1.1万人，实现了专业带动业余、城市带动农村、活动带动创作的辐射和传播效益。

（六）远程培训，享受网络文化盛宴

湖南图书馆作为文化信息资源共享工程湖南省级分中心的牵头单位，面向全省开展了“基层图书馆数字资源提升活动”培训班，来自全省14个地市（州）及下辖区、县的80余家公共图书馆的代表200余人参加了培训。培训班对此次基层图书馆数字资源提升活动的具体实施进行了安排，并将4TB各类数字资源以硬盘推送的方式面向基层公共图书馆进行部署安装，对提升基层文化机构的数字资源保有量和服务能力具有重要意义。承办了“湖南省公共电子阅览室管理信息系统学习培训班”，来自全省14个地市（州）及下辖区、县的公共图书馆代表230余人参加了培训，内容为公共电子阅览室管理信息系统功能介绍与现场安装注册教学两部分，通过此次培训，省公共电子阅览室技术平台与安全建设工作有序推进，目前进入实际部署阶段，已安装了450余个基层网点。此外，组织开展

共享工程网络培训5次，近9820人接受培训；“网络书香讲坛”培训6场，培训学员5100多名，收集学习心得6篇；组织“公共文化空中大课堂”培训12场，学员12000多名。远程培训不但把更多优质培训资源直接推送到基层，而且弥补了培训过程中师资力量、经费不足等问题，其所传达的理念也让基层文化工作者站到了更高的起点。

三、存在的主要问题

一是师资力量薄弱。在基层文化队伍中，普遍存在人才结构不合理、人才断层的问题，专业人员数量远远不能满足各层次、各类型的公共文化基本需求。

二是培训经费不足。虽然制定了一系列加快基层文化建设的优惠扶持政策，但文化部门的基层干部专业培训实施主要在人事部门，公共文化干部的业务培训只能以会议、活动形式代替。同时，目前专门针对基层公共文化服务人才专项资金安排，只是针对专业艺术和非物质文化遗产。

四、下一步工作安排

将继续贯彻落实《文化部关于开展全国基层文化队伍培训工作的意见》精神，按照“实际、实用、实效”的要求，积极推进全省培训工作常态化、规范化。

一是继续选派人员参加文化部组织的培训。按照文化部的培训工作要求，在全省范围内选派符合条件、业务能力好、工作扎实的基层文化工作人员参加文化部组织的高端培训，全面提高业务素质。

二是举办全省群众文艺创作系列培训班，依托各级群众艺术馆，结合群众文化辅导、第十一届“群星奖”申报评选和2016年“欢乐潇湘”大型群众文艺汇演，对基层文艺骨干、基层文化工作者分类分层举办全省群众文艺创作系列培训班。

三是继续推进培训工作与重点工作的结合，分期、分类举办全省现代公共文化服务体系创建工作培训班和公共文化人才培训班。

四是继续采取“请进来、走出去，集中学、分散学”的灵活培训方式，积极申报文化部组织开展的合作办班、公共文化巡讲等培训，并做好前期对接工作。

公共文化机构法人治理试点工作概况

湖南省博物馆　湖南图书馆

一、湖南省博物馆理事会工作概况

湖南省博物馆理事会自2015年11月30日成立并召开第一次会议以来，主要在以下几个方面开展工作：

一是结合新馆建设进度和运营模式，探索建立理事会日常工作机制。

二是密切联系各理事成员及成员单位，充分整合社会资源。密切和理事单位谭国斌当代艺术博物馆的合作，利用该馆的场地举办了《还原大师——何绍基的书法艺术世界》、《天地之中——河南文物特展》等一系列高端临时展览，继续合作开放接待、社会教育、宣传推广活动，弥补了闭馆建设期间场馆缺失的巨大缺憾。借助湖南广播电视台、湖南出版集团的力量，加大了博物馆展览和重要活动的宣传推广力度，增强了博物馆的社会影响力。与湖南省教育厅合作开展“湖南省百馆微展览进校园、进社区、进企业”活动，争取双方在理念上的认同，目前，经省教育厅的联系协调，省博物馆的“移动博物馆”正在益阳沅江开展教育服务。

三是在向上级部门争取政策和经费支持的过程中，争取理事及所在单位的支持，已获得了更大的部门联动效用，通过理事的资源，湖南省博物馆在扩大了自身社会影响力的同时也获得了更大的社会话语权。

四是逐步寻找广泛吸纳社会资金的途径和办法，和理事成员中的公私单位就在理事会下设立公益发展基金的可能性以及具体的运作模式进行了初步探讨。

下一步，理事会将积极推动公众和社会力量参与博物馆建设，增加博物馆的活力，促进其作为公共文化机构的社会职能得到有效发挥。

二、湖南图书馆理事会工作概况

湖南图书馆历史悠久、文脉源长。该馆始建于1904年，是国内最早以“图书馆”命名的省级公共图书馆，毛泽东曾在此自学半年，自认是“最有收获的日期”，何叔衡曾任馆长，1984年新馆落成，胡耀邦同志亲书“湖南图书馆”馆名。该馆现藏文献共计400余万册（件），其中含古籍80万余册（件），拥有电子图书320万余种，电子期刊2.7万余种，数字资源总量为37.8TB。馆舍面积3.24万平方米，含阅览室面积0.9万平方米，阅览座席1852个。年服务人次300余万，外借册次240余万。该馆先后被授予国家一级图书馆、全国古籍重点保护单位、省级文明单位等奖项和荣誉称号50余项。

（一）成立理事会，建立工作平台

1. 成立理事会

2015年3月31日，在省编办、省文化厅等上级领导部门的关心与领导下，成立了以禹新荣为理事长的由11名理事组成的湖南图书馆理事会。理事会组成人员为“533”，其中社会人士5人，主管部门3人（来自省文化厅、省编办、省财政厅），省图书馆员工3人。这既是湖南图书馆的大事，也是湖南省深化文化体制改革的一项重要内容。

2. 建立工作平台

理事会成立后，迅速展开工作，当天召开了理事会首次会议，会议按程序修改并审议了《湖南图书馆（理事会）章程（草案）》、《湖南图书馆2015年工作要点》等文件，并确定了湖南图书馆理事会的性质为咨询监督型。会议推选出张勇任副理事长，建立了QQ群与微信群，以方便日常沟通交流与工作联络。会后依据章程修改意见，对《湖南图书馆章程（草案）》进行了修改，进一步完善了章程，更有利于理事依章履行相应的权利与义务来推动图书馆的建设。

3. 共同推进工作

理事会成立后，各位理事也从不同角度关心并共同推进湖南图书馆的工作。如针对该馆存在的重大安全隐患问题，禹新荣理事长特别强调：“一定要为读者提供安全优质的服务。”并和该馆管理层一道，将此项工作提交文化厅党组办公会议专题讨论，亲自到财政等部门沟通，目前该项工作已取得重大进展，该馆安全隐患整改工程可行性方案及项目概算已经通过湖南省财政投资评审中心的审定，并获得了时任省长杜家毫、时任副省长李友志等领导的专门批复。

各位理事也为图书馆的发展献计献策，如理事王跃文表示："要成为全民阅读的表率……要将读者的服务诉求反馈给图书馆，提高图书馆的服务水平。"朱汉民、王跃文和叶文智等积极利用政协等平台，呼吁社会各界关心与推进图书馆的发展。陶开宇说："图书馆应该成为有用、有品、有趣、有爱的公共文明宣传阵地。"她更是经常来馆从事志愿服务，践行爱心服务。

（二）提升服务质量，开启老馆新篇章

湖南图书馆理事会成立，开启了百年老馆新篇章。在各位理事的直接关心与推动下，该馆建设环境与发展空间都有一定程度的改善。该馆的工作思路也有了新的变化，突出问题得到明显改善，在服务内容、服务设施与服务品牌上有了新的收获。

1. 服务内容更具人性化

在立足基本服务、发展特色服务基础上，更追求服务的人性化和细节化，各项服务有明显提升。基本服务方面：2016 年服务人次 3790987 人，外借册次 2258779，较 2015 年同期提高 29.6%；新办证 3.66 万余个，较 2015 年同期提高 51%；举办讲座 236 场，听众 1.87 万人次；百姓课堂成功举办 2 个学期，培训人次 5.7 万，较 2015 年同期提高 68%；举办展览 55 场，参观人次 72 余万，比 2015 年同期提高 150%；举办各类阅读文化推广活动 128 多场；数字资源访问量 778 万余人次，较 2015 年同期提高 32.9%；在省内外各类媒体发布宣传报道 420 余条。特色服务方面：针对开展的驻会信息咨询服务，以及提供常态化专题文献信息服务，广受好评。与省外宣办合编的《外媒看湖南》每期报省委常委等领导，逐步点亮品牌效应。开拓微信公众号品牌，被《湖南日报》、潇湘之声等媒体评论为"低碳信息服务新风"、"两会沟通'神器'"。在全国图书馆微信评比中，湖南图书馆公众微信号遥遥领先；在湖南省微信评比中，排政务类前三名；荣获湖南自媒体/商业微信十强称号。

2. 服务设施更为亲民化

积极推进更为亲民化的公共文化设施建设。一是新增自助办证机，增加操作容易、手续简便的办证新途径。推出免押金的体验证服务项目，吸引更多的读者利用图书馆资源。二是 24 小时自助图书馆装修一新，重新免费开放，面积增至原有的 2.5 倍，藏书增至原有的 2 倍，可办理借书、还书、办证等业务，成为省内面积最大、舒适度最高的 24 小时自助图书馆，实现了图书馆服务效率的最大

化。三是完成综合服务楼改造，将行政办公室和研究所搬迁至此办公，在主楼腾出更多空间为读者提供服务。四是拓展空间，加强图书馆人流车流的疏导，为读者提供更好的阅览环境。

3. 服务品牌更加特色化

服务的品牌更具时代感、地域感等，特色度与辨识度更强了。一是巩固优势精品活动品牌形象，如“湘图讲坛”举办“上善若水——湘鄂赣皖名湖文化解读”四省巡讲湖南站活动，四省名家同台讲学，促进了省级文化交流和湖湘文化传播，活动得到光明网、凤凰网等多家知名媒体的深度报道；“百姓课堂”创新课程体系，“一座难求”现象反映了群众需求的井喷之势，至2016年11月初年培训人次达5.7万；“湘图展览”品质渐趋精良，举办各类展览55场，题材丰富，充分展现了传统文化的魅力并积聚了广泛人气。二是着力打造新兴品牌活动和项目研究，新策划的“阅读越开心之开心故事绘”、“阅读越开心经典课堂走进学校”、“阅读越健康名医大讲堂”活动深受读者喜爱；“国民口述历史”项目成为新热点：至2016年11月初，调查走访口述人42人次，采集资料约563G，完成15部“抗战老兵口述历史”电视专题片编辑，在社会上引发强烈反响，《三湘都市报》3篇整版刊发报道，腾讯·大湘网拟以纪念抗战胜利70周年为主题对“国民口述历史”项目资源进行20期的宣传推广。

下一步，湖南图书馆将结合自身职能的公益属性和理事会制度建设相关工作要求，积极完善在理事会基础上的法人治理制度。一是要加强党的建设。使理事会决策地位与坚持党的领导相统一，重大业务决策与党组织的职责作用发挥相统一，理事会用人权与党管干部原则相统一。二是优化人事管理。实行人员聘用合同管理和竞聘上岗、绩效管理等制度，继续有效实现员工能上能下、能进能出，逐步打破事业单位“铁饭碗”和“终身制”，调动员工积极性、创造性。三是要完善收入分配制度。建立健全绩效评估机制和个人奖惩机制，进一步完善和改进绩效工资制度，理事会作为事业单位决策机构，在核定的绩效工资总量内享有分配自主权。在单位核定的工资总量内，合理拉开差距。四是适当扩大财务自主权。进一步落实理事会制度下的预算编制权和预算建议权，明确界定预算执行权、财务管理权和资产处置权。进一步发挥政府主导作用，在试点单位建立多元化的经营保障渠道，在政府拨款保障的基础上，实现公益服务投入主体多元化，通过吸引社会捐赠，吸纳社会资金，解决公益服务建设资金的“短板”。

立足文献保护利用　弘扬优秀传统文化

湖南图书馆

优秀传统文化是文化强国的价值资源和历史支撑。湖南图书馆作为湖南省内中华优秀传统文化资源的主要收藏机构，一直在保护、弘扬中华优秀传统文化方面发挥着重要作用。近年来，湖南图书馆秉承着“服务立馆、文化办馆、科研兴馆、人才强馆”的治馆方略，立足本馆馆藏的保护利用，通过策划举办内容丰富的社会教育活动、展览、讲座，在传承和弘扬民族优秀传统文化方面做了大量卓有成效的工作。

一、立足文化遗产保存，积极推进古籍保护与利用

湖南图书馆馆藏古旧文献 80 万余册（件），其中古旧字画 7700 余件、宋元刻本 31 部、民国文献 10 万余册、古籍线装书 68 万册（其中善本 5 万余册），古籍总藏量居全国前列，家谱藏量居全国第三，相当一部分馆藏为三级以上文物。

作为“全国古籍保护工作先进单位”，湖南图书馆积极敦促推进全省古籍普查登记工作，到 2016 年底，基本完成全省古籍普查登记工作，累计登记全省 55 家单位 8 万余种古籍，为保证普查的进度及质量，省中心直接派人到一些单位如龙山、浏阳、武冈、隆回、零陵、洪江、辰溪、邵东等馆进行现场编目，保证了普查工作的顺利开展。2016 年，全省 23 部古籍入选第五批《国家珍贵古籍名录》，其中，湖南图书馆入选 20 部，湖南大学岳麓书院入选 2 部，湖南省社会科学院图书馆入选 1 部。至此，湖南省共有 305 部古籍入选一至五批《国家珍贵古籍名录》，湖南图书馆、湖南师范大学图书馆、湖南省社会科学院图书馆 3 家单位入选“全国古籍重点保护单位”，湖南图书馆对入选《国家珍贵古籍名录》的古籍做好保护及修复工作，并加以数字化应用，平均每年完成家谱、古籍等缩微扫描 12 余万拍。2016 年，国家典籍博物馆举办“民族记忆　精神家园——国家

珍贵古籍特展”，湖南图书馆所藏明末毛氏汲古阁影元抄本《文则》、清抄本《瀛涯胜览》等被选中参展。

湖南图书馆发挥中心馆优势，牵头建立了“全省古籍保护联盟”，促进全省古籍保护工作发展。一是通过举办全省古籍普查登记培训班、派出专家深入古籍保藏单位现场指导等形式，强化全省古籍保护工作协调和指导。二是发挥省馆龙头作用，多次举办各类培训班，如挂牌成立国家级古籍修复技艺传习中心湖南传习所，聘请古籍修复专家师玉祥为导师，翻开了湖南省古籍修复事业的新篇章，现已举办两期培训班，举办第十五期《全国古籍普查登记目录》审校人员培训班，全省23家古籍收藏单位的32名学员参加了培训。三是多次派出馆员参加古籍保护、古籍修复、古籍普查、古籍鉴定等各类国内高水平的专业技能培训，开阔视野，增强本领，强化省内古籍保护人才队伍建设和技能培养。四是注重古籍修复工作，湖南图书馆古籍修复室现有面积200平方米，专职修复人员9人，每年修复古籍万余页。近年来，湖南图书馆拿出专项资金，开始对破损严重的古旧字画进行系统修复，已累计修复、装裱古旧字画500余件，很好地改善了这类珍贵艺术品的保存状况。五是积极向社会普及古籍保护知识，增强社会大众的文化遗产保护意识。近年来，湖南图书馆在馆内馆外广泛开展“古籍修复传统技艺演示活动”，引发了社会的广泛关注并获好评。年均开展12次古籍修复技艺演示，普及了古籍常识，读者在工作人员指导下，亲自操作，体验拓片制作、雕版印刷等技术，感受中华传统文化传承技艺的魅力。

近年来，湖南图书馆在古籍研究保护方面成果丰硕，《湖南图书馆古旧文献目录丛刊》、《湖南图书馆藏稀见方志丛刊》、《清风画韵》、《湖南古旧地方文献书目》、《湖南家谱知见录》、《湖南氏族迁徙源流》、《湖南图书馆藏近现代名人手札》、《湖南图书馆古籍普查登记目录》、《湖南文献撷珍》等一大批著作相继出版，对中华优秀传统文化起到了广泛并持久的记载、传承作用。

二、锻造精品品牌活动，全方位立体展示传统文化

近年来，湖南图书馆各类传统文化活动精彩纷呈。2014年共举办各类文化活动350余场，吸引了数十万读者参与。这些活动凸显湖湘文化魅力，促进了优秀传统文化的传承和传播。

一是举办丰富多彩的传统节庆活动。近年来，湖南图书馆以新风气，过传统节日，呼吁社会关注传统文化，了解和热爱传统文化。已连续举办10届“同筑

中国梦　共度书香年”新春文化庙会系列活动，以和谐、喜庆、新颖的形式让广大读者感受传统、温馨、和谐的节日氛围。读者可以听音乐会、观画展、听讲座、领春联、剪纸、猜灯谜，感受民风民情、传承民俗民韵。此外，湖南图书有“中国梦，我的梦——小小追梦人”、“六一”儿童节系列庆祝活动、“体验非遗之美　感受古韵中秋”中秋节活动、“孝暖三湘　爱在金秋”老年节系列活动等，对弘扬中华民族孝文化和尊老爱幼传统具有积极意义。

二是开设传统文化社会教育课程。“湘图百姓课堂”创办 6 年来，累计开展 12 个学期培训，开设各类课程 700 多门，培训人次 10 余万。其中书法、国画、篆刻、剪纸、折纸、诗词写作、朗读朗诵、彩陶制作、插花艺术、蜡染、围棋、象棋、陶笛、葫芦丝、中医保健等课程，深受读者欢迎，“一票难求”的现象较为突出。这些中华传统文化课程极具影响力和吸引力，体现了湖南图书馆传承文明，弘扬中华传统文化的使命和努力。

三是举办传统文化讲座。湖南图书馆“湘图讲坛”，每年举办大量弘扬优秀传统文化讲座，如“湖湘文化与湖湘人物”、新春文化讲座“长沙年·长沙味”、“湖南古建筑与地域传统文化”、“花鸟画的文人情趣”、“昆曲传承与创新过程中异化现象之批判”等，到湖南图书馆听讲座已成为深受公众欢迎的文化活动。此外，湖南图书馆的精品传统文化讲座还依托新成立的湖南省公共图书馆讲座联盟推广开来，造福更多读者。

四是举办传统文化展览和精品鉴赏。湖南图书馆每年举办各类展览近百场，传统文化展示是展览的重要内容。近年来举办的国家级展览“册府千华——湖南省藏国家珍贵古籍特展”、“宗传姬旦家声远　学绍濂溪道脉长——湖南图书馆藏周氏家谱及周氏名人图书、信札展”、“维新图强　才倾天下的湖湘三公子——湖南图书馆藏陈三立、谭嗣同、谭延闿文献展”、“湖南图书馆藏齐白石及白石传派第一人齐子如绘画精品鉴赏会”、“湖南图书馆藏名人名家楹联鉴赏会”、“纵是馆阁亦风雅——湖南图书馆藏光绪时间进士对联鉴赏会”、“中国梦·长沙情”迎新年剪纸艺术展等精品展览深受读者的喜爱，让参观者获取传统文化滋养。举办“海上四妖之曾熙其人其画——馆藏曾熙书画真迹鉴赏会”等书画鉴赏活动近百场，通过书画真迹鉴赏，揭示其蕴含的故事和文化，深刻地传播优秀传统文化。

湖南省文化馆数字化建设概况

湖南省文化馆

一、评估工作基本情况

湖南省高度重视第四次全国文化馆评估定级工作，按照文化部《关于开展第四次全国文化馆评估定级工作的通知》（办公共函〔2015〕125 号）要求，省、市两级及时成立了评估工作小组，研究制订评估工作计划，周密组织部署，精心组织评估工作专题培训，严格规范评估程序，顺利完成了全省地市级、县级文化馆评估工作。

（一）市、县两级文化馆参评情况

湖南省现有文化馆 143 个，其中：省级群众艺术馆 1 个，地市级文化馆 15 个，县级文化馆 127 个。此次评估共有 129 个馆参评，14 个馆不参加评估，参评率为 90.2%。未参评的主要原因是正在建新馆，或者馆舍正在进行扩改建。

（二）对市级文化馆的评估和对部分县级文化馆的抽查情况

在各市州组织自评、验收的基础上，省评估组利用 1 个月时间到全省各地再次进行评估验收，实地评估的市级馆 14 个，抽评县级馆 39 个，抽评率为 30%。

（三）评估得到的基本数据

按照文化部此次颁发的评估标准和评分细则，湖南省此次参评的 128 个市、县级文化馆中，达到 900 分以上的馆有 68 个；800～899 分的馆有 35 个；700～799 分的馆有 21 个；700 分以下的馆有 4 个。其中，具备一级馆必备条件的馆有 50 个，具备二级馆必备条件的馆有 38 个，具备三级馆必备条件的馆有 31 个，无等级馆有9个。

总体来看，通过此次评估，进一步规范了全省文化馆建设、管理与服务，较好地发挥了以评促建、以评促管、以评促用的作用，势必将有力推进全省文化馆事业科学发展。与以往组织评估情况相比，此次评估工作呈现出了一些新的特点和亮点。一是各级党委政府和财政更加重视和给力。2016年9月7日和8日，湖南省委副书记、省长杜家毫同志，湖南省委常委、省委宣传部长张文雄同志先后到省群众艺术馆现场调研，分别听取全省文化馆建设发展和组织参评等有关情况。各市州迎接评估的工作，普遍得到了本级党委政府和财政等相关部门的支持，如株洲市大部分文化馆评估得到了财政的专项支持，其中炎陵县35万元、天元区43万元、石峰区60万元；张家界市桑植县投资100万余元对文化馆旧馆进行全面改造；衡阳市珠晖区文化馆投入20万余元进行整体装修等。二是组织实施评估工作更加严谨规范。省、市验收评估工作均采取听取汇报、实地查看、群众满意度测评、总结反馈、提出整改建议等流程实施，省评估小组对县级馆采取随机抽查的方式进行，并先后三次召开专家组评估，严格对照评估标准和细则，逐项逐条对照打分、核实，共要求60个馆对58个数据重新实地评估，确保评估数据真实客观。三是这次市级文广新局和文化馆组织对县级文化馆的评估，其认真态度超过了历次，市、县文化馆迎评、参评的积极性也超过了历次。一些文化馆在迎评、参评活动中大为受益，对文化馆建设事业发展起到了很好的促进作用。在此次评估工作的组织准备中，湖南省文化厅发文部署早，并抢在各地开展评估之前就办了培训班，因此市级文广新局和文化馆组织评估的工作水平和政策水平也有所提高。

二、近些年来取得的主要成效

（一）基础建设力度不断加大，场馆设施实现有效覆盖

一是市、县级文化馆机构数有所增加。湖南省现有文化馆143个，比2011年增加3个（地市级文化馆增加1个，县级文化馆增加2个）。截至2014年，全省群众文化机构数为2673个，位列中部六省第一、全国排名第二，“县县有文化馆”的建设目标提前实现，有的县市区还建有3个文化馆。二是湖南省县级文化馆具备等级馆条件、争创等级馆的数量有明显增加。据统计，具备争创一级馆的有51个，增长率为24.3%；二级馆的有38个，增长率为22.58%；三级馆的有

31 个（减少 7 个）。三是全省文化馆基础设施建设掀起新高潮。湖南省共有 8 个市级文化馆新建或改扩建项目已纳入《“十二五”全国地市级公共文化设施建设规划》，目前，湖南省新建文化馆的市州有岳阳市、常德市、娄底市、邵阳市、张家界市，这些新建市级文化馆都成为当地文化地标。衡阳、益阳、永州等市文化艺术中心（市文化馆）也正在抓紧推进中。一些县市区以全面建成小康社会为契机，加大了对文化馆馆舍的改善。如宁乡县文化馆搬至总投资 3 亿元的县文体中心，建筑面积达 3500 平方米，各类群众文化活动用房配备齐全。长沙县文化馆搬至星沙文体中心，建筑面积达 12000 平方米，室外活动场地面积达 10000 平方米。攸县文化馆新馆总建筑面积达 3040 平方米，各功能室配备各种文化设施设备近百万元，室外综合活动场地面积达到 6800 平方米。

（二）标准化、均等化建设提速，文化民生提质扩面有效推进

湖南省坚持以促进基本公共文化服务标准化均等化为主线，全面推进文化馆的文化服务提质扩面。一是抓好顶层设计。除了贯彻落实好中央和文化部关于文化馆建设发展的系列要求外，2016 年湖南省以两办名义制定了《关于加快构建现代公共文化服务体系的实施意见》和《湖南省基本公共文化服务实施标准》，对各级文化馆的服务项目、服务内容和服务标准进一步进行了细化量化。二是抓好文化民生项目。在抓好国家级公共文化服务体系示范区（示范项目）创建的同时，湖南省在 14 个市州全面启动了省级现代公共文化服务体系示范区创建工作，从设施建设、服务供给、服务保障、体制机制建设等方面，对各级文化馆跨越式发展路径进行新的探索。三是抓好典型试点。扎实推进长沙国家公共文化服务标准化试点，以各级文化馆为基本依托，全面实施“全民艺术普及工程”，重点推进群众艺术需求调研和意见反馈、基层综合性文化服务设施标准化、文化馆中心馆—总分馆服务体系、艺术普及主渠道和综合服务平台、数字文化艺术服务、艺术普及方式和品牌创新、群众艺术产品创作生产、艺术普及绩效评价等机制创新和项目建设，积极引导和培育全社会健康向上的文化艺术氛围。

（三）大力实施文化惠民攻坚，群众文化获得感明显增强

近几年来，湖南省各级文化馆始终把引领当地群众文化活动作为崇高使命，着力打造群文活动品牌，努力为群众提供更加丰富优质的服务。以全省文化馆为主体承办的“欢乐潇湘”全省大型群众文艺汇演，坚持“群众当演员，草根当明星”的特色，为群众搭建展示才华的舞台，群众自创、自编、自演、自赏，两

年共演出18000余场，参演演员120多万人，观众2000多万人次，真正让人民群众当了文艺的“主角”。近年来省群众艺术馆承办的湖南艺术节、“湖南农民工春晚”、“湖南原创广场舞”等活动，已经成为全省乃至全国叫得响的品牌。全省各市州也精心打造了一批群众文化活动品牌，如长沙市的“百团汇演”、“欢乐星城”，衡阳市的“幸福衡阳”，岳阳市的“社区万家乐”，常德市的“鼓王擂台赛”，怀化市的“月月乐”广场文化，株洲市的“乡村大舞台”等，深受广大群众的喜爱。2016年4月26日，雒树刚部长来湘调研，高度评价湖南省群众文化活动搞得有声有色。同时，湖南省依托各级文化馆，建立了省、市州群文志愿服务支队（分队）共128个，人数达到3.56万，文化志愿服务工作开展如火如荼。以2016年省内围绕文化部“9个主题”开展文化志愿服务活动为例，目前服务人数达142万余。近年来，省、市群文志愿者队伍先后与新疆、广西、海南、天津、西藏、宁夏、青海等省外文化志愿者一起以大展台、大讲堂、大舞台的形式跨区域联动，进行巡演、巡展及业务培训，初步统计服务人数达9万余。

（四）阵地服务方式不断创新，服务能力和水平明显提高

从2011年开始，全省文化馆以实施免费开放为契机，不断创新服务方式，拓展服务手段，服务质量和水平不断提升，所有等级馆均形成2个以上服务品牌。比较2013年、2014年统计数据，2014年全省文化馆系统组织文艺活动29194次，参加人次为1478万人次，较2013年同比增长分别为15.8%、23.3%；举办训练班15499次，培训人次为133万人次，较2013年同比增长分别为18.5%、27.6%；举办展览4977个，展览参观人次为422万人次，较2013年同比增长分别为9.8%、16.2%；组织公益性讲座969次，参加人次为18.07万人次，较2013年同比增长分别为7.8%、6.5%。除免费开放外，各级文化馆还采取了一系列措施推动服务方式创新。长沙市以市群众艺术馆为中心馆，以9个区县（市）文化馆为总馆，乡镇（街道）综合文化站为分馆，社区（村）综合文化活动中心为基层服务点，以“联盟馆”方式广泛吸纳青少年宫、妇女儿童活动中心、工人文化宫、老年大学等公共文化服务机构加入，着力构建“1+9+N”的文化馆运行新模式，打造“平台共享、资源互补、区域协同、供需对接”的文化馆“中心馆—总分馆”服务体系，形成“平台共建、资源共享、设施互通、服务协同”的城乡一体化运行模式。

三、存在的主要困难和问题

近年来，湖南省文化馆工作取得长足的进步，已引起社会各界的关注和好评，社会地位逐年提高，但也存在一些困难和问题亟待有效解决。

一是文化馆发展基础依然薄弱。对文化馆的财政投入相对不足，2014 年湖南省人均文化事业费 24.14 元（全国人均水平 42.65 元，湖南居全国第 27 位），人均群众文化业务活动专项经费 1.73 元（全国人均水平 2.59 元，湖南居全国第 20 位）。由于历史欠账较多，文化馆设施依然不足，平均每万人拥有群众文化设施建筑面积在全国排第 22 位。排位靠后的主要原因是县级公共文化设施严重滞后，且近 1/3 的县级文化馆仍然面积窄小、设施陈旧、设备老化，严重影响功能发挥，亟待各级党委政府的重视和扶持。

二是专业人才队伍建设亟待加强。主要表现在县级文化馆队伍素质整体偏低，高学历、高素质、高专业水准的群众文化业务骨干更少，有的专业人才严重断层。比如，戏曲专业人才，湖南省由过去近千名地方戏曲艺术骨干人才锐减为现在的 200 余人，创作和演出人员严重断档，行当不齐，尤其编剧、导演奇缺。

三是数字文化馆建设任重道远。目前，全省大部分文化馆开通了网站，基本实现了网上咨询、艺术欣赏、培训辅导等功能。但由于对数字文化馆建设的重视程度不够，导致文化馆数字文化服务长期在低层次、低水平徘徊。与当前数字图书馆建设的力度相比，湖南省文化馆区域综合性数字服务平台建设、数字化设施空间环境、数字资源提供能力、远程服务能力尚处于起步阶段，文化馆开展公共数字文化建设面临的任务非常艰巨。

“书香湖南”

——全省少年儿童读书活动

湖南省少年儿童图书馆

一、项目演进

书香湖南——全省少年儿童读书活动项目由湖南省少年儿童图书馆负责组织实施，自1982年举办“红领巾读书读报奖章活动”以来，每年围绕一个主题，推荐一批好书，开展读书与阅读辅导，举办征文、读书心得笔记、演讲、才艺展示、诵读、故事会等竞赛活动，使少年儿童亲近读书、热爱读书，对少儿图书馆事业起到了重要的推进作用。

自2009年开始，全省少年儿童读书活动由省委宣传部、省文明办、省文化厅、省教育厅、省新闻出版局、团省委、省妇联、省关工委八部委联合发文并共同组织开展，由湖南省少年儿童图书馆具体承办，并且全省少儿读书活动也被纳入每年的“三湘读书月”系列活动，得到了政府部门的高度重视。

二、项目内容（摘取近几年数据及内容）

年份	活动名称	活动内容	参与人数	成效
2009	三湘读书月——全省少年儿童“新中国60周年道德模范故事会”读书知识竞赛活动	1. 读道德模范书籍 2. 讲道德模范故事、学道德模范精神	全省有110多个县（市）、区，逾55万少年儿童参加了此次活动	举办各种形式的活动近400场次，收到自创篇目2300余篇。“新中国60周年道德模范故事会”现场竞赛活动评出金奖4名，银奖10名

续表

年份	活动名称	活动内容	参与人数	成效
2010	“G3杯迎世博迎亚运讲文明树新风”文明礼仪知识读书活动	1. 文明礼仪知识网上答题 2. 现场文明礼仪知识展演	全省共有106万名少年儿童参加了此次活动	网上答题共收到有效答卷40万余份，在全省范围内举办文明礼仪知识读书活动展演100余场。文明礼仪知识现场展演活动评出金奖4名，银奖10名
2011	“纪念中国共产党成立90周年”红色经典读书活动暨“三湘少年儿童阅读之星”评选活动	1. 红色经典读书展演活动 2. “三湘少年儿童阅读之星”评选活动	全省共有110多万名少年儿童参加了此次读书活动	开展各种形式的读书活动200余场，征得创意作品3000余篇。“三湘少年儿童阅读之星”网上投票达1100多万。红色经典读书展演活动评出金奖4名、银奖10名。“三湘少年儿童阅读之星”评选活动评选出13名“三湘少年儿童阅读之星”、53名“三湘少年儿童阅读先进个人”
2012	“学习雷锋好榜样”读书活动暨“第二届三湘少年儿童阅读之星”评选活动	1. 学雷锋情景剧网上展播 2. 现场展演 3. 三湘少年儿童阅读之星评选 4. 送书下乡	全省各市州共开展读书活动1200场，共有110万余名少年儿童参加活动	阅读之星网上投票逾2800多万次。现场展演活动评出金奖节目8个、银奖节目16个，“三湘少年儿童阅读之星”14名、“三湘少年儿童阅读优秀个人”54名
2013	“三湘读书月——全省少年儿童‘中国梦·我的梦’”系列读书活动	1. “我有一个梦”网络征文活动 2. “梦想信封·写给十年后的我”抒写梦想活动 3. 三湘少年儿童阅读之星评选活动颁奖典礼	全省14个市（州）120多个县（市）、区共有50万名少年儿童参加了此次读书活动	开展各种形式的阅读推广活动1950余场，征得网络征文12000余篇。全省共评选出一等奖30篇，二等奖58篇，三等奖102篇，优胜奖1011篇，优秀指导奖29名。阅读之星投票数16396271张，“三湘少年儿童阅读之星”14名。网络征文投票数10789567张，梦想信封收到8500封

续表

年份	活动名称	活动内容	参与人数	成效
2014	"三湘读书月——全省少年儿童'中国梦·我心中的故事'"系列读书活动	1. 主题书籍阅读 2. 故事创作编写 3. 故事讲述 4. 第四届三湘少年儿童阅读之星评选 5. 送书下乡	共有53万余名少年儿童参加了此次活动	开展各种形式的主题读书活动340余场，收到网络征文1000多篇，网络投票总数达到88.8万多。"三湘读书月——湖南省少年儿童'中国梦·我心中的故事'读书活动"故事讲述竞赛活动评选出金奖4名，银奖9名。三湘少年儿童阅读之星竞赛活动评选出14名"三湘少年儿童阅读之星"、53名"三湘少年儿童阅读优秀个人"
2015	"书香湖南——2015年全省少年儿童'中国梦·汉语美'"系列读书活动	1. 主题推荐书籍读后感撰写 2. 诵读节目网络展播 3. 三湘少年儿童阅读之星评选 4. 送书下乡 5. 诵读展演	共有62.7万名少年儿童参加了此次活动	开展各种形式的主题读书活动2360余场，收到各市州层层筛选的征文871篇。评出小学组、中学组共一等奖28篇，二等奖38篇，三等奖55篇。评选出"三湘少年儿童阅读之星"20名、"三湘少年儿童阅读优秀个人"79名
2016	"书香湖南"2016年全省少年儿童"光荣与梦想——纪念建党95周年暨红军长征胜利80周年"系列读书活动	1. 主题阅读活动 2. 网络答题活动 3. 知识竞赛现场竞答活动 4. 三湘少年儿童阅读之星评选活动 5. 主题书籍捐赠活动	共有79.8万名少年儿童参加了此次活动	开展各种形式的主题读书活动3200余场。评选出"三湘少年儿童阅读之星"20名、"三湘少年儿童阅读优秀个人"58名。知识竞赛现场竞答活动评出金奖2个、银奖4个、优胜奖6个。网络答题活动于7月1日启动，至9月30日结束，全省132个县市区参与率为100%，共提交有效答卷61824份

三、项目特色品牌创建："三湘少年儿童阅读之星"评选活动

从2011年开始，"三湘读书月——全省少年儿童读书活动"增加了一项活动内容——"三湘少年儿童阅读之星评选活动"，目的是在全社会大力弘扬崇尚学

习、热爱阅读的精神。伴随着系列读书活动的深入开展，每年各市州层层选拔、推荐了阅读之星候选人并认真审核、组织材料，报送至省读书活动办公室，他们的阅读成果和阅读事迹在湖南省少年儿童图书馆网站进行了展示，在全社会引起了强烈的反响。为了使评选更加公平、客观，在大众投票评选的基础上，活动办公室采取了投票和专家评审相结合的方式，特邀主办单位领导和专家进行评审，使竞赛活动更具有公正性、公信力和权威性。

从各市州上报的选手推荐材料中可以看出，一是各位候选人的家庭藏书都十分丰富；二是积极参加学校、社会团体组织的各级各类与阅读、文学创作有关的读书活动，并获得各级部门表彰奖励；三是具有良好的阅读习惯和浓厚的阅读兴趣，能自觉地进行广泛阅读，并有丰富的阅读成果。通过网络展示“阅读之星”的事迹和阅读的成果，把热爱阅读的少年儿童塑造成明星，使全省少年儿童受到感染，爱阅读、会阅读。榜样的力量是无穷的，阅读之星候选人的优秀事迹都非常突出，特别能引起同龄人的共鸣，从这些事迹中得到启发，受到震撼。评选并不是目的，目的是在全社会大力弘扬崇尚学习、热爱阅读的精神，而连续性地开展“三湘少年儿童阅读之星”评选活动，就是在逐渐形成成熟的、详细的组织方案和运作模式的基础上，激发并巩固阅读推广的品牌效应，在全社会营造“爱读书”、“读好书”的风潮。

“三湘少年儿童阅读之星”评选与全省少年儿童读书活动互相助推，参加全省读书活动是参评阅读之星的重要依据，阅读之星的评选又极大地提高了少年儿童参加全省读书活动的兴趣。在评选的倡导过程中，以学校为主体，在中小学校以及社会、家庭中营造了浓厚的读书学习氛围，有效地促进了全民阅读进校园、进村组、进社区、进家庭意旨的实现。

四、项目的延伸性

全省各市州图书馆、少儿图书馆在举办形式多样、内容丰富的读书活动的同时，还大力开展送书、送服务活动，将服务的触角深入到了贫困、偏远地区，搭建公益文化服务平等享受桥梁。对于保障少年儿童，特别是农村留守儿童和农民工子弟的基本文化权益起到了积极作用。

五、项目特点

一是读书活动是按照党和政府部门的文化方针、政策及规划，在政府文化行政部门的指导下实施开展的，是纯公益性的，不以盈利为目的，而以追求社会效益为自己的出发点和归宿。

二是读书活动是以维护未成年人的各种文化权益为出发点，提供未成年人真正需求的公共文化产品和服务，是从保障未成年人的文化权益角度出发，协调地区之间、城乡之间的文化资源配置，保证公共文化均衡发展，保证人人都能享受公共文化服务。

三是读书活动适合少儿的心理特点、少儿阅读规律和成长特点。对活动进行策划和组织，使得活动更具有科学性。活动将“静读”（一般的阅读方式）和“动读”（多种形式的阅读，如诵读、演讲、故事会、才艺、知识竞赛等）有机地结合起来，将阅读和写作（开展征文比赛、主题书籍读后感撰写活动）有机地结合起来，将少儿阅读与家庭阅读有机地结合起来，使活动更适合、更吸引少儿参加。

四是读书活动具有“联合协作和资源共享”的理念。采用了联合全省市（州）、县（区）公共图书馆和少儿图书馆共同开展全省的少儿读书活动的组织方法，这种全省图书馆联动的方法一方面提高了读书活动的覆盖面，使全省少儿都能享受到公共文化服务；另一方面充分利用了全省各公共图书馆的多种资源，使全省图书馆的资源达到了共享。

五是读书活动内容、形式、可参与性、活动的设施、活动场所的使用、活动的时间等都考虑到未成年人的生理和心理的特殊性，以及他们多样化要求和实际能力，特别是乡村、留守儿童、外来务工人员子弟、残疾儿童等弱势群体未成年人，最大限度地覆盖全体未成年人。

六是读书活动一直得到全省各地党委宣传部门和政府有关部门的支持。各市州文化局将读书活动以责任书的形式，列入工作考核指标，将读书活动与未成年人思想道德教育活动相结合，与文化活动相结合。

六、项目的社会影响

积涓涓细流，汇浩瀚之海。30 多年来，全省少年儿童读书活动得到了各级政府及相关部门的高度重视和支持。2010 年在湖南省未成年人思想道德教育经验交流会上，湖南省少年儿童图书馆获得了“全省未成年人思想道德建设先进单位”称号，时任省委书记周强亲自向该馆代表颁发了奖牌。该馆曾两次获得国家文化部群星奖，两次获得湖南省“三湘读书月”活动优秀组织奖。

2015 年在湖南省新闻出版广电局、湖南省文明办联合开展的首届“书香湖南”全民阅读品牌创建活动中，全省“少儿阅读之星”系列读书活动荣获首届“书香湖南”全民阅读品牌示范项目第一名；2016 年获得全省公共图书馆优秀服务成果特等奖。

省级公共数字文化重建项目建设概况

湖南图书馆

一、湖南省文化信息资源共享工程建设基本情况

全国文化信息资源共享工程是国家公共文化发展中心于2002年启动的公共数字文化工程。共享工程旨在应用现代信息技术，将中华优秀文化信息资源进行数字化加工与整合，依托各级公共图书馆、文化馆等公共文化设施，通过互联网、广播电视网、无线通信网等新型传播载体，在全国范围内实现中华优秀文化资源的共建共享。湖南省于2002年启动文化信息资源共享工程（以下简称“文化共享工程”）建设，是全国最早实施文化共享工程的省份之一。湖南省级分中心（以下简称“省中心”）在国家管理中心的大力支持下，在省文化厅的正确领导下，通过整合优秀文化信息资源，强化人员培训，广泛开展服务，为改善城乡基层文化服务，切实保障人民群众的基本文化权益发挥了重要作用。

（一）全面覆盖，建好共享工程服务网络

全省文化共享工程在网络平台搭建、基层服务点建设、数字资源建设等方面都取得了阶段性的成果。目前，依托各级公共图书馆已基本建成了以省级分中心（即湖南图书馆）为核心，各市、县支中心为骨干的地区性文化共享工程服务网络，并已辐射到广大的农村和城市街道、社区、学校。充分利用文化共享工程的优势，在全省积极开展合作共建，通过与高校图书馆、农村党员干部现代远程教育工程等系统合作，最大限度地实现了优秀文化信息资源在全省范围内的共建共享。

经过多年来的建设，目前全省共建成1个省级分中心、14个市（州）支中心、123个县级支中心和2241个乡镇基层服务点，远程教育工程合作共建基层服

务点达47090个，参与单位包括省、市、县级图书馆和省、市级文化（群艺）馆，形成了覆盖全省的省、市（州）、县、乡镇和村五级文化共享工程服务网络。其中省级分中心设在湖南图书馆，各市级、县级支中心分别设在相应的市（州）、区（县）图书馆，基层服务网点主要建设在各地的农村乡镇、城市街道和社区，已全部建设完成，同时覆盖学校、军营、企事业单位等，达到了文化共享工程传播网络的全方位覆盖。

（二）立足基础，做好数字支撑平台建设

湖南省公共文化数字支撑平台是湖南省级分中心为全省各级支中心搭建的一个基础架构应用平台，并可将传统的公共文化服务迁移至此平台上，同时进行资源整合和优化，共享给各级支中心，从而促进信息资源和软硬件基础设施共享，降低信息化建设成本，形成统一有效的资源平台，提高软硬件基础设施的有效管理与分配以及对信息资源的智能调度，满足新时期国家公共文化服务体系的建设要求和提升文化共享工程服务效能，进而推动公共文化服务体系长效发展。

全省支撑平台建设属于第三批建设省份，建设内容包括机房基础环境的改造、硬件的采购与部署、五大基础软件的部署以及特色应用系统——湖南弘文知识社区的开发。湖南省公共文化数字支撑平台建设采用云计算的基础架构服务体系，包括基础架构层、用户访问层和服务管理层，同时也满足后续可扩展性，兼容平台层和软件应用层的无缝嵌入，以实现从行业专用云到混合云和公共云的平滑过渡。

目前，机房基础环境的改造、硬件的采购与部署已部署完毕，云管理系统、资源共享系统、网络分发系统、应用集成系统、评估管理系统五大基础软件系统安装调试完成，并在湖南图书馆机房服务器上顺利运行。

另外，特色应用系统——湖南弘文知识社区是本着汇集本省特色文化，构建地域文化展示、宣传平台，打造湖南省思想、文化交流与传播的多功能综合性网络社区为出发点，将湖湘特色文化资源、电子文献资源进行智能聚合，并利用多终端设备实现广大用户的参与分享，为公众了解湖湘特色文化、知识的分享与交流提供简便、快捷的方式和快捷窗口。目前，系统已开发完毕进入测试验收阶段，由1个湖南弘文知识社区管理后台和1个湖南弘文知识社区网站、1个Android客户端APP、1个IOS客户端APP构成湖南弘文知识社区特色应用系统(IOS端将在系统正式运行后在APP Store中下载)，现已逐步上线运行。

为促进公共数字文化服务均等化，湖南省进行了中西部贫困地区公共数字文

化服务提档升级。统筹安排全省各市州所属40个贫困县、43个乡镇综合文化站、80个贫困村文化室，按乡镇综合文化站5万/个（配备资源浏览/下载一体机、平板电脑、摄像机、互动体验播出终端），贫困村文化室2.5万/个（配备资源浏览/下载一体机、平板电脑、互动体验播出终端）的标准，对原有乡镇综合文化站、街道文化中心公共电子阅览室进行升级，并在服务空白区域设置数字文化服务点。

（三）充实内容，做好数字文化资源建设

通过多年的建设，湖南省目前数字文化资源建设总量为57.14TB，包括纪录片、专题资源库等各种形式。文献类资源库已建立了含1911年以来的中文书刊、古籍、外文图书等馆藏文献，有80万条记录的书目数据库、30000余条记录的“网上湖南”全文数据库、10000余条记录的地方文献文摘库和地方文献论文全文数据库。同时购买了含10000余种刊物的学术期刊数据库，电子图书百万余种，文化休闲期刊1500余种，视频3200余部，音频30000余部。

湖南省的资源建设工作主要突出“三个为主”，即以自有版权文化信息资源为主、以全省文化单位的文化信息资源为主、以湖湘地方特色的优秀民族民间文化信息资源为主，涵盖传统文化、手工艺、历史等多方面。目前建成的资源有湖南非物质文化遗产资源库、湖南近代人物数据库、湖南地方戏剧多媒体资源库（共五期）、湖南地方戏剧系列专题片、湖南红色记忆多媒体资源库（共三期）、湖南地下党人系列专题片、湖南古村镇古民居建筑多媒体资源库（共两期）、湖南《一城一街》系列专题片、湖南抗战老兵口述录、湖南少数民族风情之侗族系列专题片、湖南少数民族风情之白族系列专题片、南县地花鼓专题片、南县厂窖惨案专题片、隆回花瑶挑花专题片、湖南地方戏剧多媒体资源库之“湖南戏曲动漫”，通过建设多媒体资源库的模式，汇集、展示、保护和宣传湖南地方资源，推动湖南地方资源的研究与发展，对湖南特色地方资源的抢救、推广、保护与传承做了大量工作。

另外，湖南省每年根据国家划定的共享工程选题范围申报资源建设项目，范围涵盖红色历史、历史文化名人、民俗民风、古城古镇古村落、非物质文化遗产等类别，向全省各市、县级馆公开征集，极大地调动了各级文化单位的建设热情，并积极踊跃参与申报。

（四）打造品牌，做好培训推广应用工作

为提高共享工程在民众中的影响力，让更多民众认识、了解、使用共享工程

的优秀资源，积极参加共享工程活动，湖南省在活动推广上狠下功夫，在线上与线下大力投入。

1. 线下推广

培训着眼实际工作。为进一步加强对湖南省文化共享工程各级支中心、基层服务点建设的技术指导，建立一支适应文化共享工程发展需要的合格技术人员队伍，截至目前，全年累积从业人员培训近2万人次，群众文化培训活动（含展览）近100万人次，逐渐形成以重点项目培训、地方特色品牌培训为主的培训体系，为湖南共享工程提供有力的智力与技能支撑。同时为增强民众的信息素养，提出“信息素养专项培训计划”，面向各级政府机关和行政部门、企事业单位、学校、街道（社区）等单位或个人开展信息素养培训。到目前为止，通过展览、现场讲座等方式进行了信息素养培训2000余场（次），培训10万多人次。

发挥品牌效应。打造“共享工程进校园”、“戏曲动漫进校园”等大型文化品牌。突破戏曲形式局限，制作动漫内容普及传统戏曲文化；邀请大咖名师，进行现场面对面表演交流；活动形式生动有趣，激发学生学习热情；进行中小学音乐教师培训，为传统教育储备师资力量。

进行全省联动。为扩大服务范围，提高文化共享工程在基层的影响，湖南省级分中心和市、县级支中心采取主动服务的方式，面向基层开展上门服务活动，如开展“心系子弟兵，送书到军营”、“送书下乡”，到乡镇、村级基层服务点送资源，到城市街道、社区举办现场展览等上门服务活动。为更好地服务基层，湖南省于2015年对各县级支中心下发了4TB的数字资源移动硬盘。资源内容由国家中心制作，包含影视、戏曲、生活、教育等多方面的通识内容，使各级支中心有足够的内容进行推广宣传，进一步达到增强共享工程影响力的目的。

2. 线上推广

网络培训应用便利。网络培训作为培训体系的一部分，起着发挥辅助线下培训的作用，读者可以对通识类知识，如传统文化、健康养生、心灵励志类课程进行点播与学习，发挥网络便利性的优势；开展了“空中大课堂”的同步直播，在全省范围进行播放，对全省从业人员进行知识技能的再提升。

网络活动缤纷多彩。以“我爱我家”家庭情景剧展示活动、“中国梦·文化情”第二届“文化共享杯”全国群众摄影艺术作品征集、大年小戏闹新春、“非物质文化遗产基本知识网络答题”活动、“公共数字文化惠民活动月”等为主题的服务活动有数十次。

数字资源鼓励使用。数字资源为了促进和鼓励市、县支中心充分利用共享工程数字资源开展服务，湖南省级分中心与各级支中心签订了《全省公共图书馆数字资源共享协议》。各协议馆先交纳一定的资源共享费，省级分中心再根据各协议馆的查询使用情况，采取奖励机制，多用多奖，每个支中心可以从省级分中心领取最高不超过年度资源使用费120%的奖励资金。奖励制度有效促进了各级支中心使用资源的积极性，提高了信息资源的使用率，2015～2016年数字资源的资源访问量就高达1000多万。

（五）认真对待，解决重点难点问题

地方政府的重视程度不够。文化共享工程是利国利民的大型文化工程，事关人民群众的精神文化发展，但部分地方政府对文化共享工程存在一不知、二不晓、三不扶持的情况，甚至有部分地方存在挪用国家共享工程下发的经费与设备的问题，导致工作开展较为困难。

经费保障存在问题。三个工程的建设经费，中央和地方按1∶1的比例配套投入，目前，湖南省文化共享工程、公共电子阅览室建设计划只有中央财政投入，地方财政没有配套投入。县级支中心（设县级图书馆）的设施设备的运转经费、设备老旧更换、服务活动、基层辅导和培训工作以及交通用车均无足够的保障，需要各级文化、财政和相关部门专门研究和解决好上述问题。

二、湖南省公共电子阅览室建设计划基本情况

为进一步加强公共数字文化建设，提高公共文化服务能力，推动覆盖城乡的公共文化服务体系建设，切实保障数字化、信息化、网络化环境下公共文化服务的公益性、基本性、均等性、便利性，更好地满足人民群众日益增长的精神文化需求，提高公民思想道德素质和科学文化素质，文化部、财政部决定于“十二五”期间在全国实施“公共电子阅览室建设计划”、“公共电子阅览室建设计划”。为了满足人民群众基本的网络文化需求，各级文化部门以公益性、基本性、均等性、便利性为原则，依托文化共享工程各级服务点、图书馆、文化馆，以及具备条件的工人文化宫、少年宫、妇女儿童活动中心、乡镇（街道）文化站、社区文化中心（村文化室）、学校、工业（产业）园区等，提供集互联网信息查询、文化共享工程信息资源服务、数字图书馆服务、培训、网络通信、休闲娱乐于一体的公共文化服务场所。

（一）充实力量，做好基层网点建设

湖南省于2012年启动“公共电子阅览室建设计划”。2013年，湖南省制定了《湖南省文化厅关于抓好乡镇、街道、社区公共电子阅览室建设的意见》，以及向各市、州、县、区文化局及厅属各单位转发了文化部、财政部印发的《“公共电子阅览室建设计划”实施方案》，明确了湖南省需要加快公共电子阅览室技术平台建设，实现全省各市、县、乡镇、街道、社区各级，层层互联互通的目标。

同时，为加快推进湖南省公共电子阅览室的建设，进一步拓宽文化信息传输渠道，使优秀、丰富的文化信息资源便捷地传送到人民群众身边，在国家中心的配合下，在省文化厅的指导下，省分中心邀请了专家进行考察、调研并撰写了《湖南省公共电子阅览室技术平台总体建设方案》。该方案从硬件平台建设、软件平台建设、系统集成建设、验收、维护与管理五大块，制定了具体细则，要求各级文化主管部门加强领导，以方案为依据，落实措施，切实抓好工程的各项建设，从制度上规范了公共电子阅览室建设的完成。

在省厅的积极指导下，以及当地县文体广新局大力配合下，2011～2013年，分别对全省2241个乡镇、1227个社区文化站以及对199个街道文化活动室进行了公共电子阅览室的设备补充。

项目第一期于2013年3月开始招标，2013年8月实施完成。整个项目包括网络、服务器、备份系统、服务器虚拟化、无线网络覆盖、UPS和存储部分。项目第一期的完成，不仅使省分中心在2014年顺利完成对长沙市支中心、长沙县支中心的两个支节点公共电子阅览室管理信息平台的对接，并使湖南省分中心实现了与国家中心的无障碍对接，保障了省分中心作为全省的中心节点的作用。

在第二批中央财政100万元下发时，湖南图书馆将根据国家文化发展中心《2012年度省级公共电子阅览室技术平台配置标准》继续完成我中心公共电子阅览室第二期项目建设任务。本次主要是完善机房建设，安装环境监控、加强网络安全，安装IPS等设备。

（二）加强管理，部署统一信息管理系统

公共电子阅览室管理信息系统是公共电子阅览室技术平台建设的重要组成部分。实现电子阅览室的用户登记、上机时间、综合信息采集和基本信息等进行规范管理与统计汇总，实现公共电子阅览室的统一协调管理。按照国家要求，湖南

省需要部署的公共电子阅览室为3802个，需要部署的终端电脑为40000余台。截至目前，全省14个市州现部署公共电子阅览室数量1526个，共部署计算机设备4471台，共提供上机服务81000人次，注册用户25600人，网址访问2783853条。系统数据显示，目前全省阅览室平均终端数为2台，平均开放时长为9.3小时；在4471台计算机设备中，活跃电脑数量为2301台，电脑的利用率为51.47%；每天活跃的人数为283人，上机时长为每天735小时，人均上机时长2.6小时。

（三）扩大影响，做好培训推广应用工作

为增强“公共电子阅览室建设计划”工作人员的信息素养，推进计划稳步实施，2015年7月28日、29日，由省文化厅主办、湖南图书馆承办的“湖南省公共电子阅览室管理信息系统学习培训班”在长沙开班。来自湖南全省14个地市（州）及下辖区、县的公共图书馆代表230余人参加了培训。

为加快公共电子阅览室的部署进度，针对目前湖南省电子阅览室安装部署存在的问题，2016年3月，湖南省文化厅与湖南图书馆在张家界慈利县召开了推进公电计划安装部署的会议，并下发《关于全省公共电子阅览室管理信息平台建设工作的情况通报》，此后安装部署进度显著加快。

（四）认真对待，解决重点难点问题

部分乡镇基层点填报信息有待完善。从2015年湖南图书馆进行调研的情况来看，部分乡镇基层点在调研表上所填报的信息不真实、不完整，导致经常在部署工作开始时，联系不到负责人，工作无法开展，甚至部分点没有填写表格，给部署工作带来了相当大的困难。

部分地区硬件设备不足以支撑管理平台建设。在调研和安装过程中发现，基层服务点电脑和网络没有达到文件要求的标准，部分基层服务点设备没有按时拨付公共电子阅览室，甚至直接挪作他用，给统一部署带来了比较大的问题。

部分地区部署协调工作存在问题。部分乡镇基层点不了解本次安装工作，不予配合，或负责人因工作繁忙，无暇顾及电子阅览室工作，或人员调动频繁，无人负责，予以推脱。

三、湖南省数字图书馆推广工程建设基本情况

数字图书馆推广工程是2011年由文化部、财政部共同推出的大型公共数字

文化工程，是繁荣发展社会主义先进文化、提高全民族素质、提升国家文化软实力的需要；是维护文化安全、积极抢占网络文化阵地、把握信息技术环境下文化发展主导权的需要；是加快公共文化服务体系建设、提高公共文化服务能力、推动覆盖城乡的公共文化服务体系建设的重点内容。其内容是建设分布式公共文化资源库群，搭建以各级数字图书馆为节点的数字图书馆虚拟网，建设优秀中华文化集中展示平台、开放式信息服务平台和国际文化交流平台。湖南图书馆在国家图书馆的大力支持下，在省文化厅的正确领导下，通过整合优秀文化信息资源，强化人员培训，广泛开展服务，为改善城乡基层文化服务、切实保障人民群众的基本文化权益发挥了重要作用。

（一）全面覆盖，建好推广工程网络体系

数字图书馆推广工程服务网络是以国家图书馆、省级图书馆和市级图书馆为节点的数字图书馆虚拟网络。湖南省于 2012 年启动数字图书馆推广工程建设，并于两年内成功实现国家图书馆与湖南省内所有市级图书馆的网络对接，初步建成湖南省数字图书馆网络体系。其中，国家图书馆与省级图书馆通过专线连接，省级图书馆与市级图书馆通过虚拟专用网连接，参与单位有全省所有市级公共图书馆以及湖南省、湘潭、邵阳、衡阳少年儿童图书馆。体系内成员成功实现互联互通，实现资源访问与用户管理的统一，任何成员用户均可通过专网访问其他馆的数字资源。

为扩大推广工程成员单位覆盖范围，实现更全面的数字文化覆盖，从 2016 年起，推广工程要求逐步将县级馆纳入推广工程网络体系之中，用三年到五年的时间完成县级图书馆接入国家数字图书馆网络体系以及移动服务网络设施建设工作，打通推广工程资源服务的“最后一公里”。湖南图书馆将接入全省 100 多个县级图书馆的专线，实现资源共享。

为保障数字资源服务更好地运行，确保全省数字图书馆的稳定运行，湖南图书馆搭建了一个数字图书馆硬件支撑平台，提升服务器运算、存储容量、数据传输速率、安全防护能力等。经过几次全面的提质升级，现省馆有实体服务器 32 台，通过虚拟化技术虚拟服务器 51 台，硬盘存储容量 350T，电信联通双线网络带宽 300M，基本满足了全省数字图书馆工作和使用的需要。

（二）充实内容，做好数字文化资源建设

湖南图书馆现有数字资源采用购买商业数据库加自建特色数据库两种方式充

实本馆数字资源，截至目前，湖南图书馆共建有数字资源总量174TB，其中自建资源62TB，外购资源112TB，资源数量上，整合4000万篇社科与自然科学论文，150多万篇全文电子图书，4万多有声读物，1万多部视频节目，1000种休闲期刊，50多万篇法律文章。购买的商业数据库，包括CNKI知网、读秀、博看、慧科、北大法意10多种，涉及论文、期刊、电子书籍等各类资源数据库；自行建设了四个地方特色数据库，包括湖南地方戏剧、湖南近代人物、湖南红色记忆、湖南非物质文化遗产数据库，并通过技术开发将所有的视频、音频、期刊、数据库、文献、自建库与外文库等内容整合，集成制作了统一登录入口与页面，方便读者进行浏览阅读。

同时，推广工程每年开展数字资源联合建设，发动省、市级图书馆进行图书馆参与，内容包括元数据仓储、唯一标识符注册与维护、地方文献数字化、政府公开信息、网事典藏、图书馆大数据整合等资源建设工作；2015年新启动图书馆公开课和专题资源建设工作。为统一资源建设标准，湖南省中心向各推广工程参与市馆下发国家图书馆编著的数据加工著录规范书籍，共计780本。2015年湖南省共有13家单位获得批复，核定金额666万元，目前参与单位都在积极建设之中，其中部分单位已建设完成。2016年全省共有13家单位申报项目，审批金额827.2万元。

（三）扩大影响，做好培训推广应用工作

为提高数图推广工程在民众中的影响力，让更多民众认识、了解、使用推广工程的优秀资源，积极参加推广工程活动，湖南省在活动推广上狠下功夫、大力投入。

以2015年为例，举办面向全省的、有基层图书馆参与组织的大型阅读推广活动1场。全年策划举办有影响的主题展览3场，日常展览10场（其中在线展览5场，非书画艺术类作品展5场）。开展面向基层文化队伍的推广工程“网络书香讲坛”，推出培训课程共6期。结合天下湖南网站推广，开展4次数字图书馆推广活动。同时按照推广工程要求，联合推出了“网络书香过大年”、“4·23”世界读书日、“欢度六一儿童节”、“弘扬传统文化，欢度中秋佳节”谜语竞猜等一批接地气、有新意、有内涵的活动，打造出了自己的品牌知名度，拓宽了参与群众的覆盖范围，增加了推广工程的影响力。

同时，为提升推广工程在贫困地区的实施效果，在重点地区进行实地推广。2016年7月，由国家图书馆主办，湖南图书馆、湘西州图书馆承办的“春雨工

程·网络书香边疆行”数字图书馆阅读推广活动在湘西州图书馆开展，包括数字体验区展览、国家图书馆赠书、知名学者讲座、网络书香下基层等活动，也获得读者的一致好评。

为提升基层公共图书馆的数字资源量，湖南图书馆采取本地硬盘推送方式，将4TB封装资源面向基层公共图书馆进行部署安装，同时面向全省公共图书馆开展培训指导工作；各市级图书馆具体负责本地区县级以上公共图书馆的资源安装部署及培训工作，并结合各地实际指导开展面向公众的资源推广活动。

湖南省分中心也发挥自己的中心优势，开展推广活动。举办信息素养、数字资源宣传推广、计算机培训、现代技术体验等主题活动。打造品牌“湘图讲坛”，全年举办现场讲座、活动（文化沙龙、读书会、艺术赏析）。与省内演艺团体等社会力量合作，打造精品文化沙龙。利用新媒体进行推广，湖南图书馆成功接入微信“城市服务”板块，只要定位在长沙地区的微信用户，都可以通过微信查询湖南图书馆的馆藏书目。开通了自己的官方微信公众号，每日推送各类美文与活动预告，现已有7万多粉丝关注。

（四）认真对待，解决重点难点问题

基层服务点人才紧缺，队伍不稳。数字图书馆建设是一项技术性、专业性很强的工作，需要有一支熟悉网络知识和信息化知识、懂文化工作业务、懂管理、爱岗敬业的队伍来完成，但在工程的推进中，湖南省的技术队伍建设跟不上，这直接影响到推广工程的实施效果。

部分实施单位资源建设达不到标准。推广工程资源建设难度较高，每年都有新增建设项目，部分实施单位不熟悉建设标准与规范，致使提交的资源达不到数字图书馆推广工程标准，只能返工重做，无形中又增加了人力物力的损耗。

让生命更年轻　让老年人更快乐

湖南省文化馆

为贯彻落实中央关于加快构建现代公共文化服务体系的指示精神，提升湖南省老年队伍的精神文化需求，加强老年大学建设与公共文化机构免费开放的有机结合，充分发挥文化馆在文化艺术培训、群众文化活动组织等方面的资源优势和示范作用，文化馆老年大学坚持按照“规范、科学、创新”的思路和“质量强校、特色兴校”的目标，努力在规范化建设上求深化、在科学化管理上求提高、在创新发展上求突破，以多元化的办学模式、高品质的服务项目、专业科学的培训内容为基本要求，建立紧贴老年人实际文化需求，引领老年文化发展的办学模式，不断摸索、努力实践。

一、基本情况

湖南省文化馆老年大学自2011年开始创办，迄今为止，共举办了11个学期的专门培训，培训学员5000余人次，组织开展了老年大学教学成果汇报展示共12场。文化馆老年大学以专业、严谨、高效为办学方针，以“老有所学、老有所乐、老有所为”为目的，充实中老年人群的业余文化生活。2016年文化馆老年大学开设培训项目是在以艺术类为主体教学的基础上，拓展应用类教学，包括《舞蹈》、《形体》、《声乐》、《书法》、《摄影》、《曲艺》、《美容化妆》、《瑜伽》、《太极拳养生》、《旅游英语》10门专业22个班次，招收学员1500人，并在保健治疗和心理疏导咨询上提供有效的帮助和服务，开设老年大学保健系列课程与讲座，其中包括中医养生、保健按摩、心理疏导等相关内容。

二、主要做法

(一) 公共服务多样化

一是增强了公益讲座与数字化教学。除常规性教学，文化馆每月开办一期声乐大课堂公益讲座活动，此公益项目是一档专家和观众面对面讲解、互动、交流的免费开放品牌，已成功举办三年，服务社会各界爱好者达 3 万余人。每期邀请国内著名音乐家邓东源、著名声乐艺术专家刘克清（旅欧）、余开基、周跃峰、梁镜如、李平、陈小朵等业界领军人物进行免费讲座，为众多声乐爱好者搭建共同学习交流的平台，极大地提高了广大爱好者的声乐水平，使他们享受到优质的文化服务。2016 年已举办 10 期，全年参与人数 5000 余名，其中两期由全国文化网络进行同步直播，线上点击率近 6 万人次，取得了显著效果，影响辐射全国。此项活动为普及声乐专业知识，提高湖南省声乐专业水平，满足广大中老年声乐爱好者的精神文化需求，弘扬优秀传统民族民间声乐文化起到了示范作用，实现了很大的社会效益。

二是开展丰富多彩的公益文化活动。文化馆常设公益文化服务项目主要有非物质文化遗产展览、各类讲座辅导演出活动、美术摄影作品展览、原创广场舞、雅韵三湘优秀文艺节目展演、周末惠民电影日等服务项目，每周公益服务接待量达到 3000 余人次。

三是开通老年学员建议反馈快速通道。老年学员自发撰写感谢信和学员感想，发表在文化馆官网和微信平台。对文化馆老年大学的服务、教学、管理给予一致肯定和赞誉。2016 年，老年学员在文化馆平台发表文章共十余篇，获得良好口碑和社会反响。

(二) 办学模式特色化

一是组建兴趣小组，鼓励中老年人练习与创作。通过让中老年人根据兴趣自由组合、跨班组合，自发举办小型读书会、英语沙龙、小组唱练习、舞蹈成品练习、曲艺杂谈等多种形式的互动课堂，提高大家的组织能力，活跃思维、以乐会友。

二是举办 2016 年公益性艺术培训暨老年大学成果汇报展演和展览。演出节目共 14 个，有合唱、快板、双簧、舞蹈、太极、情景剧等多种形式的精彩节目，展出摄影作品 76 件。打造极具自娱性、参与性、鉴赏性的中老年群众文化活动，彰显金秋风采，尽显艺术人生，充分展示了“老有所学、老有所乐、老有所为”的精神风貌。活动得到了社会各界高度赞誉和媒体的高度关注，《中国文化报》、《新湖南》、《潇湘晨报》、红网等媒体竞相报道。

（三）工作机制不断优化

老年大学开办期间，文化馆不断优化工作机制、规范公共服务建设，做到信息公开，接受公众监督。一是制订年度工作计划，建立健全年度报告。制定了严谨的教学管理制度、课堂管理制度、学员管理制度、教师考核制度等，教学和教务工作专业、细致、规范，做到零投诉、零误差。老年大学创办以来，无一例安全责任事故。二是加强师资建设。现授课均由文化馆在职专业老师和外聘专业教师担任，具备丰富教学经验、专业授课态度和热情的服务精神。其中，中级职称占 70%，副高、正高占 30%。在此基础上，文化馆将逐步建立和完善教师资源库，不断扩大和吸收老年教育优秀师资人才。三是启动教材开发，探索建立老年教育通用课程教学大纲，促进资源建设规范化、多样化。整合一批优秀传统文化、非物质文化遗产、地方特色老年教育资源，推介一批科普知识和健康知识学习资源，形成系列优质课程推荐目录。四是定期进行教学配套设施维护与更新。设立老年大学教学的固定教室和场地，齐备教学所需的硬件设备。设置人性化固定公示栏、提示牌和各类教室的统一标识。五是加强学员管理。建立学员、班级档案，加强对学员的登记与对班级的管理。同时，营造良好氛围，广泛宣传老年教育的典型经验、案例、做法和成效，充分鼓励老年教育办学精神，调动老年人参与学习的积极性和主动性，使老年教育成为增进老年人福祉的重要内容。

专题调研篇

湖南省农民工文化工作现状及其对策建议

湖南省文化厅课题组

中国的农民工群体是伴随着我国社会转型而出现的一个有特殊身份的群体。要真正融入城市，由农民转变为市民，根本的是文化认同和文化融入，才能实现价值观念、行为规则、生活方式的转化。文化融入是农民工融入城市的根本标志。

2011 年以来，在湖南省委省政府的高度重视下，湖南省文化厅按照构建现代公共文化服务体系建设的要求进一步加强农民工文化工作，以体现公益性、基本性、均等性、便利性为原则；以免费开放工作为抓手；以保障农民工的基本文化权益为出发点和落脚点；以城市社区、用工企业为重点；创新工作思路与内容，大力推进重点文化惠民工程建设，不断完善农民工文化服务基础设施；以社会力量为补充，积极探索构建公共文化、社区文化、企业文化合力并进的农民工文化工作格局；着力打造“情系农民工 · 文艺送春风”和“外来务工人员精神新家园”系列活动等一大批农民工文化服务新品牌，确保了农民工文化服务能够均等、普惠、持续，取得明显成效。

一、湖南省农民工文化工作的做法和经验

（一）完善基础设施为农民工搭建文化服务平台

湖南省把完善农民工公共文化基础设施建设与重点文化工程建设相结合，为农民工搭建平台，营造农民工文化氛围。完善了各级公共文化基础设施。有省级公共图书馆 2 个、省文化馆 1 个；地市级图书馆 15 个、文化馆 14 个；县级图书馆 123 个、文化馆 126 个、博物馆（纪念馆）116 个。建成 2238 个乡镇综合文化站，实现了“全覆盖”。对 24 个县级图书馆、88 个县级文化馆进行了升级改造。

省、市、县、乡、村五级公共文化设施网络进一步完善，同时，企业厂区文化活动中心（室）和共享工程农民工服务点逐步建立。初步形成了一个集学习、娱乐、信息咨询、素质教育、技能培训为一体、全方位覆盖农民工的综合公共文化服务体系。

湖南省为保障农民工基本文化权益，立足本地实际，大胆探索，初步形成了一系列行之有效的办法和措施，取得了良好的效果。长沙市城区街道和社区为农民工搭建的文化服务平台更具特色。搭建“他乡美”新市民俱乐部平台。为农民工提供素质培训、就业指导和交流交友等服务，促进了外来务工人员融入城市，与本地居民和谐共进，共建共享发展成果。组织开展“图书漂流岛”平台服务。使农民工就近可读到自己喜爱的图书。创建“商圈党校（夜校）”平台。坚持采取“商圈党校走下去，民工朋友请上来”的形式，聘请了中南大学、湖南师范大学等高校的专家文化志愿者到街道为农民工讲课。制作农民工文化教育培训教材，送到非公企业和建筑工地。充分发挥社区文化活动平台作用。在社区开展了一系列农民工文化活动，如开展以“和谐风·邻里情”邻里互助活动、“我健康，我快乐”为主题的活动和主题论坛，增进了农民工与城市市民感情，营造了和谐氛围。

（二）打造“情系农民工·文艺送春风”文化活动品牌

2008年以来，由湖南省文化厅主办，省文化馆承办的“情系农民工·文艺送春风”慰问农民工系列文艺活动，包括文艺演出、赠送图书、建立农民工图书室、赠送春联、周五专场电影等。作为湖南省文化品牌的“情系农民工·文艺送春风”慰问演出活动已连续举办了8年，每年“五一”劳动节、中秋节、春节等重要节日，省文化厅都以各种艺术形式举办慰问农民工演出活动，不定期地到农民工较集中的建筑工地和厂矿企业组织文艺晚会演出，旨在维护和保障农民工的基本文化权益，丰富和活跃农民工的业余文化生活。同时，积极创作以农民工为题材的各类文艺作品，举办全省农民工文艺汇演。2013年，“情系农民工·文艺送春风”活动被文化部评为“群星项目奖”；2015年，被省文化厅评为“文化志愿服务”活动品牌。

（三）创建“外来务工人员精神新家园”服务新模式

作为对弱势群体“文化倾斜”的探索实践，“外来务工人员精神新家园”服务新模式在全省积极推进。从2011年10月开始，围绕“团队新成员”、“培训新对象”、“展演新天地”、“活动新品牌”等内容，策划组织开展了“外来务工人员精神新家园”系列活动，将外来务工人员纳入群众文化工作重点服务对象行列，相继开展了文艺培训辅导活动、歌手大赛、舞蹈大赛、摄影比赛、书画比赛、“雷锋之歌”征歌、征文等10项主题活动。多样的活动形式和丰富的活动内容，为广大外来务工人员提供了学习、交流、展示才华的机会。“外来务工人员歌手大赛”中农民工兄弟“华旭组合”用歌声开启了音乐梦想之旅，从社区演唱会唱到了省、市级文艺晚会，从外来务工人员歌手大赛唱到“幸福来欢唱”大舞台，成为了市民喜爱的歌星；曾晨美、刘玲夫妇的“农民工书画展”媒体争相报道。“外来务工人员精神新家园”系列活动承前启后，内容不断丰富。2013年，组织了外来务工人员春节慰问活动，举办了第二届“外来务工人员书画展”，并组织开展了外来务工人员舞蹈大赛和声乐大赛，更多的外来务工人员登上了文艺的舞台。2014年，又走进工地举办慰问外来务工人员专场晚会，给外来务工人员带去了更多的文艺关怀和精神慰藉。各市州、县市区文化馆、站“外来务工人员精神新家园”系列活动打造了“候鸟俱乐部”、“外来务工人员子女培训班”、“伴你成长——共青团关爱农民工子女志愿服务行动”、“以赛聚力——让农民工唱主角”、“中国梦·七彩梦”关爱农民工子女文化志愿服务行动、“雁归兴衡——关爱农民工子女文化志愿服务行动”、“1名农民工子女+1名青年教师，1名小伙伴、1名文化志愿者+1项免费培训活动”等服务模式和服务品牌。

（四）“农民工春晚”成为外来务工人员的文化活动新亮点

农民工朱良成通过跟农民工交流，了解他们所需要的文化生活。因地制宜有针对性地组织开展“农民工春晚”的节目选拔赛，并将选拔赛办到企业、办到乡镇，让所有热爱文艺表演的农民工都有一个展示自我才华的舞台。2011年启动以来，已成功在浏阳、邵东、长沙等县（市）连续举办五届“农民工春晚”，每届都邀请工作在一线的农民工兄弟姐妹现场观看，真正体现了“农民演、演农民、演给农民看”的初衷。活动得到了省、市文化部门的热情关怀与大力支持，朱良成也加入了文化志愿服务总队务工文化分队，并任队长。湖南“农民工春晚”已成为文化志愿者服务农民工文化活动的名片和品牌，国家、省、市级媒体多次对该活动进行专题报道。各地文化行政部门、厂矿企业鼓励组建文艺表演团队，吸纳有专长的农民工加入，使之成为农民工开展文艺活动的新载体。三一重工、飞亚达汽车制造等大型企业，均组建了属于自己的职工艺术团队，农民工艺术人才成为企业文化建设的参与者，更是企业文化活动的主力军。

(五) 在农民工文化服务工作机制上不断创新力求实效

湖南省的农民工文化工作以长沙市为先导，全省农民工文化建设工作逐步健康发展。①建立健全财政投入机制保障农民工文化建设的开展。各级文化主管部门适当给予配套设施或活动经费补助，当地政府积极调动社会力量，鼓励社会资金投入农民工文化事业建设。②建立农民工文化活动专项基金。拓展服务农民工文化活动的内容与形式。加大涵盖农民工活动的文化活动中心硬件设施建设，多渠道为农民工提供图书、报刊阅览平台。加强企业与社区之间，企业与机关事业单位之间，企业与社会团体之间的文化互动工作，实施企业、社区、社团间的文化“交流”活动，丰富农民工的文化生活。③加强农民工文化队伍建设。培养和挖掘农民工文艺人才，壮大农民工文艺骨干力量，组建农民工文化队伍，广泛开展各种文艺活动。大力开展文化志愿服务。湖南省已搭建起自上而下、立体交叉的文化志愿服务平台和组织网络体系，组建了17个文化志愿服务支队、123个文化志愿分队，全省注册文化志愿服务团队792个、文化志愿者79640人，打造了“三千文化志愿者下基层”等一系列为农民工开展文化志愿服务的品牌。

二、当前农民工文化工作存在的问题

由于农民工务工单位一般处于新建工业园区或城乡结合部，附近的商业、娱乐配套设施还比较少；或者对城市有陌生感而不能融入城市文化生活，导致农民工群体文化生活总体贫乏，但农民工文化需求日益旺盛，社会供给与需求之间的矛盾突出。

一是企业面向员工的文化供给不足。由于农民工加上身份限制，企业为追求利润最大化，在农民工文化生活上投入还是有限。

二是行政部门向农民工文化生活供给不足；地方政府普遍对经济建设工作高度重视，对精神文明建设的关注力度还不够，尤其对农民工的精神文化生活关注相对较少，即便部分城市已经开展了一些农民工文化生活建设活动，但是内容相对单一，参与面也相对较窄。

三是市场缺乏向农民工提供文化供给的动力。随着市场经济向纵深发展，农民工作为一个文化消费能力较低的收入阶层，很容易被市场所忽视。一些文化产品与服务的设计对农民工群体针对性不强，有些文化服务设施的收费标准超过了农民工的承受能力。

四是农民工进行自我文化供给的能力十分有限。虽然有些地区在农民工聚集的行业和地区，成立了外来务工人员的联谊会、社区农民工工会、行业农民工工会等，但是这些农民工自组织还不健全，数目很少，维护自身基本权益的作用较为有限，更是无法满足自身的文化供给，政府也缺乏有效的手段引导农民工成立自己的组织，使农民工各项文化活动很难从无序走向有序。

三、新常态下农民工文化工作的对策与建议

新常态下的农民工除了注重物质生活提高、享受的民主权利和生活环境的改善外，更加注重精神生活。关注农民工精神需求，改善农民工文化生活，是一项长期的系统工程。保障农民工文化服务工作可持续发展，需在以下几个方面着力：

（一）政府应将农民工文化建设纳入公共文化服务体系建设

各级党委和政府在想方设法提高农民工经济待遇的同时，要把改善、丰富农民工业余精神文化生活抓紧抓好。把农民工文化建设纳入文化发展规划，纳入当地财政预算，纳入公共文化服务体系建设，让农民工平等享受公共文化服务权利。加大对农民工文化建设的政策扶持力度，将其纳入各地“十三五”文化发展规划，从政策上明确目标、措施和经费。要改革完善户籍制度，逐步确定农民工的社会地位，在制度上消除对他们的歧视，在公共文化服务方面真正实现农民工和原住地市民享有平等的权利。

（二）健全工作机制

通过整合宣传、文化、教育、工会、卫生、劳动保障、民政等部门职能，协同建立各级农民工文化生活建设职能机构，完善公共文化服务网络体系，建设数量充足、结构合理、素质较高的农民工文化队伍，使农民工文化生活服务真正落到实处，而不只是停留在决策层面。

（三）深入开展农民工文化志愿服务

组织开展文化志愿服务，将文艺院团、学校、培训机构的专业优势和农民工文化生活的实际需求对接，为农民工提供免费或优惠的培训服务。面向全社会特

别是城乡结合部农民工居住地附近的大中专院校招募文化志愿者，组织篮球、乒乓球、棋牌、放映电影、借阅图书、播放录像、网上服务等，不断丰富农民工的业余文化生活。

（四）培养和扶持农民工文化能人

农民工队伍中不乏多才多艺的文艺人才，要充分发挥其积极性和创造性，通过设立农民工文化生活产品创作基金，加强培养农民工文化创作参与意识，扶持面向农民工文化生活的创作和服务活动。要加强农民工优秀人才、优秀作品的挖掘、宣传、推荐工作，形成有利于农民工优秀文化人才成长的制度环境。有计划地培养一批在农民工文艺创造方面有较好基础的优秀人才，建立多层次人才培养体系。

新常态下湖南公共数字文化服务问题与对策研究

湖南省文化厅公共文化处

新常态下，进一步加强公共数字文化服务，是适应时代发展的必然要求和战略选择，也是解决当前制约公共文化服务体系发展突出矛盾和问题的重大举措。那么新常态下，湖南省公共数字文化服务的基础到底如何，能否带动全省现代公共文化服务体系持续健康发展？影响湖南省公共数字文化服务的因素有哪些？我们又该如何克服不利因素，不断提升全省的公共数字文化服务水平呢？

2015 年初，湖南省文化厅将“新常态下湖南公共数字文化服务问题与对策研究”作为年度重点调研课题，成立了以李晖厅长为组长的课题指导组，以禹新荣副厅长为组长的课题调研组。自 2015 年 3 月以来，调研组深入衡阳、永州、湘西自治州、岳阳、长沙、常德等地的部分县（市、区）、乡镇和村（社区），采取实地考察、走访座谈等形式，就湖南省公共数字文化服务发展情况进行了认真的调查研究，并对江苏、四川等兄弟省份公共数字文化服务进行了比较研究。本课题试图从新常态下湖南省公共数字文化服务的基础、问题与对策三个层面回答以上问题。

一、新常态下湖南省公共数字文化服务的现实基础

“十二五”以来，省委、省政府大力实施数字湖南战略，不断带动公共文化数字化建设，公共数字文化服务的基础条件明显改善，为全省现代公共文化服务体系建设持续健康发展提供了有力支撑。

（一）服务网络有效拓展

主要依托中央和省级财政的扶持，以各级公共图书馆（文化活动室）为主

阵地，实施了三大数字文化惠民工程：一是文化共享工程。全省共建成1个省级分中心、14个市级支中心、123个县级支中心、2241个乡镇基层服务点、47090个村级基层服务点，初步形成了五级文化共享工程服务网络。二是公共电子阅览室建设计划。在硬件方面，根据“湖南乡镇、街道/社区电子阅览室建设标准（乡镇和社区2万元、街道1.5万元）”，2011～2013年，分别对全省2241个乡镇、1227个社区文化站、199个街道文化活动室进行了设备补充。在软件方面，依托国家文化发展中心的专用软件，省级分中心与国家文化发展中心实现对接，并分别接通了长沙市支中心和长沙县支中心。目前“湖南省公共电子阅览室信息管理平台建设”已经进入政府公开招标阶段。三是数字图书馆推广工程。全省除娄底、张家界无市馆，没有参与进工程外，其余市级图书馆及省图书馆都参与进数字图书馆推广工程。目前，第一批次建设单位已经陆续收到相关硬件设备，正在积极调试安装。省图书馆已经完成硬件设备的安装，成功与国家图书馆实现VPN连接。同时，数字化文化馆建设具备一定基础。目前，市级馆都建立了网站，大部分县市区文化馆开通了网站，可以在网上发布群文信息，基本实现网上咨询、艺术欣赏、培训辅导、活动等功能。

（二）数字文化资源形成规模

湖南省公共数字文化资源建设突出开发自有版权、具有湖湘地方特色的优秀民族民间文化资源。在数字文化信息资源库方面，截至2014年底，已建成《湖南地方戏剧多媒体资源库》（第1～4期）、湖南红色记忆多媒体资源库、湖南古村镇古民居建筑多媒体资源库、湖南近代名人资源库（含曾国藩研究数据库）、湖南非物质文化遗产资源库等数字资源库，初步建成基于全省共享的湖南省文化信息资源库群（含文献类资源库、音视频类资源库等），目前数据总量约17TB。在数字文献类资源库方面，已建立含1911年以来的中文书刊、古籍、外文图书等馆藏文献80万条记录的书目数据库、30000余条记录的“网上湖南”全文数据库、10000余条记录的地方文献文摘库和地方文献论文全文数据库；购买了含10000余种刊物的学术期刊数据库，电子图书百万余种，文化休闲期刊近1500余种，视频3200余部，音频30000余部。

（三）数字化服务应用逐步展开

近年来，湖南省积极推动公共文化服务现代传播能力，加快数字化服务应用步伐。据公共数字文化服务统计监测结果显示，湖南图书馆2015年1～10月的网站访问量为 24483630 次，比 2014 年同比增长 72.2%；微信访问量为 37405 次，比 2014 年同比增长 168%。根据《图书馆报》发布的 2014 年、2015 年“大陆地区图书馆微信公众号影响力排行榜”，湖南图书馆微信公众号影响力均位居榜首。湖南省少年儿童图书馆 2015 年 1～10 月的网站访问量为 25.9 万余次，微信公众平台所发布的图文消息累计阅读量为 11600 余次，微博发布的消息累计阅读量达 30700 余次。湖南省群众艺术馆 2015 年 1～10 月的网站访问量达 30 万余次，微信群自 2015 年 8 月正式开通以来，总人数达 670 余人。这些数据表明，全省公共图书馆、文化馆数字文化服务现代传播能力正快速发展。

（四）工作队伍初步建立

近些年来，湖南省加强了人员培训，不断强化了人才队伍建设。一方面，依托文化共享工程省中心的阵地作用，大力开展图书馆现代信息技术、共享工程技术、服务活动的策划与开展、地方特色资源库等专题集中培训；另一方面，与各级农村党员干部现代远程教育中心联合，充分发挥互联网优势，积极开展网络培训。仅 2014 年、2015 年，湖南省举办各类型培训班 1680 余场，培训 85000 余人次，初步建立了一支技术人员队伍。

（五）共建共享机制逐渐形成

2012 年《国家公共文化数字支撑平台国家中心建设方案》和《国家公共文化数字支撑平台建设指南》等文件下发后，湖南省成立省级分中心公共文化数字支撑平台项目领导小组，组建了专家咨询团队。在国家公共文化数字支撑平台建设计划的框架内，湖南省申报打造“湖南弘文知识社区”特色平台，旨在依靠全省丰富的馆藏文献资源，整合网络资源，推进全民阅读，打造健康、活泼、互动、友好网络文化社区，从而提升全民文化素质。目前，该项目已经通过审核，进入公开招标阶段。同时，为实现资源的共知共建共享，积极营造开放、共享的文献信息资源使用环境，由湖南图书馆与全省各级公共图书馆共同制定《全省公共图书馆数字资源共享协议》，采取奖励机制，有效促进了各级公共图书馆使用数字资源的积极性，提高了信息资源的使用率，2014 年，全年数字资源的资源访问量就高达 300 多万次。

（六）服务效果日益明显

一是大力开展全民信息素养培训。为了进一步提高全民信息素养，增强民众使用数字资源的知识技能，推行“信息素养培训计划”，面向各级政府机关和行政部门、企事业单位、学校、街道（社区）等单位或个人开展信息素养培训。截至目前，通过展览、现场讲座等方式进行信息素养培训2000余场（次），培训10万多人次。二是持续举办“文化共享、惠泽三湘”服务主题活动。2013年以来，先后购买了一批拥有自主版权的地方戏剧，制作了100多部红色经典电影，以及大量适合农村的科普节目，累计资源2000多集，时长达1300小时，容量达2000GB，并开通了网络下载专线，方便了用户下载数字资源。主题活动开展两年以来，组织服务活动4000多场次，累计服务基层群众180万余人次。三是服务于基层群众的数字化服务手段更趋便捷高效。湖南分中心专门制作一批群众喜闻乐见的地方特色资源，采取上门安装、网上浏览点播的方式提供服务；开发免费账号申请程序，简化电子资源阅读的使用流程，基层群众在服务网点只要登录湖南文化信息资源网上服务平台，均可随时申请账号，免费浏览电影、戏曲、讲座、电子图书、电子期刊等。全省绝大部分文化馆开通了网站，基本实现了网上咨询、艺术欣赏、培训辅导、活动等功能。比如，长沙市10个文化馆全部建有网站，数字化服务设备配备齐全，网站原创信息丰富，数字化服务能力明显增强；张家界市投入10多万元添置数字化服务设施，建立完善了信息网传输系统；常德安乡县文化馆的网页《安乡民俗苑》设有22个栏目，上传800多幅图片，点击率超过21万多人次，文化馆工作初步实现了数字化管理等。

二、新常态下湖南省公共数字文化服务面临的机遇与挑战

（一）机遇：政策环境不断优化

目前，湖南省公共数字文化服务面临着重大发展机遇。2010年，省委省政府明确提出“加快推进信息化，建设数字湖南”，将信息化和“数字湖南”建设上升到全省经济社会发展的战略高度。2012年，《湖南省信息化条例》正式施行，湖南省信息化宣传普及工作进一步加强，公众的信息化知识和技能得到普遍提高。近年来，文化部、财政部相继出台了《关于进一步加强公共数字文化建设的指导意见》、《文化部公共数字文化工程管理办法》。特别是2015年中办、国办印发《关于加快构建现代公共文化服务体系的意见》，对“加快推进公共文化服务数字化建设”进行了顶层设计，发展思路和任务要求明确清晰。这些规制驱动和环境保障，为全省公共数字文化服务发展提供了良好的政策环境和应用

空间。

（二）挑战：突出问题依然严峻

由于种种原因，与国家现代公共文化服务体系构建的标准要求以及兄弟省份公共数字文化建设情况相比较，湖南省公共数字文化服务在统筹规划、政策支持、财政保障、人才支撑等诸多方面还存在较大缺口，目前，这些深层次问题正随着全省现代公共文化服务体系的构建而逐步改善。在此新常态下，更要立足于现有条件、现实情况和新的形势需求，深入查找公共数字文化服务供给自身存在的问题与不足。

一是数字化建设专项经费不足。公共数字化建设是一项系统工程，其设备配置、日常维护、人员培训等方面需要大量资金。但目前，湖南省公共数字化建设经费只有中央财政不定期投入，地方财政尚未设立配套资金。例如，数字图书馆建设，按照省级图书馆、市级图书馆、县级图书馆各配套资金 300 万元、75 万元和 65 万元的标准计算，距离全面实现全省公共图书馆数字化建设的目标，整项工程资金缺口约为 9270 万元。相比数字图书馆的投入，全省在文化馆数字化建设方面的投入更属于总体偏低水平。

二是高素质专业技术人员匮乏。公共数字化服务是一项技术性、专业性很强的工作，需要有一支高素质专业技术人员参与完成。目前，全省公共数字化服务专业技术人才总量不足，尤其是市、县缺乏专门人才，乡镇、村基层网点工作人员不稳定、流动性较大。由于没有专门用于技术培训的专项开支，在职技术培训缺乏计划性、系统性。

三是整体协调与共建共享的机制尚未真正有效形成。总的来看，全省公共数字化服务建设需要在整体协调推进、共建共享方面加大工作力度。如数字图书馆建设，由于缺乏统一的标准与规划，各级图书馆数字化建设过程中缺乏互联与协调，各数字图书馆的用户检索界面、检索语言、管理系统等数字化标准格式不统一，各馆的数据库互不兼容，各系统之间难以互联互访，各级图书馆处于分割建设状态。此外，公共图书馆、高校图书馆和行业图书馆之间也各自为政、缺乏协调，无法形成数字资源的整体优势，没能真正实现共建共享，造成大量资源的重复建设和浪费。

四是基于新媒体的公共数字文化服务形式有待加强。从调研情况来看，各级公共文化场馆新媒体开发仍有待加强，多种媒体手段并行作用的深层次公共文化服务形态尚未形成，服务手段尚未与微博、微信等新媒体进行有效结合。主要表现在：网站内容更新慢、信息量不大。视频、图片资源清晰度不高，声音听不清楚，摄影、美术、书法等视觉作品的呈现方式较为简单，难以体现原作的美感。应用微信、微博的文化馆少，线上平台使用少，缺乏互动。网上数字文化馆在形式、内容和功能实现等方面都有较大提升空间。

三、新常态下加快湖南省公共数字文化服务的对策建议

新常态下进一步加强公共数字文化建设，是加快公共文化服务体系建设，全面提升公共文化服务能力和服务水平，使人民基本文化权益得到更好保障，让人民共享文化发展成果的需要；是深入推进文化体制改革，创新文化发展体制机制，增强文化发展活力与动力的需要；是维护文化安全，积极抢占网络文化阵地，把握信息技术环境下文化发展主导权的需要；是繁荣发展社会主义先进文化、全面提高人民思想道德素质和科学文化素质，构建社会主义核心价值体系的需要。为此，应高度重视公共数字文化建设工作，加强领导，科学规划，加大投入，完善机制，全面推进公共数字文化建设。

一是制订统一发展规划，做好全省公共数字文化服务的顶层设计。依靠文化部的政策支持，立足全省实际情况，做好顶层设计，明确湖南省公共数字文化服务的总体目标、实施步骤、建设方式及配套保障等，为推进全省公共数字文化建设提供依据。具体而言，就是打造“一一两五”工程，即建立一套标准（数字化建设标准、数字化建设指南）；建立一个中心（文化大数据中心）；打造两个平台（全省公共数字文化服务协同管理平台、公众服务平台）；建设五个模块［“资源存储”模块、“互动培训”模块、“互动体验（整体展示、地方特色、特色体验）”模块、“多终端数字服务（APP开发）”模块、“业务管理中心”模块］。

二是明确各级公共文化场馆数字化功能的定位。各级文化行政管理部门主要是出政策、出标准。省级公共文化场馆的主要任务是构建框架体系，建立大数据库，创建示范性主题数字馆。市州级公共文化场馆的主要任务是承上接下，运用好大数据库，创设主题馆、体验区。县级公共文化场馆的主要任务是承上接下，运用好大数据库，可设主题馆、体验区，但不要全，要接地气，注重特色，把项目做小做细，同时可与中小学、幼儿园合作，吸引基层文化志愿者参与，实现群众办馆社会办馆，还可结合开展精准文化扶贫，如开展数字化文化流动服务，比较符合湖南实际。

三是进一步对文化共享工程提质增效。在“村村通”基础上，完善乡镇基层服务点建设任务，加大文化共享工程在城市的建设力度，建立规范化文化共享地市级支中心，在城市街道、社区建立文化共享工程基层服务点。结合国家“三网融合”发展战略，利用电视、计算机、移动设备等终端，探索、发展、推广文化共享工程入户模式，建设“文化共享”新媒体信息服务门户，实现文化共享工程走进广大基层群众的千家万户。同时，利用文化共享工程网点开展图书馆、文化馆、博物馆系统合作，避免重复建设，实现公共文化场馆互联互通，打通文化服务“最后一公里”。

四是推动互联网文化传播发展。着力丰富互联网文化，建设“数字图书馆”、“数字博物馆”、“数字文化馆”、“神奇湖南掌上非遗展示馆”和湖南文物资源数字化平台。挖掘湖南特色文化资源，建设对外文化交流资源库。发展网络新闻、社交、文学、影视、音乐、游戏、动漫等互联网文化产品，建设湖南文化创意产业网上交易平台，培育互联网文化创意产业。

五是量力而行，分类推进公共文化场馆数字化建设。按照“既要追上，还要快跑”的工作思路，湖南省公共数字文化建设要顺势而为、量力而行、分类实施、整体推进。第一，各级公共文化场馆要加快自身的数字化改造，努力实现线上展示。这个线上展示技术已成熟，只要足够经费投入，要追上比较容易实现。重点在于怎样吸引群众积极参与，关键是开发一些有地方特色的APP，实现群众文艺作品能线上展示和线下分享。第二，各级公共文化场馆要通过数字化手段，实现服务手段创新、功能改进，把服务延伸到基层、到群众，并突出数字化，这是需要“快跑”，需要争取更多政策和项目，整合并利用已有资源如文化共享工程。值得引起重视的是，要利用文化共享工程网点合作，注重整合各级各类资源，避免重复建设。第三，如果全省公共数字文化建设要“跑在前面”，就要引入空间维度概念，如加强加快新媒体传播、自助文化服务、网络环境下的公共文化场馆总分馆；就要建立文化大数据库，嵌入群众日常生活数据（避免建成信息孤岛），实现文化生活数据关联化，重点打造并实现“智能型互联网＋公共文化”。需要引起高度重视的是，各级公共文化场馆要打造实体平台与虚拟数字空间有机融合，公共数字文化服务项目避免大而全、小而细，避免简单移植复制，搞花样文章。特别是县级公共文化场馆要充分考虑前期投入和日常维护成本的问题。

乡镇文化站资源利用情况调研的报告

湖南省文化厅公共文化处

为贯彻落实中央领导同志关于乡镇综合文化站的重要批示精神和文化部的工作部署，全面了解全省乡镇综合文化站（以下简称文化站）的现状，探索文化站建设发展新路径，2016 年 7 月中下旬，湖南省文化厅成立课题调研组，采取现场查看、召开座谈会、发放问卷等方法，对全省文化站进行了普查。

一、基本情况

截至 2015 年底，全省共有文化站 2244 个，其中，独立设置的文化站 1310 个，具有独立法人资格的文化站 2244 个，归县级文化部门垂直管理的文化站 383 个，分别占文化站总数的 58.4%、100%、17%；全省文化站从业人员 3950 人，其中专职人员 2752 人，在编人员 3168 人，购买公益岗位数量 1124 个，分别占文化站从业人员总数的 70%、80%、28.4%。在 2013 年全国首次乡镇（街道）综合文化站评估定级中，有 1045 个文化站达到等级站标准，其中一级站 253 个、二级站 348 个、三级站 444 个，分别占文化站总数的 10.3%、14%、18%，达标率为 42.6%。

根据国家和省委省政府关于加强文化站建设的有关要求，湖南省文化站的基础设施建设、设备配置等方面都有了长足发展，建筑总面积达到 1139862 平方米，已配备计算机 14064 台，藏书 14448473 万册。大多数文化站均设有多功能活动室、图书阅览室、电子阅览室等功能室，统一配置了灯光、音响、DVD、投影等电子、文体娱乐设备，部分文化站建有文体活动广场，为保障人民群众基本文化权益打下坚实基础。

二、改革和发展现状

近年来，湖南省各级党委和政府高度重视基层文化民生，在中央财政的大力支持下，不断加大基层基础文化设施建设投入，布局合理、功能齐备的文化站网络基本形成。文化站在基层经济社会发展进程中，有效发挥了其引导社会、服务人民、推动发展的阵地作用与辐射作用，促进了基层文化的快速发展。

一是管理机制不断完善。省委省政府高度重视文化站建设工作。省政府办公厅于2009年5月下发《湖南省人民政府办公厅关于加强乡镇综合文化站建设的通知》，明确了文化站建设的资金配套、土地落实、建设标准、功能设置等要求。近年来，省文化厅先后出台了《湖南省乡镇综合文化站管理办法（试行）》、《湖南省文化站设备管理办法（试行）》、《湖南省公共文化服务机构绩效考核实施意见》。各市（州）、县（市、区）积极探索科学合理的文化站管理模式和工作机制，研究制定了一系列操作性较强的具体办法。例如，衡阳市出台《衡阳市乡镇综合文化站管理办法（暂行）》，临湘市、华容县分别出台《临湘市乡镇综合文化站免费开放考核细则》、《华容县公共图书馆、文化馆与乡镇综合文化站免费开放工作绩效考核暂行办法》等文件，隆回县文化站运行管理工作已纳入对乡镇政府年度岗位目标管理和综合考评奖惩。这些规章制度和长效机制，使文化站建设、管理有章可循。

二是基础设施提质升级。“十一五”期间，中央、省各级财政累计投入6.8亿元，按照每个文化站建设补助资金24万元的标准，新建或改扩建乡镇综合文化站2082个。按每站8万元的标准，完成乡镇综合文化站基本设备配送。按照每站5万元的标准，落实乡镇综合文化站免费开放经费。截至2011年底，有2238个乡镇均完成文化站建设并通过省级验收。其中，国家投资建设2082个，总建筑面积79.8万平方米，站均面积达到383平方米；地方各级自筹建设的有156个，总建筑面积4.68万平方米，站均面积达到300平方米。在此基础上，各文化站进一步健全完善设施，设置了多功能活动室、图书阅览室、展览展示室、综合培训室、电子信阅览室、老年和少儿活动室、体育健身活动室、广播电视工作室等，并逐步配齐文化信息资源共享工程、群众文化活动基本设备，使文化站阵地建设得到明显改善。

三是人才结构逐步优化。截至2015年，全省文化站从业人员3950人，平均年龄42岁，具备大专及以上学历人员2148名，占总人数的50.9%，基本可以满足各站正常运行需要。2009年，湖南省以文化部启动用5年时间轮训一遍文化站站长的培训计划为契机，采取向文化部送训，建立省级示范培训、市级师资骨干培训、县级主体培训的在职培训三级体系，培训人员达40万余人次，人均年脱产培训时间达23天，有力提升了队伍综合素质与业务能力。

四是服务质量不断提升。各地文化站结合区域实际，积极探索提升服务基层文化活动水平的有效举措。以2015年为例，全省文化站组织文艺活动累计2.2万余次，观众达664万余人次；举办各类训练班1.1万余次，培训人员83.4万余人次；举办各类展览0.44万余次，参观人员272.2万余人次；指导群众业余文艺团队1.6万余支。并积极组织参与市、县举办的各类大型文化活动，有近1/3的乡镇群众文化活动开展得有声有色。各地根据乡镇特点，结合地域文化特色，对文化站的活动也进行特色定位，充分展现当地文化特色，极大地促进了基层群众文化活动的开展。例如，长沙市着力激发文化站组织农村文化活动中的辐射作用，除大力开展广场文化活动、节日文化活动和特色文化活动外，还做好读书、展览、宣传等常规性阵地活动，成功培植望城县星城镇李芳“师友图书室”、宁乡县道林镇沈家巷子图书馆、秦石姣剪纸艺术博物馆、贺桂荣根雕艺术博物馆、浏阳市淳口镇高田村许明文业余剧团等群众自办文化活动品牌，形成了浓厚的文化氛围；衡阳市按照公共文化资源共建共享的思路，依托文化站举办美术、书法、音乐、舞蹈、摄影、文化遗产等文化培训和科普讲座，组织文艺骨干参加县、市组织的培训活动，丰富了农民业余文化生活；张家界、益阳、郴州、永州等市，注重挖掘地方特色文化资源，通过文化站组织排演优秀节目参加所在市的“元宵灯会”、花鼓戏汇演、“苏仙岭放歌和北湖之恋”、非物质文化遗产展演等大型活动；醴陵市针对农村居住分散，政府各部门间服务和工作点逐步向基层延伸的实际，将村级卫生室、乡镇公益电影放映站、特色产业协会和民间文艺协会引入文化站，形成了集宣传教育、文化娱乐、信息服务、科学普及于一体的综合平台，推动了当地经济社会的和谐发展。

三、存在的主要问题及成因

随着人民群众生活水平的提高，对文化生活的需求日益旺盛，但是基层文化站在建设、管理和使用方面仍然存在不少的困难和问题。如何充分发挥文化站的辐射带动作用，不断丰富基层群众的文化生活，是当前迫切需要解决的一项任务。

（一）“三重三轻”的问题比较突出是文化站难以有效发挥作用的根本

所谓“三重三轻”，一是重项目争取轻落实作为。有的乡镇忽视国家投入的真正目的和意义，想方设法争取建设项目后，不能保质保量地将项目真正落地，有的甚至移花接木、缺斤少两，甚至擅自改变用途，成为乡镇干部家属的“后花园”。二是重房屋“颜值”轻群众适用性。有的文化站建成之后好看不中用，要么功能设置不合理，要么缺少必要的文化器材设备，群众喜欢看的书不能及时更新，群众喜欢用的文体器材闲置不用，最终导致文化站“空壳”现象。三是重短期效应轻长效机制。多数地方注重一次性投入，重视一时效应，应付上级检查，而对后期管理和运营，既没有财政预算保障，又不积极想办法争取社会支持，坐等上级有限的资金投入，形成一种变相的“不作为”。究其原因，在于各级党委政府重视文化建设的程度不够，仍存在重经济建设轻文化建设的思想，加上基层财力困难，文化建设没有真正抓落实。近几年，多数市、县两级政府未专门召开过文化工作会议，未出台过文化事业发展规划或意见等指导性文件。在各级政府部门制定综合目标考核体系方面，有的地方没有将文化站建设、村级文化建设列入对乡镇的岗位目标责任制考核中，有的虽被列入考核，但所占的比例太小，文化站工作好坏，对整个考核无足轻重，不能引起基层政府足够的重视。

（二）经费保障“三大难题”解决不力是文化站难以有效发挥作用的瓶颈

经费保障“三大难题”，一是市级财政投入不均衡。从各市州报送的数据显示，各市州财政对文化站的投入总量不多且不均衡，除了市级免费开放配套资金落实到位外，其他投入多的达 389 万元（郴州），有的市州则是零投入。二是县本级投入持续增长较难。株洲、湘西、益阳、娄底、怀化等地不同程度地存在文化站免费开放配套资金落实不到位的问题。据了解，全省部分文化站年业务活动专项经费仅为 1 万 ~2 万元。在贫困县，要求县级财政配套比较困难，乡镇财政更是难以保障文化站开展文化服务活动经费需求。据基层反映，随着文化站和农家书屋的建起，对文化团体的专业辅导、文体活动的专项开展、书屋图书的轮换交流等，已逐步提上了工作议程，但却没有相应的经费保障。三是社会资本投入乏力。各级层面对社会资本投入公共文化市场的政策和措施不刚性、不具体，尤其是贫困地区受文化项目不能产生短期效益的影响，文化站通过市场本身融资很难。同时，文化站受公益性身份影响，加之国家、省级层面尚未出台明晰的规范性文件，对走社会化运营的实践“既爱又怕”，既不敢放开手脚去干，又不知道怎么干。从调查情况看，近年来，各级政府对文化站建设的投入不断加大，文化活动经费也有所保证，但日常办公经费和设备的管理、更新费用却没有被纳入县、乡两级财政预算。由于存在经费投入不足的问题，多数乡镇“等、靠、要”思想比较突出，使一些本应开展的文化活动无法正常开展。

（三）运行管理机制不顺不畅是文化站难以有效发挥作用的关键

绝大多数文化站实行“行政隶属乡镇政府领导，业务接受文化行政部门指导”的管理模式，“人、财、物、事”四权在乡镇（街道）、县（市、区）文化行政部门与文化站只存在业务指导关系。从调研了解的情况看，基于这一模式下的文化站在运行管理方面出现一些乱象，文化站机构设置名称和职能五花八门，汇聚基层的各类资源难以集中管理和调配。比如，免费开放专项资金，由于省直管县的财政体制改革及国库集中支付的要求，指标下达到县级财政局后，绝大部分地区在未通知县文广新局的情况下，直接将经费下拨到各乡镇财政所，各县级文化行政主管部门无法掌握专项资金到位和使用情况，导致不能及时有效的资金监管和业务工作指导。同时，由于免费开放专项资金按照统一标准拨付，造成乡镇文化站“开不开展活动一个样，活动多少一个样，活动好坏一个样”的“大锅饭”局面，不利于调动乡镇免费开放工作积极性。同时，人员管理缺乏统一制度约束，文化站工作人员不得不按照乡镇党委政府安排，从事诸如驻村、计生、社保等非文化类工作，文化专干的职能弱化、工作边缘化现象严重，制约了基层文化工作的有序开展。且文化站人员长期处于固定状态，缺少交流，缺乏工作活力，县级文化行政主管部门因体制原因，无法对他们进行调配和交流使用，文化站陷入“一方不愿管，另一方不能管”的两难境地。

（四）文化人才“量不足且质不优”较为普遍是文化站难以有效发挥作用的重要因素

湖南省文化站人才队伍总量偏少，整体水平偏低，素质及结构亟待提高和改善，保障和推动人才队伍发展的体制机制有待完善。一是总量偏少。部分文化站机构有名无实、经费短缺，普遍存在文化站有编无人、有人无编、混编使用、有编无费、专干不专、“不务正业”、队伍不稳、人才流失等问题。全省文化站站均配备人员仅为1.8人，如减去兼职人员数，站均配备不到1.2人。二是专业人才匮缺。目前，全省文化站从业人员具有本科及以上学历人员550人，仅占总人数的13%；具有专业技术职称998人，所占比例仅为17%，无技术职称人员所占比例达到83%。上述人员中，有文化工作专业背景、学习经历的人员仅占22.8%，绝大多数为后续学历，且与所从事工作的专业匹配性不高。三是待遇偏低，工作面临困境。据了解，各地文化站工作人员的待遇不平衡，工作稳定性弱，目前，全省仅部分文化站专干的基本工资和各项津补贴被纳入县财政工资统发范围，另有多数文化站专干，县财政只负责其基本工资的发放，而平均为500~800元/月的津补贴，由乡镇政府自行承担解决。省内部分县（市）区文化站同时存在全额、差额和自收自支编制，有的经费保障来源取自差额、自收自支保障渠道，由于乡镇政府大多财力紧张，因此这部分文化专干的津补贴难以落实到位。

（五）文化服务由政府“端菜”向群众“点菜”转变不到位是文化站难以有效发挥作用的重要因素

由于文化投入不足，文化产品不论是总量上，还是质量和结构上都还不能满足人民群众的需求，文化站文化产品供给矛盾尤为突出。一是公共文化产品供给与实际文化需求存在脱节。由于现行体制的原因，许多提供给基层群众的文化产品，往往不是群众真正需要的文化产品。一些群众反映，农家书屋的书籍更新慢，科技致富图书地域性特点还需进一步加强；文化信息共享工程适用资源和特色资源不足，资源利用水平普遍偏低。二是基层文化产品生产不足。现有的文体活动，大多停留在城镇，深入农村的较少，各类送文化下乡的活动覆盖面不广。县、乡两级文化产品供应“炒冷饭”、“老面孔”居多，供给明显不足。农村地区看新电影难、看新书难、看大戏难的“三难”现象未得到真正缓解。三是文化服务形式手段单一。随着科技进步和广播电视、电脑网络的迅猛发展，乡镇逐渐普及了闭路电视，再加上VCD、DVD、家庭影院和家庭电脑的普及，文化站自办的文化活动，通常是以划龙舟、舞龙灯、吹唢呐、打鼓奏乐等传统方式为主，受众人群多为老年人、妇女儿童和学生，活动形式过于陈旧，手段简单难以吸引中青年农民群众。

四、强化文化站管理和使用的对策建议

文化站作为推进精神文明的平台、传播文化的载体、普及科技的场所，加强其效能建设是包含体制机制、设施设备、经费投入、人才配备等多个环节的系统工程。推动文化站全面建设，不能单兵突进，必须以深入贯彻落实中央和省委省

政府有关决策部署为契机，抢抓政策机遇，综合考虑文化站效能建设的各个环节，从整体上采取有效措施加以推进。

（一）抓住“龙头”，切实解决好“责任缺位”的问题

加强文化站的建设管理，提高使用效益，必须紧紧抓住责任落实这个“龙头”，重点是强化落实乡镇党委政府领导责任。主要途径是建立行之有效的考核体系，具体由县级文化行政管理部门同有关部门分年度将文化站效能建设任务细化、量化，纳入政府公共文化服务年度考核指标，并适当提高此指标的比重。此指标考核同乡镇党委政府领导的提拔任用、县级文化行政管理部门的工作绩效考核挂钩。建议从国家层面出台关于进一步加强乡镇综合文化站效能建设的若干指导性意见，明确省、市、县、乡镇四级人民政府和有关部门的工作职责，明确文化站设置为全额拨款的公益一类事业单位，改进文化站及其工作人员的管理模式。

（二）牵住“牛鼻子”，切实解决好“保障不力”的问题

文化站开展文化活动，其制约瓶颈就是经费制约。为此，一方面，要加大投入，有效改善运营条件。主要途径是建立多元投入渠道，即国家、省级财政对贫困县的文化站设备配置和后续保障进行兜底；市州级财政逐步增加对文化站的投入，并纳入财政预算，主要用于创建特色文化站，打造服务品牌；县、乡镇财政主要保障基本运营，将文化站的人员经费、建设、维修、日常运转和业务活动所需经费，列入县、乡人民政府基本建设投资计划和财政预算。同时，出台具体的规范性文件，鼓励支持企业、社会组织和其他社会力量，通过直接投资、赞助活动、捐助设备、资助项目、提供产品和服务，以及采取公益创投、公益众筹等方式，参与文化站建设管理。另一方面，要规范管理，把有限资金用在刀刃上。主要是整合资金，要将宣传、文化、新闻出版、体育等各级各部门投入到乡镇综合文化服务中心的财力整合起来，统一管理、集中使用，提高资金的综合使用效率。同时，健全专款专用的资金审查制度，做到文化资金专户、专账、专人管理。文化站免费开放专项补助等经费由各级财政安排，同级文化行政部门管理，文化站按规定资金用途使用并实行报账制。各级文化行政部门每年对文化站经费的拨付和使用等情况进行检查，并接受财政、审计部门的监督和审计。对挪用、贪污的单位和人员坚决依法依规处置。

（三）按准“穴位”，切实解决好人员“不足不优”的问题

人才队伍是文化站效能建设的根本。主要途径一是合理增加人员编配。考虑到实现免费开放后工作量大量增加和人员正常轮训、轮休等因素，为确保文化站正常运转，要落实每个文化站至少编配 3 名以上从业人员的要求，规模较大的乡镇适当增加。受编制总量控制要求，建议采取政府购买公益岗位的形式来补充。二是把好进人关。实行文化站工作人员职业资格准入制度，按照事业单位公开招聘相关政策规定，实行用人凡进必考，切实从源头保证工作人员具备履行基层公共文化服务职责的能力和素质。任何部门和单位不得占用文化站的人员编制，不得将其工作人员长期借到非文化岗位工作。三是建立站长负责制。建立健全竞争、激励、约束机制和岗位责任制，全面实行站长聘用制和劳动合同制。建立健全文化站站长年度和日常相结合的绩效考核制度，同时落实文化站站长享受乡镇中层干部的待遇。文化站站长的招聘、调配、任免应事前征求县级文化行政部门意见。对年龄偏大、不能胜任岗位的文化站站长可采取提前退休、拿基本工资退职等分流办法。四是加强交流与培训。以市州为单位逐步建立分区域的基层公共文化服务队伍培训基地，采取学历教育、在职培训等方式，推进文化站专干定期轮训工作，保证每人每年脱产专业学习时间不少于 15 天。以县级统筹为主，进一步推进乡镇之间、县直单位与乡镇之间的人员交流锻炼，有计划地选派县级文化部门领导干部和专业人员到乡镇实践锻炼，选派文化站工作人员到县、市级文化部门跟班学习。各级文化行政部门、图书馆、文化馆、美术馆、博物馆（文管所）、艺术表演院团等文化单位要深入开展下基层、联乡镇、进社区（村）活动，加大对文化站的指导、扶持力度。紧扣实际、突出特色，制定湖南基层公共文化服务队伍培训教学大纲，组织专家学者编写和开发一批具有湖南地方特色的专业培训教材。积极吸纳各类人才参与基层公共文化服务，将文化站队伍建设和选调生、大学生村官工作有机结合起来，鼓励探索采取聘用制、雇员制等形式吸纳各类人才参与文化站工作。建议从国家层面出台指导性意见，要求宣传文化类职称评定条件，要求参评人员必须到文化站挂职锻炼，由文化站提供挂职鉴定作为职称评定重要依据。

（四）种好“责任田”，切实解决好“效能不佳”的问题

文化站理应是乡镇政治文化中心的重要组成部分，必须充分发挥应有作用。一是建立健全管理制度。制定文化站服务规范。结合基本公共文化服务标准化建

设，重点围绕文化站的功能定位、运行方式、服务规范、人员管理、经费投入、绩效考核、奖惩措施等重点环节，建立健全标准体系和内部管理制度，形成长效机制。二是严格落实国家免费开放工作要求。各级财政对文化站免费开放有固定投入，也有明确要求，文化站必须不折不扣严格落实。同时，省级文化、财政部门应运用好免费开放资金这一“指挥棒”，实行奖优罚劣。三是创新服务方式和手段。要畅通群众文化需求反馈渠道，根据基本服务项目目录科学设置“菜单”，采取“订单”服务方式，实现供需有效对接。以文化站为依托，利用公共数字文化项目和资源，打造小型数字图书馆、数字文化馆和数字博物馆等，为基层群众提供数字阅读、文化娱乐、公共信息和技能培训等服务。四是创新管理运营模式。在保证落实免费开放政策的前提下，率先在城市探索开展社会化运营试点，通过委托或招投标等方式吸引有实力的社会组织和企业参与文化站设施的运营。建议国家、省级层面在组织试点的基础上，出台明晰的规范性文件。五是加强评估检查。建议每2～3年组织一次全国性文化站等级评估工作，对于“不合格”的文化站，责令限期进行整改，以确保文化站可持续发展。

湖南省繁荣群众文艺情况的调研报告

湖南省文化厅公共文化处

根据文化部公共函〔2016〕19号通知要求，湖南省文化厅通过听、查、议、评等形式，对全省群众文艺工作进行了调研。

一、湖南省群众文艺发展基础情况

（一）阵地建设情况

截至2015年底，湖南省共有省级文化馆1个，地市级文化馆14个，县级文化馆129个，乡镇综合文化站2238个。各级文化馆（站）免费开放经费已全部配套落实到位，设施场地均达到每周免费开放时间42小时以上。“十二五”以来累计投入公共文化设施建设资金49亿元，新增“三馆一站”公用房屋建筑面积362万平方米，每万人拥有542平方米，人均公共文化设施面积达到0.53平方米，比“十一五”末增加0.5平方米。市、县两级图书馆、文化馆、博物馆、美术馆等公共文化设施新建（改扩建）率达60%以上。目前，中央已累计安排下达湖南省286个城市街道文化站、1767个城市社区文化活动室设备配置采购资金12267万元；安排湖南省199个城市街道文化站、1227个城市社区文化活动室、2143个乡镇文化站公共电子阅览室建设专项资金3519万元，极大地改善了基层公共文化活动硬件设施。2015年，各级文化馆（站）举办展览4652次，比往年增长10.8%；常年设有免费服务项目、文艺培训辅导培训，群众满意度达90%以上。

（二）队伍基本情况

全省文化艺术从业人员总数为93135人，专业技术人员12124人，具备高级职称的专业技术人员有1245人。其中，全省文化馆共有在职人员2185人，有专业技术职称的1548人；有1248个乡镇综合文化站配备了专业人员。现有登记在册的各类社会文艺组织3000余个，常年演出的民间文艺团体1万余个。截至2015年，共组建17个文化志愿服务支队和764个文化志愿服务分队，全省文化志愿者注册人数达到7.2万人。

（三）经费投入情况

各级政府加大了文化经费投入。省本级对省文化馆2014年财政投入2113.79万元（其中基建674万元），2015年1571.21万元，2016年1624.89万元。各市州县每年投入文艺创作扶持、各项文化活动、文化宣传方面的经费2700万元左右。用于文化馆免费开放、免费培训的经费270万元。“十二五”期间投入1440万元为乡镇综合文化站配备开展群众文化活动的设备，每年中央、省、市共投入1120万元用于乡镇综合文化站的免费开放活动。市、县每年投入200万元左右用于文化站开展活动经费。长沙市“十二五”以来，累计安排重大文化项目建设资金57.26亿元。每年文化惠民实事工程资金8000余万元，每年群众文艺创作、培训、活动等资金5000万余元。群众文化活动经费呈逐年增长趋势，其中直接用于奖励群众文艺团队的资金达100万余元，极大地激励了群众文艺团队的发展。

（四）作品生产情况

2013年、2014年开展“欢乐潇湘”大型群众文艺汇演活动，共评选出优秀群众文艺节目220个，其中一等奖130个。通过活动，群众文艺团队的创作和表演水平都有了明显提升，为中国艺术节“群星奖”储备了一批优秀的群文作品。目前，共有79台剧目荣获国家“群星奖”。开展“湖南省原创广场舞”系列活动，组织省内音乐和舞蹈专家用湖南名歌、名曲作舞曲，选取湖南苗族、土家族、侗族、白族等少数民族舞蹈及湖南戏剧中的舞蹈元素，编创了一套湖南本土特色的原创广场舞（二集23支舞曲）。

（五）申报国家艺术基金情况

湖南省群众艺术2014年申报国家艺术基金42.9万元，2015年申报国家艺术基金175万元。2016年，有《昭君出塞》、《印象沩山》、《春耕》等30多个项目申报国家艺术创作资助项目。

（六）群众文艺作品（活动）参与政府购买公共文化服务情况

近年来，省本级购买公共文化服务1500万元左右。各市州县也分别投入30万~300万元不等购买公共文化服务，推动大型剧目创排、百团大赛大舞台惠民演出、美术书法摄影展览、送戏下乡活动和广场文化活动建设，促进了国有院团、民间职业剧团、文化传媒公司参与的群众性文化活动以及行政村和社区的基层文化活动设施设备配送和阅读推广中心推进的基层文化活动室阅读管理服务。

（七）引导企业和社会力量支持与开展群众文艺情况

近年来，紧紧围绕文化强省建设战略目标，积极实施政府引导，社会力量参与“共谋、共建、共管、共享”文化建设的战略，积极引导和动员社会力量开展群众文化活动，解决了开展群众文化资金不足、人才贫乏等困难，拓宽了开展群众文化活动的渠道，取得了很好的成效。制定出台了鼓励艺术团体发展的扶持政策，组建了民族乐团、交响乐团、合唱团、舞蹈团、朗诵团、小品团、戏剧团等民办公助的文艺团体。进一步健全了引领民间文艺标准繁荣发展的长效机制，成立了民间艺术联合会、组建了民间演艺联盟，建立了民间演出人才库，定期组织民间文艺团体开展演出交流和艺术切磋。通过文化志愿服务引导企业和社会力量支持群众文艺。打造群众文化服务活动平台“春风进万家”文化志愿服务项目。以出让冠名权、现场广告位等形式吸引企业和社会力量赞助，取得了较好的效果。

二、湖南省繁荣群众文艺的创新举措、经验与问题

（一）湖南省在繁荣群众文艺工作方面的创新举措、经验

湖南省以文化强省为发展战略，始终坚持“为社会主义服务、为人民服务”的宗旨，按照《中共中央关于繁荣发展社会主义文艺的意见》文件精神要求，抓政策引领、基础设施建设、人才队伍建设、文艺创作、活动开展，促进了全省文艺事业的繁荣发展。

一是抓政策引领。省委省政府高度重视公共文化设施建设。2015年以来，出台了《中共湖南省委办公厅　湖南省人民政府办公厅关于加快构建现代公共文化服务体系的实施意见》、《湖南省人民政府办公厅关于转发省文化厅等部门关

于做好政府向社会力量购买公共文化服务工作实施意见的通知》、《湖南省人民政府办公厅关于支持戏曲传承发展的意见》、《湖南省文化厅　湖南省体育局　湖南省民政厅　湖南省住房和城乡建设厅关于引导广场舞活动健康开展的实施意见》等一系列加强文化工作的政策，有力地推动了群众文艺的繁荣与发展。近年来各市州也先后出台了关于进一步加强群众文化工作的实施意见、乡镇文化站管理办法、社区（村）综合文化服务中心管理办法、关于加快建设文化强市的意见、文化强市战略实施纲要（2010~2015年）、关于加强基层宣传思想文化工作的意见、基层宣传思想文化工作三年行动计划、群文创作奖励与扶持办法、政府购买公共文化服务实施方案等方面的文件，为群众文艺的社会化建设提供了政策支撑。

二是抓基础设施建设。一批省级文化设施项目加快推进，包括市州级在建的公共文化设施重点项目219个、总投资114亿元。2015年，全省人均拥有公共文化设施面积比2014年增加0.29平方米，达到0.82平方米，每万人拥有“三馆一站”公用房建筑面积比2014年增加100平方米，达到638.48平方米。长沙市积极推进设施建设标准化和乡镇（街道）、村（社区）等基础性阵地建设。全市180个乡镇（街道）全部建有综合文化站，其中，建筑面积超过500平方米的示范性综合文化站128个，1424个村（社区）均建有文化活动室（中心），其中，示范性文化活动室（中心）500多个。2016年，湖南省结合公共文化服务体系建设和文化精准扶贫工作，投资1.04亿元，每个点投入26万元，在贫困地区（主要是指集中连片特殊困难地区县和国家扶贫开发工作重点县）建设690个村级综合性文化服务中心示范点。省级财政增加文化类资金预算6600万元。同时，明确从城市住房开发投资中提取1%用于社区公共文化设施建设。

三是抓人才队伍建设。各地落实了每个乡镇综合文化站编制配备不少于1~3名的要求，正在村（社区）抓紧设立公共文化服务岗位，配置由财政补贴的工作人员。从2016年起利用五年时间，全省文化系统启动实施“百千万”文化人才提升工程，切实解决文化人才不足问题。即借助国家级高水平艺术院校平台，选送100名优秀文艺人才进修培训；依托省委党校、湖南艺术职业学院等教育培训基地，培养培训1000名文艺人才和文化管理干部；整合各级文化培训资源，轮训10000名基层文化工作者。最近，省直文化单位将面向社会公开招聘近100名文化骨干人才。

四是抓活动开展。2013年创新开展“欢乐潇湘”活动，第二年参演文艺团队就达3万余个、演出38485场、新推节目10243个、参与群众3000万余人次。

这种以党委政府搭台做服务、群众参与当明星的方式，迅速发展成为全省近年来规模最大、发动最深入、参与面最广的群众文化活动品牌。各地也立足本地区优秀传统文化资源，突出地方特色，着力打造各类各级公共文化服务品牌活动达1500余项，其中衡阳“广场旬旬演”活动，湘潭、株洲“周周乐”活动，岳阳“社区万家乐”活动等，深受群众好评，为弘扬社会主义核心价值观，丰富群众文化生活发挥了重要作用。2015年湖南省“欢乐潇湘”群众美术、书法、摄影活动，全省各地政府先后投入资金720万元，争取社会支持180万元，组织创作培训1570批次，受训人数63473人，开展采风活动881次，新成立美术书法摄影社团236个，共吸引8.7万人、8.8万件作品参赛。

五是抓文艺创作。每三年举办一次湖南艺术节（现已举办到第五届）组织开展“三湘群星奖”评选，推送优秀作品参加文化部“群星奖”评选，扶持市州重大群众文化活动品牌44个。“公共大戏台”、“乡村大舞台”等群众文化品牌被中宣部作为全国公共文化服务创新案例予以推广。2016年，我们将组织创作13支（首）以弘扬社会主义核心价值观为题材的广场舞（曲），并在全省推广。

（二）湖南省在繁荣群众文艺工作方面存在的困难和问题

1. 基层群众文艺阵地建设相对滞后

文化设施建设薄弱，公共文化服务体系还不够完善，社会服务功能得不到充分发挥，难以满足人民群众日益增长的精神文化生活需要。一是经费投入不足。群众文艺产品生产、舞台艺术精品创作、活动开展、人才培养、服务方式创新等方面经费普遍不足。部分文化站、村级文化服务中心建成后，由于缺乏后续资金，运营管理、设备维护更新、文艺活动开展等经费不足，导致这些文化设施使用率不高。二是阵地建设不足。有些县市区文化馆、图书馆场地狭小，无其他公共文化服务设施。城乡群众文艺活动差距较大，农村文化阵地作用发挥不突出，少数乐器、文艺活动设施闲置。个别县级文化馆舍面积不够，设施陈旧，没有公共的剧场，不能满足广大人民日益增长的文化需求。基层流动文化服务不够，辐射范围较小，社会功能得不到充分发挥。

2. 群文精品数量不多

近年来，虽然湖南省在群众文艺精品创作上取得了一定成绩，涌现出一批全国、全省艺术赛事上获奖的优秀群文作品，但缺乏对传统文化挖掘，并且创新创作题材不够新颖，缺乏吸引力，紧跟时代步伐、反映群众心声的群文精品数量不多，创作工作者文艺创作积极性不高，缺乏在国内外叫得响、具有影响力的大作力作。

3. 文艺人才匮乏

基层文艺人才青黄不接，出现断层，文化站人员“在编不在岗、在岗不专职”问题突出，文化干部缺乏管理能力、组织能力和专业才能，有影响的文艺领军人物和高素质文艺人才更是紧缺，引进人才困难，严重制约了文艺事业的活跃和发展。

4. 产品供需矛盾较突出

文艺产品供给实行政府主导模式，一厢情愿的“送文化”多，基层群众对文艺产品下乡缺少话语权和选择权，文艺产品内容上存在基层群众“看不懂，用不上，享受不到”的现象。比如，文化下乡活动多年来“涛声依旧”，无非是送几台戏、几场电影，农民观众由于忙农活而无暇观看，文化惠民效果不明显。

三、繁荣群众文艺工作的主要思路和重点工作

（一）把握好群众文艺工作方向

深入贯彻落实习近平总书记文艺工作座谈会重要讲话精神和《中共中央关于繁荣发展社会主义文艺的意见》，认真贯彻党的文艺方针政策。加强对群众文艺工作的领导和指导，加强文艺队伍和基层文艺阵地建设，创造有利于群众文艺繁荣发展的良好环境。把文艺作品创作放在重要位置，打造精品。加强对基层文艺工作者的引进、培养和管理。完善体制机制和文艺扶持政策，形成全社会重视文艺和支持文艺的浓厚氛围。

（二）突出地域特色，抓好群众文艺产品供给

繁荣群众文艺既要搭好台，更要唱好戏。要发挥阵地的作用，不断满足人民群众的文化娱乐需求，要与群众的生活需求相结合，想群众之所想，送群众之所需。创新和拓展文化服务内涵，不断提升群众的获得感与幸福感。一是坚持送文化与种文化相结合，统一协调、有序推进。注重强化文化下乡，发挥专业文化团体的输血功能，注重强化文化培训，发挥民间文化团体的造血功能，培出长效，让广大农民群众成为文化活动的主体。二是坚持推陈与出新相结合。注重挖掘传承民俗文化，打造地方文化品牌，形成地域文化特征的同时，注重推广普及新型

文化项目，打造群众文化亮点，促进快乐健康生活。充分利用节庆日，采取自编自演、自娱自乐的方式，组织群众开展文艺活动，让广大群众在家门口就能享受到优质、丰富的文化大餐。三是坚持高雅与通俗相结合。注重引进举办高质量的文艺晚会、文艺演出，提升文化活动的品位与档次，同时大力创作适合群众胃口、通俗易懂、富有教育意义的文艺节目，提升文化活动的影响与作用。四是坚持事业进步与产业发展相结合。加大公益性文化场所“建”、“用”配套力度，提升服务能力和水平，同时加大文化企业“购”、“管”同步力度，提升企业服务数量与质量。

（三）创新工作手段，打造覆盖全省群众文艺网络平台

积极推动高新技术在文化领域的应用。推动文化产品生产服务技术、文化传播信息技术等实现重点突破，创新文化业态，促进传统文化事业提质增效升级。加快文化机构数字化建设，把完善公共数字文化服务体系作为重点任务，继续深入实施文化共享工程，突出抓好数字图书馆、数字文化馆建设。不断推进市、县、乡、村四级文化机构的数字化水平，进一步提高公共文化的覆盖率和服务效能，让人民群众享受丰富、高效、便捷的公共文化产品和服务。打造文体服务信息平台。积极探索“互联网 + 公共文化服务”模式，统筹实施文化信息资源共享、数字文化场馆建设、公共电子阅览室建设、直播卫星广播电视公共服务、农村数字电影放映、数字农家书屋、城乡电子阅报屏建设等项目，构建标准统一、互联互通的公共数字文化服务平台，实现全城一张网、一份地图、一键通的均等化目标，切实解决文体服务“最后一公里”问题，让人民群众足不出户就能享受到更直观、更丰富、更高效、更便捷的文化阳光。

（四）加强队伍建设，不断壮大群众文艺人才队伍

一是强化基层文艺团队组织建设。加强基层文艺团队的发展和管理，选好带头人，全面协调和统筹基层文艺团队的演出活动，建立和完善文艺人才储备库，在送文化下乡和各类重大节庆文化活动中，选择具有代表性的基层文艺团队承担演出任务，为基层文艺团队提供演出舞台。二是健全管理制度。对基层文艺团队及演出活动等进行规范管理。通过设立基层文艺团队和艺术人才专项扶持资金，帮助和推动其发展。三是加强专业培训力度。发挥骨干老艺人传、帮、带作用，开展传统文化艺术课堂，精心培养新一代民间文艺表演人才。加大基层文艺团队开展业务辅导培训力度，大幅度提高基层文艺团队的演艺水平和创作能力。

(五)健全保障机制,加大对群众文艺事业的投入

完善公共文化财政保障机制,落实必需的财政资金。通过大力推进文化体制改革,吸引更多的人才、资金、企业投入文化事业和产业发展当中,推进文化与其他产业融合发展。着力打造一批有实力、有活力、有竞争力的文化企业,鼓励社会资本参与文化产业。通过文化展业发展和民间资本培育,助推群众文艺事业的繁荣发展。

(六)深入挖掘、广泛发动、狠抓群众文艺创作

坚持以人民为中心的创作导向。倡导扎根人民、扎根生活,力戒浮躁之气,树立精品意识,涵养静气定力,修炼学说学养,用心、用力、用情、用功去打磨作品、铸造精品,积极对接群众的精神文化需求。真正做到以人民为中心,发挥文艺最大正能量。坚持以创作为根本多出精品力作。抓重点题材。紧紧围绕思想精深、艺术精湛、制作精良、具有强烈的吸引力和感染力的“精品”标准,抓大主题、大题材、大制作、大作品。抓原创作品。依托文艺单位设立重点项目研发团队,增强原创自觉,破陈规、开生面、引风气,提高原创能力,锻造出更多具有原创价值、自主知识产权和核心竞争力的文艺作品、文化品牌。抓创作生态。文艺界和创作生产单位要合心合力,资源上相互共享、相互支持;新老文艺工作者要相互补台、提携帮助,营造生动创作氛围。

四、繁荣群众文艺工作的意见和建议

(一)加大对公共文化设施的投入

加大县级和村级基础文化设施建设的投入,尤其要加强对老少边穷和少数民族地区的群众文艺经费国家转移支付力度,带动和引领并形成农村文化基础设施的运行体系,从而形成县、乡、村三级公共文化服务设施相互协调、相互补充、相互利用的高效运行机制。加快推进文化馆总分馆制建设,使群众文艺资源“活”起来,满足基层群众文化生活。

(二)加强基层群众文化干部的使用和培养

多渠道、多形式地组织乡镇(区)文化干部积极参加学历教育,参加国家、

省各类业务培训、比赛以及观摩活动，提高其组织文化活动、研究基层文化等属地“种文化”的能力。发挥文化名人、文化能人的积极作用，鼓励和支持民间协会、民间文艺组织的建设和发展；要采取政府补贴的办法，积极探索社区文化管理员、辅导员队伍建设新路子，逐步形成一支扎根基层、服务群众的文化队伍；要建立符合文化部门特色的专业人员准入机制及相关优惠政策，积极吸引有文化专长的人才进入公共文化服务领域工作。

（三）建立有力的激励机制和扶持机制

要建立对群众文艺工作做出突出贡献单位和个人的激励机制。要设立文艺创作扶持基金，对于在全国已有较强创作实力、有较大影响的作家，要在精品创作上给予项目扶持，对于有较好文艺创作素养的年轻作者，也应设立专项扶持基金。要建立文艺创作人员定期深入生活制度，完善培训机制，培养文艺创作新人。对于具有较好文艺创作素养的年轻作者，在加大培养力度的同时，还要建立长效的跟踪服务机制。要对志愿投身基层文化服务工作的优秀人员给予一定的物质奖励，推动成立文化志愿者协会，努力实现各级各类公共文化设施和各种公共文化活动有文化志愿者参与管理和服务，进一步激发广大群众的文化自觉。

湖南省文化志愿服务发展报告（2010～2015）

湖南省文化厅课题组

摘　要： 2010～2015年，湖南省文化志愿服务经历兴起、形成、蓬勃发展三个阶段，全省各地区文化志愿服务如火如荼地进行，突出“关爱成长　快乐生活”、“文化公益　社会责任”、“感受艺术　美丽心灵”、“共享历史　感受快乐”、“文化惠民　为您服务”、“精彩生活　幸福使者”、“欢乐节日　爱我中华”、“传递书香　见证成长”、“邻里守望　文化暖心”9个主题，呈现主题鲜明、导向明确，内容丰富、形式多样，参与主体多样、覆盖区域广泛，活动开展日益长效、常态化的特点。今后一个时期，湖南省文化志愿服务将面临难得的发展机遇，需要政府主导、专业指导、舆论引导，广泛开展丰富多彩的文化志愿服务活动；以基层群众的文化需求为出发点，以服务文化弱势群体为侧重点，以品牌服务的打造为突破点；建立文化志愿服务科学的项目管理体制、长效的资金保障机制和完善的人才培养机制，推动兴起社会主义文化建设新高潮。

关键词： 文化；志愿；服务；发展；湖南

文化志愿服务是一项以促进文化传播、弘扬优秀精神为主题，志愿者自愿参与并不图酬劳，利用自己的时间和文化技能参与社会生活，促进社会和谐的文化事业。党的十八大报告指出：“广泛开展志愿服务，推动学雷锋活动、学习宣传道德模范常态化。”广泛开展文化志愿活动对构建和谐社会，培养群众性精神文明有重要意义。自2012年起，中央发布《关于广泛开展基层文化志愿服务活动的意见》（文公共发〔2012〕31号）以来，湖南省文化厅全面落实文件精神，文化志愿服务稳步前进，并不断得到创新，为湖南省的经济社会发展发挥了独特作用。

一、湖南省文化志愿服务发展历史

湖南省文化志愿服务孕育于经济社会的迅速发展时期，随着人们精神文化水平的不断提高而得到成长，其发展大致经历了三个阶段。

（一）文化志愿服务兴起阶段（2010～2012 年）

这一阶段为文化志愿服务的萌芽阶段。随着经济社会的发展，人民生活物质水平的提高，社会生活出现巨变，对精神文明的要求提高，广大群众投入到精神文明建设当中，各地出现了偶发性的文化志愿活动。这一时期涌现出来的文化志愿活动雏形主要有两种形式：

一种是社区居民自发的文化志愿活动。其内容主要为某一社区内部不定期的精神文明建设，活动形式以关爱社区老人、社区图书室建设、社区养老院文化活动为主，活动呈现出组织性弱、社区内部文化影响大的特点，为社区内的文化建设起到了重要作用。

另一种是社会组织的文化志愿活动。即一些民间社团、联合会自发组织、筹备的文化志愿服务事业，活动内容以湘西地区文化志愿、空巢老人慰问活动、退伍老人慰问活动为主，志愿者大多为社团和联合会内部成员，能够偶发地带动文化服务事业，对社会文化建设产生积极影响。这一阶段的总体特点是文化志愿活动偶发性大，散落地呈现在社会各个阶层，主题活动明显，内容单一，群众参与面较窄，活动性强，建设性弱。

（二）文化志愿服务成形阶段（2013～2014 年）

随着中央对文化志愿服务的重视，地方文化志愿活动不断兴起，需要系统性的文化思想指导以及机构进行组织，全省文化志愿服务开始成形。2013 年，湖南省开展了“文化志愿服务”系列活动，有系统、有组织、有目的地在全省范围内开展文化志愿服务，这预示着全省系统性的文化志愿服务开始形成。截至 2013 年底，全省文化志愿服务组织机构框架初步建立，市州内均成立了文化志愿服务组织，文化志愿团队共 700 多支，登记在册的文化志愿者人数达 3 万余人，形成了“湘图讲坛”、“春苗书屋”、“文艺送春风，情系农民工”等一系列特色鲜明的基层文化志愿活动主题，形成了“奉献、友爱、互助、进步”的志愿者服务精神。这一阶段的总体特点是文化志愿活动开始有系统地形成，并开始融入社会的各个阶层、各个地区，志愿者队伍得到有效整合，志愿者队伍逐渐扩大，服务类型和内容不断扩展。

（三）文化志愿服务蓬勃发展阶段（2014年至今）

随着文化志愿服务的发展，文化志愿者越来越多，受众面越来越广，文化志愿活动在顺应时代要求，构建和谐社会中获得了广阔的发展空间，展现出强大的社会影响力。2013年“文化志愿服务”系列活动圆满完成后，湖南省文化厅在全省范围内先后开展了一系列主题活动，以推动湖南省文化志愿服务的发展。2014年，湖南省文化厅在全省范围内开展“全省文化志愿服务基层行”的系列活动，确定2014年为“文化志愿服务推进年”。2015年2月，启动“我们的中国梦——文化进万家”文化志愿服务系列活动，以“行边疆、走基层”为主要内容，广泛开展文明共建、文化共享，积极参与国家文化部两项示范性活动：“春雨工程”——文化志愿者边疆行活动；“大地情深”——国家艺术院团志愿服务走基层活动。以“扎根基层、服务群众”为主要内容，广泛开展“感受艺术、美丽心灵”，“邻里守望、文化暖心”等9个主题基层文化志愿服务活动，不断适应基层文化需要和地区文明建设的需求，以活动项目为载体，各级文化部门积极引导和带动广大文化志愿者，广泛深入开展文化志愿服务活动，不断完善文化志愿服务工作机制，全省的文化志愿服务事业被提升到一个更高的水平。

二、湖南省文化志愿服务发展现状与特点

当前，湖南省的文化志愿服务事业已进入蓬勃发展的阶段，各地区的文化志愿事业如火如荼地进行。

（一）发展概况

据统计，截至2015年4月25日，湖南省文化厅文化志愿服务总队下辖成立了3个省直支队和14个市州分队，县级以上文化志愿服务组织机构达764个，全省文化志愿服务者注册人数达74240人。详见表1、表2。

表1　湖南省文化志愿服务队伍建设情况统计表

文化志愿服务队伍	2013年	2014年	2015年
省直文化志愿服务支队	3	3	3
市州文化志愿服务支队	14	14	14

续表

文化志愿服务队伍	2013 年	2014 年	2015 年
县市区文化志愿服务分队（含社团）	462	724	764
在册文化志愿者	30165	71047	74240
文化志愿服务活动（次）	8600	27265	2760

表 2　湖南省文化志愿服务队伍地区分布情况统计表

地　区	市直服务支队	县市区服务分队	在册文化志愿者
省直群文支队			620
省直图书支队			1370
省直文博支队			460
长沙市	1	16	7250
株洲市	1	25	2500
湘潭市	1	7	2780
邵阳市	1	85	2456
岳阳市	1	14	7280
常德市	1	15	2100
衡阳市	1	36	2230
郴州市	1	14	2480
娄底市	1	5	2100
益阳市	1	50	3600
永州市	1	62	2113
张家界市	1	20	1779
怀化市	1	15	1882
湘西州	1	16	1500
社会文化志愿团队		384	29740

2013～2014 年，湖南省文化志愿服务总队精心组织，参与文化部、中央文明办开展的“春雨工程”——文化志愿者边疆行活动，重点开展了“洞庭连天山·和美一家亲”湖南新疆文化志愿服务交流活动，湘桂黔“三省坡”侗乡共建共享暨“关爱留守儿童”慰问演出活动，“湘桂一家亲·浓浓民族情”湖南、广西文化志愿者边疆行等系列活动，这些活动不仅整合了本省文化系统及社会各界文化志愿者的力量，而且还与广西、海南、天津等省、市、区文化志愿者一起以大展台、大讲堂、大舞台的形式跨区域联动，分别在新疆吐鲁番、阿勒泰，广西钦州、玉林、柳州、桂林和省内湘西州、张家界等市的广场、剧场、操场进行

巡演、巡展及文化业务培训，对展示湖湘文化风采，搭建内地与边疆民族地区文化帮扶与交流平台，发挥了积极示范带动作用，成效非常明显，被文化部评为示范项目。长沙市、岳阳市作为第一批、第二批国家公共文化示范区创建城市，对接了文化部“大地情深”——中央民族乐团、中国煤矿文工团志愿服务走基层活动，实现国家级院团文化艺术资源与湖南省基层群众文化需求的有效对接，让更多的普通百姓共享了公共文化发展成果，获得了当地老百姓的赞许。

在全省各地及省直单位，围绕“传递书香、见证成长”、“共享历史、感受快乐”等9个主题，以空巢老人、留守儿童、农民工及子弟、残疾人等社会特殊群体为服务重点，把文化志愿服务送到基层、送进社区、家庭、学校、军营，推动了学雷锋活动常态化。省博物馆文博支队克服综合闭馆改扩建、临时展览展期与场馆紧张的困难，坚持“边建设、边开放”，通过租借场地不定期举办各类临展，“托斯卡纳的光与影：1850~1950年意大利绘画珍品展”、“马王堆汉墓文物精品展”等专题展，发动文化志愿者长期义务讲解；湖南图书馆图书支队“百姓课堂”组织了近300人的专家学者文化志愿团队，长年坚持义务为广大市民朋友培训书法、美术、摄影、戏曲、声乐等方面的专业知识，并发动文化志愿者为盲人读者送书上门服务。省群众艺术馆群文支队连续多年组织文化志愿者走进工地开展“情系农民工、文艺送春风”活动等；岳阳、襄阳、新余三市文化志愿者缔结“湘鄂赣公共文化服务区域共建联盟”；株洲攸县、茶陵、炎陵、郴州安仁开展湘东四县市文化志愿者区域文化志愿服务联动；湖南汝城、广东仁化、江西崇义湘粤赣三省三县的文化志愿服务交流活动持续开展了26年，不仅培育壮大了三地文化志愿服务的力量，而且为增进三省边界的社会和谐稳定、经济发展发挥了重要作用。省文化志愿服务总队务工文化分队队长朱良成，几年来克服诸多困难，自己筹措资金，已在工厂、农村连续举办四届“全省农民工春晚”，得到了老百姓的高度赞许。用他的话说，“虽然很累，但内心充实，充满快乐”。

这些活动，既为基层广大群众提供了丰富多彩的文化生活，又在壮大全省文化志愿者队伍、创新服务手段、完善工作机制等方面进行了有效探索，积累了宝贵经验，并涌现出了一大批优秀示范项目和优秀先进文化者。省群众艺术馆“欢乐潇湘文化志愿行”、岳阳市支队“三千文化志愿者下乡镇（社区）活动”、省图书馆“用心点亮世界，用爱构建和谐——文化志愿者服务视障读者”、郴州市图书馆“春苗书屋”阅读推广项目、冷水江市“锑都道德讲堂”文化志愿者讲师联盟等一大批主题鲜明、内容丰富、特色绚丽的活动品牌，被文化部评为基层文化志愿服务示范项目。

（二）开展的领域和内容

湖南省文化志愿服务开展的领域和内容，详见表3、表4。

表3　湖南省文化志愿服务开展的领域和内容一览表（2014～2015年）

月份	主题	主要内容	备注
2月	基层文化志愿服务活动启动月	全面启动实施文化志愿服务活动	全年以“扎根基层、服务群众”为主要内容，在全省广泛开展9个主题基层文化志愿服务活动。以当月活动主题为主，其他主题活动为辅，同时开展
3月	学雷锋·文化志愿服务活动月	掀起学雷锋·文化志愿服务活动热潮	
4月	“关爱成长　快乐生活”乡村学校少年宫志愿服务活动	组织文化志愿者加入乡村学校少年宫志愿辅导员队伍，就近就便组织农村学生开展文体活动，丰富农村未成年人精神文化生活，促进他们健康成长	
5月	“文化公益　社会责任”企业文化志愿服务活动	动员吸纳热心文化工作的企业和非营利组织开展文化志愿服务，参与公益性文化活动。通过企业冠名、活动宣传、新闻报道等方式，吸引更多社会力量参与支持文化志愿服务工作	
6月	“感受艺术　美丽心灵”美术馆志愿服务活动	组织文化志愿者担任导览员、讲解员，参与举办美术讲座，普及美术知识，提高大众的审美水平和欣赏能力，吸引更多群众走进美术馆感受艺术的魅力	
7月	“共享历史　感受快乐”博物馆志愿服务活动	组织文化志愿者担任讲解员、参与展览布展、协助做好文物档案整理、开展文物知识普及活动等，让人们在认知和欣赏过程中，增长见识，陶冶情操	
8月	“文化惠民　为您服务”文化惠民工程志愿服务活动	组织文化志愿者协助做好重大文化惠民工程的技术支持、政策宣传、资源整理等工作，进一步提升建设水平，促进共建共享，活跃城乡基层文化生活	
9月	“精彩生活　幸福使者”文化馆（站）志愿服务活动	组织文化志愿者积极参与群众文化活动，开展文艺技能培训，参加各种文艺演出，丰富群众精神文化生活，提高群众的生活质量和幸福指数	
10月	“欢乐节日　爱我中华”节日纪念日文化志愿服务活动	利用传统节日和纪念日，组织文化志愿者举办文艺演出、演讲比赛、诗歌朗诵等活动，大力弘扬中华优秀传统文化	
11月	“传递书香　见证成长”公共图书馆志愿服务活动	组织文化志愿者参与各级公共图书馆讲座培训、图书导读、读者咨询等各项服务，为读者学习知识创造良好环境	
12月	“邻里守望　文化暖心”关爱重点群体文化志愿服务活动	组织文化志愿者为空巢老人、留守儿童、农民工和残疾人等重点群体开展形式多样的文化志愿服务，让困难群众得到及时的关爱，感受到社会的温暖	

表4　湖南省实施全国文化志愿服务活动项目领域和内容一览表（2014～2015年）

序号	项目名称	实施单位	服务形式	项目预算	实施地点	志愿者人数	项目联系人
1	文化部“春雨工程”——湖南文化志愿者宁夏行	湖南省文化厅	大展台		宁夏银川等市县	10～12人	梁利平
2	文化部“春雨工程”——湖南文化志愿者青海行	湖南省文化厅	大舞台 大讲堂		青海西宁等市县	40人	梁利平
3	文化部“春雨工程”——湖南文化志愿者新疆行	长沙市文化志愿服务支队	大讲堂		新疆吐鲁番地区	15人	胡满生
4	文化部“春雨工程”——湖南文化志愿者海南行	湘西州文化志愿服务支队	大舞台		海南省保亭县	25人	杨铁平
5	文化部“春雨工程”——西藏山南地区文化场馆免费开放服务培训	岳阳市文化志愿服务支队	大讲堂		湖南省岳阳市	45人	范泽蓉
6	文化部“春雨工程”——海南文化志愿者湘西行	海南省文化厅	大舞台		湖南省湘西州	28人	杨济铭
7	文化部“春雨工程”——全国文化志愿服务工作培训班	岳阳市文化志愿服务支队	大讲堂		湖南省岳阳市	63人	范泽蓉
8	文化部“大地情深”——国家艺术院团走基层	国家京剧院	大舞台		湖南省岳阳市		范泽蓉
9	文化部“大地情深”——国家艺术院团走基层	中国儿童艺术剧院	大舞台		湖南省长沙市		胡满生

注：各支队承办文化部“春雨工程”和“大地情深”文化志愿服务项目经费由各支队自己承担，文化部及文化厅可适当补贴。

（三）成就和特点

1. 主题鲜明，导向明确

2014年“文化志愿服务基层推进年”系列活动紧紧围绕“我们的中国梦·文化志愿服务基层行”这个主题，中国梦是实现国家富强、民族振兴、人民幸福的美好理想，体现了全体中国人民的共同理想追求。这一主题、红线的贯穿，就赋予文化志愿服务深厚的文化内涵和鲜明的时代特征，将文化志愿服务事业作为培育和践行社会主义核心价值观的大众平台和有效途径。

2. 内容丰富，形式多样

从活动内容上看，“文化志愿服务推进年”系列活动主要由2项示范活动和10个主题活动组成。2项示范活动分别是由文化部、中央文明办指导实施的“春雨工程”——全国文化志愿者边疆行，“大地情深”——国家艺术院团志愿服务走基层。9个主题活动是指各级文化部门依托公共图书馆、文化馆（站）、博物馆、美术馆等公共文化机构，组织开展的如“传递书香、见证成长”公共图书馆志愿服务活动、“精彩生活、幸福使者”文化馆（站）志愿服务活动等基层文化志愿服务活动。

从活动形式上看，既有文化部、中央文明办组织的全国性活动与湖南省省、市之间的纵向文化服务，也有湖南省与边疆省区的横向文化交流；既有“大舞台”、“大讲堂”、“大展台”等多种服务载体，也有到馆服务、流动服务、定点日常化服务等多种服务形式；同时，各地还把文化志愿服务活动与文化部开展的群星奖作品全国巡演、全省“欢乐潇湘”、国家级公共文化服务示范（项目）创建，以及本地本单位日常业务工作、特色服务活动有机结合，在整体上产生了资源聚集与辐射效应。

3. 参与主体多样，覆盖区域广泛

在文化志愿服务工作中，湖南省鼓励社会力量积极参与，充分发挥文化志愿服务在推动公共文化服务均等化方面的作用，力求有所突破，力争让更多的基层群众享受到“文化春雨”；在9个主题活动中，广大文化志愿者将深入社区、村镇、校园、厂矿，把空巢老人、留守妇女儿童、进城务工人员和残疾人等群体作为服务重点，有针对性地开展形式多样的文化志愿服务，不断丰富基层群众文化生活。全省文化志愿服务工作呈现出全省省、市、县文化系统联动，文化系统内专业艺术、群文、图书、文博的融合，文化系统与文联、高校等社会各界文化志愿者力量整合互动的良好发展态势。

4. 活动开展日益长效、常态化

近年来，在各地宣传文化部门的共同努力下，湖南省文化志愿服务组织数量不断增多，文化志愿者队伍不断壮大，工作机制逐步建立健全。特别是一系列志愿服务示范活动的持续开展，带动了基层文化志愿服务活动的蓬勃兴起。仅2014年，湖南省组织开展各类文化志愿服务活动达27265人（次）；各地结合“欢乐潇湘”、“雅韵三湘”等全省文化惠民活动，推出文化志愿服务示范活动项目达300多项，全年服务人数达4743000人次。这些文化志愿服务组织与活动进一步整合湖南省公共文化资源，推动了各地文化志愿服务队伍的发展与活动平台建设。可以说，文化志愿服务工作越来越成为各地公共文化建设的重要内容和途径。

三、湖南省文化志愿服务发展面临的问题与机遇

湖南省的文化志愿服务事业呈现一片繁荣之势，且取得了一定的成就，但全省的文化志愿服务工作也存在一定的问题与不足，需要不断改进和拓展。

（一）存在问题

1. 组织缺乏独立性

文化志愿服务工作的组织独立性缺乏，主要表现在以下几个方面。一是资金来源不独立。就目前情况来看，湖南省文化志愿服务的活动资金主要来源于上级部门以及各级政府调拨，资金依赖性很强。二是活动开展不独立。当前，湖南省开展的各项文化志愿活动虽然主题多样，但形式仍然受到局限，尤其是各类大型活动，其表现形式仍然局限在文艺活动、慰问活动、宣传活动等活动形式，对贴近居民的公益项目还存在着保守态度，因此，还需要对活动形式进行深层挖掘，在活动形式与活动内容上继续创新，使文化志愿服务呈现百花齐放的特点。三是地方事业缺乏独立性。当前，湖南省的文化志愿服务工作主要以文件下达式为主，而地方文化站由于本身专业人员的缺乏以及组织能力不够，不能独立地开展系统性的文化志愿工作，因此，完全按照上级文件进行，不能很好地根据地方特点开展适合的文化服务工作。

2. 志愿工作人才缺乏

数量上文化志愿者还不够。从各市州的文化志愿者队伍组成情况来看，基本上是由文化系统工作者组成，人数有限，社会上文化爱好者的参与程度还有待提高；文化志愿工作者的专业性还有待提高，由于目前湖南省的文化志愿者主要由本系统内部人员构成，参与程度有限；对工作人员的培训力度不够，导致虽然有一批文化志愿工作者，但是工作者的专业程度受限，距人才的要求还有一段距离。

3. 群众参与程度较低

湖南省的文化志愿工作已经深入社会各阶层，但由于社会各界对文化志愿工作的重要性认识还不够，参与意识不强，使得目前志愿者队伍的发展遇到一定的阻碍。此外，社会文化爱好者组成的志愿者队伍，其目的大多为临时志愿，固定

的、长期的志愿者相对较少。

4. 文化志愿活动的长效机制尚未形成

从文化志愿活动来看，近几年，湖南省的文化志愿活动以有目的、有组织的活动为主，而自发性的文化志愿工作较少。因此，稳定志愿服务队伍，使志愿工作制度化、经常化是今后工作的重点。首先，全省文化志愿服务工作在工作思想认识、工作思路和机制还存在一些值得注意的问题。如一些地方、单位仍停留在传统计划经济思维模式，眼光、工作思路仍局限于文化系统内，甚至本部门、本单位"体内循环"，点子、办法少，思路窄，整体上缺乏科学规划。其次，社会公众对文化志愿精神的理解需要进一步加深、文化志愿服务的社会化运行的政策引领、制度设计有待加强，社会参与面、覆盖面仍需拓展，政府政策支持、社会力量参与、投入、激励机制及荣誉制度亟待建立，文化志愿宣传推广工作也有待提质转型。

（二）发展机遇

1. 中央对于文化志愿发展的推进，为湖南省文化志愿服务发展提供有力支持

2015 年 1 月 14 日，中办、国办印发了《关于加快构建现代公共文化服务体系的意见》（以下简称《意见》），这是构建现代公共文化服务体系的纲领性文件，是今后一个时期公共文化建设的基本遵循。《意见》强调要"大力开展文化志愿服务工作"，提出了弘扬志愿服务精神、构建文化志愿服务体系、探索特色文化志愿服务模式、提升文化志愿者的服务意识、服务能力和服务水平等具体任务，明确了今后文化志愿服务工作的方向和思路。文化部将 2015 年定为"文化志愿服务制度建设年"，要求夯实工作基础，进一步完善文化志愿服务体系；丰富服务内容，进一步强化文化志愿服务效果；创新活动载体，进一步形成文化志愿服务特色；健全工作机制，进一步推动文化志愿服务科学发展。

自 2013 年以来，在中央的指导下，湖南省初步形成了有品牌、有组织的文化志愿服务体系。在这样一个大的背景下，湖南省文化志愿服务必将大力弘扬志愿精神，以培育和弘扬社会主义核心价值观为主线，加强文化志愿服务制度化建设，构建参与广泛、内容丰富、形式多样、机制健全的文化志愿服务体系，提高文化志愿服务科学化、规范化、专业化和社会化水平，推动文化志愿服务事业规范有序、持续健康发展。

2. 湖南省社会经济水平的提高，为文化志愿服务发展提供了物质基础

2013 年以来，湖南省的社会经济水平有了显著的提高，文化志愿服务的资

金也随之提高。随着湖南省委、省政府对文化志愿服务扶持资金的增加，一方面，文化厅有能力在全省范围内设立文化志愿者工作站、地区图书站等机构，构建系统性的文化志愿服务队伍，极大地推进湖南省的文化志愿服务工作；另一方面，随着资金扶持力度的加大，省文化厅、各地方文化站将有更大的自主性开展文化志愿活动，以充实文化志愿服务的内容，加强文化志愿服务的宣传，推进文化志愿服务的发展。

3. 群众参与志愿服务的热情高涨，为文化志愿服务发展提供群众基础

要推进文化志愿服务的发展，就要整合社会资源，调动人民群众参与志愿服务的积极性。当前，全省人民群众参与志愿服务的热情逐步提升，推动着文化志愿服务的发展。一方面，由于湖南省社会经济水平和居民生活水平的提高，因此，对精神文化的需求也在提高。一些群众为了丰富自己的精神文化生活，提高社会形象，积极参与到文化志愿服务当中。另一方面，政府和社会团体的不断宣传和大力支持，吸引着一大批潜在志愿者参与到文化志愿服务当中。人民群众积极投身文化志愿服务，将成为全省文化志愿服务工作落实的有力保证，为推进全省文化志愿服务发展提供了群众基础。

4. 人民群众精神文化的需求不断增强，为文化志愿服务发展提供广阔前景

随着人们物质生活水平的提高，人民群众对精神文化的需求增强，需要丰富的社区文化活动满足自身的精神需求。此外，在一些偏穷贫地区，由于整体物质水平低下，社会经济不发达，人民的基本文化需求和基本物质需求均得不到满足，需要文化志愿服务以提高当地的文化水平和人民的生活水平。因此，从湖南省当前人民的整体文化生活来看，全省文化志愿服务还有着广泛的市场。

四、湖南省文化志愿服务发展方向与重点任务

湖南省文化志愿服务事业在经济社会迅速发展、社会生活深刻变化中不断向前推进。在新常态下，湖南省文化志愿服务事业将面向更加开放的社会环境，不断创造新的发展空间、拓展新的服务领域，在社会化、制度化和专业化方面迈出重要步伐。

（一）发展方向

以邓小平理论、“三个代表”重要思想、科学发展观为指导，学习贯彻习近平总书记系列重要讲话精神，以社会主义核心价值观为引领，大力弘扬志愿精

神，广泛传播志愿理念，把发展文化志愿服务事业作为构建现代公共文化服务体系的重要内容，坚持文化志愿服务与提供政府服务相衔接、与完善市场服务相补充、与创新文化治理相结合，构建参与广泛、内容丰富、形式多样、机制健全的文化志愿服务体系，真正实现文化惠民、文化为民、文化乐民，营造向上向善的良好社会风尚。

1. 文化志愿服务必须保持传播文化的先进性

"发展先进文化，就是发展面向现代化、面向世界、面向未来的，民族的、科学的、大众的社会主义文化"。文化志愿服务是为社会主义文化的大发展大繁荣服务的。湖南省开展文化志愿服务必须高举中国特色社会主义文化旗帜，大力弘扬博大精深的传统文化，积极传播科学健康的现代文化，努力打造群众喜闻乐见的社区文化，从而推动社会主义精神文明建设。

2. 文化志愿服务必须保持文化服务的公益性

公益性是文化志愿者和文化志愿活动的基本属性之一。公共文化服务体系建设的公益性原则体现了公共资金取之于民用之于民的特性，是区别于一般市场化文化服务的基本特征，也是基层文化志愿服务开展的根本原则。只有保持文化志愿服务的公益性，才能实现为最广大人民群众服务的基本目标，把社会效益放在首位，充分挖掘内部潜力，降低文化志愿服务的成本，扩大服务范围，增强服务能力，为广大人民群众提供免费、健康的文化服务，将理解、尊重、友爱、奉献的精神发扬光大。

3. 文化志愿服务必须保持服务活动的创新性

文化志愿者是文化改革和发展的生力军，是推进湖南省公共文化建设的创新之举，是实现文化大发展大繁荣的新思路和新方式。鲜活的实例、火热的生活和人民群众的生动实践，是基层文化发展与创新的丰富土壤和不竭源泉。湖南省要始终保持活动内容的创新，创作出形式多样的高品位文化艺术产品；始终保持活动形式的创新，扩展"舞台"、"讲堂"、"展台"之外的基层志愿服务实践载体；始终保持管理体制的创新，灵活运用各种机制，既要符合社会管理的一般规律，又要紧密结合湖南省省情。

（二）重点任务

1. 政府主导、专业指导、舆论引导，广泛开展丰富多彩的文化志愿服务活动

"政府搭台、文化唱戏"，搭什么台，唱什么戏，政府要发挥主导作用。全

省各级政府应将文化志愿服务支出纳入公共财政预算，为活动开展提供必要的资金支持。同时，各级政府也应结合当地实际，确定各类文化志愿服务的工作重点和主题，使之成为弘扬社会主义先进文化的重要抓手。

各类专业文化机构，包括图书馆、博物馆、文化馆、美术馆、群众艺术馆、文化站、文化艺术中心、剧院、音乐厅等，是开展公益性文化活动的重要阵地，这些机构拥有大量的文化资源、专业人才和丰富的活动经验，是文化志愿者招募的主体机构，也是许多志愿服务的发起机构，对文化志愿服务的具体开展起着重要的专业指导作用。

媒体的积极宣传报道，为志愿服务活动的开展营造了良好的舆论环境，吸引了更多社会力量参与到志愿活动中来。如《湖南日报》、湖南电视台、湖南人民广播电台、《三湘都市报》等主流媒体均对“文化志愿者边疆行”活动进行过专题宣传和报道，对促进民族文化融合和民族团结起到了积极的推动作用。再如，长沙市利用有线电视台、社区和大型商业场所的LED屏、社区宣传栏等各种宣传媒介，大力宣传志愿者精神和“利他益我也为你，共建和谐共同体”、“我参与我快乐”的志愿服务理念，提升公众知晓率，吸引群众加入文化志愿者队伍中来。

2. *以基层群众的文化需求为出发点，以服务文化弱势群体为侧重点，以品牌服务的打造为突破点*

文化志愿服务要将满足人民群众的文化需求作为一切活动开展的出发点。贴近生活、贴近群众、贴近实际是文化志愿活动提供服务的根本。不同地区、不同民族、不同年龄、不同职业、不同文化背景的群众对文化的需求也不尽一致。因此，要认真倾听基层百姓的声音，虚心采纳基层文化工作者的意见，避免因主观臆想而提供基层百姓不能吸收的文化，甚至是相冲突的文化。

以服务文化弱势群体为侧重点，是弘扬中华民族扶危济困、助人为乐传统美德的体现，是消除文化发展不均等状况的客观需要。造成文化弱势的原因是多样的，包括地缘弱势，如老少边穷地区、农村地区群众，能够享受的公共文化产品较少；经济弱势，如农民工及其子女，消费文化产品的能力有限；身体弱势，如残障人士，获取文化产品存在障碍等。省里的政策要向文化弱势群体倾斜，将先进文化的“触角”伸向基层弱势群体，为其进行文化“输血”进而激活其文化“造血”的功能，这也是“文化均等化”的体现。

在过去历年的文化志愿活动中，湖南省一些开展较好、口碑不错的志愿服务活动已经形成了品牌。要以品牌志愿服务的打造为突破点，有利于以点带面，进而推动志愿服务深入开展。树立品牌不是为了标榜成绩，它的目的是让优秀的志愿服务项目得以长期开展，扩大文化志愿服务的影响力，起到示范作用。

3. 建立文化志愿服务科学的项目管理体制、长效的资金保障机制和完善的人才培养机制

基层文化志愿服务的开展可以引入项目管理理念，建立切实可行、可操作性强的管理机制，提升服务工作的规范化水平。参照项目管理，文化志愿活动的开展可分为起始、计划、实施、控制、收尾五个过程。起始过程对项目的可行性进行分析，决策项目开展与否；计划过程中拟订该项目的工作目标、工作计划、资源分析、成本预算、应急措施等；在实施过程中，组织协调各类资源和工作任务，激励团队完成既定目标；控制过程包括监督和测评工作的实际开展情况、分析与既定目标的差异，纠正偏差，保证项目顺利实现；收尾过程中，要对活动开展情况进行总结，形成文件，归入档案。全省各地区、各部门要结合实际情况，制定文化志愿服务工作细则，使活动的开展有章可循，有条不紊。

建立长效的资金保障机制是基层文化志愿活动稳步发展的重要保障。资金的来源除了主要依赖公共财政预算，还应该积极引入社会力量，如企业、团体和个人的捐赠，广泛吸收社会资金的同时，还要避免文化志愿服务沦为商业谋利的工具，慎重为活动冠名或进行变相的产品宣传，鼓励纯粹的公益性资金捐赠，可以建立文化志愿服务基金，由专人管理，主动公开收支状况，接受社会监督。

文化志愿者队伍的建设需要一整套完善的人才培养机制。要把这支队伍建成专业过硬、服务高效的团队，就要着力做好以下几方面工作：细化招募条件、简化招募和注册流程、规范志愿者档案管理；明确责任和义务，约束志愿活动行为、保障志愿者权益；建立以精神激励为主，能体现贡献和业绩差别化的激励机制；制定有益于活动开展并且提升志愿者个人修养的培训活动；严格考核和管理，引入退出机制。

原创广场舞（曲）：弘扬社会主义核心价值观的创新样本

湖南省文化厅公共文化处

引言：“唱起来，跳起来，跳出精彩阳光来……”每晚7～9点，地处湖南西部的国家级贫困县——新化县天华广场热闹沸腾起来，《走向富强》、《当家做主享幸福》……一首首以社会主义核心价值观为主题的广场舞曲悠扬地响起，伴随着音乐节奏，一位领队正在带领老百姓激情四射地跳起了广场舞，这已是当地参与最为广泛的群众文化活动。这只是2016年湖南开展的“我们都来跳”社会主义核心价值观原创广场舞（曲）推广活动的一个缩影。当地一位群众说：“我们现在不打牌了，身体也锻炼了，天天跳舞，好不快活！这对提高我们群众的文化生活、文明健康水平，净化社会风气起到了不可忽视的重要作用。”将社会主义核心价值观与人民群众喜闻乐见的广场舞形式相结合，创新编排健康向上、形式新颖的原创广场舞（曲），这无疑是一种宣传社会主义核心价值观的地方创新样本。

一、破解难题：创新核心价值观宣传载体

2014年2月24日，习近平在主持十八届中央政治局第十三次集体学习时的讲话指出，要切实把社会主义核心价值观贯穿到社会生活的方方面面。要润物细无声，运用各类文化形式，生动具体地表现社会主义核心价值观。如何创新形式有效地宣传弘扬社会主义核心价值观？最根本的途径就是将软性的价值观通过群众喜闻乐见的硬性载体才能进行有效的宣传。因此，努力找到这种普及化的群众载体，就成为各级宣传思想文化战线探索实践的关键。

通过调研发现，随着经济快速发展和人民生活水平的提高，群众对有益身心健康的休闲娱乐活动的需求日益突出。现在，不管走进哪座城市、深入哪个村

庄，人们都会被热情四溢的广场舞者所吸引。这种群众自发形成、自我管理、自编自演的广场舞，逐渐成为了带动群众最多、百姓日常参与量最大的文化活动形式。究其实质，人民群众喜欢广场舞有三个方面的原因：一是健康需要，“我跳健，我健康”；二是舞蹈动作简单易学，音乐旋律优美；三是场地要求不高，社区广场、街头巷口、农家田院，只要有块空地就可开展。因此，广场舞很快成为风靡全国、老少皆宜、城乡普及的自发性群众文化活动，而且还逐步出现了一些大型比赛活动。但是调研发现，广场舞活动仍然存在三个方面的不足：一是比赛没有文化人的参与。二是广场舞基本没有教材（直到2010年，中国舞蹈家协会才组织编创了一套“百姓健康舞”教材），广场舞舞段大都由一些广场舞爱好者选上一支时尚流行的歌曲自己随意编创而成，或者是在网上学习改编别人的舞段。三是广场舞爱好者对更高水平的编舞需求越来越大。为此，在满足人民群众日益增长的文化需求的同时，努力提升群众的广场舞文化素养，成为文化工作者迫切需要解决的一个实际问题。

当与人们日常生活联系紧密、参与人数多、影响范围大的广场舞，与核心价值观大规模宣传载体问题链接起来，利用原创广场舞词曲舞蹈等跨界融合，为弘扬社会主义核心价值观打开了一片崭新的天地。这正是贯彻落实习近平总书记“在落细、落小、落实上下功夫”的指示精神的最好探索和实践。通过广场舞这种融入社会生活的文化形式，让社会主义核心价值观24个字更容易传播开来，使其入脑入心，让人们在轻松愉悦中感知它、领悟它，从而指导人民群众的一言一行。

二、跨界融合：“原创广场舞+核心价值观”

“原创广场舞”这一创新的宣传载体找到了，如何充分利用音乐和舞蹈这种群众喜闻乐见的文化形式，把原创广场舞打造成弘扬社会主义核心价值观教育引导、舆论宣传、文化熏陶、实践养成的重要宣传载体，仍然需要不断深入思考和实践摸索。

一是力推湖南原创广场舞。2011年6月，为适应免费开放工作的需要，湖南在全国率先推出文化服务品牌“湖南省原创广场舞”。经过几年的摸索实践，通过前期调研、音乐挑选、舞蹈创编、试教讨论、定稿和层层培训推广等多个环节，组织音乐家改编或创作一批独具湖南民族、地方特色的、节奏感强、适合跳广场舞的舞曲，推出了两集教材23首原创广场舞（曲）。一时间湖南原创广场舞在三湘大地风起云涌，不仅在省内打下了扎实的群众基础，也在全国形成了一股原创风潮，截至 2015 年底，学习人数达 360 多万人，网上教材点击率达 620 万次。

二是征集核心价值观创意歌曲。基于全省扎实的群众基础和弘扬社会主义核心价值观的实际需要，经过一年的调查研究和酝酿策划，2016 年 4 月 1 日，由湖南省文化厅主办、湖南省文化馆承办、湖南省音乐家协会协办的“我们都来跳”社会主义核心价值观湖南省原创广场舞歌曲征集活动正式启动，将社会主义核心价值观融入广场舞音乐歌词当中，这在全国首开先河。征集活动启动以来，通过全国征集、专题创作、各市州选送和网络征稿等多种形式在全国范围内公开征集歌词和曲谱，歌词要求体现“富强、民主、文明、和谐、自由、平等、公正、法治、爱国、敬业、诚信、友善”核心价值观，并以其中的一个词为主题进行创作。词曲征集活动历时 3 个多月，共收到词、曲作品 300 多首，最终经过多轮征集论证，30 首歌词、28 首歌曲入围，向社会公示作品 20 首，如《社会主义核心价值观》广场舞歌曲之《富强之歌》、《民主之歌》、《文明之歌》、《和谐之歌》、《自由之歌》、《平等之歌》、《法治之歌》、《爱国之歌》等。在创作过程中，为了推进“我们都来跳”湖南原创广场舞歌词创作，帮助词作家更好地把握主题，更深入地了解社会主义核心价值观，特邀湖南省委直属机关党校副教授孙士云讲授《社会主义核心价值的内涵及理解》，省文化厅、省文化馆、省音乐家协会还分别组织召开了两场专题研讨会。大家纷纷表示通过讲座对社会主义核心价值观的理解更加深刻、透彻，为指导原创广场舞的歌词创作提供了启迪。

三是编配湖湘特色舞蹈教材。词曲确定之后，湖南省文化馆举办了“我们都来跳”社会主义核心价值观湖南省原创广场舞舞蹈编创班，特别组织舞蹈编导用湖南苗族、土家族、侗族、白族等少数民族的舞蹈语汇，用湖南戏剧、地方小调、原生态歌舞的舞蹈元素，把核心价值观音乐歌曲编配成广场舞教材并刻录成光盘，便于传播推广。

四是发布推出创意成果。通过征集挑选音乐词曲、编创舞蹈、试教研讨、加工修改提高、调整定稿等多个环节，创新编成一套 20 首健康向上、形式新颖的原创广场舞（曲），并在 2016 年 9 月召开推广普及新闻发布会，向社会推广“原创广场舞 + 核心价值观”创意成果。这 20 支社会主义核心价值观原创广场舞歌词积极向上，富含正能量；音乐朗朗上口，节奏鲜明流畅，彰显湖湘特色。这批教材与前两集教材均体现出鲜明的地方特色：一是具有原创性。组织专家、教师历时 5 个多月编创而成，湖南省文化馆正在向国家知识产权局申报注册，将成为湖南省群众文化活动第一个申报产权的项目。二是具有鲜明的湖湘特色。教材选用湖南少数民族及地方戏曲等特色舞蹈语汇，特别是选用了非常珍贵的非遗项目素材，结合广场舞的要求编创而成。三是艺术性、舞蹈性和健身相结合。广场舞动作把人物形象（表演）和舞蹈动作结合起来，舞蹈形式多样、节奏明快、诙谐有趣、动感性强、简单易学，兼具舞蹈的艺术观赏性和广场舞的健身功能。

三、推广普及：五种形式齐头并进

有了好的群众基础和广场舞教材，加强推广普及成为当务之急。湖南采取五种形式齐头并进，在全国范围内推广 20 支社会主义核心价值观原创广场舞（曲）。通过普及推广和群众的实践检验，不断精心加工打磨，期待从中产生一批优秀的艺术作品。

一是培训推广。前期已推出了两集“我们都来跳”原创广场舞教材，开办原创广场舞培训班3000 多个，培训广场舞教练员 1.5 万余人，原创广场舞在湖南已经具备了很高的人气和群众基础。组织全省 1.5 万名教练员及其组建的广场舞队，到省内各社区、厂矿、农村、学校、企业等地推广 20 支原创广场舞（曲）。采取层层举办培训班的形式，开展省、市、县、乡四级培训，通过骨干带动骨干，骨干培训教练员的形式，在全省各市（州）、大学、机关企事业单位、各市（州）和县文化馆以及乡镇文化站，从省级层面迅速层层推进，带动全省基层百姓广泛跳起湖南原创广场舞。二是网络推广。将原创广场舞教材挂网，通过腾讯、优酷、土豆、新湖南、红网、中国文化电视网络以及湖南省文化厅系统官网、微博、微信等向全国推广，拓宽影响面。三是平台推广。借助中国文化馆年会、“9 +2”区域联盟和文化志愿者边疆行等全国性平台，赴相关省市区举办“我们都来跳”社会主义核心价值观湖南原创广场舞教练员培训班。四是宣传推广。召开新闻发布会，邀请 30 余家中央媒体和省内主流媒体参加，利用媒体的优势和渠道，大力推广 20 支社会主义核心价值观原创广场舞，凝聚正能量、传递好声音，弘扬社会主义核心价值观。邀请湖南电视台、《潇湘晨报》、中国网络电视、红网等媒体，从前期创作阶段就介入，通过专题、专栏、专访和视频直播等多种形式进行宣传报道。通过微信、APP 等形式，开通“我来编、你来跳”等平台，把创作的舞曲、舞蹈广泛传播，让更多的人民群众参与到创作和学习中来。五是比赛推广。经过层层培训和带动后，再从乡镇开始至县、市开展表演和比赛，再挑选优秀团队参加总决赛。2016 年 9 月 26 日，由各市州挑选的广场舞队表演这套“社会主义核心价值观”广场舞参加全省比赛，经湖南都市频道录播。最后评选出特等奖两名，金奖五名，银奖七名，特别表演奖一名，并挑选优秀队伍参加文化部组织的全国广场舞大赛和省际交流活动。

四、反响良好：群众热情参与

湖南原创广场舞一经推出就受到文化舞蹈专干和广场舞爱好者的欢迎。网上教程也得到了广大网友的热情追捧。目前，在全国范围内学习“湖南省原创广场舞”的群众达到700多万人，《湖南省原创广场舞》教材在网上的点击率达到1200多万人次。为适应群众对湖南原创广场舞的需求，湖南省文化馆采取培训教练员和骨干的办法，层层培训00，层层推广，扩大教练员和参与学习者的成果。从开始的5期培训班600多位教练员到后期14个市州、124个县市区的骨干班，再推广到乡镇和社区，这些教练员和骨干就像革命的种子，被撒向三湘四水，到处开花结果，星星之火，已成燎原之势。截至2016年9月20日，全省共开办教练员培训班23期，培训人数3692人。部分县文化馆的舞蹈专干参加了省文化馆的教练员培训班，回去后马上开办了乡镇、社区教练员培训班。新化县文化馆、耒阳市文化馆、嘉禾县文化馆、涟源市文化馆等单位由于宣传发动到位，组织有方，报名者非常踊跃。由于人员太多，他们只好分期分批进行培训。在娄底市新化县，每个广场舞教练员参与培训，办学不到半个月，新化的广场、操场、观光带就有上万的群众在练习，晚上散步随处都能听到社会主义核心价值观的音乐在广场上空回荡。衡阳在9月初开办了2期共80人的教练员培训班，这80人在各自的团队开班，每人培训30人，现有2480人在进一步推广。据了解，全省参与学习的群众对这套教材很感兴趣，普遍认为歌词通俗易懂，音乐朗朗上口，舞蹈特色鲜明，让人很快就把社会主义核心价值观铭记在心。目前，市、县、乡的原创广场舞教练员培训如火如荼，在全省广大人民群众中具有良好的口碑，对弘扬社会主义核心价值观将产生积极广泛的影响。

五、启示与思考

如何以创新形式弘扬社会主义核心价值观是当前宣传文化战线普遍面临的难题。湖南以原创广场舞形式，将社会主义核心价值观主题融入歌曲之中，是创新宣传方法的有益尝试。

喜闻乐见，群众有兴趣有激情参与。弘扬社会主义核心价值观要以群众喜闻乐见的形式才能取得扎实成效。通过融入日常生活，以更为广泛普及的广场舞形式，带动群众在欢快愉悦中，在兴趣爱好和生活激情中自觉自主地受到潜移默化的教育影响。

以点带面，开展有组织有计划推广。湖南通过开展省、市、县、乡四级培训，层层以骨干带动骨干，以骨干培训教练员，不仅可以迅速扩大规模产生成效，而且也极大地锻炼了基层文化队伍，提升了文化系统层层组织、上下联动的工作凝聚力，更重要的是，将软性的核心价值观宣传转变为一种有组织有计划的硬性推广，成效明显。

创新模式，组织多渠道多形式展示。通过媒体新闻发布会、网络视频推广、微信微博和 APP 推广等多种平台，在扩大影响的同时，将广场舞与移动互联网相结合，形成一种群众文化活动组织新模式。广场舞爱好者可以通过光盘、网络自学，也可通过各地文化馆的业务专干现场规范教学等多种途径传播展示“湖南省原创广场舞”，为在全国推动广场舞健康发展提供了有益启示。

创新服务，促进标准化均等化供给。习近平总书记在全国文艺座谈会上强调，文艺是时代前进的号角，而人民群众是文艺的主体。发展群众文化，就是要满足最广大人民群众的基本文化需求，为他们提供丰富的、优秀的、接地气的文艺产品。湖南充分利用广场舞参与人数多、影响范围大的特点，以创新公共文化服务品牌为依托，以视频教材和培训推广为标准模式，在全省各级文化馆和群众当中层层推广，产生了广泛而积极的影响，满足了公共文化服务体系建设“重心下移、资源下移、服务下移”的基本要求，促进了公共文化供给的标准化和均等化。

探索践行篇

以人民为中心　以基层为重点

——长沙市公共文化服务体系建设的模式探索

长沙市文广新局

一、基本情况

2013年，长沙市以“中部第一，全国第二”的创建成绩跻身首批国家公共文化服务体系示范区。2014年9月，长沙市再度被文化部确定为国家公共文化服务标准化试点地区之一。两年来，我们在国家文化部、省文化厅的大力支持和精心指导下，深入贯彻落实中央决策部署和习近平系列重要讲话精神，将国家公共文化服务标准化试点作为深化示范区创建，加快构建现代公共文化服务体系的实践探索、引领核心价值观的重要载体、建设品质长沙的文化支撑、惠及千家万户的民心工程，着眼全国示范，立足地方实际，以服务群众为导向，以深化改革为动力，以服务均等化为目标，着力在完善文化设施网络、提升文化服务效能、深化文化惠民、保障和改善群众文化民生、增强群众获得感上下功夫，矢志率先建成标准化的现代公共文化服务体系。目前，试点工作各项任务已全面完成，基本构建了“设施标准化、服务均等化、供给多元化、机制长效化、评价体系化”的公共文化服务新格局，现代公共文化服务体系建设纵深发展，并取得了明显成效。

二、所做主要工作及成效

（一）以政府为主导，强力推进试点工作

一是科学制定试点方案。通过基层反馈、部门酝酿、专家把脉，研究制定出

台了《长沙市国家公共文化服务标准化试点工作方案》、《长沙市全民艺术普及工程实施方案》、《长沙市文化馆中心馆—总分馆服务体系建设实施方案》三个配套文件，让标准执行有据可依、让基层操作有章可循。在标准的制订过程中，注重突出“三性”。第一，体现了标准的引领性。立足于长沙市建设国家中心城市，推进基本现代化的目标，制定的公共文化服务各项标准均高于国家标准，既具有可行性，又走在全国前列。比如，乡镇（街道）综合文化站建筑面积国家标准不低于300平方米，长沙市标准不低于500平方米；村（社区）综合文化服务中心建筑面积国家标准不低于100平方米，长沙市标准不低于200平方米。第二，体现了宗旨的群众性。立足于“四更”长沙建设，以人民为中心，以基层为重点，把为群众服务、增强群众文化获得感贯穿于现代公共文化服务体系建设全过程，都是通过实实在在的文化惠民活动和项目，以文化来滋养人，让群众在文化共享发展中有更多的获得感、幸福感。比如，按照“公民自主、精准服务，十管齐下、体系支撑，一人一艺、全民参与”的工作思路制定实施了全民艺术普及工程。第三，体现了服务的创新性。立足于长沙打造国家创新创意中心，大力发展“文化+”新兴业态。注重创新文化产品和服务内容，加强文化创意产品研发。比如，在推进公共文化服务与科技深度融合、公共文化服务数字化网络平台建设、提升公共文化服务现代传播能力等方面均有创新，为实现便捷高效“一站式”服务，打通公共文化“最后一公里”提供了技术和内容支撑。二是强化组织领导。全市成立了以市委副书记、市长任组长，市委、市政府分管领导任副组长、相关市直部门和各县（市）领导负责人为成员的长沙市国家公共文化服务标准化试点工作领导小组，统一协调全市公共文化经费投入、设施建设、设施配置、资源建设、服务提供、考核评估等标准化建设相关工作。各县（市）区都建立了相应的领导和工作机制，确保标准化试点领导有力，推进有序，工作有效。2015年5月，市委、市政府召开高规格的国家公共文化服务标准化试点工作会议，专题部署标准化建设的推进。国家公共文化服务体系专家委员会主任李国新、省文化厅厅长李晖出席大会。省委常委、市委书记易炼红同志亲自动员部署试点工作，提出了“率先建成标准化、均等化的现代公共文化服务体系”的奋斗目标。各县（市）区都召开了试点工作会议，将各项目标、工作任务具体化，责任到部门，责任到人，明确“任务书”和“时间表”，确保试点任务如期完成。三是加大投入保障。市财政每年安排1800万元试点工作经费，各县（市）区分别设立了500万～1000万元不等的试点资金。在原保障渠道不变的情况下，加大了乡镇（街道）综合文化站、农家书屋、广播电视户户通、文化信息资源共享工程、送戏下乡等文化惠民工程的投入。2015 年仅市级财政就增加资金达 8000 万元，全市投入文化建设资金达 20 亿元。

（二）以基层为重点，推动设施建设均衡发展

按照国家公共文化服务标准化试点要求，紧紧围绕群众需求和城乡发展需要，按照“科学、规范、适用、易行”原则，探索建立具有长沙特色的标准体系。一是抓标志、树品质。占地 196 亩、总投资 17 亿元的滨江文化园“三馆一厅”（图书馆、博物馆、规划展示馆、音乐厅）全面建成开放。截至目前，举办群众文化活动 345 场，举办各类展览 114 个，长沙音乐厅演出 190 余场，平均上座率 91%，入园人数超过 300 万人（次），图书馆入馆读者达 145 万，被市民誉为“省会地标、城市客厅、文化圣殿、百姓乐园”。完成了长沙市美术馆、长沙市群众艺术馆实验剧场二期工程建设；加快推进梅溪湖国际文化艺术中心、西湖文化园、新广电中心和长沙国王陵、铜官窑、炭河里三大国家考古遗址公园建设。二是抓基层、强基础。完善服务设施网络，实现区县（市）图书馆、文化馆 100% 达到国家一级标准，80% 的区县（市）建有文体中心、高标准建成集宣传文化、党员教育、科技普及、普法教育、体育健身等功能于一体，资源充足、设备齐全、服务规范、保障有力、群众满意度高的示范性乡镇（街道）综合文化服务中心 188 个，村（社区）综合性文化服务中心 700 个，实现了“读有书屋、唱有设备、演有舞台、看有影厅、跳有广场、讲有故事、创有指导、学有辅导、联有网络、办有经费”的十有目标。三是抓载体、建实体。升级 1364 家农家书屋，实现 60% 的农家书屋达到星级水平，加快公益电影固定放映点建设，总量达到 100 个，推进图书馆和文化馆总分馆建设、延伸服务触角，建成图书馆分馆 100 个，地铁自助图书馆 5 个，24 小时街区图书馆 3 个；文化馆中心馆 1 个，总馆 9 个，分馆 50 个，联盟馆 5 个，把图书馆、文化馆建到老百姓家门口。

（三）以群众需求为导向，充分体现全民共享性

一是实施全民艺术普及工程。按照“公民自主、精准服务；十管齐下、体系支撑；一人一艺、全民参与”的工作思路推动全民艺术普及工程。投入 400 万元建设文化馆数字化服务平台和远程艺术辅导培训系统，通过录制视频，组织文学、音乐、舞蹈、书法、绘画、摄影、戏曲、工艺、非遗技艺等 10 个门类的专家，进行远程开班授课辅导。全市各乡镇（街道）、村（社区）的群众，只要打开电脑、手机等终端设备就能便捷获取各类艺术辅导资源，根据自身兴趣爱好跟

着老师学习艺术知识和技能。市财政设立2000万元政府向社会化力量购买公共文化服务专项资金，支持全民艺术普及工程，以联盟馆的方式广泛吸收青少年、妇女儿童活动中心、工人文化宫、老年大学等公共文化服务机构以及社会力量开办的艺术培训机构加入全民艺术普及工程。截至2016年5月，全市参与艺术普及工程的人数达到20万人。二是打造“百姓”文化活动品牌。改变原来市、县区文化品牌各自为政、比较分散的状况，整合打造“百姓”系列活动品牌。将分布在市级场馆的“橘洲讲坛”、“市民文化遗产大讲堂”、“船山讲堂”等整合为“百姓大讲堂”，邀请知名学者、文化名人、业界专家开坛授讲。以长沙音乐厅、实验剧场、湘江剧场为载体，定期举办“百姓大舞台　有艺你就来”活动。联动国有、民办博物馆、美术馆推出“百姓大展厅”。2015年，共举办“百姓”大讲坛20次、大舞台100场、大展览50次，参与人数达40万。三是开展公共文化“五送五进”活动（送戏、送电影、送图书、送展览、送讲座，进农村、进社区、进校园、进企业、进军营)。2015年实现农村公益电影放映2.15万场，完成“送戏下乡”惠民演出700场、送图书20万册、送展览100次、送讲座200场，完成广播电视“户户通”6.14万户，提质改造农家书屋1364家。全市10个公共图书馆、文化馆，22个博物馆、纪念馆和180个乡镇（街道）文化站全部实现免费开放。在各县（市）区广泛开展农村“文化集市”活动，惠及100万农民群众，让老百姓共享文化发展红利。

（四）以改革创新为突破，增强文化服务发展动力

一是整合行业资源聚文化。探索省市、市区、政企、校地等多层次的“阵地共建、资源共享、项目共推”机制，整合党员远教、农业科技、社区建设、文化信息资源共享等，推进基层阵地建设；整合教育、园林、体育系统阵地资源，推动公共场馆免费开放；整合省会高校资源，开展“校园文化进社区”，40所高校100多个学院对接全市200多个社区。二是鼓励社会力量兴文化。出台鼓励民办博物馆、实体书店、艺术团体发展的扶持政策，扶持民营博物馆20多家，举办“艺术长沙”双年展等活动；组建“长沙人艺话剧社”、“长沙人艺歌舞团”等10家民办公助的文艺团体。推动市场反哺文化，开展“十万群众进歌厅”、“群文节目进歌厅”等活动，实现长沙图书交易会与“三湘读书月”活动有机结合。三是畅通网络渠道供文化。广泛运用信息网络技术，大力推进网上博物馆、图书馆等网络载体建设，积极运用微信、微博、微视频等新媒体手段，提高网络文化产品和服务供给能力，促进优秀传统文化、长沙地方文化和文艺精品的网络

传播。

（五）强化督导考核，推进绩效评价体系化

一是在评估责任上建立新体系。建立由市长任召集人的全市国家公共文化服务标准化试点工作联席会议制度，明确路线图、时间表、责任人，确保试点工作落到实处；切实加强横向协同，在项目、资金、服务等方面大力支持，实现公共文化资源跨地区、跨部门、跨领域、跨系统高度整合和深度优化。二是在评估方式上引入第三方。建立群众需求反馈机制和评价机制，承担文化部立项课题《基于公众满意度的公共文化服务绩效第三方评估研究》，出台《长沙市公共文化服务绩效第三方评估实施办法》，组织或委托“第三方评估”开展公共文化机构公众满意度调查测评，测评结果作为评估公共文化机构绩效的重要依据。三是在评估效果上看重满意度。以设施建设、资金投入、产品供给、服务效能等为主要指标，将服务基层情况和群众满意度作为重要考核指标，全面实施公共文化服务绩效评估，进一步把品牌打响、把机制搞活、把参与度提升，形成普及化、常态化的新格局，让群众从中享受愉悦、感受幸福。四是进一步强化督导考核。将公共文化服务标准化试点工作纳入了各级党政班子和领导干部的绩效考核内容，纳入了实事工程的考核范畴，加大督导检查力度，每季度对区县（市）公共文化服务体系提质增效进行督查，对督查结果进行通报。在大幅度清理评比评估中，保留了公共文化服务体系建设的评估项目。

三、存在的不足及下一阶段工作

虽然长沙市在国家公共文化服务服务标准化试点工作上取得了一定成效，但与上级的要求、群众的期盼和文化先进城市相比，还有一定差距。具体表现在：一是区域发展不平衡。大部分地区已达到或超过制定的建设标准，但由于少数乡镇（街道）、村（社区）合并等原因，公共文化设施有待整合完善。二是队伍建设有待提高。部分乡镇（街道）综合文化站没有按要求配足工作人员，不能做到专职专用。下一步，我们将继续创新思想，扎实工作，重点做好如下几个方面的工作。

1. 进一步完善公共文化服务设施建设

按照“整合资源、合理布局、分步实施”的原则，完善街道（乡镇）、社区（村）综合文化服务中心、农家书屋、公共电子阅览室的建设，保障基层公共文

化服务载体全面覆盖、有效运转。

2. 进一步拓宽公共文化产品供给渠道

引导社会资本更多投向公共文化服务领域，增加产品和服务总量，大力实施全民艺术普及工程，使公共文化服务成为培育和促进文化消费的重要推手。深入挖掘文化特色资源，加强文化创意产品研发，创新文化产品和服务内容。鼓励和支持在商业演出和电影放映中安排低价场次或门票，鼓励网络文化运营商开发更多高品质、低收费业务，引导和支持各类文化企业参与公共文化服务。

3. 进一步加强基层公共文化队伍建设

落实中央、省政府要求的基层公共文化机构人员编制标准。设立城乡基层公共文化服务岗位，配置好由公共财政补贴的专职工作人员，做到专职专用。依托高等院校、艺术职业院校等教育机构，建立公共文化人才培训基地，实施文化人才培训计划，全市每年对基层文化工作者、文化辅导员、业余文艺骨干进行轮训，切实提高基层公共文化队伍的业务素质。

众人拾柴火焰高

——岳阳市社会力量参与公共文化服务体系建设的模式探索

岳阳市文广新局

“洞庭天下水，岳阳天下楼”。岳阳地处湖南东北部，古称巴陵，又名岳州。改革开放以来，岳阳先后荣获国家历史文化名城、全国文明城市、最具文化软实力城市等荣誉称号。

作为第二批创建国家公共文化服务体系示范区城市，近年来，岳阳市委、市政府按照中央、省部署，广泛动员、精心谋划、科学组织、稳步推进、狠抓落实，目前已基本达到创建国家公共文化服务体系示范区中部标准。在创建中，我们在坚持政府主导，加大财政投入，提高公益性文化单位服务效能的同时，积极引导和鼓励社会力量参与公共文化服务体系建设，从八个方面进行有益探索，形成社会力量参与公共文化服务体系建设的“岳阳模式”。

一、社会资本进入公共文化设施建设的“资本运营”模式

一是强化政策引导。出台《岳阳市社会力量参与公共文化服务促进办法》、《屈子文化园招商引资暂行办法》等，鼓励、引导和支持社会资本参与文化建设。二是保障投资权益。根据有关政策要求，做好项目论证，兼顾投资效益和社会效益，确保项目正常运营，实现资本与服务双赢。三是吸引社会资本。2013年来，全市已有50多家企业出资参与公共文化建设，市政府启动“十大文化工程”建设，总投资超过20亿元。各县市区还积极争取社会资金65.74亿元用于公共文化事业，形成政府、社会共建公共文化格局。

二、文化产业助力公共文化服务发展的“产业助推”模式

一是坚持文化产业与文化设施同步开发。实行“捆绑式”招商，确保企业

获利的同时，配套建设公共文化设施。君山印刷科技工业园目前入园企业8家，实现年产值5亿元以上，配套建设文化活动室8个，服务周边群众30000余人。二是坚持文化营利与公益服务同步发展。采取“搭便车”方式，鼓励文化企业开展与经营相关的公共文化服务。汨罗市积极探索PPP、基金、股权等文化建设投融资模式，总投资50亿元，对新市古镇等进行开发，提升基层公共文化建设水平。三是坚持文化服务供给与文化消费引领同时兼顾。成立“岳阳市电影行业协会”，建成影院17家，座位10000个，年放映影片240多部，服务各类人群1295万余人，年放映收入达1.2亿元，有力促进了文化消费。

三、文化志愿服务协助公共文化机构的“编外参与”模式

一是强化团队建设。成立岳阳市文化志愿者服务支队和各县市区分队，构建了覆盖城乡的文化志愿服务网络。建立“文化志愿者之家”网络平台，全市注册文化志愿者已超过10000名，文化志愿服务团队1000多个。“三千文化志愿者下社区、乡镇活动”被文化部评为示范项目。二是丰富服务模式。搭建了群文、图书与文博志愿服务综合平台，形成建点辅导、办班培训、搭台演出、参与配合四种服务模式，成为有效参与公共文化服务的重要载体。三是探索长效机制。制定《岳阳市文化志愿服务促进办法》，将文化志愿服务纳入党委政府工作安排，成为公共文化服务建设有益补充。

四、民间文化组织参与公共文化服务的“扶持奖励”模式

一是激发内在活力。出台《关于进一步扶持社会文艺团队的实施意见》，积极搭建平台，培育活动品牌，一大批文艺团体与文化人才脱颖而出。如湘阴县“激情舞动·幸福湘阴”2015年全民广场舞大赛，参演团队300多个，参与人数6000余人。二是重视人才培养。市委、市政府开展“文艺岳家军”支持计划人才选拔工作，2015年已选拔文艺人才20名，每人给予5万元专项资助。同时通过以奖代扶，解决民间团体资金问题。屈原民营花鼓戏剧团获市汇演一等奖后，得到市政府30万元奖励，并成为全市剧团改革与戏曲创作的典型。三是培植地域特色。发掘地域民间文化传统，不断培植特色品牌。云溪区“乡村文化礼堂”、“家规家训”文化品牌被中央文明委评为改革开放30年十佳典型案例；岳阳县“文化百姓·一元剧场”文化惠民活动；汨罗市长乐镇“万人闹元宵”活

动被评为第五届湖南艺术节项目类“三湘群星奖”；华容县建成中国首家民间“棉文化博物馆”，在乡镇综合文化站设立“同心·关爱”留守儿童服务站，被中央、省级媒体大力推介；临湘市建立湘鄂赣非遗保护交流联席会；汨罗市每年举办民间龙舟邀请赛，开展湘北地区“七十二本”传统花鼓戏剧目复排工程；岳阳楼区创作微电影剧本《洞庭恋歌》，建立“洞庭渔歌”非物质文化遗产传习馆；岳阳经济技术开发区建成4个少年宫，举办“暑期学校”和“周末课堂”，打造以青少年培育为特色的文化活动中心；屈原管理区“爱在金秋”活动成为该区残疾人的精神家园。

五、文化惠民活动参与公共文化服务产品供给的“文企联姻”模式

一是搭建文企联姻合作平台。推出中国龙舟文化节等一系列文化平台，吸引企业通过赞助、冠名等形式，服务公共文化。君山区与北京一科技公司合作，共建内地省份县级首家公共文化综合数字服务平台，第一批20台一体机已投放，计划5年内投放100台一体机，将惠及群众25万余人。二是推出文企联姻合作方式。市政府每年拨付200万元专项资金用于高雅艺术惠民演出，通过与文化企业合作，吸纳资金1220万元，降低演出成本，让群众得到低价消费，实现高雅艺术常态化、普及化、平民化，目前已演出54场。三是注重文企联姻合作效果。采取政府支持、企业冠名、社会赞助、自筹资金等方式，打造一系列文企联姻、文化惠民品牌。每年全市送书进村10000多册；送戏送电影下乡40000多场；“欢乐潇湘·幸福岳阳”群众文化活动演出1711场；“周末一元剧场”演出112场；岳阳市美术馆展览21场；岳阳博物馆举行流动展览45场；建成非遗传习基地18个。花鼓小戏《老赵家的感恩节》获国家艺术基金扶持，并获第五届湖南省艺术节一等奖。声乐《水粼粼的洞庭湖》、舞蹈《薰风轻轻吹》、微电影《良心的守护》等多部作品获全省艺术节金奖。四是试水公共文化服务外包。汨罗市文化馆引入社会专业机构参与公共文化机构的服务与管理取得较好效果；屈原管理区整合民间戏班，组建屈原花鼓戏剧团，政府通过购买文化服务支持剧团发展。

六、基层群众参与公共文化设施建设的“民间众筹”模式

一是政府顺势引导。近年来，临湘市、云溪区等地方政府在规划、土地、融

资等方面制定优惠政策，以奖代补，形成“自下而上”与“自上而下”相互促进的文化“民间众筹”模式。临湘市通过民间众筹模式已建成投资900万元以上的乡镇文化广场1个、过百万元的村级文化活动中心5个、50万元以上的文化广场10个。由重庆吉祥天公司参股的3000万元的白云湖文化休闲广场二期已启动，文化艺术活动中心项目完成选址。二是民众乘势筹建。近两年，村组基层群众“众筹”办文化如雨后春笋般发展：如屈原管理区“众筹”2000多万元建成河泊潭村级文化活动中心，云溪镇四屋组投资400万元率先建成农村“文化礼堂”，湘阴县新泉镇王家寨村投资2000万元建“湖湘文化博物馆”等。据不完全统计，全市通过民间众筹方式建设的公共文化设施达100多个，总投资超过60亿元。三是注重规范整合。政府加强规范和引导，将众筹办文化的社会力量整合到公共文化服务体系中来。一方面坚持自愿原则，科学指导；另一方面通过以奖代投进行规范服务，并制定考核标准。

七、全民参与提升公共文化效能的“公益阅读”模式

一是“24小时自助图书馆”。在全市城区主干道及人流聚集场所设立3个24小时自助图书馆，每个自助图书馆占地面积22平方米，藏书量3000余册，实现全天候服务，服务半径可达2公里，服务人群达2万人以上。二是“公益阅读吧”。由省级文明单位援建，市、区财政补贴，倡导社会赠书，鼓励社会各界捐资，鼓励文化志愿者参与管理和服务，建成6个“公益阅读吧”，藏书量18000余册，每天接待读者2000人以上。三是“公民图书漂流架”。开展“公民图书漂流”活动，已在公共休闲场所建成“公民图书漂流站”5个，前期社会捐书3000余册，吸引读者达60000余名。四是“爱心图书室”。整合社会捐助的图书，建立“爱心图书室”43个，辐射边远乡村与弱势群体，已为留守儿童、服刑戒毒人员、残疾员工等送爱心图书61975册、光盘512张，价值160万元。五是“高校图书馆联盟”。由市图书馆牵头，联合全市公共图书馆和高校图书馆成立岳阳“高校图书馆联盟”，推动各级各系统图书馆的交流与合作。

八、公共文化共建共享的“资源整合”模式

一是部门协调。出台《岳阳市公共文化服务体系建设协调机制工作方案》，围绕“构建现代公共文化服务体系”，对跨部门、涉全局的问题例行沟通协调，

确保全市公共文化服务均等化程度和服务效能显著提升。二是共建共享。出台《岳阳市关于加快整合公共文化资源的十条意见》，把工青妇科教等系统的设施和资源纳入公共文化服务体系。自创建以来，全市共新建文化设施 67 个，整合文化设施 455 个。洞庭湖博物馆、市图书馆新馆等十大文化项目的规划和建设，全面提升了城市公共文化设施整体水平。目前全市共建成乡镇综合文化站 186 个、农家书屋 3570 个、文化信息资源共享基层服务点 2631 个、村级文化活动室 2854 个，并配套建成文化广场 1137 个，市、县、乡、村四级公共文化设施网络日臻完善。三是互联互通。与湖北襄阳、江西新余共同组建“湘鄂赣”区域公共文化联盟，联合举办湘鄂赣三地书法美术摄影作品联展、非遗保护成果图片展等系列文化活动；承接文化部交办的“全国文化志愿者培训班”；开展“长江经济带国家公共文化服务体系建设示范区城市、创建城市文化志愿服务成果展”；承办 2015 年“春雨工程”——全国文化志愿者边疆行暨西藏山南地区赴湖南岳阳公共文化场馆免费开放服务跟班学习活动；连续两年举办“大地情深”国家艺术院团志愿服务走基层活动。

在创建中，岳阳始终将创建国家公共文化服务体系示范区作为深入推进“文化强市”战略，加快构建现代公共文化服务体系的重要契机，始终将其作为一件大事、好事来谋划。一是领导重视。全市上下形成了纵向到底、横向到边的创建工作组织架构。由市委、人大、政府、政协分管领导牵头，邀请部分人大代表、政协委员组建督导组，月月有督查，次次有通报，加强对示范区创建工作督导。二是经费保障。市政府每年设立公共文化建设资金 1500 万元、历史文化名城保护资金 1000 万元；设立岳阳文学艺术奖 1000 万元；示范区创建市级配套 1600 万元。各县市区在保证正常文化事业经费外，共投入 8. 5 亿元用于公共文化建设。三是宣传有力。一方面，扩大社会宣传。发放《致全市人民的一封公开信》80000 余份，编印示范区创建工作简报 16 期，设计全市通用文化徽标 1 个。另一方面，注重媒体合作。在湖南红网热点专栏设立“岳阳创建国家公共文化服务体系示范区”专题，刊发文章 297 篇，被其他媒体转载 640 篇；在中国文化报推出“文化惠民 · 幸福岳阳”系列报道，刊发文章 36 篇；在《岳阳日报》开辟“实施文化惠民工程共创国家公共文化示范区”专栏，刊发文章 642 篇；在岳阳电视台开辟“共享公共文化服务”栏目，播放专题片 6 部，创建新闻 42 条；另在《湖南日报》刊发文章 72 篇、省文化厅官网 324 篇、《洞庭之声报》182 篇、《长江信息报》126 篇。全面、系统、客观、真实地报道岳阳市示范区创建工作。

今后，我们将积极借鉴与会城市的宝贵经验和与会专家的智慧，着眼构建公共文化服务社会化发展的长效机制，进一步完善制度设计，并以此为起点，加快构建现代公共文化服务体系，为建设“一极三宜”江湖名城，谱写“中国梦”的岳阳新篇章而努力!

让爱心书香弥漫城乡

——涟源市争创2016年最美基层图书馆的探索实践

湖南省图书馆　涟源市图书馆

它位于俗称“小南京”的湘中古镇蓝田，从原来的无馆舍发展为今天的集阅览、藏书、展览、培训为一体，高6层、建筑面积达4800平方米，藏书15万余册，业务实施了Interlib计算机管理的现代化图书馆，它就是升起在湘中大地的一颗璀璨明珠——多次被评为“精神文明单位”、“优秀基层党组织”，连续三届被评定为“国家一级图书馆”的涟源市图书馆（作家爱心书屋中心馆）。

湖南省涟源市地处湖南省中部，1951年建县，1987年撤县设市（县级市），总面积1912平方公里，总人口116万，素有湖南“煤海”之称，是全国文化先进市、全国体育先进市、全国双拥模范城、中国花鼓戏艺术之乡、中华诗词之乡。

涟源市图书馆（作家爱心书屋中心馆）新馆于2000年建成开馆以来，公共服务空间、设施不断完备，各类文献信息资源充足，服务项目健全。始终以服务读者、服务社会大众为宗旨，积极开展免费开放品牌创建，为满足公众日益增长的知识、信息和相关文化活动需求，推进全民阅读、营造社会新风尚做出了突出的贡献，受到了广大读者和社会公众及上级主管部门的好评。

涟源市图书馆的成功探索体会是：爱心建馆，发奋强馆，创新服务，争创一流。

一、接力：让新馆变成现代化的强馆

（一）政府主导重视，社会爱心援助

涟源市图书馆，曾经只是一栋不足300平方米的旧屋。在涟源市委、市人民

政府的高度重视下，通过爱心呼唤，多方援助，一座造型秀丽典雅的图书馆建成开馆。

涟源是一座有着光荣历史的文化之城，抗日战争时期，这里慷慨接纳了从全国各地搬进来的十多所大中学校，成为当时中国南方的文化教育中心。著名作家钱钟书以涟源为背景创作了文学巨著《围城》。相隔半个世纪后，涟源籍作家、时任中国作家协会副主席的谭谈向全国作家、艺术家发出倡议，请全国作家艺术家签名捐书，在风景秀丽而偏僻贫穷的白马水库库区建设作家爱心书屋和爱心文化园。这一义举得到了广大作家和艺术家的响应，以全国作家、社会各界用爱心构筑的“作家爱心书屋”，延伸成为涟源市图书馆的“爱心品牌”，成为公共图书馆一道亮丽的风景。这里，收藏着许多著名作家的爱心，洁白的瓷砖墙面上，镶嵌着巴金老人书写的六个大字“作家爱心书屋”，“作家签名图书珍藏库”珍藏着巴金、臧克家、冰心等3000多名著名作家的亲笔签名图书1万多册；中国作家协会已将这里定为“中国作家南方农村文学创作基地”，湖南省文联也将这里定为“湖南文艺家乡村生活基地”；刻有巴金、臧克家、周巍峙、贺敬之、张光华、刘白羽、魏巍、李准、管桦、乔羽等名家以及毛致用等党政领导人寄语山乡青少年题词的“爱心碑廊”也坐落在书屋旁风景秀丽的半岛“爱心文化园”内。涟源市图书馆搭起了一座作者与读者、文艺家与人民的桥梁，它是闪烁在湘中大地的一颗璀璨明珠。

（二）员工奋发向上，努力把新馆变成强馆

政府主导重视、社会爱心建馆、作家爱心捐书，让图书馆的干部职工深深感动。新环境，新动力，新目标，让人不自主地生发出干事创业的激情。为了尽快开创新局面创造新业绩，全馆12名干部职工夜以继日忘我奉献，在短短几个月的时间里，新的中心馆各项业务全面拓展。采编部、图书外借处、报刊阅览外借综合部、少儿部、地方文献参考咨询部、作家签名图书珍藏库全面启动运转，场馆设施建设一年一个台阶稳步迈进，并成功建立了全国文化信息资源共享工程支中心、电子阅览室、多媒体演示厅、少年儿童阅览室等，各空间服务区功能明晰，管理科学，形成了日接待读者千人以上的规模。同时积极推进管理现代化智能化，在业务领域使用Interlib系统管理，先进的管理理念和信息化手段全面助推这艘现代化的文化航船扬帆起航，走向新的彼岸。

二、蓄劲：力抓业务提升和馆藏特色文献建设

（一）打铁先强自身

做好开创性的图书馆服务工作，队伍素质始终是第一位的因素。为了建设一支政治、业务素质高的图书管理队伍，涟源市图书馆把员工岗位培训连续教育列入岗位考核量化管理。全馆员工接受各种素质的教育和培训每人不少于62学时，同时鼓励员工积极参与学术交流和业务研究，以崭新的面貌和素质提供优质服务，对业务研究成果综合奖励。行之有效的岗位培训带来了员工素质的不断提高。在编14名员工中，有2人获得了副高职称，6人获得中级职称，2009～2015年7年间，全馆员工在各级刊物发表学术论文42篇。

近年举办基层图书室业务人员培训千余人次，全市961个农家书屋全部建档，逐步辅导走向规范。

（二）以馆藏特色文献建设为重点创建服务品牌

馆藏文献是图书行业硬实力的一个重要体现。面对采购资金拮据购买能力不足的困难，全体员工积极开动脑筋，通过各种渠道争取捐赠。为了继续做大作家签名精品书库这个独家品牌，馆长颜玲瑶充分利用作家爱心书屋中心馆的平台影响，和全国上万名知名作家艺术家保持着十分紧密的联系。每年爱心书屋中心馆利用场馆优势别出心裁开设常年性文化名人论坛和文化艺术展览；先后邀请王鲁湘、谭谈等上百位文化名人来涟开讲和开办艺术展，不仅为中心馆争取了大批珍贵的书画藏品，而且积聚了人脉资源。由于她卓有成效的工作，涟源市人民政府授予她杰出人才突出贡献奖。

（三）以人为本，优化服务环境

读者第一、服务至上，是图书馆服务矢志不渝的理念。为此，涟源市图书馆自2012年全面实行免费开放以来，坚持以人为本，不断优化服务环境。投资75万元加强硬件设施建设，更换书架，增设空调、饮水机等服务设施，为读者营造出更加舒适的借阅环境。同时，图书外借部、报刊阅览外借综合服务部窗口，每周开放时间延长至63小时。

三、发力：创新服务争创一流

面对网络数字阅读对传统纸质阅读的冲击，许多人都会生出这样的疑问：图书业的颓势还有挽回的可能吗？涟源市图书馆用自己富有成就的实践做出了肯定的回答。

（一）建立“图书馆＋家庭＋办公点”延伸服务新模式

借助现代信息技术，建立“图书馆＋家庭＋办公点”三者结合新模式，开展延伸服务，加强馆外图书流通服务点建设。以跨出大门、开门办馆、服务社会，服务基层的新思路发展读者，近年来，已发展 26 个馆外服务点，其中专门为残疾人等特殊群体送书上门。

（二）把文化共享工程服务与图书馆服务结合起来，利用共享优势资源，拓展服务的深度和广度

建立“文化信息共享工程支中心”，是涟源市图书馆针对现代社会需求卓有成效的新文化工程，把文化信息共享与图书馆服务相结合，利用共享工程优势资源，拓展服务的深度和广度。2015 年，涟源爱心书屋中心馆先后举办系列讲座 22 场次，观看人数达 4760 人。此外，播放电影“文化共享助春耕”32 场次，赠送农业科普资料 6000 多册，深受群众欢迎。

（三）积极开展形式多样丰富多彩的阅读推广活动

在认真做好公共图书馆“全免费、零门槛、无障碍”免费开放工作的同时，近三年来共举办各种讲座、展览、报告会、联谊会、书评、演讲比赛送书下乡等各类读书活动 60 多次，吸引 12 万名读者广泛参与。在省委宣传部、省文化厅等八部委组织开展的全省少年儿童读书竞赛活动中成绩优秀，连续多年被推选作为地区代表队，获得省级团体、个人金奖、银奖，组织奖项共 51 个，市县级团体、个人金奖、银奖，组织奖项共 79 个。先后成功举办了学雷锋涟源风光图片展，纪念抗战胜利 70 周年等 30 多场主题展览活动，取得了良好的社会影响。

每年 4 月 23 日“世界读书日”、4 月 24～30 日“图书馆宣传周”，涟源市图书馆从未间断坚持组织员工、文化志愿者进社区、街道举办系列图书馆服务宣传展览活动，如向市民发放“全民阅读倡议书”、开展“公共图书馆服务”宣传、

免费赠送科技资料、解答市民咨询、现场办证等便民服务活动，使公众进一步了解图书馆服务的内容，更好地享受公共图书馆的服务。

爱心文化成为涟源地区公共图书馆系统一种具有特定意义的文化现象，成为涟源公共图书馆事业持续发力且经久不衰的一项文化扶贫和文化创业工程。

“问渠哪得清如水，为有源头活水来。”弥满爱心的书香，是永不凋落的花瓣。作为一项造福社会的事业，涟源市图书馆书香永在、书韵长流。

文化培育民气

——衡南县文化馆争创2016年全国优秀文化馆的探索实践

衡南县文化馆

衡南县文化馆是政府全额拨款的公益性文化事业单位。前身是1931年10月（民国20年）建立的衡阳县民众教育馆。2009年7月20日乔迁至云集镇雅园南路新馆。现有馆舍建筑面积5600平方米，其中活动场地占5000多平方米，群众文化活动用房使用面积达到总使用面积的70%以上。设有美术馆、书法馆、摄影馆、版画馆、农耕博物馆、衡东剪纸馆、衡南渔鼓传习所、衡南七巧龙传习所、泉湖二月八传习所、萱州皮影雕刻馆、石市竹木雕刻馆、南乡傩脸馆、坛下锣鼓馆、算盘馆、湖湘文化代表性人物馆、两型社会展示区、红色记忆馆、数字文化培训馆、县城搬迁史馆、衡阳历史馆、清泉文艺沙龙、阅览室、曲艺演播厅，以及群众文化艺术培训区等35个馆（室）。全馆一类全额编制24人，现有在职人员19人。其中高级职称3人，中级职称9人，初级职称7人，本科学历9人，大专学历8人，中专学历2人。设有办公室、公共文化服务部、群文创作部、群文活动辅导部、非遗保护部、文化产业部六个部室。2015年，再次被评为国家一级馆。

衡南县文化馆在省市县文化厅局、省市馆的关怀指导下，团结一致，不断创新公共文化服务方式，已成为湖南省乃至全国公共文化服务的排头兵。2011年3月，为响应文化部号令，率先实行免费开放，打造文化街，联动社会各界开展群众喜闻乐见的大型群文活动以及培训服务，着力挖掘保护、宣传推广非物质文化遗产，树立衡南文化品牌，做出了衡南特色和湖南影响，深受省市县领导赞赏和广大百姓群众的欢迎。至今，已接待大型参观团队200余次，每年服务覆盖公众60万人，15次被中央电视台、吉林卫视、《中国文化报》、湖南卫视、湖南经视报道，100余次被《衡阳日报》、衡阳广播电视台、《衡阳晚报》、衡阳各种新闻文化网络平台报道。连续5年被评为市县先进单位，为湖南省发改委两型社会创建示范点、湖南省公共文化服务示范点、湖南省艺术创作示范点，全国服务农村、服务基层公共文化服务典型单位推荐单位，馆长胡朝阳被推荐为全国文化馆榜样人物。2011 年、2015 年两次被文化部评为国家一级馆。被文化部领导赞为“全国最好的文化馆”。

一、群众文化活动铸造品牌

衡南县文化馆以“传承文化基因，流淌思想血液，呈现时代笑脸”作为活动宗旨，广泛策划组织开展群众文化活动，切实做到最大限度丰富广大群众文化活动内容。让传统节会呈现欢乐祥和，让主题文化活动传递爱国情怀，让社区文化活动吸引群众“激情”参与，让文体团队展演提质艺术生活，让文化创意节会展示人文风采。品牌群文活动有“衡南七巧龙”、“泉湖二月八”、“云集讲坛”、“我们的节日”、“文化创建两型社会”等。近年来，文化馆策划组织、举办了各类节庆活动、大型广场演出、汇演、比赛 200 余场次，指导街道（乡镇）、社区（村）组织各类群众文化活动 1700 余场次，组织送戏、送文艺下乡 80 多场，吸引观众 280 万余人次。

1. 打造“我们的节日”群文活动品牌，传承文化基因

衡南是农业大县，新县城云集人口也主要是各乡镇农民移民而来。农民对土地有深深的依赖，对二十四节气有亲切的记忆，针对农民大众群体，衡南县文化馆设计以二十四节气和法定传统佳节为主题的“我们的节日”活动品牌。以再现古典文化生活、游艺竞猜等寓教于乐的形式，开展公共文化服务活动，以此弘扬传统文化、传承农耕文明、凸显衡阳文化个性。像“三月三”恰逢清明节，两节并过，衡南县文化馆在文化馆街上摆满了采来的野花，让春天的气息流淌，架一个大龙头锅子地菜籽煮鸡蛋，香味吸引了大量的百姓群众。在热烈的氛围里，诗人登上讲坛，讲“三月三”、清明节的来历、历史故事、生活习俗和文化意义，吟诵春天的诗篇，邀请业余文化团队的演员来这里演唱春天的歌谣，组织老百姓开展关于春天的文体竞赛，放风筝、滚铁环、斗草，跳绳等，赢家有奖，奖的就是地菜籽煮鸡蛋。在端午节，衡南县文化馆在文化街举行辨识百草大赛、传统文化知识抢答赛，给获奖者颁发手绘扇子、鞋子，扇子上题写社会主义核心价值观和诗词花鸟。或将文化活动延伸到湘江河边，河里是联动乡镇举办的龙舟竞赛，岸边请名家主讲屈原的爱国主义精神，岸上组织群众包粽子比赛，喝雄黄朱砂酒比赛，运水纳福纳财比赛，邀请衡阳地区诗人来云集举行端午诗会，发送

衡南县文化馆印制的端午诗集。“九九重阳节菊花会活动”，衡南县文化馆邀请老干局、老年大学、老年协会联办，举行重阳诗词书画笔会，交流老同志创作出版的诗词书刊，开座谈会，登高吟诗，展示老同志晚晴之美。农历腊月二十四过小年，举办猜灯谜送春联送红福送欢乐活动，邀请外国朋友和衡南县老百姓一起欢度中国年，外国朋友写中国字、唱中国歌曲、参加中国传统游艺比赛，展示他们的中国功夫，抒发他们的中国情结，打造世界性的春节。

2. 打造“云集讲坛”群文活动品牌，流淌湖湘思想血液

“云集讲坛”则针对机关干部、工业园职工、学校学生、部队战士和社会精英阶层而设计，以火热的生活、时代的精神为主题，利用讲坛、座谈、辩论、演唱、抒写等形式开展活动，以挖掘湖湘文化内涵，发扬时代精神，弘扬社会主义核心价值观，激发大众参与建设美丽衡南实现中国梦的信心和力量。衡南县文化馆组织过湖南精神、衡阳精神、衡南精神的探讨；组织过十七届六中全会，中国梦，云集梦，十八大，十八届三中、五中全会，党的群众路线教育实践，三严三实，社会主义核心价值观，“两学一做”的学习与研讨，组织过纪念抗战70周年、宣传衡阳保卫战、保护母亲河、“一带一路”在衡南的系列讲座、组织过“美丽云集我的家”为新县城建设献计献策的大讨论；组织过“提升素质、文化自强”的文化系统培训与研讨；开展过“云集天下友，天下有云集”、“文化的春天到来了”、“我的中国梦”系列征文活动；出版了100万字图书；推出全国级微宣讲先进人物张紫映老师。通过“云集讲坛”系列活动，传播湖湘文化，流淌思想血液，滋养了一批讲政治、守规矩、有纪律的新云集人。

3. 策划大型主题群文活动，呈现时代最美笑脸

近年来，衡南县文化馆承办的大型群文活动和赛事20余场次，调动演职人员2万人次，现场观众达50万人。像中央电视台《激情广场》走进衡阳，衡南的千人方阵表演；衡阳市九运会，衡南的千人啦啦队表演；湖南湘商大会，衡南的千人方阵队表演；建党90周年《红歌献给党》，一台节目调动演职人员两千余人。在中国共产党成立95周年、红军长征80周年之际，衡南县文化宫承办了2016“欢乐潇湘·幸福衡南”纪念中国共产党诞辰95周年大型群众合唱比赛“红旗颂”活动，经过两个月紧张的排练，来自23个乡镇代表队、30个机关单位代表队，约3800名队员汇聚县城云集，参加为期5天的“红旗颂”彩排、决赛、汇演。衡南人民唱响伟大祖国繁荣昌盛的主旋律，唱得晚霞流淌金光，唱得星月漫天璀璨，唱得鸟语花香，唱出了时代最灿烂的笑脸。为树立新衡南新云集的形象，为衡南的投资建设和社会进步，亮出了新时代文化精神，培育了民气。

4. 以文“化”人，打造两型社会示范点

衡南县文化馆是全国唯一一家两型社会机关文化创建点，设有800平方米专门展区，通过摄影图片展示衡南未被污染的青山绿水、治理污染的重大建设和绿色农业产业的丰硕成果。联动大中小学学生开展废品利用、能源再生等手工工艺竞赛，展示其获奖作品。轮展各乡镇绿色无污染食品和农作物，开展品尝和竞赛活动。联动衡阳境内步行、自行车队和文化志愿者，开展“保护母亲河爱我湘江”的系列活动，倡导生态环保、绿色出行理念。以潜移默化的宣传和实际行动，引导和改变衡南人的生活观念，促使大家认识到建设“环境友好型、资源节约型”美丽衡南的重要性，并身体力行，从自我做起，成为“两型社会”的宣传员。

二、非物质文化遗产保护结硕果

文化馆于2006年成立衡南县非物质文化遗产保护中心，开展非物质文化遗产保护工作。目前拥有省级项目衡南七巧龙、衡南渔鼓、泉湖二月八；市级项目衡州花鼓、衡南烧饼、冠市红豆腐、渔溪王氏春冬祭、衡南莲花落、东乡糖人；县级项目有衡南民歌、衡南皮影、衡南剪纸、尝新、酃酒、茅市豆腐、栗江豆油、管山祭河神、宝盖唢呐、樟树脚百草膏、川口竹篾等。其中，衡南七巧龙多次走进央视，2010年夺得奉化国际龙舞邀请赛金奖；衡南渔鼓传承人张紫映随文化部赴法国演出，获卢浮宫奖。

为了更好地传承和保护非物质文化遗产，衡南县文化馆在彭飞文武学校、武警四中队、衡南九中、衡南江口设立了衡南七巧龙非物质文化遗产传承基地，在衡南宝盖和云集设立衡南烧饼传习所，推荐本土非遗特产。在文化街打造了衡南版画馆、农耕博物馆、衡东剪纸馆、衡南渔鼓传习所、衡南七巧龙传习所、泉湖二月八传习所、萱州皮影雕刻馆、石市竹木雕刻馆、南乡傩脸馆、坛下锣鼓馆、算盘馆、县城搬迁史馆、衡阳历史馆等非遗馆室20余个，全国各地的游客，在此可以一眼览尽衡阳非遗特色项目。与此同时，在每次举办群文活动的同期开展丰富多彩的非物质文化遗产民俗活动，邀请公众欣赏精美的衡阳民间文化艺术精品：衡南七巧龙、泉湖二月八、衡南渔鼓、衡阳竹木雕、衡东剪纸、衡山皮影雕刻、衡阳版画馆，品尝衡南烧饼、莲湖湾莲子、宝盖生态茶等。让公众在这里与优秀的衡阳民间文化艺术家亲密接触，拜师学艺，将民族的记忆重新植入现代人的心灵，传播社会主义核心价值理念，给百姓群众送文化、送欢乐。

三、文学艺术创作成绩斐然

衡南县文化馆于1972年冬举办《衡南群众文艺》油印刊物；1980年3月，县文化馆收集整理民歌140首，油印成册，同年10月，《衡南群众文艺》更名为《云集潭》，改为铅印四开报纸，后改为《清泉》，延续至今。1983年，县文化馆共同收集出版了《衡南县文艺创作选集》、《衡南县美术、摄影、书法选》、《衡南创作歌曲集》、《民族民间舞蹈资料选》。1986年，编辑出版衡南县《文化艺术志》。1987年，编印《民间器乐曲集成·衡南县资料本》。2012年，衡南县文化馆编辑出版非物质文化遗产特辑《衡南瑰宝》。2013年，馆长胡朝阳出版县志乔迁十周年报告文学《云集梦》。2015年，公共文化服务部罗诗斌出版诗集《夏日》。

与此同时，衡南县文化馆的文艺创作紧扣时代需求与文艺活动需要，因地制宜，创作了许多经典的原生态文艺作品。在“泉湖二月八”农耕文化庙会上，我们创作了歌曲、渔鼓、小品、三句半等群众喜闻乐见的文艺作品，寓教于乐，让观众在活动中感受地域文化特色。其中，我们排练的原生态舞蹈《赶泉湖二月八》荣获“欢乐潇湘·幸福湖南”文艺汇演一等奖。在2016年湖南省“山地户外休闲大会暨莲湖湾荷花节开幕式文艺汇演”中，馆长胡朝阳扎根本土地域文化，挖掘整理创作出《湘江滩头歌》、《莲湖湾之歌》等本土精品节目，受到了观众的热烈追捧。在2016年湖南省“我们都来跳”湖南省原创广场舞歌词大赛中，衡南县文化馆创作部谭绩创作的歌词《社会主义核心价值之歌》成为唯一入选的总歌，王梅英等人创作社会主义核心价值分歌也成功入围此次征集活动。近年来，衡南县文化馆共有300篇（件）作品荣获国家、省、市大奖。

四、文化志愿者活动丰富多彩

2013年，衡南县文化馆成了衡南县文化志愿者协会，文化志愿者以民间文艺家、文艺爱好者为核心，现有会员100余人，其主要构成有五大部分：本单位的在职员工和退休人员；外聘专家，主要是知名的书法家、美术家、摄影家、表演艺术家等；非遗传承人；各大民间协会会员，像县作协、音舞协会、杂技家协会会员等；群众文艺团队，像彭飞文武学校、云集紫映艺术团、云集威风锣鼓队等。衡南县文化馆文化志愿者服务队旨在为社会和他人提供公益性文化艺术服务和帮助。2013 年至今，文化馆充分发挥文化志愿者的“预备队”功能。为做好文化志愿者工作，文化馆采取了以下几项激励措施：第一，感情是王牌。文化志愿者是文化馆同道，也是文化馆师友。对于他们的生日喜庆，文化馆都让人积极参与。他们遇到困难，文化馆都去看望。对于那些老艺术家们，文化馆每年过年都派人去拜访。因为深厚的感情，大家才凝聚在一块。第二，适当的报酬必不可少。志愿者平时参加文化馆的大型演出活动，文化馆除了给他们提供车旅费之外，还给予适当的误工补贴。同时，在活动结束之后，对他们进行表彰，发放奖励证书等。第三，采风创作活动为志愿者的艺术创作提供平台。对于经常参加文化馆活动的文化志愿者（一年至少三次以上），文化馆会不定时组织志愿者参加采风创作活动，带领大家开阔眼界，寻找艺术灵感。近年来，文化馆组织了衡东、常宁、衡阳县、衡南本土、张家界、岳阳楼等多次采风创作活动。

近年来，文化志愿者开展各种类型的文化志愿服务，结合文化工作实际，弘扬志愿精神，以“自愿参与、义务工作、提升自我、服务社会”为活动宗旨，深入乡镇、社区开展各项文化服务活动 200 余场次，为繁荣衡南县的文艺事业做出了贡献。其中，衡南县文化馆文化志愿者张紫映、罗诗斌分别荣获 2013 年、2014 年湖南省优秀文化志愿者荣誉称号。

五、挖掘地域文化，打造文化创意产业

衡南历史文化悠久，具有丰富的文化资源，但一直守在深闺无人识。为了更好地传承和创新地域文化，衡南县文化馆打造了文化创意产业一条街，做到“软实力”和“硬实力”两手抓，做到社会效益和经济效益双丰收。目前，文化街的清雅轩画廊，以提供书画装裱、字画售卖、书法美术培训为主，漂木书吧以出售图书、茶水、咖啡，进行国学、文学公益讲座为主，诗魔的乡愁非遗特产店以生产销售非遗特产衡南烧饼、竹木雕刻和地方土产为主。此外，文化街还吸引了古玩藏家来此摆摊设点，以及各大艺术培训机构在此培训办学。据统计，2015 年，文化创意产业街营业额突破 100 万元。文化创意产业已不仅仅是一个理念，而是有着巨大经济效益和社会效益的直接现实。

六、数字化文化馆建设迎头赶上

衡南县文化馆于 2011 年申报国家一级文化馆时注册了域名为 http：//

www. hnwhg. net/，ICP 备 11029609 号 -4 的网站，现一直在使用，开设了七个栏目:《新闻快讯》、《历史档案》、《群文活动》、《清泉名人》、《非遗保护》、《云集讲坛》、《免费开放》，安排了专人管理维护，定期更新。为响应中办、国办印发《关于加快构建现代公共文化服务体系的意见》要求，加快推进公共文化服务数字化建设，2015 年 5 月，衡南县文化馆组织干部职工到重庆市北碚区文化馆参观学习数字化文化馆建设经验。在经费有限的情况下，重新设计了官方网站，打造了多媒体培训教室，添置了电脑、硬盘、摄像机等硬件设施，申请开通了“文化衡南”微信平台，购置中国文化网络电视终端一体机 1 台，为下一步数字化文化馆建设奠定了坚实的基础。

如今，衡南县文化馆街已经成为衡南云集的重要旅游文化景点。只要国家省市领导光临云集，或者大型团队来旅行，县委、县政府都要介绍到文化馆街参观访问。迄今为止，中央电视台、湖南卫视、湖南经视、湖南教育频道，《湖南日报》，吉林卫视、台湾电影集团，以及衡阳的所有媒体都到访过文化馆街，周边省市的文化馆、文联、艺术协会团队，还有省厅省馆、文化部的领导都到访过衡南县文化馆，省厅省馆将衡南县文化馆定位为湖南省公共文化服务示范点，在《湖南公共文化》杂志 2015 年第四期上详细报道衡南县文化馆做法，为衡南县文化馆各项事业的建设给予关心支持，并着力向全国推荐。

衡南县文化馆坚持发展社会主义先进文化，贯彻“二为”方向和“双百”方针，弘扬主旋律、提倡多样化，为全县广大群众提供公益、健康的文化产品与文化服务。在各级文化主管部门的支持下，在衡南县委县政府坚强领导下，衡南县文化馆正大步向数字化文化馆的发展目标迈进，努力把文化馆建设成为先进文化传播阵地、文化活动策划基地、文化作品创作基地、文化产品营销基地、文化团队交流基地、文化辅导员培育基地、文化志愿者招募营地、非物质文化遗产保护中心和数字化文化馆传播基地。

打造基层文化建设“福临”样板

——长沙县福临镇综合文化站争创2016年全国优秀文化站的探索实践

长沙市文广新局

长沙县福临镇综合文化站为国家一级文化站，长沙市示范性综合文化站，长沙市创建国家公共文化服务体系示范区优秀单位。文化站总投资500余万元，占地面积10.33亩，室内建筑面积980平方米，室外建筑面积3400平方米，下辖11个村（社区）文化活动室。近年来，福临镇着力夯实文化阵地建设、培育志愿服务队伍、打造群众文化品牌，扩大了文化工作在农村的覆盖面和影响力，发挥了基层文化阵地的引领和辐射作用。

一、以组织引导为切入点，夯实文化阵地建设

福临镇文化站建设被列入为民办实事和民生工程，倾全镇之力打造先进的文化服务阵地。一是完善设施设备。文化站先后投资配备了多功能厅、教育培训室、综合展示厅、农家书屋、老年少儿活动中心、棋牌室、绿色网吧、体育健身室等文化基础设施。完善的活动场所、齐全的文体活动器材，为广大群众提供了优美舒适的活动环境。二是建立保障体系。建立了党委统一领导下的文化站建设领导负责机制，保证文化站3名人员编制和1名文化专干的人员配置，文化经费纳入镇财政年度预算，确保文化工作有钱花、有人做。三是健全管理制度。文化站建立了书报刊借阅等公共文化服务免费开放的目录，健全了奖惩管理办法等制度。加强了考核机制，把公共文化事业发展纳入全镇的绩效考核，推动了文化站点服务效能的提高。

二、以志愿服务为着力点，壮大文化队伍力量

综合文化站发挥牵头抓总的作用，在人员招募、机制建设方面想办法、出实招，引导广大文艺爱好者积极投身文化志愿活动。一是扩大志愿队伍影响力。坚持网上和网下相结合的方式，充分整合辖区单位的资源，在公园、学校等人口较集中的地方采取“边服务边吸纳”的方式扩大宣传。依托公共电子阅览室和文化信息资源共享工程，利用QQ群、微博等载体，先后建立了“福临文化志愿服务”群、“福临文化”博客，实现了文化志愿者“网上联络、网上沟通、网上宣传”。二是加强志愿队伍吸引力。文化站先后制定了招募管理办法、评比表彰机制，大大激发了志愿者的积极性。目前，全镇共组建舞龙、舞狮、合唱、腰鼓、军鼓、广场舞等文化志愿队伍40余支，志愿者队伍达1000余人，服务对象达到万余人次。三是发挥志愿队伍创造力。积极引导文化志愿者主动融入福临镇的新农村建设，充分发挥志愿者的特长，创作出《影珠诗选》、《影珠诗选2》等反映福临本地风土人情的优秀作品。

三、以主题活动为突破点，丰富文化服务内涵

坚持把开展基层文化活动同提高群众的生活质量相结合，重点打造了“福临之夜”等一系列品牌活动。一是抓住一个“新”字，培育亮点特色。文化站主动创新思路，举办了农民诗联社和农家学舍等特色活动。农民诗联社以“民俗文化”、“爱党爱国爱家”、“廉政文化建设”为主题举办了诗书画比赛，开展了多场次诗友培训、诗友联谊活动。农家学舍则主要为全镇留守儿童和外来务工人员子弟提供服务，对孩子们进行养成教育、知识传授和能力培训。二是抓住一个“多”字，鼓励活动开展。按照“小型多样、室内外分散”和“业余、自愿”的原则，我们突出抓好了元旦、春节等节日文化，举办舞龙、舞狮、剪纸、皮影戏等传统文化活动近100场，年均惠及群众达3万人次，越来越多的群众自发参与其中，极大地活跃了全镇的文化氛围。

实施文化扶贫，打造民心工程

——炎陵县村级综合文化服务中心建设

炎陵县旅游和文体广新局

建设村综合文化服务中心是文化扶贫的重要举措，是一项重要民心工程。炎陵是罗霄山扶贫开发主战场，公共文化服务始终走在前列。1991 年获评首批“全国文化工作先进地区”，2004 年、2009 年、2014 年连续三次通过国家复审，获得“全国文化先进县”荣誉称号。文化建设上坚持“两手抓”，一手抓城市，一手抓农村。在城市文化建设上有“三馆一中心一影院”，即图书馆、文化馆、红军标语博物馆、文体中心和数字影院；在农村文化扶贫上，全县共有 120 个村、4 个城区居委会，目前已建成 7 个村综合文化服务中心示范点；另有 58 个村已建成或正在建设村综合文化服务中心；20 个村已完成规划设计待建。2017 年将覆盖 70% 的行政村。

一、建强“主阵地”

严格按照省市要求，着力建强主阵地。一是注重科学规划。坚持规模适当、经济适用原则，科学规划、合理布局。人口密集、经济基础较好、建成后综合影响力大的村按国家二类标准建设（炎陵县属三类地区），如鹿原镇玉江村；地处偏僻，基础薄弱的村，充分利用“闲置”村委会、村小进行改扩建，满足基本要求，如水口镇水西村。二是严格建设标准。按照“七个一”基本标准建设。部分有条件的村建有文化长廊、文体活动室和农家书屋、培训室、电子阅览室、广播室等，村综合文化服务中心功能得到充分拓展。三是统筹公共资源。统筹组织、民政、农业、国土、武装等部门之力，形成“众筹”模式，共建共管共用，发挥综合效益；文化部门利用“文化事业发展资金”、“农村文化建设资金”、“现代公共文化服务体系示范区创建资金”等专项资金，扶持、引导村综合文化服务中心建设。如中村瑶族乡梅岗村综合文化服务中心投资达300万余元，根据县委、县政府统筹安排，分别由财政、发改、林业、农综办等12个部门协调解决，文化部门则承担文体设备配送和戏台建设。

二、抓好“深融合”

突出抓好“三个深度融合”，即与产业发展、民俗文化、村级组织阵地建设深度融合。一是与产业发展深度融合。炎陵环境质量综合指数居全省第一，文化旅游、生态工业、绿色农业快速发展。特别是炎陵黄桃发展迅猛，享誉市场，成为炎陵的响亮名片，获评“中国优质黄桃之乡”。霞阳镇山垄村利用村综合文化服务中心，举办黄桃种植技术专题讲座，组织“黄桃开园”活动，开展黄桃网络销售。2016年，该村黄桃销售达30万斤，其中网络销售达12万斤，户平均增收1.2万元。二是与民俗文化深度融合。炎陵保留着较为完整的民俗文化。我们充分利用村综合文化服务平台，推动民俗文化与旅游经济相结合。中村乡龙渣村投入60万元，建成多功能综合性文化服务中心，拥有1200平方米的文化活动广场和戏台，开展“瑶族风情”表演，带动了周边村民就业310人，村民年增收5000元以上。十都镇洋歧村在村综合文化服务中心建设中融入畲族文化元素，搭建具有民俗特色的戏台，让客家山歌、民俗小吃、“三人龙”、“火星龙”等非物质文化遗产得到更好的宣传和传承。三是与村级组织阵地建设深度融合。在获悉中村瑶族乡梅岗村村委会作为村级组织阵地样板打造后，文化部门将该村列为示范点，新建文化活动广场和文化活动室等，为村民提供更多的文化活动场所，营造文明和谐村风。

三、着眼“长效化”

突出“五化”，努力把村综合文化服务中心建好建活。一是管理使用规范化。由文体广新局牵头，结合创建省级现代公共文化服务体系示范区的契机，制定规范《示范点工作职责》、《示范点使用管理办法》等。二是活动开展常态化。2016年以来，全县村综合文化服务中心共举办文化汇演、读书看报、电影放映、文体活动、文化讲堂、专题报告等154场次，参与群众1.8万人。这些活动充分尊重群众的主体地位和首创精神，积极培育“一村一品”。在精神文明、科技、教育、体育、卫生等方面培育了自己的特色服务项目。例如，霞阳镇东区社区的

“周末书法课堂”、南区社区的“孝老爱亲活动月”、西区社区的“关爱留守儿童”，沔渡镇夏馆村的“美丽乡村、幸福家园”村民文艺汇演、十都镇洋歧村“畲族三月三”民俗文化节、鹿原镇“会前阅读半小时”、“趣味农耕大赛”等，已形成了固定的文化活动品牌。三是队伍培养乡土化。结合“欢乐潇湘”活动，以村为单位，开展农村文化队伍普查。目前，全县有业余文艺团队 312 支，526 人，其中文艺骨干 170 人。2016 年向上级部门送培 20 人，组织业务培训 7 次、现场经验交流 4 次，受训 200 余人次。选派 53 名县直机关单位文艺骨干、15 名志愿者到乡村开展文化帮扶，受到群众普遍欢迎。四是资金保障多元化。坚持财政投入与社会支持结合。目前，全县村级运转经费达到 10 万元/年，社区运转经费达到 20 万元/年。为加快村综合文化服务中心建设，县财政每年安排 300 万元用于村级阵地建设，大力整合组织、民政等部门资金，积极争取企业和社会组织赞助活动、捐助设备等。五是考核考评刚性化。将村综合文化服务中心建设纳入年度绩效考核内容，宣传部门与乡镇、村签订《村综合文化服务中心建设责任书》，一季一调度，一年一考核，奖先进、罚后进，确保工作出实效。

打造农民工春晚的追梦者

——记全国“最美志愿者”获得者朱良成

湖南省文化厅文化志愿服务总队务工文化分队

十年来，朱良成积极引导组织农民工群体，热心社会公益事业、服务城市发展建设，组建全省文化志愿服务总队务工文化分队，创办并连续举办4届湖南省农民工春节联欢晚会，引起各界高度关注和社会热烈反响，先后被评为浏阳市优秀文化志愿者、湖南省优秀文化志愿者、湖南省最美志愿者、全国优秀农民工等荣誉称号。

一是组建文化志愿服务组织，引导农民工群体自我服务、自我管理、自我发展。2007年朱良成放弃深圳的稳定工作，回乡组建浏阳市义工联合会，致力于引导农民工群体自我管理服务发展。经过7年的累积、历练和发展，义工联合会逐步发展成为涵盖文化、教育、慈善、公益等行业，辐射湖南多个地区，总人数达1300人的综合性、专业化的农民工文化志愿服务组织，并于2015年被省文化厅授牌为湖南省文化志愿服务总队务工文化分队。

二是致力社会公益，义行善举传大爱。多年来，朱良成组织义工积极参与社会公益事业、文化志愿服务活动。2008年积极组织文化志愿者开展汶川地震赈灾义演募捐活动，通过红十字会为灾区筹集善款28.3万元。在浏阳市创建省级文明城市过程中，带领志愿者走上街头发放宣传资料、下到社区开展文明劝导，助力文明创建，倡导文明风尚。经常组织带领文化志愿者队伍进社区、下村镇开展文艺演出，为农民朋友送上精神食粮。中央电视台、《中国文化报》、《全国工人报》、湖南卫视、《湖南日报》等几十家中央、省主流媒体对其公益组织进行报道，并多次受邀到北京、广东、江西、浙江、上海、湖北等地开展交流学习活动。

三是创办了农民工春晚，历经艰辛矢志不渝。2012年1月，在浏阳发起并担任首届湖南农民工春节联欢晚会总导演，120名从全省各地赶来的演职人员冒着大雨、克服严寒，以最佳状态为农民工演出，被网友评为“史上最感人的春晚”。2013 年 1 月，第二届农民工春晚在邵东县杨桥镇举行，演职人员达 300 人，现场 8000 名农民工观看演出，在全国范围内产生积极影响。2014 年 1 月，第三届湖南省农民工春晚移师长沙县星沙，210 名农民工兄弟参加演出，1160 名在长沙过年的外来务工人员分享文化大餐，共享“家”的温暖。2015 年 2 月，第四届湖南省农民工春晚在浏阳经开区激情上演，180 名来自全省各地的演职人员，为浏阳经开区 1200 名务工人员送上文化大餐。目前，湖南“农民工春晚”已成为一张文化名片，享誉省内外。

南县实施农村文化“五个一”工程　推进现代公共文化服务体系建设

南县文体广新局

南县地处湘鄂两省边陲，洞庭湖区腹地，总面积1075平方公里，总人口70万，其中农业人口占60%以上，怎样建设农村文化阵地是南县构建现代公共文化服务体系工作中面临的首要问题。2012年，县委、县政府经过调研，决定在全县实施农村文化“五个一”工程建设，通过五年的实践，目前已初见成效。

一、农村文化“五个一”工程的定义

一是建设一个占地400平方米以上宽敞明亮的文化活动广场。要求地面硬化，配备文体活动设施和健身器材，安装夜间活动照明设备，广场边有标准较高、内容丰富的文化墙。

二是建设一个文化活动中心，中心有覆盖全村的广播室，每天广播内容包括政策宣传、种养技术讲座、文艺节目播放等；有藏书3000册以上的农家书屋，要求制度健全上墙，管理员到位，每周开放时间不少于10小时；有文化信息资源共享工程基层服务点，要求配备一台电视机、三台以上电脑。

三是打造一支能歌善舞的文化活动队伍。要根据本村实际情况，建设一支有40人以上的文化活动队伍，并且统一组织、统一服装、统一训练，全年举办村级文化活动6次以上。

四是打造一批地域特色明显的文化项目。示范村要积极打造尽量多的特色文化项目，项目内容要具有广泛的群众基础、深受群众喜爱，具有自身造血功能，在丰富人民群众文化生活的前提下，活动队伍年创收超过40万元。

五是配备一名优秀的文化辅导员。示范村要精心挑选一名热心公益事业、综合素质较高并且在文艺方面有一技之长的村级文化辅导员，具体负责村级文化设施的管理、维护，能积极组织、指导村级文化活动等工作。

二、推进农村文化“五个一”工程建设的具体做法

（一）总体规划、县乡联动

2012年，县委、县政府下发了《关于推进村级文化建设“五个一”工程的实施意见》的文件，成立了由县委书记任顾问，县长任组长，县委常委、宣传部部长任常务副组长，县人大、县政府、县政协分管领导任副组长，县委办、县政府办、县委组织部、县委宣传部、县文体广新局等10多个部办、行局为成员单位的全县村级文化建设工作领导小组，并制定了《全县村级文化“五个一”工程建设综合考评细则》，要求乡镇把村级文化“五个一”工程建设作为“一把手”工程来抓落实，由于整体目标明确、实施步骤和工作措施到位，从而形成了县、乡、村三级联动，各部门全力配合，纵向层层传导压力，横向通力协作配合，保障了南县农村“五个一”工程建设按照制定的路线图、时间表一抓到底。

（二）分步实施、逐年完善

针对全县农村文化基础设施发展不平衡的现状，我们本着因地制宜和严格标准的原则，分三个阶段进行逐步实施。

2012年为建设试点阶段，确定了每个乡镇完成10个村的建设任务。2013年推进阶段在已建成达标村的基础上，启动了示范村的建设，并按照示范村的标准，评选一类、二类、三类示范村，分别给予3万元、2万元、1万元的奖励，以奖代投创建示范村。2015年为全面建设阶段，对未达标的行政村继续进行达标创建，对已经达标的村进行抽查复核，监督达标村继续做好文化服务工作。

（三）加强指导、保障资金

为了把村级文化“五个一”工程建设与建设“洞庭明珠，生态南县”的战略目标有机结合起来，由县委宣传部牵头，组织文体等相关部门深入村组督查指导，选派专业人员下乡进行业务辅导，培训乡村业务骨干。在加强业务指导的同时，给予资金上的保障，5年来，县财政累计投入280万余元，争取社会融资850万元用于农村文化建设。通过几年的努力，南县农村文化“五个一”工程建设呈现出亮点纷呈的繁荣局面。

三、农村文化“五个一”工程建设取得的成效

南县在大力推进村级文化“五个一”工程建设中，注重实效，突出文化设施、队伍、活动三个重点，真正做到文化服务惠及广大农民朋友。目前，我县已建成269个村级文化“五个一”达标村，24个示范村，并有龙狮、地花鼓、广场舞、腰鼓、军鼓等600多支业余文艺队伍。每到傍晚，几乎村村都是歌舞升平，广场舞、军鼓、腰鼓等文化活动遍布乡村的广场、禾场，彻底改变了过去“日出而作，日落而息”的生活习惯，农民朋友通过参加文化活动，身心得到了愉悦，自信心也得到提升，精神面貌得到改观。

四、深化推进农村文化“五个一”工程建设、加快构建现代公共文化服务体系

为了贯彻党中央、国务院关于加快构建现代公共文化服务体系的决策部署，2016年，南县出台了《关于加快构建现代公共文化服务体系的实施意见》，以繁荣农村文化为出发点，以满足人民群众日益增长的精神文化生活需求为落脚点，要求认识再提高，思路再创新，强化责任和措施，继续深化推进农村文化“五个一”工程建设，切实把农村文化建设与现代公共文化服务体系建设结合起来，真正建成互联互通、城乡无差别的现代公共文化服务体系。

城乡一体求实效　普惠共享促发展

桂阳县文体广新局

桂阳县位于湖南省郴州市西部，现辖22个乡镇（街道）、507个行政村（社区），总面积2973平方公里、总人口90万人，是郴州市面积最大、人口最多的县。桂阳是历史悠久的千年古郡，自汉初设郡以来已有2200多年历史，历为郡、国、监、军、路、府、州、直隶州、县的重要地方治所，素有“楚南名区，汉初古郡”之称。近年来，桂阳县紧抓创建省级现代公共文化服务体系示范区契机，以重点工程为抓手，以文化设施为载体，以文化服务为核心，切实加强公共文化设施建设，有效保障公共文化服务供给，全面维护群众基本文化权益，全县公共文化服务体系建设呈现出蓬勃发展、整体推进、重点突破的良好态势，为推动全县经济社会发展提供了良好的精神动力和智力支持。桂阳县域经济综合实力连续四年稳居湖南省前十强，先后被评为全国文化先进县、全省首批全面小康达标县、全省“保护非物质文化遗产十强县”、全省“书画之乡”。

一、抓平台，强基础，着力推进“三大工程”

整合文化资源，突出扩大投入，健全公共文化设施网络体系，形成了以县文化中心为龙头、乡镇综合文化站为枢纽、村（社区）综合文化服务中心为基础三级文化服务网络，极大丰富和活跃了群众文化生活。一是大手笔推进标志性文化工程。盘活资源，优化存量，做到文化与城市融合，实现城市文脉的保护与传承。投资3亿元修建了集篮球馆、排球馆、乒乓球（羽毛球）馆、游泳馆、田径场等各场馆于一体的全民文体健身中心；投资5亿元、占地2160亩的由大汉郡城、蓉湖游园、东塔岭三部分组成的桂阳文化园基本完成，其中大汉郡城包括新文化馆、新图书馆、新美术馆、新综合博物馆、新湘剧馆、科技馆等文化科技场所，所有建筑全部为仿古式，彰显了桂阳作为秦汉46郡之一的古风遗韵。投资

300万余元开工建设省内规模最大刘家岭宋代壁画墓陈列馆，全面展示宋代墓葬壁画、出土文物、发掘过程等。投资1.2亿元建设矿山公园博物馆、铜钱币广场，铜钱币高27米、厚3.8米，创下了世界吉尼斯纪录，宝山铜矿的厚重历史成为了“中国最神奇的探宝之旅”和“中国千年采矿史的教科书”。二是大动作推进乡镇文化站提质改造。投入90万元提质改造全县22个乡镇（街道）综合文化站，充实了多媒体设备、民族乐器、打击乐器、西洋乐器等设施设备。充分发挥乡镇综合文化站前沿阵地的作用，广泛开展文艺演出、节庆活动、农民运动会、歌咏比赛、广场舞比赛、书画作品展、戏曲展演等系列大型群众性文体活动。同时，文体活动室、室内健身房、电子阅览室、图书阅览室、多功能活动室，工作日全天实行免费开放，广大群众娱乐有去处、学习有场所、活动有阵地。三是大力度推进村（社区）基层综合文化服务中心建设。针对农民群众反映强烈的突出问题，一些地方诚信缺失、道德失范，封建迷信，婚丧嫁娶铺张浪费，大操大办，居住环境脏乱差，路不平、灯不明，农民精神文化生活贫乏，农村文化阵地薄弱、文体设施缺乏、文体活动较少的问题，结合美丽乡村建设，严格按照一个文化活动广场、一个文化活动室、一个简易戏台、一个宣传栏、一套文化器材、一套广播器材、一套体育设施器材“七个一”标准进行建设。并结合当地特色，定期与不定期在活动中心开展文艺演出、舞龙舞狮等传统项目的培训。目前全县507个行政村，已建有420多个村（社区）基层综合文化服务中心，建有率达82%，农村书屋504家，藏书总量90万余册。

二、抓载体，强服务，着力筑牢“三大阵地”

创新运用“主题+队伍+阵地”模式，不断提升公共文化服务能力，群众文化活动红红火火，节庆文化不断出新出彩，公共文化服务成为常态。一是巩固湘剧保护传承中心。整合湘剧团和县影剧院资源资产，挂牌成立桂阳县湘剧保护传承中心，纳入公益性全额拨款文化事业单位。湘剧保护传承中心常年送戏下基层、进社区、入校园，每个乡镇达4场以上，活跃了基层文化，得到了群众认可，被省文化厅评为“送戏下乡·演艺惠民”先进单位，被中宣部、文化部、国家新闻出版广电总局评为第五届“服务农民　服务基层”文化建设先进集体。二是巩固流动文化阵地。组建20支数字电影放映队，在全省率先普及县城中、小学校“爱教片”放映，同时，多渠道组织符合农村需求的科学种植、养殖、卫生防疫、交通安全、文明生态等纪录片、故事片，为广大农村送去丰富多彩的

电影大餐。每年在农村放映电影5880场以上，实现了电影放映全覆盖，电影惠民润“物”有声。同时，利用“流动图书吧”开展读书活动、读者咨询、培训讲座等延伸服务，参加活动10万余人，获省委、省文明办“阅读活动奖”。三是巩固农村古祠堂阵地。桂阳作为千年古郡，古祠堂遍布每个村落，全县尚存古祠堂、古戏台230余座，村村有祠堂，人人爱看戏。立足县情实际，文化部门积极引导开展古祠堂文化活动，充分激发广大农民、农村文艺骨干的文化热情。樟市镇樟市村每年举办的“五一”、“五四”农民文体周，正和镇芦村农民的民间小调剧团，光明乡、泗洲乡的传统花灯扎制等，都创造性地体现了一村一典型、一村一特色以及古祠堂的宗族文化、礼仪文化、民俗文化，形成了一道亮丽的风景。

三、抓引领，强实效，着力打造“三大品牌”

凸显文化亮点，发挥示范效应，着力打造特色文化品牌。一是提升以“都说桂阳美”为主题的文化艺术节群文品牌。三年一届定期举办以“都说桂阳美”为主题的桂阳文化艺术节，内容包括舞台艺术、展览艺术、文学阅读三个门类的文化艺术创作展示活动，设置了民歌大赛、少儿文艺专场、乡镇（街道）文艺专场、湘剧展演专场、艺术交流专场、书法美术摄影作品展、奇石展等14个专场活动。三年一届的桂阳文化艺术节全面展现了古郡文化魅力，涌现了一大批精品力作，100余项作品在省、市“欢乐潇湘”、湖南艺术节等文化艺术节活动上获奖。二是擦亮“湘剧家园”湘剧艺术品牌。湘剧的舞台语言、剧目、声腔、音乐、表演及演出承载大量的桂阳历史文化信息，被称为研究桂阳历史文化和民风民俗的“活化石”。2008年，桂阳“湘剧”被列为国家级非物质文化遗产保护名录后，为打造非遗精品剧目，改编重排大型湘剧古装戏《一天太守》，2009年该剧目获湖南省第十届精神文明建设戏剧类“五个一工程奖”，2010年获全省县级剧团优秀剧目展演金奖，同年11月进京参加首届全国戏剧文化优秀剧目展演，获优秀剧目、优秀演出、集体伴奏等十项大奖和编剧、导演、作曲、舞美、表演等多个金奖、银奖。2014年以来，为推介桂阳历史文化名人，投入300万元，新编大型湘剧《赵子龙计取桂阳》，2015年参加第五届湖南艺术节获得第五届湖南艺术节田汉新创剧目奖等五项大奖。三是打造“水墨桂阳”、“春陵飞歌”、“欢乐广场”、“书香蓉城”等文化品牌。依托桂阳厚重的人文元素，狠抓书画特色团队建设，走出了一条独具桂阳书画特色的群众文化发展之路。书法组织遍布城乡。目前，县、乡有书画协会（分会）130 个，会员 1000 余人。书画品牌枝繁叶茂，《墨韵》、《满园春色》、《忆城事》等多件作品获国家、省市大奖。

四、抓组织，强保障，着力健全“三项机制”

坚持将公共文化服务体系建设纳入国民经济和社会发展总体规划，从根本上着力解决公共文化服务建设的“人、财、物”等重大问题，形成了一套科学合理的政策体系和促进公共文化健康发展的长效机制。一是健全职责考核机制。县委、县政府主要领导亲自过问、亲自主抓，文化工作以 5% 的高比重纳入对乡镇（街道）年度综合考核范畴，建立目标量化分解、考核评价和绩效考评机制，层层签订责任状，通过考核奖惩传导组织的压力，激增各级干部的干事创业动力。同时，开展示范乡镇综合文化站、示范农家书屋、特色文化活动、特色文化队伍、优秀文化辅导员等考核评比工作，促进管理服务水平制度化、规范化、常态化。二是健全财政投入机制。将县、乡、村四级公共文化服务经费全部纳入财政预算，县公共财政对文化建设投入的增长幅度高于财政经常性收入增长幅度。2015 年全县人均文化投入领先全省平均水平。桂阳文化园开园后，为管理好文化园，保证文化园运转，县财政安排专项资金 322 万元；为创排湘剧《赵子龙计取桂阳》，拨出专项资金 300 万元，2016 年又拨出“湘戏晋京”展演活动经费 120 万元。三是健全人才保障机制。县委、县政府高度重视公共文化人才队伍建设，出台专门文件明确各级文化工作人员数量、待遇，强化基层公共人员队伍建设。全县 22 乡镇（街道）配齐了综合文化站站长及工作人员，每个村（社区）配备宣传文化辅导员，有效破解了基层文化工作人员不足的难题。每年开展“全县基层文化队伍培训项目”、“文化人才培养工程”、“文化骨干培训项目”等各类培训，乡镇（街道）文化站站长全部持证上岗。同时，以英雄名字命名成立“欧阳海号”文化志愿者服务队，现有 6 个分队、1800 多人，成为了农村、社区公共文化服务的一支生力军。

尊重主体地位　增强文化认同

——隆回县农村文体社区试点初现成效

隆回县文体广新局

位于湖南省西南腹地雪峰山区的隆回县，是一个拥有120万人口，戴着国家重点扶持贫困县、革命老区县、武陵山集中连片贫困地区重点扶持项目县等诸多帽子的经济欠发达地区，2014年曾被国家文化部命名为全国文化先进县。在加快创建现代公共文化服务体系的工作中，从制度设计入手，选择有代表性的5个地域进行了为期2年的农村文化体育社区试点。隆回县试点的农村文体社区，是指农村各村自愿结合的文化联合体。试点的5个农村文体社区分别位于七江镇、六都寨镇、荷田乡等5个乡镇，涵盖了23个村，227个村民小组，3.18万人。接受乡镇党委政府和县文体广新局的领导，接受乡镇文化站的业务指导，初步实现了资源整合、队伍整合、活动整合，建立了较为完善的工作机制，较好地解决了公共文化服务“最后一公里”的问题，让广大农村群众享受到了满满的文化获得感。

一、组建自愿，注重群众文化认同

改革开放给隆回农村带来了翻天覆地的变化，人民群众在享受丰厚的改革开放的物质文明建设成果的同时，对精神文化生活的要求也越来越高。经济发展让农村群众的流动性明显加大，农村人口空心化的情况越来越突出，让以村为单位单打独斗办文化事业的难度明显增加。而作为代表政府提供文化服务的县级文化事业单位和乡镇文化站的服务能力和辐射范围十分有限。这样的情况很容易使推进公共文化服务标准化、均等化大打折扣。带着因地制宜、加快创建现代公共文化服务体系的课题，隆回县文体广新局的领导班子成员深入到村到组到户进行调研走访，反复征求服务对象的意见和呼声，提出了相对集中的几个村联合办文化、设立文化体育社区的设想，得到了县委常委、宣传部长卿小玉，副县长刘芬的认可和支持。

2014 年 4 月，当时的县文广新局向乡镇文化站发出了《关于申报农村文体社区建设试点村的通知》，优先考虑文体社区群众的文化认同问题。要求各乡镇文化站在务必选择文化相近、地域相连、经济发展状况相近而且离乡镇文化站较远的地区，在充分尊重群众意见的基础上自愿申报组建文体社区，申报材料必须经参与试点的所有村同意并签署明确的意见。县创建办经过实地考察，最后选择桃洪镇荫山文体社区、三阁司镇红光文体社区、六都寨镇马坪文体社区、荷田乡长鄄文体社区、七江镇鸟树下文体社区开展试点工作。按照群众多年来的文化消费习惯，各个试点社区明确了社区中心活动场所，马坪文体社区周姓群众较多，选择了闲置的周姓宗祠作为社区活动中心。长鄄社区选择了荷田中学为活动基地，城郊社区则在荫山村新建了社区活动广场。

二、管理自主，尊重群众主体地位

以自愿组建的文体社区模式联合办文化，既有别于以乡镇为单元的行政推动，也有别于单个村的文化建设。因此，在管理模式上既不能用行政命令，也不能放任不管。在试点推进过程中，我们尝试选择成立文体社区理事会的模式，实现社区群众对文化建设的自主管理。党委政府领导，管大事管导向；能人领衔、理事会民主决策；县文体广新局和乡镇文化站负责业务指导。这一模式得到了社区群众的认可和支持。2014 年 8 月，各个文体社区理事会相继成立。理事会理事由社区各村村民推选，以文艺骨干、文化能人为主体，吸纳村干部代表和当地德高望重的人士组成，理事长原则上由当地有威望的文化能人担任，理事会设有财务会审小组，负责社区各项经费开支的监督管理。

荷田乡长鄄文体社区理事长马轶麟老师是当地最有威望的文化人。他曾经是隆回一中党总支书记、高级教师。退休回家后，致力于乡帮的挖掘与发展。在文体社区成立大会上以全票当选为长鄄文体社区的理事长之后，马轶麟老师全身心投入到社区文化建设之中，走村串户进行调查走访，组建文化队伍，开展艺术培训，组织文化活动，在忙忙碌碌中深切地感受着群众的文化需求。

理事会全体会议每年一次，担负着社区文化队伍管理、文化活动策划组织、开展文化活动和日常开支的研究决策，重大事项实行表决决定，充分体现了群众的意愿。“从群众中来，到群众中去”的文化管理模式为文体社区各项工作的开展提供了充足的执行力。鸟树下文体社区的群众代表高兴地表示：以前是政府安排我们搞文化活动，喜欢的要搞，不喜欢的也要搞，现在是我们自己决定搞什么样的文化活动，完全是不一样的感觉。

管理自主并不等同于放任不管，而是把该管的管好，不该管的全部放权。试点地区的乡镇党委政府都安排了分管文化工作的领导负责监管文体社区的工作，定期对文体社区的各项工作进行检查督促，县文体广新局和乡镇文化站向文体社区派出了文化志愿者，负责文化业务辅导，管方向、管导向、管辅导提高成为主要工作职责，真正实现了“管而不死、放而不乱”的有序管理目标。

三、特色自选，注重创建文化品牌

隆回县 1947 年建县，县域分别由新化、邵阳、武冈等县市划入，“十里不同音、文化多元化”是重要的文化特征。基于此，农村文体社区建设既要有规定动作，又要有自选动作。既要坚持普惠制，实现公共文化服务标准化均等化的目标，又要坚持因地制宜、因势利导的原则，十分注重特色文化品牌的打造，实现“突出特色、一区一品”的品牌建设目标。

文体社区建设的规定动作，包括农家书屋、农村公益电影放映、“村村响”农村广播、文化信息资源共享服务、村级文化活动的组织开展、电视进村覆盖等基本公共文化服务，全部依照省市制定的统一标准严格实施，不搞重复建设。自选动作则注重以本土文化为依托，突出特色，创建品牌。

县文体广新局派往各个试点社区的工作小组深入村组调查，详细了解当地的文化传统和人民群众的文化习惯，以此为依据确立社区文化的重点发展方向，并将调研成果提交给社区理事会，建议理事会在制定社区文化发展规划时予以重点考虑，由理事会做出决议，并在试点过程中坚持不懈地施行，取得了初步的成效。

荷田乡长鄄地区原属隆回六都，传统文化兴盛。工作组和理事会确立了以古体诗词和楹联重点的品牌创建活动，从县诗词楹联学会、县书法家协会聘请了 4 位文化志愿者担任辅导员，社区组织开设了诗词、书法、楹联专题培训班，吸引了 40 位群众参加培训，并定期开展赛诗赛联和讲评活动，当代农民学习、传承、弘扬、发展传统文化的热情被激发起来，引导 160 多户村民在长鄄村打造了楹联一条街，营造了浓厚的传统文化氛围，荷田乡也因此被省、市楹联学会分别授予“湖南省楹联之乡”、“邵阳市楹联第一乡”的荣誉称号。

马坪文体社区群众善于接受新鲜事物，所辖5个村内就有5个铜管乐队，从事铜管乐演奏的农民达到150人，尤以张家铺村和乐团最具名气。工作组和理事会商定将群众的爱好和热情发扬放大，主攻铜管乐的普及和提高，县文体广新局选派了县音乐舞蹈家协会主席胡仲雄等3位文化志愿者前往辅导，乐队演奏水平明显提高，和乐团荣获全县铜管乐比赛第一名、邵阳市第三届艺术节铜管乐比赛银奖，并应邀前往浙江卫视“中国梦想秀”实现梦想。现在，该社区又组建了少儿铜管乐队和女子木管乐队，铜管乐队队员人数增加到220余人，成为社区文化的一道亮丽风景。

四、活动自定，注重群众广泛参与

文化活动既是公共文化服务的重要内容，也是检验文化建设成绩的重要标杆。文体社区的文化活动怎么办？社区集体活动和各村自办活动如何处理？当然还是由理事会进行合理安排。在试点期间，我们引导理事会坚持“村办活动自主安排、社区活动集体商定，小型活动村办为主，重大活动社区统筹”的原则，既保护了各村自办文化活动的积极性，又保证了社区活动的整体性，极大限度地激励群众参与到各种文化活动中来。

组建文体社区的目的在于方便群众开展文化活动，方便群众享受公共文化服务。基于此，社区主要负责举办以村为单位的文化体育赛事、重大节日纪念日的文艺演出等活动。两年来，5个文体社区共举办社区文化体育活动22场次，参演参赛的群众达到4500多人次。

2015年春节期间，马坪文体社区共推出花鼓戏演出周、送春联、社区春节联欢晚会、新春电影放映周、社区篮球赛、新春卡拉OK赛6项活动，为期一个月，盛况空前。与此同时，各村自办的春节联欢晚会的传统文化活动亦照常举行，给广大群众营造了热烈的春节文化氛围。三阁司镇红光文体社区根据所辖各村比较分散的情况，强调文化活动以村为主，社区连续两年举办春节联欢晚会，成为社区最有影响力和吸引力的文化节日。

五、经费自筹，注重文化持续发展

农村文体社区试点工作不仅要探索农村文化建设的推进方式，而且要摸索公共文化服务的可持续发展途径与经验。能否实现可持续发展，至关重要的是要解决好社区文化发展的资金保障。没钱办文化，群众的积极性再高、理事会的能力再强，也会陷入“巧妇难为无米之炊”的尴尬局面。不解决资金来源这个瓶颈，试点结束，工作组一撤，文体社区就会形同虚设。

经过两年的探索，各个文体社区各显神通，找到了政府投入、群众自筹、社会赞助相结合的农村文体社区建设经费保障机制。县文体广新局与县直有关部门会商，将农村文化建设资金向文体社区倾斜，两年安排100万元用于文体社区建设（每个社区每年10万元），该项资金由乡镇财政监管，社区理事会研究使用，主要用于社区音响设备购置、活动中心布置、重大活动开展。试点办运用该项资金，指导每个社区集中采购了舞台灯光音响设备、电子阅览室设备以及社区图书室基本设备，担负起社区文化建设的基本经费保证。

群众自筹主要解决个人参与群众文化活动的基本经费，包括属于个人的乐器、服装等。两年来，5个文体社区群众自筹资金42万多元，添置了乐器360件，演出服装980套，广场舞设备30件。鸟树下文体社区的油龙制作和队伍组建，长鄄文体社区楹联一条街的打造都采取了社区补助和群众自筹相结合的方式，激发了群众掏钱办文化的热情。

寻求社会力量自愿投入社区文化建设是农村文化建设的有益补充。5个文体社区依托本地名人能人，赞助社区重大活动，吸纳社会资金22万元。马坪文体社区的“增田汽贸杯篮球赛”、“后秋杯”村民大家唱为解决社区经费问题提供了较好的范例。

媒体报道篇

建设“文化家园”，共享发展成果

——湖南率先出台政策规范村（社区）综合文化服务中心建设管理

为统筹推进村（社区）综合文化服务中心建设，充分发挥其服务效能，切实保障基层群众的基本文化权益，湖南省委宣传部、湖南省文化厅在全国率先出台《湖南省村（社区）综合文化服务中心管理办法》（以下简称《管理办法》）。中宣部《每日要情》第898期，采用湖南省文化厅信息《管理办法》。该办法立足湖南实际，在破解村（社区）综合文化服务中心建设与管理等方面进行了创新，特别是积极倡导文化服务中心“文化家园”的服务理念，让基层群众共享改革发展成果，拥有实实在在的获得感。主要呈现出5个方面的鲜明特点：

一是凸显建设管理的系统性。《管理办法》共6个章节23条，分别对总则、规划和建设、管理和服务、人员和经费、检查和考核、附则等部分进行了阐述，涵盖村（社区）综合文化服务中心建设和管理的方方面面。《管理办法》强调坚持政府主导、整合资源、因地制宜、社会参与、惠及群众的原则。特别是明确要求各级政府对革命老区、民族地区和武陵山片区、罗霄山片区等贫困地区的村（社区）综合文化服务中心建设予以重点扶持。《管理办法》做到了既统筹推进，又重点突出。

二是着眼于标准化和均等化。《管理办法》对服务中心建设和管理的责任主体、经费来源、人员保障等关键问题明确具体要求。明确村（社区）综合文化服务中心根据需要配置图书、报刊、电脑、宣传栏（橱窗）、文化体育健身器材等设施设备，提供书刊阅览、教育培训、文体活动等服务功能。重点对服务中心文化设施建设内容予以细化量化，要求村综合文化服务中心主要参照“七个一”基本标准进行建设，即一个文化活动广场、一个文化活动室、一个简易戏台、一个宣传栏、一套文化器材、一套广播器材、一套体育设施器材；社区综合文化服务中心要按照“有组织、有队伍、有场地、有设施、有活动”要求，比照行政村综合文化服务中心标准建设。《管理办法》既注重统一规范，又注重服务均等。

三是彰显文化建设的法治化。就文本内容而言，《管理办法》针对中心拆建程序、资产管理和功能使用等行为，进行了具体规范，明晰了追责内容和追责落实部门。从文本出台流程来看，严格执行省人民政府关于规范性文件出台的规定要求，在征求多方意见、厅党组会研究、省委宣传部主要领导审批的基础上，历经合法性审查、制度廉洁性评估等程序，最终报请省人民政府由省法制部门审核同意后予以统一登记、统一公布。《管理办法》既是集体智慧的结晶，又体现了依法执政的精神。

四是突出管理服务的群众性。《管理办法》在管理和服务设计上注重服务目标、服务功能、服务成效等方面的群众性，以群众需求为标准，强调尊重当地文化习俗，积极组织引导群众文体活动，为老年人、未成年人、残疾人、农民工和农村留守妇女儿童等群体提供有针对性的文化服务，推出一批特色服务项目。健全民意表达机制，鼓励群众参与建设管理，接受群众监督，保证其设施用于开展文明、健康的文化体育活动。《管理办法》既彰显了为民服务宗旨，又强调了群众参与监督的反馈评价机制。

五是注重整合社会资源。《管理办法》鼓励“三支一扶”大学毕业生、大学生村官、志愿者等专兼职从事村（社区）综合文化服务中心管理服务工作。鼓励和引导社会资金支持村（社区）综合文化服务中心建设。鼓励支持企业、社会组织和其他社会力量，通过直接投资、赞助活动、捐助设备、资助项目、提供产品和服务，以及采取公益创投、公益众筹等方式，参与村（社区）综合文化服务中心建设管理。在考核评价上，引入第三方开展公众满意度测评。《管理办法》既强调政府的主导作用，又发挥了社会力量的重要作用，积极探索齐抓共管的文化建设模式。

近年来，湖南省坚持抓好国务院办公厅《关于推进基层综合性文化服务中心建设的指导意见》的落地生根，按照“保基本、建机制、强基层”的思路，加快推进基层现代公共文化服务体系建设，先后出台《湖南省人民政府办公厅关于推进基层综合性文化服务中心建设的实施意见》等规范性文件，省级层面先后召开了两次高规格的现场推进会，多次组织省直有关部门开展联合督查，省发改委、省委组织部、国家开发银行省分行联手统筹推进农村综合服务平台建设，全省基层综合性文化服务中心建设成效显著。据统计，2016 年全省新建文体小广场达 1.1 万余个。

资料来源：中宣部《每日要情》，2016 年第 898 期。

破解公共文化服务“最后一公里”难题，湖南全力推进村级文化家园建设

年过花甲的马铁麟原系湖南隆回县一中高级教师，退休后致力于乡帮的挖掘与发展，是当地德高望重的文化人。2016 年，他在荷田乡长鄄文体社区理事会成立大会上以全票当选为理事长。他带领理事会成员走村串户进行调查走访，组建文化队伍，开展艺术培训，全身心投入社区文化建设之中。

尝试成立文体社区理事会的模式，实现社区群众对文化建设的自主管理，这是湖南省扎实推进村级综合文化服务中心建设、打造“文化家园”的一个缩影。国务院办公厅《关于推进基层综合性文化服务中心建设的指导意见》（以下简称国办《指导意见》）出台一年多来，湖南省文化厅根据省委、省政府有关工作部署，坚持“建、管、用”一体化思路，以文化扶贫为突破口，加快推进全省村级综合文化服务中心，积极破解公共文化服务“最后一公里”难题，成效显著，多次在文化部召开的全国性会议上得到肯定。

一、明确任务落实责任

为贯彻落实国办《指导意见》精神，湖南将贫困地区村综合文化服务中心示范点建设纳入 2016 年重点民生实事项目，纳入绩效考核，要求各级各有关部门把推进文化惠民工程作为分内之责，加强组织领导、注重统筹推进、细化监督考核，重点围绕读书看报、广播电视、电影放映、文艺演出、文体活动等制定示范点基本文化服务目录，采取“订单”服务，实现文化惠民、乐民、育民。计划用两年时间在 11 个市州所有贫困县建成 679 个示范点。

同时，要求调动本地“文化能人”、村干部、文化志愿者参与管理的积极性，鼓励支持企业、社会组织、村里致富能人和社会力量捐资捐款，做到专款专用，确保每一分钱用到满足群众文化需求上。

湖南省文化厅党组将贫困地区村级综合文化服务中心建设工作列入2016年全厅工作重中之重，并纳入对市州文化工作的绩效考核目标。多次召开会议，专题部署，明确任务责任，制定标准和完成时间进度表，确保建设因地制宜，定位有序。

二、调研摸底出台标准

国办《指导意见》于2015年10月出台后，湖南省文化厅相继到14个市州、28个县市区开展了深入细致的调研摸底，全面掌握了全省基层综合性文化服务中心已建、在建、待建数据，以及基层文化设施网络覆盖和“建、管、用”等情况。

为了着眼于长远，全面有效推进全省村级综合文化服务中心建设，省文化厅起草并出台了相关文件：2016年6月，以省政府办公厅名义印发《关于推进基层综合性文化服务中心建设的实施意见》，将村（社区）文化设施建设列为重点内容，确定了“七个一”建设标准，即每个村级综合性文化服务中心有一个文化活动广场、一个文化活动室、一个简易戏台、一个宣传栏、一套文化器材、一套广播器材、一套体育设施器材。8月，以省委宣传部、省文化厅名义在全国率先出台了《湖南省村（社区）综合文化服务中心管理办法》，对服务中心建设和管理的责任主体、经费来源、人员保障等关键问题明确具体要求，并提出了文化服务中心“文化家园”的服务理念。

同时，省文化厅按照省委、省政府部署要求，联合省发改委等六部门联合出台《“十三五”时期湖南省贫困地区公共文化服务体系建设规划纲要》，研究制定了9项文化精准扶贫措施，引导文化资源向大湘西、武陵山片区等老少边贫地区倾斜。

2016年以来，湖南省文化厅想方设法争取中央和省级资金扶持，仅村级文化设施建设项目资金投入就达6647万元，目前这些资金已全部安排给51个贫困县，覆盖到2791个贫困县村级综合文化服务中心。

三、探索模式推广经验

2016年，湖南省委宣传部、省文化厅等省直部门相继在慈利、隆回召开基层综合文化服务中心建设现场推进会，探索建设发展模式，重点总结推广村级文化家园“建、管、用”模式。

在探索基础设施建设路径方面，省文化厅结合各地区经济社会发展现状，在慈利县向全省总结推广了三种建设模式：“项目带动”模式，依托省级“美丽乡村”等项目，再自筹部分资金，建设起点高、规格高的花园式综合文化广场；“多方募集”模式，充分调动各方积极性，采取上级争取一点、村里奖补一点、村民自筹一点的方式，共建标准化综合文化活动广场；“建整扶助”模式，借助各级部门单位开展扶贫攻坚的机遇，争取多方支持，建成符合要求的综合文化服务中心。

在强化文化阵地效能建设方面，省文化厅注重引导各地坚持建管用并重，做到每建成一个，就管好用好一个，切实发挥功能作用，尽可能满足群众的文化需求，早得文化实惠。

常德澧县车溪乡万兴村农村文化中心，集“一场、一廊、三堂”（文体广场、文化长廊、会堂、讲堂、孝堂）于一体，成了百姓喜爱的文化小舞台、政策传播台、才艺展示台、思想转化台。

郴州桂阳县创新运用“主题+队伍+阵地”模式，巩固湘剧保护传承中心、流动文化阵地，不断提升公共文化服务能力，群众文化活动日趋红火，节庆文化不断出新出彩。

株洲炎陵县坚持以特色文化节会、区域文化联动发展、乡村自主文化活动为重点，推进文化服务活动开展常态化，积极培育“一村一品”。西区社区的“关爱留守儿童”、沔渡镇夏馆村的美丽乡村、十都镇洋歧村“畲族三月三”民俗文化节等，已形成了固定的文化活动品牌。

目前，村级基层综合文化服务中心建设工作引起贫困地区和非贫困地区各级党委、政府的高度重视，积极研究制定配套政策，有力推进工作落实。怀化市结合实际，按平均每个村 20 万元的测算，提出农村文体基础设施建设具体标准，两年分别调剂 3 亿元用于农村文体基础设施建设。益阳市采取政府购买服务的模式，由城建投部门统一对全市 1000 多个基层综合文化服务中心进行标准化建设。据统计，目前全省村级综合文化服务中心已建成 1.5 万个，2016 年在建 2681 个，覆盖（含在建）率为 74.5%。全省已建村级文体广场的数量由 2015 年的 6000 余个增至 2016 年的 8000 余个，预计到 2016 年底，全省村级文体广场覆盖率将达到 76%。

资料来源：《中国文化报》，2016 年 11 月 10 日第 12 版。

湖南以公共文化建设助力精准扶贫

为推动贫困地区公共文化服务标准化均等化，保障贫困地区人民群众基本文化权益，2016 年，湖南省以加快推进现代公共文化服务体系建设为契机，以推进贫困地区综合性文化服务中心建设为抓手，全面助力精准扶贫。

2016 年，湖南省文化厅在以省委、省政府办公厅的名义下发《关于加快构建现代公共文化服务体系的实施意见》的基础上，联合省发改委、省财政厅等 7 个厅局出台了《“十三五”时期湖南贫困地区公共文化服务体系建设规划纲要》（以下简称《规划纲要》）。《规划纲要》主要针对湖南省集中连片特困地区及国家扶贫开发工作重点县实施，从加快完善公共文化设施网络、全面推进基本公共文化服务均衡发展等 6 个方面为贫困地区公共文化服务体系建设指明了方向，提出了要求，提供了保障。文件要求各贫困县根据规划制定切合实际、可操作性强的实施方案。下阶段，湖南省文化厅将会同相关部门对《规划纲要》的实施情况进行评估和督导。《规划纲要》的出台完善了湖南省公共文化助力精准扶贫的顶层设计，增强了文化精准扶贫的造血功能，有利于激发贫困地区公共文化建设的内生动力，对促进贫困地区整体脱贫致富有着“变被动为主动”的重要指导意义。

2016 年 3 月，湖南省基层综合性文化服务中心建设现场推进会暨省级示范区创建培训班在张家界市慈利县举行。会上，湖南省文化厅副厅长禹新荣强调，要加大基层公共文化设施建设力度和提升公共文化服务水平，建、管、用一体化推进基层综合性文化服务中心建设，带动贫困地区脱贫致富。

湖南省文化厅计划用两年时间，在全省集中连片特殊困难地区和国家扶贫开发工作重点县建设 688 个村级综合性文化服务中心示范点，此项目已经纳入湖南省 2016 年重点民生工程。到 2020 年，要在全省范围的乡镇（街道）和村（社区）普遍建成集宣传文化、党员教育、科学普及、普法教育、体育健身等功能为一体的基层综合性公共文化设施和场所。

基层综合性文化服务中心的建设应实现资源的集约利用，避免重复浪费。目前，湖南的一些地区已经有了一些可取的建设模式。以慈利县基层综合性文化服务中心建设为例，探索了三种模式：一是以金花村为代表的“项目带动”模式，该村依托省级“美丽乡村”项目，再自筹部分资金，共投入380万元建设了起点高、规格高的花园式综合文化广场；二是以永安村为代表的“多方募集”模式，该村充分调动各方积极性，采取上级争取一点、村里奖补一点、村民自筹一点的方式，由群众自愿捐献地皮和部分奖金，筹措80万余元共建标准化综合文化活动广场；三是以百寿村为代表的“建整扶助”模式，该村是贫困村，资金自筹难度大，借助市直单位在本村开展扶贫攻坚的机遇，该村积极争取后盾单位支持，投入130万余元建成符合要求的综合性文化服务中心。

下一步，湖南省将依托建设好的基层综合性文化服务中心，积极探索社会化建设管理模式，不断丰富服务内容，创新服务方式和手段，引导、鼓励群众参与基层综合性文化服务中心的建设和管理，使该文化阵地成为基层百姓的文化小舞台、政策传播台、才艺展示台和思想转化台。

资料来源：《中国文化报》，2016年6月8日第7版。

惠及近千万群众的文艺盛宴

——2016年“欢乐潇湘”群众文艺汇演

2016年9月29日晚，“欢乐潇湘”群众文艺汇演优秀节目展演在湖南大剧院上演。15个从田间地头、街道社区脱颖而出的优秀节目，登上了省会长沙的舞台，践行了这个活动“群众唱主角，草根当明星”的宗旨。

2016年3~9月，三湘大地掀起了一场群众文化活动热潮。由省委宣传部牵头举办的“欢乐潇湘”群众文艺汇演，经过海选、初赛、复赛、决赛，到优秀节目展演，台上台下共吸引近千万观众参与，极大地活跃和丰富了群众文化生活，提升了百姓的幸福指数。

一、惠及群众近千万

歌曲《乔口古镇》、快板《老街新韵》用不同的艺术形式生动演绎了长沙独特的地域文化；常德丝弦《“110”遭遇“侦察兵”》、鼓盆歌《众擎易举中国红》等展现了常德非物质文化遗产的魅力；取材于常宁市罗桥镇新屋袁家“字灯”的《灯舞家园情》，艺术再现了常宁市这一传统民俗；原生态舞蹈《担山女人》讲述了汝城的畲族妇女披荆斩棘、日夜劳作，用一根扁担挑起山村希望的故事……8月下旬至9月中旬，“欢乐潇湘”群众文艺汇演决赛各市州专场陆续上演，精彩的节目，给舞台下的观众们送去了欢乐。

2016年“欢乐潇湘”群众文艺汇演自2016年3月启动，各级党委、政府高度重视，广泛动员，吸引了全省1万多个民间演出团体参与。各地着重在发动群众参与、引导群众创作、鼓励群众表演等方面打造特色，决赛阶段，各市州纷纷拿出自己的特色好戏，用最接地气的群众文艺演绎百姓的喜怒哀乐。

据统计，2016年“欢乐潇湘”活动中，全省共举办初赛2474场次，参演团队12998个，参演人数达28.5万余人次，观众达661.7万余人次，新创节目

5019 个；举办复赛 243 场次，参赛团队 2997 个，吸引观众 138.1 万余人次；15 场决赛，参赛团队 312 个，参赛人数 10909 人，吸引观众 31 万人次。

邵东县仙槎桥镇一位基层文化工作者说，“欢乐潇湘”的开展让农村群众文化大放光彩，丰富了基层民众的精神文化生活，带动了一批又一批爱好文艺的人真正“动”起来，文艺热情得到了释放。

二、草根上台变明星

每年芒种过后的农历五月十三日，江永县勾蓝瑶寨的瑶民都会举行盛大的活动庆祝春耕结束，也就是“洗泥节”。在 8 月底的“欢乐潇湘”决赛永州专场上，勾蓝瑶寨原生态舞蹈《洗泥巴》压轴上场，30 多位村民的本色演出让现场观众、评委耳目一新，对精彩的表演报以热烈掌声。

参与这个节目的演员，都是以前没有上过台的纯朴农民。在最初排练时，他们都不知如何表演，总是表情僵硬。为了启发他们，节目编导提出笑起来、锤起来、动起来、跺起来、喊起来、唱起来。村民们在不断“锤炼”下，慢慢进步，最终在演出中达到了非常好的效果。

推出“欢乐潇湘”大型群众文艺汇演，就是要让百姓唱主角，让草根当明星，给群众提供自我展示自我教育的舞台。在活动开展过程中，也确实达到了这种效果。

2016 年 7 月 29 日下午，邵东县界岭镇金凤村一处空地上，一位戴着墨镜的中年人，捧着一把唢呐吹了起来。演奏完毕，在场观众全体起立，为其精彩演奏拍手叫好。盲人唢呐手叫唐义春，2016 年 46 岁。他通过层层选拔，登上了 2016 年“欢乐潇湘”群众文艺汇演复赛邵东专场，带来了一首质朴深情，具有浓郁西北山歌风味的唢呐独奏《黄土情》。“演出结束后，观众报以热烈的掌声，心里那种喜悦之情不言而喻。”唐义春高兴地说。

三、把文化“种”在心田

“我们最近几年都在坚持‘种文化’，想把文化‘种’到百姓的心坎里去。”在开展“欢乐潇湘”过程中，衡阳市珠晖区教文体局组织成立了由区内文艺骨干、专业老师、居民代表组成的队伍，组织人员进行节目编排、指导排练，把平时爱唱歌、爱跳广场舞的群众带动起来，自编自导自演节目进行参赛。通过充分调动内部人员的积极性和盘活区内文艺资源，将原来需要外请专业指导老师的费用用于培训区内居民，提高居民自主参与性，实现“种文化”。

作为湖南近年来演出规模最大、时间跨度最长的大型群众文化活动，“欢乐潇湘”从2013年举办以来，一年比一年精彩，成为三湘百姓的“星光大道”，黄发垂髫、男女老少纷纷上台秀才艺。据不完全统计，每届“欢乐潇湘”吸引了上万支群众文艺团队、数十万群众演员参与，千万余群众观看，既活跃了群众文化生活，积累了大批优秀节目，又让群众有了展示自我的平台。

随着“欢乐潇湘”活动的深入推进，大量群众文艺团队茁壮成长，农民从文化的看客变成主角，各地群众文艺活动氛围越来越浓。许多群众表示，“欢乐潇湘”活动是真正为老百姓搭建的舞台，这样的活动百姓爱参与，这样的节目百姓最爱看。湖南的“欢乐潇湘”活动很有特色，这个活动组织非常严密，演员全部来自基层，节目富有时代精神，这种大力扶持群众文化的做法值得学习。

资料来源：《湖南日报》，2016年9月30日第14版。

湖南举办“我们都来跳”社会主义核心价值观原创广场舞大赛

2016年9月26日上午，湖南省文化馆，人声鼎沸、热闹欢腾。由湖南省文明办指导、湖南省文化厅主办、湖南省省文化馆承办的“我们都来跳”社会主义核心价值观湖南省原创广场舞大赛在这里隆重举行，来自全省14个市州的14支优秀广场舞队伍悉数亮相，大拼舞艺，现场汇聚成一片欢乐的海洋。湖南省委常委、省委宣传部部长张文雄，省委宣传部巡视员魏委，省委宣传部副部长、省文明办主任刘进能，湖南省文化厅党组书记、厅长李晖，党组副书记、副厅长禹新荣，党组成员、纪检组长廖星，湖南省直机关工作委员会常务副书记李爱武，湖南省教育厅副厅长应若平，湖南省体育局党组成员、副局长杨再辉等出席活动并颁奖。

此次广场舞比赛旨在贯彻落实习近平总书记文艺工作座谈会重要讲话精神、《中共中央关于繁荣发展社会主义文艺的意见》，弘扬社会主义核心价值观，为发展湖南群众文化集聚更多要素、积蓄更多能量。比赛特别邀请中央文化干部管理学院客座教授、研究馆员周固坚，享受国务院特殊津贴专家、著名表演艺术家刘赵黔，省艺术职业学院教授林凤，湖南女子大学副教授李鑫，湖南都市频道副总监、著名主持人王燕等5位组成了专业评审团。经专业评审团和现场评审团认真评审，当场评选出特等奖（舞王）2个、金奖5个、银奖7个和最佳表演奖1个；同时还遴选出2支代表队参加湖南省“欢乐潇湘”全民广场舞总决赛。

比赛现场，14支参赛队伍，个个精神抖擞，轮流上台表演。时尚的编排、靓丽的服饰、激情的动作，配上新创的社会主义核心价值观歌曲，征服了现场所有观众。“想不到广场舞能跳得这么有韵味!”、“大妈们跳得真新潮!”、“民族服饰和广场舞绝配哦”……比赛现场，观众群中不时发出这样的感叹。

由湖南省艺术职业学院带来的原创广场舞《不知该怎么称呼你》作为特别节目压轴登场，将比赛推向了高潮。这首歌的词曲创作灵感源自2013年习近平总书记在湘西花垣县十八洞村走访与苗族大妈交流的故事，苗族大妈当时问习近平总书记“该怎么称呼您”，习近平总书记回答“我是人民的勤务兵”。舞蹈通过简单、朴实的编舞呈现出浓浓的民俗风情，表达了对社会主义和谐社会的美好祝福。

“我们都来跳”社会主义核心价值观湖南省原创广场舞系列活动自4月启动以来，历时3个多月完成了歌曲征集，并从征集的300首作品中评选出20首进行舞蹈编创。这20支原创广场舞将社会主义核心价值观与人民群众喜闻乐见的广场舞形式相结合，以“富强、民主、文明、和谐、自由、平等、公正、法治、爱国、敬业、诚信、友善”的核心价值观为主题，编创一套健康向上、形式新颖的社会主义核心价值观原创广场舞（曲），让社会主义核心价值观24个字传播开来，使其入脑入心，指导人民群众的一言一行。

目前，在全国范围内，学习湖南省原创广场舞的群众达到400万余人，《湖南省原创广场舞》教材在网上的点击率达到780万余人次。下一步，省文化厅将在三个方面做好推广工作，一是组织15000名教练员和他们组建的广场舞队，深入到社区、厂矿、农村、学校、企业等地开展教学，推广“我们都来跳”社会主义核心价值观原创广场舞；二是将教材挂网，通过优酷、土豆、红网、中国文化电视网以及湖南省文化厅、湖南省文化馆官网等网络向全国推广，拓宽“我们都来跳”社会主义核心价值观原创广场舞的影响面；三是借助中国文化馆年会、“9+2”区域联盟等平台与外省对接，赴相关省、市区举办“我们都来跳”社会主义核心价值观湖南原创广场舞教练员培训班。

资料来源：中宣部《每日要情》，2016年第920期。

湖湘特色文化志愿服务方兴未艾

2016 年 3 月 4 日，“我是雷锋家乡人，湖湘文化送春风”文化志愿服务活动月在长沙湖南省文化馆广场启动。眼下，在湖南省少管所、长沙市第三社会福利院等地，正活跃着文化志愿者忙碌的身影，慰问演出等一系列文化志愿服务活动陆续开展，带来一份份文化关爱。

湖南省文化志愿服务工作近几年一步一个脚印、一年一个台阶稳步发展，志愿者队伍不断壮大、志愿服务活动日益丰富、机制逐步健全、影响日益扩大，呈现出蓬勃发展、纵深推进的良好态势。

一、构建科学的文化志愿服务网络体系

在文化部 2016 年 2 月公布的 100 个 2015 年全国基层文化志愿服务活动典型案例中，湖南有 14 个项目入选。这得益于近年来湖南逐步构建起的自上而下、横向到边、立体交叉的文化志愿服务网络体系。

2013 年，湖南省正式成立文化志愿服务总队，并采取总分结合的方式，分别在市州设立支队、县市区设立分队、乡镇社区设立小队，建立了覆盖省、市州、县市区、乡镇（街道、社区）四级上下联动的文化志愿服务网络。截至目前，湖南省文化志愿服务总队共下辖 3 个省直支队和 14 个市州支队，全省已有 724 支文化志愿服务队伍，7.92 万名注册文化志愿者。

湖南文化志愿者要在音乐、舞蹈、曲艺、书法、美术、摄影、影视、新闻传媒等领域有一定特长，文化系统在职和离退休人员、教师、高校学生、文化活动积极分子等被大量吸纳，按照以专职骨干为主、兼职队伍为辅的原则，建成了专兼结合的立体服务体系。

按照注册文化志愿者的文化特长和服务内容、时间，我们分门别类设立了专业服务小分队，平时按照属地管理、部门负责的原则自主开展活动，遇重大活动

或节庆等，按照总队整体部署、统一调度，初步形成了纵横交错的文化志愿服务网络体系。

二、探索创新文化志愿服务工作机制

2015 年是文化部确定的全国“文化志愿服务制度建设年”。湖南省积极响应，在创新工作思路，构建参与广泛、内容丰富、形式多样、机制健全的文化志愿服务体系方面进行积极探索。

湖南省结合近几年的文化志愿服务实践，经过多次调研、征求意见，《湖南省文化志愿者管理办法（暂行）》于 2015 年正式出台，对全省文化志愿者组织管理、招募、培训、权利与义务、表彰、退出机制等作了详细规定，为实现湖南省文化志愿服务制度化、标准化奠定了基础、指明了方向。

2015 年，湖南省将文化志愿服务工作明确纳入全省文化建设总体安排和省文化厅年度考核目标，进一步促进各级文化行政部门和文化系统相关单位加大对所属文化志愿者团队的组织指导和统筹协调力度，促进了文化志愿者队伍健康有序发展。

同样是在 2015 年，湖南省建立了文化志愿者形象代言人制度。在全省 7 万多名文化志愿者中，歌唱家李谷一、湘剧表演艺术家左大玢、电视节目主持人汪涵、文化创意与策划人叶文智、书法家张锡良等 10 人被聘为湖南省文化志愿者形象代言人。湖南省还不断健全文化志愿者嘉奖制度，每年对优秀文化志愿者、文化志愿服务优秀组织工作者、文化志愿服务先进集体和文化志愿服务示范项目予以表彰。希望通过遴选形象代言人和开展评选表彰活动，激励和激发文化志愿者的积极性，增强文化志愿者的荣誉感，大力宣传湖南文化志愿服务的先进典型，用榜样的力量吸引和感召更多的人加入文化志愿服务的行列。

三、打造“湘味”文化志愿服务品牌

2016 年春节前夕，湖南省第五届农民工春晚在浏阳市欧阳予倩大剧院上演，1200 多名农民工免费观看了演出。花鼓戏《新农村里新事多》等贴近百姓生活、接地气的节目让观众连连叫好。晚会筹办人朱良成是湖南省文化志愿服务总队务工文化分队队长，他克服诸多困难，多方筹集资金，充分发动广大文化志愿者，从乡镇、县逐级海选节目，在工厂和农村连续 5 年举办全省农民工春晚，2016 年更是将晚会搬到了剧场。这种“人民演、演人民、演给人民看”的春晚得到群众高度赞许。朱良成表示：“虽然很累，但内心充满快乐。”如今，湖南省农民工春节联欢晚会已成为全省文化志愿者服务活动的品牌和名片。

据了解，湖南省正积极构建具有地方或行业特色的文化志愿服务模式，以关爱空巢老人、留守儿童、农民工、残疾人等特殊群体和“老少边穷”特殊地区为重点，突出文化志愿服务的人文关怀，开展多种多样的主题文化志愿服务活动。仅2015年，全省组织开展的各类文化志愿服务活动参与16.4万人次，各地结合“湖南艺术节”、“欢乐潇湘”等全省文化惠民活动，推出文化志愿服务示范活动项目300多项，全年服务群众达326.4万人次，涌现出“湖南农民工春晚”、“乡村大舞台”区域联动等一大批文化部表彰的全国基层文化志愿服务活动典型案例和示范活动。

2016年，湖南省将继续传承、传播优秀湖湘文化，创新服务方式与手段，把“我们的中国梦，湖湘文化进万家”文化志愿服务活动主题贯穿全年，着重打造“湘味”文化志愿服务品牌。

2016年，湖南省文化志愿服务活动将继续秉承“规定动作不走样，自选动作有特色”原则，在省外实施“春雨工程”——湖湘文化志愿服务边疆行活动，省内实施“大地情深”——湖湘文化志愿服务基层行活动。此外，湖南将围绕“我们的中国梦，湖湘文化进万家”这条主线，按照“楚韵湘音，幸福使者”、“关爱成长，芙蓉朝晖”、“文化公益，三湘共当”等9个主题，依托公共图书馆、文化馆、博物馆、美术馆、文化信息资源共享工程、数字图书馆推广工程等文化惠民工程，深入基层开展具有湖湘特色的文化志愿服务，打造“湘味”浓郁的文化志愿服务品牌，让百姓享受更多文化获得感。

资料来源：《中国文化报》，2016年3月21日第1版。

共享文化发展成果 不断增强群众文化获得感

——湖南省文化馆公共文化服务纪实

2016年7月，湖南省文化馆迎来了建馆60周年，日复一日地为群众开展文化服务，湖南省文化馆已不懈地坚持了一个甲子。

如今，秉承着“人才兴馆、从严治馆、开放办馆”的理念，湖南省文化馆正以高度的文化自觉、坚定的文化自信、饱满的工作热情，积极投身于现代公共文化服务实践中，不断完善文化馆基础设施建设，加大文化馆人才储备和经费投入，全面推进数字文化馆建设，常年开展各种群众性文化活动、培训、展览和公益演出，不断提升公共文化服务水平和质量，让群众共享文化发展成果，增强群众文化获得感。

一、编创推广原创广场舞

广场舞是参与群众最多、影响力最大、人民群众最喜欢的文化活动之一。2011年以来，湖南省文化馆组织全省优秀的舞蹈、音乐专干，用湖南的名歌、名曲作舞曲，用湖南苗族、土家族、侗族、白族等少数民族舞蹈语汇及湖南戏剧中的舞蹈元素，编创了一套湖南本土特色的原创广场舞，共两集、23支舞曲，在全省乃至全国引起了极大反响。

据初步统计，截至2015年底，湖南省各市、县、乡文化馆（站）共开办湖南原创广场舞培训班3000多个，培训教练员1.5万多人次。2015年7月，湖南省文化馆在新疆生产建设兵团12师举办了湖南省原创广场舞教练员培训班，得到当地人民群众的热烈欢迎。目前在全国范围内，学习湖南省原创广场舞的群众达到400多万人，《湖南省原创广场舞》教材在网上的点击率达到780多万人次。

为了用一种全新的、艺术的、人民群众喜闻乐见的形式在全社会推广社会主义核心价值观，用广场舞跳出社会主义核心价值观的故事，从 2016 年 3 月开始，湖南省文化馆组织开展了“我们都来跳”湖南省原创广场舞系列活动，编创了一套健康向上、形式新颖的社会主义核心价值观原创广场舞（曲），这在全国也是首创。活动启动以来，通过全国征集、特邀创作、市州组织创作、网络征集等多种形式，征集歌词 185 首、曲谱 87 首。通过专家委员会评选，组委会审定，入围歌词 30 首，入选歌词 13 首，入围歌曲 28 首，公示歌曲 15 首。而后，该馆组织举办了“我们都来跳”湖南省原创广场舞舞蹈编创班，组织全省优秀舞蹈编导开展专题创作。社会主义核心价值观原创广场舞歌词体现“富强、民主、文明、和谐、自由、平等、公正、法治、爱国、敬业、诚信、友善”的主题，音乐朗朗上口，节奏鲜明流畅，突出湖湘特色，舞蹈形式多样、节奏明快、简单易学，既有鲜明的湖湘特色，又时尚亮丽；既有舞蹈的韵味，又能健身强体。

二、面向特殊群体开展公益文化服务

湖南省文化馆积极针对“弱势群体、特殊群体、边缘群体”开展公益文化服务，强力推进现代公共文化服务体系建设，推动基本公共文化服务标准化、均等化发展。

近年来，湖南省文化馆对省内各建筑公司、长沙市社会福利院等单位开展文化帮扶活动，通过送文艺演出上门和请进来观看文艺演出、电影等形式，保障弱势群体和特殊人群的基本文化服务权益；馆内各类公共文化设施免费向农民工、老人、少年儿童和残障人士开放，设置方便残障人士及老年人、少年儿童的活动区域和服务项目；经常性组织针对各类特殊人群的文化活动，开展面向农民工子女的艺术培训等。

从 2008 年开始，“情系农民工·文艺送春风”系列活动至今已举办 9 年。活动形式丰富多彩，范围遍布三湘四水，服务农民工超过 10 万人次，是最受农民朋友欢迎的活动品牌之一，曾获文化部群星奖。

围绕“农民工文艺服务”的核心理念，湖南省文化馆每年都创设一个活动主题，开展的活动内容形式多样、精彩纷呈。2008 年，在春节、中秋节把农民工请到剧场，让省会长沙的艺术家们为他们演出；2009 年，在坚持剧场演出的同时，远赴郴州的建筑工地为农民工进行演出；2010～2016 年，组织文艺小分队、文化志愿者赴全省各重点建筑工地进行互动性的慰问演出，极大地丰富了农民工的文化生活，让他们真切地感受到了关心与温暖。

近年来，湖南省文化馆还进一步延伸服务范围，在寒暑假期间开办了农民工子弟音乐、舞蹈、戏剧、曲艺、美术、书法、摄影等公益艺术培训班，并成立农民工子弟艺术团，让农民工子弟也充分享受同城里孩子一样的艺术教育。

三、常态化推进文化志愿服务工作

为了更好地实现公共文化服务全民共享、全民共建，2012 年，湖南省文化馆积极筹建了全省各地市艺术馆文化志愿者服务队伍，成立了湖南文化志愿者群文支队，在全省广泛招募文化志愿者，并组织开展“文化惠民进万家”湖南文化志愿服务基层行主题系列活动。

依托文化志愿者队伍，湖南省文化馆通过组织“大舞台”文艺演出活动，把演出送到贫困山区的乡村地头、敬老院，送到特教学校、少管所等特殊群体中；通过“大讲堂”培训辅导活动，为县、乡培训基层文化干部，为山区的孩子“播撒艺术的种子”；通过“大展台”组织系列巡展等文化志愿服务活动。同时，该馆还加强与广西、海南、宁夏等省区的文化志愿服务交流，选送优秀文化志愿者赴西藏、新疆、广西等地开展讲学活动，培训边疆文化干部，并积极促进文化志愿者参与基层文化建设，不断丰富基层文化建设，推动群众文化活动的繁荣和发展。“文化惠民进万家”湖南文化志愿服务基层行系列活动 2014 年被文化部评为优秀文化志愿服务典型案例，受到通报表彰。

四、树立多样化文化惠民活动品牌

多年来，湖南省文化馆始终致力于开创形式多样的文化公益活动，推出了湖南原创广场舞、声乐大课堂、文化志愿者进万家、文艺送春风慰问文艺演出系列活动、周末惠民电影日、公益性艺术培训班等广大群众喜闻乐见的文化惠民品牌活动，深受群众欢迎。

声乐大课堂是湖南省文化馆专门为广大文化艺术粉丝和热爱生活的朋友们量身打造的一档声乐类讲座，每月 1 期，由专家和观众面对面讲解、互动、交流，内容涵盖声乐理论、声乐教学、声乐表演、合唱指挥、即兴伴奏、声乐创作，受到来自各行各业的广大声乐爱好者的追捧与赞赏。两年来共举办 33 期，服务社会各界爱好者 2 万余人，培养了一批“铁杆粉丝”，为高校、社会艺术团体及声乐爱好者搭建了共同学习交流的平台。

湖南省文化馆开办的老年大学以丰富多彩的活动为载体，大力推进老年文化建设，极大地满足了老年人的精神文化需求。老年大学主要开办舞蹈、形体、声乐、摄影、美容化妆、瑜伽、太极拳养生、曲艺、旅游英语等15门专业80个班次，对外招生近万人。在完成好所有培训项目的基础上，还举办中老年人“让生命更年轻”专题活动，在保健治疗和心理疏导咨询上提供有效的帮助和服务，关心老年人健康，体恤老年人生活，同时还开展展演、展览以及精品课程展示等成果展示活动。学校被文化部办公厅确定为全国文化系统老年大学规范化建设试点单位，其艺术团队在全国、省、市级各类演出与比赛中获得极高评价，并取得多项荣誉称号。

据统计，2008年搬至新馆以来，湖南省文化馆共举办各种音乐会、大型展览、文化交流、演出、培训、电影等5000余场次，服务群众1000万多人次；群众性文艺创作精彩纷呈，获多项全国大奖；举办了100余期各种类型的培训班，为社会培养、输送了大量优秀文艺人才。2011年实行免费开放以来，该馆创建了10余个广大群众喜闻乐见的惠民文化活动品牌，常年提供近40个文化服务项目，连续3次被文化部授予“国家一级馆”。2015年荣获湖南省级文明窗口单位、雷锋标兵单位等荣誉称号。

资料来源：《中国文化报》，2016年8月26日第16版。

湖南长沙：增强群众文化获得感

刚过去的“五一”小长假，坐落在湖南长沙新河三角洲的滨江文化园“三馆一厅”（即长沙市图书馆、长沙市博物馆、长沙市规划展示馆、长沙音乐厅）热闹非凡，前来参观、游览、读书的市民络绎不绝，仅图书馆3天入馆人数就达到38000人次。

作为首批国家公共文化服务体系示范区，长沙市入选全国10个国家公共文化服务标准化试点地区一年多来，以基层为重点，着力在完善文化设施网络、提升文化服务效能、深化文化惠民活动、保障和改善文化民生上下功夫，不断增强群众的文化获得感。

一、强化设施让文化阵地释放更大能量

按照现代公共文化服务体系的建设要求，长沙市紧紧围绕群众需求和城乡发展需要，在标准化试点期间累计投入57亿元，加快完善市、区县（市）、乡镇（街道）、村（社区）四级公共文化设施网络。

2015年底，占地196亩、总投资17亿元的长沙滨江文化园“三馆一厅”正式建成开放。据滨江文化园主任伊娜介绍，开园首月，长沙滨江文化园即举办了45场群众文化活动，入园人数超100万人次，长沙音乐厅演出21场，平均上座率为91%。如今，这个长沙市级标志性文化工程已被市民誉为“文化的圣殿”和“百姓的乐园”。

长沙还不断推进图书馆、文化馆的总分馆服务体系建设。目前已建成100个图书馆分馆、3个地铁自助图书馆、2个24小时街区自助阅览室和50个文化馆分馆，把图书馆、文化馆建在了老百姓的家门口。

为加强基层文化阵地建设，长沙市在9个区县（市）建成了6个文体中心，158个设施先进、服务功能完善的示范性乡镇（街道）综合文化站和600个村

(社区)综合性文化服务中心。大部分新建或提质的文化站已成为当地乡镇的文化地标，为群众提供了便捷高效的文化活动阵地，成为当地百姓学习休闲娱乐的首选地。

二、搭建平台让群众分享更多文化红利

“现在有了远程授课辅导，随时随地都能上网学习，比以前方便多了。”家住长沙市长沙县福临镇的易女士用家中电脑打开长沙市远程艺术辅导培训系统，跟随视频授课，就能轻松学习摄影技术。记者了解到，入选国家公共文化服务标准化试点地区后，长沙市下大力气在全市范围内实施全民艺术普及工程。长沙市财政投入 373 万元建设文化馆数字化服务平台和远程艺术辅导培训系统，组织文学、音乐、舞蹈、非遗技艺等 10 个门类的专家，通过录制视频进行远程开班授课辅导。2015 年，全市共有 20 万人参与了艺术普及工程。

2016 年 4 月 30 日下午，市图书馆三楼多媒体报告厅座无虚席，一场主题为“开卷传递书香　阅读成就人生”的讲座正在这里举行。这是“百姓大讲堂”的系列活动之一。活动邀请了《开卷》杂志执行主编子聪和长沙本土作家彭国梁与大家共同分享阅读故事。开福区江湾社区居民刘青成兴致勃勃地聆听了讲座，“彭国梁先生是我非常喜欢的作家，我经常在报纸上读他的文章，今天能与他面对面分享读书的快乐，真好!”

为改变原来市、县区文化品牌各自为政、相对分散的状况，长沙将分布在市级场馆的橘洲讲坛、市民文化遗产大讲堂和船山讲堂等整合为“百姓大讲堂”，邀请知名学者、文化名人、业界专家开坛授讲。近一年多来，像“百姓大讲堂”这样的活动越办越多。以长沙音乐厅、实验剧场、湘江剧场为载体，定期举办“百姓大舞台，有艺你就来”活动，联动国有、民办博物馆和美术馆推出“百姓大展厅”，整合打造了“百姓”系列文化活动品牌。各类文化活动搭平台，群众文艺团队和群众文化活动如火如荼，让老百姓尽享文化发展的红利。

三、转变方式让社会力量发挥更高文化热情

据长沙市文广新局局长杨长江介绍，为鼓励社会力量参与文化建设，从 2015 年起，长沙市初步建立了政府向社会力量购买公共文化服务的机制。市财政将每年安排 2000 万元政府购买公共文化服务资金纳入财政预算，市政府出台了《关

于做好政府向社会力量购买公共文化服务工作的实施意见》，并制定了政府购买公共文化服务的目录清单。随后，长沙先后组建了长沙人艺话剧团、长沙人艺歌舞剧团等10个艺术团体，以“长沙人艺”为龙头探索艺术生产和服务的“民办公助”新模式。

为提高文化服务群众的效能，增强群众文化获得感，长沙市还大力开展了“雷锋号”文化志愿服务，把具备文化艺术素养、热心公益服务的专家、教授、文艺工作者和文艺社团都吸纳进来。杨长江介绍：“目前，全市设立了‘雷锋号’文化志愿服务支队1支、文化志愿服务分队15支、文化志愿者服务点100个，全市注册文化志愿者已达3万余人。”

此外，长沙积极鼓励扶持专业剧团、民间职业剧团和群众文艺团队组建小剧组、小剧社、小剧团，常年开展公共巡演和培训辅导活动，将“送文化”和“种文化”结合起来，有效破解了基层文艺人才缺乏的困局。

资料来源：《中国文化报》，2016年5月5日第2版。

“乡村大舞台”乐了众乡亲

——株洲市全面推介攸县经验，创新发展现代公共文化服务

“这是推进现代公共文化服务的创新之举，是对文化产业供给侧结构性改革的有益探索。”不久前，在文化部组织的第二批国家公共文化服务体系示范项目验收评审中，株洲市“乡村大舞台”项目获得有关专家肯定，顺利通过评审。

为把公共文化服务送到群众家门口，自 2007 年起，攸县在人口相对集中的乡村屋场，建成 103 个“乡村大舞台”，面积均在 2000 平方米以上，配备农家图书、宽带、健身器材等，集文化娱乐、计生医疗、村级组织办公等于一体，方便群众开展文体活动、参加学习培训，并获得多种便民服务。

2013 年，株洲市在全市推介“攸县样本”，升级创建村级综合性文化服务中心。市县两级财政采取“以奖代补”方式推进建设，目前财政已投入 1000 多万元，撬动社会资本投资 3 亿元，新建“乡村大舞台”167 个、改扩建 1400 多个，全市 70% 的村拥有了高水准“乡村大舞台”；在市县城区，也建设了一批“社区大舞台”示范点。

株洲市还建立健全市场化运行、公益性管理、群众性考核等机制，促进公共文化服务常态化。各级财政购买文化服务，如送一场戏下乡补助 2000 ~ 8000 元。同时，将农家书屋、体育健身、法律服务等集中设在“乡村大舞台”内，并出台考核细则，“服务好不好，群众说了算”。近年来，全市送文化下乡近 3 万场次，开设政策、科普等专题讲座 2000 多场次，群众满意度达 90% 以上。

株洲市还着力培育文艺队伍、扶持民间文艺团体，丰富文化服务内容。目前，全市拥有文体志愿者 1.5 万余人，组建各类文化团体 1286 个，发掘了皮影、花鼓戏等大批民间文艺精品。醴陵五彩艺术团排演的广场舞《思情鬼歌》，2015 年参加世界排舞联赛，获原创节目类“团体第一”。

资料来源：《湖南日报》，2016 年 6 月 2 日第 1 版。

附　录

2015 年大事记

1 月

8 日　湖南省“三区”人才支持计划文化工作者专项会议在湘西吉首召开。省文化厅相关部门负责人、14 个市州文广新局相关负责人及部分受援县文广新局负责人参加会议。

18 日　湖南省文化厅党组书记、厅长李晖主持召开厅党组会，决定由公共文化处牵头草拟《湖南省加快构建现代公共文化服务体系实施意见》及《湖南省基本公共文化服务实施标准》和《湖南省现代公共文化服务体系示范区创建工作方案》及《创建标准》。

2 月

2 日　由湖南省委宣传部、湖南省文明办、湖南省文化厅、《湖南日报》报业集团、湖南经视、各市州党委政府共同举办的 2015“我们的中国梦——文化进万家”湖南省文化志愿服务系列活动启动式在长沙市群众艺术馆实验剧场举行。湖南省人大常委会原副主任、湖南文化艺术基金会主席肖雅瑜宣布活动正式启动，湖南省文化厅党组书记、厅长李晖，长沙市委常委、宣传部部长张湘涛先后致辞，湖南省文化厅党组副书记、副厅长禹新荣主持启动式。

3 日　由湖南省文化厅、湖南省书法家协会组织的“我们的中国梦——湖南书法家送万福进万家”公益活动启动仪式在天心区环卫局会议室举行。湖南省文化厅副厅长、省书协主席鄢福初，长沙市文广新局副局长赵一东，长沙市城市管理局副局长曾庆安，长沙市天心区副区长侯向宇等领导出席了该活动。第五届省书协主席团 16 名知名书法家为天心区 50 余位环卫工人现场书写福字和春联 200 余幅。

3月

9~10日　国家发改委社会发展司副司长彭福伟、文化部财务司副司长燕东升一行，在省文化厅党组副书记、副厅长禹新荣等相关人员的陪同下，赴常德市调研公共文化设施建设使用情况，副市长陈华及市县相关部门负责人陪同调研。

19日　湖南省文化厅文化志愿服务总队务工文化分队在浏阳市中和镇挂牌成立。省文化厅和长沙市文广新局等单位有关负责人为新成立的务工文化分队揭牌。

25日　湖南省文化厅和交通银行湖南省分行在长沙签署战略合作协议。湖南省文化厅党组书记、厅长李晖，交通银行湖南省分行党委书记、行长唐玲出席签约仪式并讲话，省文化厅党组副书记、副厅长禹新荣，交通银行湖南省分行党委委员、副行长王文进代表本单位进行现场签约。

27日　湖南省文化厅组织召开了全省2015年度文化文物统计工作和公共文化重点工作部署会议，各市州文广新局分管副局长及社文科长等参加了会议。厅党组副书记、副厅长禹新荣出席会议并讲话，厅规划财务处和厅公共文化处分别安排了文化文物统计工作和公共文化重点工作。

31日　湖南图书馆理事会成立，标志着湖南首个公共文化事业单位理事会建设试点建成。

31日　湖南省省直机关工委在省社会主义学院召开了省直机关志愿服务工作培训暨经验交流会。来自省直各部门和中央驻长沙单位220余名志愿服务工作负责人参加了会议。湖南省文化厅参会并做了文化志愿服务工作典型发言。

4月

9日　湖南省政协在长沙举行“加强湖南省现代公共文化服务体系建设”双周协商会，研讨推进“加强湖南省现代公共文化服务体系建设”。湖南省政协主席陈求发，副主席刘晓、欧阳斌，秘书长袁新华出席。部分湖南省政协委员、专家学者、省直有关单位负责人、省政协办公厅、专委会负责人，市县政协等相关人员参加会议。

14日　由文化部、湖南省文化厅主办，中共岳阳市委宣传部、岳阳市文广新局承办的2015年“春雨工程”——全国文化志愿者边疆行暨西藏山南地区赴湖南岳阳公共文化场馆免费开放服务学习班正式开班，来自西藏山南地区的32名藏族文化工作者在岳阳开展为期15天的业务跟班培训。省文化厅党组副书记、副厅长禹新荣，岳阳市副市长李为出席开班仪式。

14日　湖南省文化厅党组副书记、副厅长禹新荣赴岳阳调研公共文化服务建设情况。考察了云溪镇四屋组文化礼堂、岳阳市文化艺术会展中心等公共文化活动场馆，详细了解场馆的建设和投入使用情况。

15日　文化部专家组评审并通过湖南省关于《湖南省加快构建现代公共文化服务体系实施意见》起草工作。

26日　文化部党组书记、部长雒树刚，文化部党组成员、副部长董伟调研长沙市公共文化服务建设情况。湖南省委常委、省委宣传部部长许又声参与调研。

26日　文化部党组书记、部长雒树刚在湖南宾馆参加了湖南省现代公共文化服务体系建设调研座谈会。湖南省构建公共文化服务体系建设协调组成员单位负责人和长沙市、岳阳市、株洲市、长沙县政府有关负责人在会上汇报公共文化服务体系建设情况。省委常委、宣传部长许又声主持会议。

29日　2015年“春雨工程”全国文化志愿者边疆行巡演活动在湘西州凤凰县举行。省文化厅党组副书记、副厅长禹新荣宣布活动开幕，海南省文体厅党组成员、副厅长刘曦，湘西州州委常委、州委宣传部部长周云出席并观看演出。

5月

21日　湖南省政府副省长李友志主持召开全省公共文化服务体系建设协调会议，审议由省文化厅代省委省政府起草的《湖南省加快构建现代公共文化服务体系实施意见》。省文化厅党组书记、厅长李晖会上做专项汇报，全省公共文化服务体系建设20家相关单位负责人参会。

26日　湖南省文化厅党组书记、厅长李晖赴洞口县调研公共文化服务建设工作，实地查看文化设施管理使用情况。

28日　长沙市委、市政府召开国家公共文化服务标准化试点工作会议。省委常委、长沙市委书记易炼红出席并发言。国家公共文化服务体系建设专家委员会副主任李国新，省文化厅党组书记、厅长李晖，省文化厅党组副书记、副厅长禹新荣，长沙市委常委夏建平等领导出席。

28日至6月2日　国家公共文化服务体系建设专家委员会委员巫志南教授带

领文化部公共文化司专题调研组就深入推进贫困地区公共文化服务体系建设来湘实地调研了湖南省茶陵、炎陵、沅陵、泸溪4个国贫县。文化部公共文化司干部、《人民日报》记者及上海社科院、苏州市图书馆等专家学者参与调研。省文化厅公共文化处相关人员陪同调研。

6月

9日　湖南省人民政府出台湘政函〔2015〕99号文件，正式建立由省委宣传部、省编办、省政府办公厅、省发改委、省文化厅、省教育厅、省科技厅、省民宗委、省民政厅、省财政厅、省人力资源社会保障厅、省地税局、省质监局、省新闻出版广电局、省体育局、省文明办、省文物局、省扶贫办、省总工会、团省委、省妇联、省科协、省残联23家相关部门和单位组成的湖南省公共文化服务体系建设联席会议制度。

15日　湖南省人民政府办公厅出台湘政办发〔2015〕56号文件，印发《湖南省现代公共文化服务体系示范区创建工作方案》，决定由省文化厅牵头在全省组织开展省级现代公共文化服务体系示范区创建工作。

16日　由文化部全国公共文化发展中心、湖南省文化厅、湖南省教育厅主办，全国文化信息资源共享工程湖南省级分中心、九天星（湖南）传统戏曲文化传习中心等单位承办的“传承经典　共享文化——中国戏曲经典原创动画进校园”戏曲文化体验大课堂活动在长沙市曹家坡小学举行。文化部全国公共文化发展中心李建军副主任，省文化厅党组副书记、副厅长禹新荣出席活动。

17～19日　湖南省文化厅党组副书记、副厅长禹新荣一行赴永州市、宁远县考察公共文化服务建设情况，实地察看了永州市图书馆、市群众艺术馆、市博物馆、县图书馆、县文化馆的场馆建设和文化服务开展情况，对市群众艺术馆、县文化馆参加第四次全国文化馆评估定级情况进行了现场评估。厅公共文化处、规划财务处、省群众艺术馆等处室和单位负责人参与调研。永州市文广新局、宁远县负责人陪同调研。

7月

1日　雅韵三湘·音乐经典“橘洲沙滩音乐之夜”庆祝“七一”交响音乐会在湖南音乐厅举行。省委常委、宣传部部长许又声、省政协副主席欧阳斌、省委宣传部副部长杨金鸢，省文化厅党组书记、厅长李晖和社会各界人士共同欣赏。

2 日 中宣部、文化部在上海召开创新公共文化服务体系运行机制经验交流会，长沙市市委常委夏建平出席会议并就长沙建设标准化现代公共文化服务体系工作经验作典型发言。

3 日 全国文化志愿服务管理培训班暨长江经济带国家公共文化服务体系建设示范区城市、创建城市文化志愿服务成果展启动仪式在岳阳文化艺术会展中心举行。文化部公共文化司副司长周广莲，岳阳市委副书记、人民政府市长候选人刘和生出席并致辞。省文化厅党组副书记、副厅长禹新荣主持启动仪式。

4 日 在德国波恩第 39 届世界遗产大会上，由湖南省牵头组织，联合湖北、贵州开展的三省三地“中国土司遗址”申报世界文化遗产项目顺利审议通过，成功入选世界文化遗产名录。湖南省永顺县老司城遗址位列其中，实现了湖南省世界文化遗产“零”的突破。

8～9 日 文化部组织中央电视台、《中国日报》、《中国文化报》、新华网等中央媒体来湘开展现代公共文化服务体系建设先进典型集中采访。

10 日 湖南省文化厅党组书记、厅长李晖赴桃源县调研文化工作。实地察看了正在建设的县文化体育中心、浯溪河综合文化站等公共文化服务设施建设及文化服务开展情况。

14 日 湖南省政府常务会议讨论通过了由省文化厅牵头起草的《湖南省加快构建现代公共文化服务体系实施意见》，含附件《湖南省基本公共文化服务实施标准》。会议由杜家毫省长主持。省委宣传部、省编办等相关部门发表了意见。

22 日 国家公共文化服务体系示范区（项目）创建工作领导小组公布第三批创建国家公共文化服务体系示范区（项目）名单。湖南省株洲市入选第三批创建国家公共文化服务体系示范区名单，湘潭市少年儿童主题读书活动和湘西州民族传统节庆活动入选第三批创建国家公共文化服务体系示范项目名单。

27～29 日 湖南省文化厅党组副书记、副厅长禹新荣调研衡阳市、南岳区、衡南县公共文化服务体系建设情况。实地察看了市图书馆新馆、市少儿馆、市美术馆、市群艺馆、市博物馆、市湘剧公司、全国文化共享工程建设示范基层服务点——衡南县泉溪镇综合文化站、衡南县图书馆、县文化馆等公共文化服务设施。厅公共文化处、规划财务处、衡阳市文体广新局相关人员陪同调研。

8 月

4 日 湖南省文化厅副厅长鄢福初主持召开了第五届湖南艺术节组委会第一

次调度会。厅办公室、规划财务处、艺术处、公共文化处、产业处、纪检监察室、宣传信息中心、省群众艺术馆主要负责人，长沙市、湘潭市文广新局，湘潭市齐白石纪念馆相关人员参加了会议并汇报前期筹备工作。

5日　湖南省文化厅公共文化处处长颜喜和文化部公共文化服务巡讲活动专家组成员、省群众艺术馆活动部主任周固坚等湖南省优秀文化志愿者，在2015年文化部“春雨工程”——宁夏基层文化业务骨干培训班上进行授课。

6日　文化部“春雨工程”——湖南文化志愿者边疆行之湖南优秀美术、书法、摄影展在宁夏文化馆举行。开幕式上，湖南省文化厅向宁夏回族自治区文化厅赠送书法作品，并达成长期进行文化艺术交流共识。省文化厅党组副书记、副厅长禹新荣出席开幕式并致辞。

14日　由文化部、中央文明办主办，湖南省文化厅、青海省文化厅承办，湘西州文体广新局具体执行的2015年“春雨工程”——湖南省文化志愿者青海行在西宁市中心广场正式启动。省文化厅党组副书记、副厅长禹新荣在启动仪式上致辞，并将省文化厅副厅长、著名书法家鄢福初的作品赠送给青海省文化厅。

19日　文化部“春雨工程”——湖南省文化志愿者边疆行之“琼湘桂”三省（区）美术书法交流展开幕仪式在海南保亭黎族苗族自治县举行。湖南省文化厅副厅长、著名书法家鄢福初出席活动并在书法美术交流笔会上当场创作书法作品赠送给当地群众。

23日　由湖南省关心下一代工作委员会、湖南省文化厅、湖南省残疾人联合会、湖南省文化艺术基金会主办，湖南省群众艺术馆承办，各市州关工委、文广新局、残联协办的湖南省“梦飞扬”残疾青少年才艺展演活动颁奖晚会在湖南省群众艺术馆群星剧场举行。湖南省关心下一代工作委员会副主任罗海藩，湖南省关系下一代工作委员会副主任、湖南省文化艺术基金会主席肖雅瑜，湖南省委宣传部常务副部长李发美，湖南省文化厅党组书记、厅长李晖，湖南省残疾人联合会党组书记、理事长肖红林，湖南省文化厅党组副书记、副厅长禹新荣，湖南省残疾人联合会巡视员刘平秀和省文化艺术基金会副主席兼秘书长杨汉林出席活动并颁奖。

25日　“气壮山河——纪念中国人民抗日战争暨世界反法西斯战争胜利70周年文艺演出”在湖南大剧院隆重举行。湖南省委常委、宣传部部长许又声，湖南省副省长李友志，湖南省政协副主席欧阳斌，湖南省文联主席谭仲池，湖南省文化厅党组书记、厅长李晖，湖南省直宣传文化系统及群团组织领导，湖南省军区、驻湘部队、武警官兵以及文艺界代表、湖南省会群众共1000余人观看演出。

26 日　由湖南省文化厅、湖南省文联主办，湖南省群众艺术馆、湖南省美术家协会、湖南省书法家协会、湖南省摄影家协会承办的“难以忘却——湖南省纪念抗日战争胜利暨世界反法西斯战争胜利 70 周年美术、书法、摄影作品展”在湖南省群众艺术馆开幕。湖南省委常委、宣传部部长许又声，湖南省政协副主席欧阳斌，湖南省军区副司令员戴焕，湖南省文联主席谭仲池，湖南省委宣传部巡视员魏委，湖南省文化厅党组书记、厅长李晖，湖南省财政厅党组书记、厅长郑建新，中国书法家协会副主席胡抗美等领导，唐之享、周树海等老领导出席开幕式。李晖厅长主持开幕式，省委常委、宣传部部长许又声宣布展览开幕式。

9 月

1 日　湖南省政府与腾讯公司举行战略合作框架协议签约仪式，双方就“互联网 +”达成战略合作。湖南省委副书记、省长杜家毫，腾讯公司董事会主席兼首席执行官马化腾分别代表双方签署战略合作协议。与此同时，湖南省文化厅与腾讯公司签订了“互联网 + 文化”战略合作协议。

7 日　省委副书记、省长杜家毫赴省文化厅考察调研，主持召开文化工作汇报会。副省长李友志陪同考察调研。省文化厅党组书记、厅长李晖就工作情况进行了汇报。

8 日　省委常委、省委宣传部部长张文雄赴省文化厅考察调研，并召开省文化厅工作汇报会。省委副秘书长、宣传部常务副部长李发美，省委宣传部副部长杨金鸢，省委宣传部巡视员魏委陪同考察。

8 日　湖南省文化厅和步步高集团在长沙签订文化宣传战略合作协议，双方将推动文化活动、文博展览、文化讲座、文化产品等进商场，把文化送到群众身边，打通文化惠民的“最后一公里”。

16 ~ 18 日　文化部公共文化司副司长陈向红一行 6 人组成的第四次全国文化馆评估定级工作第一评估小组对湖南省、市（州）、县三级文化（群众艺术）馆进行实地抽查和评估。16 日上午，省文化厅党组副书记、副厅长禹新荣主持召开了第四次全国文化馆评估定级工作（湖南）汇报会。18 日上午，召开了湖南省参加全国第四次文化馆评估定级工作验收情况反馈会。

17 日　湖南省委书记、省人大常委会主任、湖南省委全面深化改革领导小组组长徐守盛主持召开的省委全面深化改革领导小组第十二次会议审议并通过了《湖南省关于加快构建现代公共文化服务体系实施意见》。

22～24日　由省委宣传部、省文化厅、省文联联合举办的2015年“欢乐潇湘”群众美术书法摄影决赛作品评审会在省展览馆开评。省委宣传部巡视员魏委，省文化厅党组副书记、副厅长禹新荣现场指导。

29日　中共湖南省委办公厅、湖南省人民政府办公厅正式印发了《关于加快构建现代公共文化服务体系的实施意见》，湖南围绕加快构建现代公共文化服务体系，强力推动公共文化服务协调发展，标准化均等化建设取得标志性成果。

29日　由文化部全国公共文化发展中心、湖南省文化厅、湖南省教育厅联合主办的“中华优秀文化数字化建设与传承计划——戏曲动漫”推广现场会在长沙召开，将湖南经验向全国推广。文化部公共文化司副巡视员孙凌平，全国妇联儿童工作部部长陈小霞，文化部全国公共文化发展中心主任李宏，省文化厅党组副书记、副厅长禹新荣，长沙市政府副秘书长、办公厅主任蒋集政分别在文化共享工程戏曲动漫项目九省推广启动仪式上致辞。来自文化部公共文化司、艺术司、全国妇联儿童部、共青团中央少年部的负责人，国家公共文化服务体系建设专家委员会、中国京剧院、教育部中国教育科学研究院、全国妇联中国儿童活动中心、北京市丰台区委宣传部等方面的专家和嘉宾，以及各省（区、市）文化厅（局）公共文化处处长、文化共享工程省级分中心主任、省级文化馆（群艺馆）馆长参加了启动仪式和交流研讨会。

29日　世界文化遗产老司城国家考古遗址公园开园仪式暨土家族舍巴节在湘西永顺县举行。湖南省各地代表和当地数千群众同庆老司城遗址被成功列入世界文化遗产名录。湖南省人民政府副省长李友志宣布老司城国家考古遗址公园正式开园。

29日　由中共湖南省委宣传部、湖南省文化厅、湖南省文学艺术界联合会举办，湖南省美术家协会、湖南省书法家协会、湖南省摄影家协会、湖南省群众艺术馆承办的2015年“欢乐潇湘”群众美术书法摄影优秀作品展开幕式在湖南省展览馆举行。省委常委、宣传部部长张文雄宣布展览启动，省委宣传部巡视员魏委主持开幕式，省文化厅党组书记、厅长李晖代表湖南省“欢乐潇湘”群众美术书法摄影活动组委会讲话。省文联党组副书记、副主席、秘书长夏义生，省文化厅副厅长、省书法家协会主席鄢福初出席开幕式。

10月

9日　湖南省委宣传部组织召开了第五届湖南艺术节调度会。省委宣传部、省文化厅、省教育厅、省新闻出版广电局、湖南日报报业集团、湖南广播电视台、共青团湖南省委、省文学艺术界联合会、湖南出版投资控股集团有限公司、省演艺集团有限责任公司、长沙市人民政府、湘潭市人民政府等主办单位有关负责人参加会议。湖南省委宣传部巡视员魏委主持会议。

9 日 湖南省第四届少数民族文艺汇演工作（培训）会议在长沙杏原大酒店会议室召开。各参演市州领队、联络员及参演节目编导共40 余人参加会议。

10 日 第五届湖南艺术节新闻发布会在通程大酒店举行。省委宣传部巡视员魏委出席，省文化厅党组书记、厅长李晖发布新闻，省委宣传部副部长、外宣办主任周湘主持发布会，厅党组副书记、副厅长禹新荣，副厅长鄢福初，党组成员、副厅长肖凌之等领导出席发布会并答记者问。

15 日 湖南省流动舞台通勤车暨流动图书车配送仪式在九所宾馆会议中心前坪举行。省委常委、省委宣传部部长张文雄，省委宣传部巡视员魏委，省文化厅党组书记、厅长李晖，省财政厅巡视员刘克邦出席活动。省文化厅党组副书记、副厅长禹新荣主持仪式。

19 日 第五届湖南艺术节“三湘群星奖”优秀节目巡演及颁奖活动筹备工作会议在省群艺馆召开，各市州社文科科长参加会议。

22 日 2015 年国家公共文化服务体系示范区创建城市区域文化联动华中片区经验交流活动在湖北襄阳举行。文化部全国公共文化发展中心副主任陈胜利、湖北省文化厅副巡视员徐永胜、襄阳市人民政府副市长丁亚琳、国家公共文化服务体系建设专家委员会委员冯守仁、刘洋出席会议。湖南省第二批国家公共文化服务体系示范区创建城市岳阳参加了此次活动，并在会上就围绕社会力量参与公共文化服务建设探索总结出的“岳阳模式”进行了经验介绍，获文化部专家肯定。

26 日 以“艺术的盛会，人民的节日”为主题的第五届湖南艺术节在湖南大剧院开幕。文化部副部长董伟出席并发表讲话，省委常委、宣传部部长张文雄宣布第五届湖南艺术节开幕，省文化厅党组书记、厅长李晖致开幕词，长沙市副市长何寄华致欢迎词。省委宣传部巡视员魏委主持开幕式。仪式结束后，现场嘉宾和观众观看了开幕式剧目——湘剧《月亮粑粑》。

26 日 省文化厅、省财政厅、省新闻出版广电局、省体育局等部门在省财政厅教科文处会议室讨论《湖南省关于政府向社会力量购买公共文化服务的实施意见》及指导性目录的修改问题。

27 日 湖南省第四届少数民族文艺调演在湘西州吉首市民族大剧院隆重开

幕。省文化厅党组副书记、副厅长禹新荣代表湖南省第四届少数民族文艺调演组委会致开幕词。

29日　湖南省现代公共文化服务体系建设现场推进会在长沙召开。省人民政府副省长李友志发表重要讲话。省人民政府副秘书长陈小春主持会议。省委宣传部副部长、省文明办主任刘进能宣读了湖南省现代公共文化服务体系创建示范区名单。省文化厅党组书记、厅长李晖向大会作工作报告。14个省级现代公共文化服务体系创建示范区负责人向李友志副省长递交《创建责任书》。

11月

1～2日　湖南省第四届少数民族文艺调演在湖南大剧院上演，为长沙人民献上一场少数民族大联欢的艺术盛宴。副省长蔡振红，省政协副主席赖明勇、葛洪元和省长助理袁建尧出席颁奖典礼并为获奖作品颁奖。省民宗委主任徐克勤主持颁奖典礼，省文化厅党组书记、厅长李晖宣读获奖名单。

3日　第五届湖南艺术节“三湘群星奖”颁奖晚会暨优秀节目巡演部队专场在湖南音乐厅举行。原省人大常委会副主任、省文化艺术基金会主席肖雅瑜，省委宣传部巡视员魏委，省人大科教文卫委主任梁尔源，省政协文教卫体委主任毛学军，省军区军事检察院检察长肖宪，省文化厅党组书记、厅长李晖，党组副书记、副厅长禹新荣，党组成员、副厅长肖凌之等领导出席晚会并为获奖人员颁奖。

4日　在长沙市开福区湘江风光带风帆广场、湖南中医药大学分别举行第五届湖南艺术节“三湘群星奖”优秀节目巡演“社区专场”和“校园专场”。

16日　2015年湖南省宣传文化系统对口援疆项目——新疆吐鲁番歌舞团大型歌舞音画剧目《吐鲁番盛典》在第五届湖南艺术节上演。省委宣传部巡视员魏委，省文化厅党组书记、厅长李晖，省发改委副巡视员、省价格监督检查与反垄断局局长何唤鸣，援疆单位领导以及全省援疆干部及家属观看了演出。

19日　李友志副省长到湖南省博物馆改扩建工程建设现场考察调研，省文化厅副厅长、省文物局局长、省博物馆改扩建工程建设指挥部常务副指挥长陈远平，省博物馆馆长、省博物馆改扩建工程建设指挥部副指挥长陈建明，湖南建工集团总公司常务副总经理刘少兵及建设、施工、监理等单位相关负责人陪同调研。

20日　第五届湖南艺术节闭幕式暨颁奖晚会在长沙举行。省委常委、省委秘书长许又声，省人大常委会副主任刘莲玉，省人民政府副省长李友志，省政协副主席武吉海，省军区副司令员戴焕、省文联主席谭仲池等领导和老领导肖雅瑜等出席晚会并颁奖。李友志副省长发表讲话，省文化厅党组书记、厅长李晖致闭幕词，省文化厅副厅长鄢福初宣读获奖通报，长沙市委副书记、市长胡衡华致辞。

26 日　由文化部组织复排的歌剧《白毛女》在长沙市金阳大剧院上演。湖南省委副书记孙金龙，省委常委、省委秘书长许又声，省委常委、省委宣传部部长张文雄，省人大常委会副主任谢勇，省政协副主席王晓琴、张大方，国防科大副政委李宁，省人大常委会原副主任肖雅瑜等领导观看了演出。演出前，举行了歌剧《白毛女》湖南巡演仪式，文化部艺术司副司长明文军发表讲话，省文化厅党组书记、厅长李晖主持并致辞。

29 日　由湖南省委宣传部、省文明办、省文化厅、省教育厅、省新闻出版广电局、团省委、省妇联、省关工委联合主办，湖南省少年儿童图书馆承办的“书香湖南——2015 年全省少年儿童‘中国梦·汉语美’”诵读展演活动暨第五届“三湘少年儿童阅读之星颁奖仪式”在湖南音乐厅举行。省委宣传部巡视员魏委，省文化厅党组成员、副厅长肖凌之，省新闻出版广电局党组成员、副局长毛良才，省妇女联合会副主席卢妹香等八部委领导出席活动并颁奖。

30 日　湖南省博物馆理事会正式成立，这是湖南深化文化体制机制改革，建设文化强省取得的又一阶段性成果。

12 月

10 日　湖南省文化厅党组副书记、副厅长禹新荣调研督导隆回县创建全省现代公共文化服务体系示范区工作，实地考察六都寨镇文化活动中心和该镇马坪农村文体社区及县文化馆、魏源图书馆的相关情况。

14 日　文化部党组副书记、副部长杨志今率队来湘，就湖南省现代公共文化服务体系建设情况开展督查。文化部财务司巡视员马秦临，文化部办公厅副主任李保宗，文化部公共文化司副司长陈向红，文化部相关司局处室有关人员参与调研。省文化厅党组书记、厅长李晖，省文化厅党组副书记、副厅长禹新荣，长沙市人民政府副市长何寄华陪同调研。

16 日　“互联网 + 中国行”（湖南站）在长沙举行，会上发布了 2015 年“互联网 + 湖南”微信影响力排行榜评选活动榜单，湖南省文化厅官方微信公众号“文化湖南”在获得活动人气王之后，再次荣获政务发布类十强。

2016 年大事记

1 月

5 日　岳阳市创建国家公共文化服务体系示范区制度设计课题专家评审会在长沙召开。国家公共文化服务体系建设专家委员会刘洋、刘新权，湖南省公共文化服务体系建设专家委员会朱有志、颜喜、金铁龙、胡俊等担任评审会专家。湖南省文化厅党组副书记、副厅长、省公共文化服务体系建设专家委员会专家禹新荣出席评审会并讲话。

6 日　湖南省文化厅副厅长鄢福初主持召开了“百花争春”戏曲晚会演出工作调度会。省委宣传部文艺处调研员蔡宁、湖南广播电视台常务副总编辑盛伯骥，湖南经视导演组、厅艺术处、规划财务处以及相关市州和院团参加了会议。

12 日　湖南省政府办公厅正式印发了《关于转发省文化厅等部门关于做好政府向社会力量购买公共文化服务工作实施意见的通知》。

12 日　由文化部公共文化司主办，湖南省文化厅承办的“2016 年全国基层文化队伍培训联络员培训班”在湖南艺术职业学院举办。文化部公共文化司巡视员周广莲出席会议并发表讲话。文化部公共文化司群众文化指导处处长尹寿松主持开班仪式。省文化厅党组副书记、副厅长禹新荣就湖南省基层公共文化队伍培训工作作典型发言。文化部公共文化司、中央文化管理干部学院、文化部全国公共文化发展中心有关负责人，全国 32 个省（区、市）文化厅（局）的培训工作联络员和 7 家培训基地负责人参加了培训。

13～15 日　第二批创建国家公共文化服务体系示范区制度设计课题验收评审会在中央文化管理干部学院举行，湖南省岳阳市制度设计课题《公共文化服务社会化发展推进机制研究》参加中部组答辩，以优异成绩顺利通过验收评审。

15 日　“我们的中国梦　文化进万家”文化惠民进万家文化志愿服务基层行系列活动启动仪式在长沙举行。省文化厅党组副书记、副厅长禹新荣出席活动并发表讲话。省群众艺术馆党总支书记叶伟平主持启动仪式。

18 日　2016 年度全省公共文化工作会议在长沙召开。省文化厅党组副书记、副厅长禹新荣出席会议并作重要讲话。

19 日　湖南省文化厅副厅长、中国书协理事、省书法协会主席、省政协常委鄢福初率领湖南十余名书法名家走进长沙地铁 2 号线五一站和橘子洲站，开展“迎新春，送万福，书法名家春联进万家”惠民活动。

29 日　2016“百花争春”湖南戏曲晚会在湖南卫视演播厅录制，并于正月期间分别在湖南卫视、湖南经视播出。由湖南卫视著名主持人汪涵担当主持，湘籍著名歌唱艺术家李谷一、著名歌唱家吴碧霞倾情演绎。参演人员来自全省 13 个专业表演院团，演职人员达 300 多人。

31 日　“花蕾迎春晚会——湖南省首届少儿春节联欢晚会”在长沙市群众艺术馆实验剧场举行。文化部全国公共文化发展中心研发推广部处长陈移兵出席晚会并观看了演出。本次晚会通过文化部共享工程·中国文化网络电视进行网上直播。

2 月

23 日　湖南省文化厅党组书记、厅长李晖率党组成员、副厅长肖凌之和厅办公室、文化产业处、宣传信息中心负责人走访红网，就双方开展文化宣传工作进行了深入的座谈交流。省委副秘书长、省委网信办主任卿立新出席座谈会并发表了讲话。中南传媒集团董事、红网党委书记、董事长、总经理舒斌，红网党委委员、副总经理沈国清以及红网各部门负责人参会。

23 日　湖南省文化厅与民进湖南省委就重点课题“湖南省公共文化项目效益评估与政策反思”联合调研组织召开座谈会。双方按照“共商共研共享”的原则，就课题所涉内容进行了深入交谈，同时明确了调研经常性联系沟通机制和调研方案进度安排，为进一步深度合作奠定了良好基础。

28 日　由省文化厅组织的 2016 年“送戏曲进万村，送书画进万家”演艺惠民暨“精准扶贫”文艺创作采风活动在十八洞村举行了启动仪式。省文化厅党组书记、厅长李晖出席仪式并发表讲话，省文化厅副厅长鄢福初主持启动仪式，湘西自治州政协副主席向顶天发表讲话，花垣县县委副书记杨清泉发表致辞。

3 月

3 日　湖南省文化厅主办的“全国文化共享工程 2016 年度地方资源建设项

目专家评审会”在湖南图书馆召开。省文化厅党组副书记、副厅长禹新荣主持会议，全国文化共享工程湖南省分中心负责人伍艺向会议报告相关情况。

4日　“我是雷锋家乡人·湖湘文化送春风”文化志愿服务活动月启动仪式在湖南省文化馆前坪举行。省人大常委会副主任、省政府副省长、省志工委主任李友志宣布活动启动。省委宣传部副部长，省文明办、志工办主任刘进能向文化志愿者授旗。省文化厅党组副书记、副厅长禹新荣致辞。省文化厅副厅长鄢福初主持启动仪式。省文明办、省志工办副主任李力明，省志工办副主任、省文明办志愿服务工作处处长李仕铭以及来自省直、长沙市相关单位和文化志愿服务支队的代表参加启动仪式。

5日　湖南省文化厅党组副书记、副厅长禹新荣带领厅公共文化处调研了慈利县开展省级现代公共文化服务体系示范区创建情况。张家界市人民政府副市长田华玉，市文体广新局党组书记、局长杨余茂，慈利县高靖生、朱超雄、戴必欣、周小焯等领导先后陪同调研。

25日　株洲市召开创建国家公共文化服务体系示范区暨推进现代公共文化服务体系建设工作会议。省文化厅党组书记、厅长李晖，株洲市委副书记、市长毛腾飞，市委常委、宣传部长张雄，市人大常委会副主任鲁立彬、市政府副市长毛朝晖、市政府秘书长陈旌等领导出席会议。

29~30日　全省基层综合文化服务中心建设现场推进会暨省级示范区创建培训班在慈利县召开。湖南省文化厅党组副书记、副厅长禹新荣出席会议并讲话。张家界市副市长田华玉致辞。湖南省政府办公厅、民进湖南省委派员出席。各市州文（体）广新局、省级现代公共文化服务体系示范创建区、省直管试点县、集中连片扶贫开发重点县、国家级和省级扶贫开发重点县文化行政管理部门的主要负责同志，全国文化共享工程省级分中心、各市州支中心负责人参加了会议。

4月

14日　受文化部委托，湖南省文化厅党组副书记、副厅长禹新荣率专家组对株洲市第二批国家公共文化服务体系示范项目“乡村大舞台”文化服务点建设进行实地检查验收。株洲市文体广新局党组书记、局长杨小幼，党组成员、文物局长席道合，党组成员、副局长谢春利等参与调研。

18日　湖南省委常委、省委宣传部部长张文雄调研会同县基层文化服务建

设情况，考察了坪村镇枫木村民生服务站的“互联网＋民生服务”和“农家书屋、基层公共电子阅览室、电子图书馆服务”项目。省委宣传部常务副部长李发美，省委宣传部巡视员魏委，省文化厅党组书记、厅长李晖，省新闻出版广电局副局长毛良才，省旅游局副局长高扬先，市委书记、市人大常委会主任彭国甫，市委常委、市委宣传部部长钱德喜，副市长张霞，市政协副主席、县委书记杨陵俐参加调研。

20 日　湖南省委书记、省人大常委会主任徐守盛在长沙实地考察一批省、市标志性文化建设项目，走进省直文艺院团和社区公共文化服务中心，围绕现代公共文化服务体系建设进行专题调研。

23 日　为纪念第 21 个“世界读书日”，湖南图书馆启动了数字阅读服务“进机关、进社区、进企业、进军区、进学校、进农村”活动。省文化厅党组书记、厅长李晖出席活动并讲话。

25 ~26 日　文化部党组成员、中央纪委驻文化部纪检组长王铁，文化部公共文化司副司长、验收组组长陈彬斌率国家验收组来湘对岳阳市创建公共文化服务体系建设示范区进行实地验收，对湖南省落实公共文化重点改革任务情况进行督查，对湖南省文化系统党风廉政建设情况进行调研。省政府副秘书长陈小春参与验收活动。省文化厅党组书记、厅长李晖主持召开了岳阳市公共文化服务体系建设示范区反馈会。

5 月

4 日　湖南省文化厅、省发改委、省民宗委、省财政厅、省新闻出版广电局、省体育局和省扶贫办联合印发《“十三五”时期湖南贫困地区公共文化服务体系建设规划纲要》（湘文公共〔2016〕62 号）。

10 日　湖南省由文化部公共文化司、湖南省文化厅、湖北省文化厅主办，株洲市文体广电新闻出版局、恩施州文化体育新闻出版广电局承办的文化部“春雨工程”——湘鄂文化志愿者区域文化联动在株洲市启动。株洲市文体广电新闻出版局党组书记、局长杨小幼和湖北省文化厅公共文化处副调研员范胜军分别致辞，省文化厅公共文化处副处长唐作斌宣布活动启动。

10 日　湖南省文化厅党组副书记、副厅长禹新荣赴资兴市实地检查验收第二批国家公共文化服务体系示范项目——“郴州市东江旅游摄影艺术惠民公益平台”建设工作。先后考察了资兴市人文潇湘馆、东江湖摄影艺术馆等公共文化艺术场馆，并主持召开了汇报会，详细了解“郴州市东江旅游摄影艺术惠民公益平台”的建设情况。下午实地调研了桂阳县省级现代公共文化服务体系示范区创建工作。

12～13日　益阳市人民政府在南县组织召开了全市现代公共文化服务体系建设现场推进会。省文化厅党组副书记、常务副厅长禹新荣，益阳市政府副市长黄东红等领导出席会议并做重要讲话。

16日　湖南省由省委宣传部、省教育厅、省文化厅主办，省花鼓戏艺术保护传承中心承办，为期一周的“‘雅韵三湘·传统戏曲艺术’进校园花鼓戏知识普及讲座”在湘府英才小学拉开帷幕。

16～18日　在国家公共文化服务体系示范区创建工作领导小组办公室组织召开的第二批示范区验收集中评审会上，岳阳市顺利通过评审答辩。

18日　在长沙博物馆举办了“寻珍辑宝　典藏湖湘”湖南省第一次全国可移动文物普查成果展。省文化厅副巡视员何强出席开幕式并宣布展览开幕。

6月

1日　湖南省文化厅主办的“小小戏曲传承人”活动在省木偶皮影艺术保护传承中心举行，厅党组成员、副厅长张帆出席活动并为颁发证书。活动现场挑选出的8名优秀“小小戏曲传承人”进行了宣誓和隆重的拜师仪式。

12日　“2016年中国第十一个文化遗产日·湖湘文化遗产月”系列活动之“薪火之传——传统戏剧展演”在省花鼓大舞台隆重拉开帷幕。省文化厅党组书记、厅长李晖，省文化厅党组成员、副厅长张帆出席活动并和广大戏迷们一起观看演出。

13日　为期4天的“湘黔两地情，文化一家亲”文化部“春雨工程”——湖湘文化志愿者边疆行湖南·贵州两省美术、书法作品联展在贵州省安顺市美术馆正式拉开帷幕。厅党组副书记、副厅长禹新荣出席活动并致辞。

14～16日　湖南省文化厅党组副书记、副厅长禹新荣率厅公共文化处，连续调研了长沙市宁乡县、益阳市桃江县、常德市鼎城区三个省级现代公共文化服务体系示范区创建工作，先后实地考察了10个县级文化场馆设施、3个乡镇文化站、6个村级文化服务中心。长沙市、益阳市、常德市的市、县（区）党委政府和文（体）广新局的相关负责人参加调研。

22日　“红旗颂”大型群众合唱比赛工作推进会在省文化馆会议室召开，厅党组副书记、副厅长禹新荣出席会议并讲话。

24 日　在湖南省文广厅官网、微信平台开始推出“湖南省现代公共文化服务体系建设进行时”系列报道之“省级示范区创建篇”。

25 日　“我们都来跳”湖南省原创广场舞歌曲创作重点作者研讨会在天怡酒店举行，湖南省文化厅党组副书记、副厅长禹新荣出席会议并讲话。

29 日　庆祝中国共产党成立 95 周年“红旗颂”大型群众合唱比赛决赛在长沙举行，14 个市州的 14 支群众合唱队伍在湖南音乐厅唱响弘扬伟大祖国繁荣昌盛的主旋律，共同庆祝党的生日。厅党组副书记、副厅长禹新荣出席活动并讲话。

30 日　中宣部、文化部、新闻出版广电总局召开全国文化精准扶贫工作视频会议。中宣部副部长、文化部党组书记、部长雒树刚出席会议并作重要讲话，他在讲话中充分肯定了湖南文化精准扶贫工作。省委宣传部巡视员魏委，省文化厅党组副书记、副厅长禹新荣，省新闻出版广电局党组成员、副局长毛良才在湖南分会场参加会议。

30 日　湖南省庆祝中国共产党成立 95 周年“红旗颂”大型群众合唱晚会在湖南省人民会堂隆重举行。省委常委、省委秘书长许又声，省委常委、宣传部部长张文雄，省人大常委会副主任陈君文，省政协副主席、省文联主席欧阳斌，省军区参谋长郭辑山，省人大常委会原副主任、省文化艺术基金会会长肖雅瑜，省委宣传部巡视员魏委，省文化厅党组书记、厅长李晖，省文化厅原厅长、省人大教科文卫委原副主任委员刘健民，省文化厅党组副书记、副厅长禹新荣，党组成员、副厅长肖凌之，党组成员、纪检组长廖星，党组成员、副厅长张帆，厅副巡视员何强，湖南出版投资控股集团党委委员、副总经理、红网董事长舒斌等领导现场观看演出。

7 月

1 日　由湖南省文化厅主办、红网承办的红网文化频道上线。红网文化频道定位于打造湖南文化精品的展示推广平台、文化改革创新的推动平台、文化惠民的网络平台、湖湘文化传统的传承平台。还特别开辟群众文化活动展示交流栏目——公共文化，开通视频图片上传功能，供群众上传自己的文化作品。

4 日　湖湘文化志愿者深入文化部指定受援地区湖北省恩施州开展以“湘鄂两地情　文化一家亲”为主题的“春雨工程”文化志愿者边疆行系列活动。厅党组副书记、副厅长禹新荣，恩施州人民政府副州长陈晓燕，湖北省文化厅党组成员、副厅长李耀华出席活动并讲话。

8日　湖南省文化厅、省财政厅为民营文艺院团——步步高商业集团如一文化传媒公司配送流动舞台车仪式在步步高梅溪新天地隆重举行。厅党组成员、副厅长肖凌之，步步高商业集团党委书记、总裁陈志强出席活动并分别致辞。这次向民营文艺团体配送流动舞台车在全国尚属首例，获文化部肯定。

13日　湖南省文化厅党组书记、厅长李晖赴永州市江永县和新田县调研，了解江永县的上江圩镇女书园、夏层铺镇上甘棠村，新田县的龙家大院、枧头镇云溪欧家村、龙泉镇文化站等地文化遗产保护利用和乡镇公共文化服务体系建设情况。

15日　湖南省"爱国主义书法展"在省文化馆展览厅举行开幕式，同时首发《爱国主义书法展作品集》。省政协副主席、省文联主席欧阳斌宣布展览开幕，省文化厅副厅长、省书协主席鄢福初出席并致开幕词。

21日　文化部在广东深圳召开全国文化志愿服务工作现场经验交流会。湖南省文化厅党组副书记、副厅长禹新荣代表湖南省在会上作典型发言，介绍了湖南省文化志愿服务工作"143"体系经验。

25日　长沙市当选为2017年"东亚文化之都"中国代表城市。

28日　湘吉（黑）两地情·文化一家亲——文化部"春雨工程"湖湘文化志愿者走进黑土地系列活动在吉林省延边朝鲜族自治州州府延吉青年广场拉开帷幕。接下来的13天里，湖湘文化志愿者将先后到吉林、黑龙江2省7县市开展"大舞台"、"大展台"、"大讲堂"等系列活动。

31日　庆祝中国人民解放军建军89周年《军礼》大型交响演唱会在湖南省音乐厅举行。湖南省人大常委会原副主任、湖南省文化艺术基金会会长肖雅瑜，湖南省民政厅厅长段林毅，湖南省文化厅副厅长鄢福初、副巡视员王鹏，湖南省民政厅副厅长孙中喜，湖南省演艺集团总经理胡俊，湖南省演艺集团副总经理、湖南省歌舞剧院董事长严冰波，湖南省军区转业办主任吴湘波，湖南省文化艺术基金会秘书长杨汉林和湖南省武警总队有关负责人及武警部队驻湘指战员、复员退伍转业军人和部队离退休老同志代表等600余人观看了演出。

8月

3日　湖南省委宣传部、湖南省文化厅出台《湖南省村（社区）综合文化服务中心管理办法》。

8日　由中共湖南省委宣传部、湖南省文化厅主办的“湘戏晋京”展演活动在国家大剧院拉开帷幕。湖南省委常委、宣传部部长张文雄致辞并宣布活动启动，省文化厅党组书记、厅长李晖主持开幕式。中宣部副部长、国务院新闻办公室主任蒋建国，总政治部原副主任唐天标，全国政协文史委副主任、中央党史研究室原副主任龙新民，全国政协常委、中央文献研究室原常务副主任杨胜群，军事科学院原副院长刘继贤，海军政治部原副主任张宗银，以及中宣部、文化部、中国文联、北京市等有关领导出席启动仪式并观看了大型舞剧《桃花源记》的演出。

10日　湖南省文化厅与省社科院、中南大学等单位签订《湖南省文化厅文化改革发展重大研究课题协议书》，厅党组成员、副厅长肖凌之同志出席会议并讲话。

15日　2016年“欢乐潇湘”全省群众文艺汇演决赛怀化市专场在怀化市委机关礼堂举行。2016年“欢乐潇湘”全省群众文艺汇演决赛正式启幕。

27日　文化部党组成员、故宫博物院院长单霁翔，国家文物局副局长关强等考察湖南省博物馆新馆建设。省文化厅党组书记、厅长李晖，副巡视员何强，省文物局副局长江文辉，省博物馆馆长段晓明，党委书记李建毛等陪同考察。

30日　湖南省人民政府新闻办在长沙召开新闻发布会，向社会发布20支“我们都来跳”社会主义核心价值观湖南省原创广场舞。党组书记、厅长李晖，省文联副主席、省音协主席邓东源，省文化馆党委书记叶伟平出席发布会并回答记者提问。

9月

3日　全国第一家“O（Online）+O（Offline）”实体书店——长沙当当梅溪书院建成开业。省文化厅党组成员、副厅长肖凌之代表省文化厅见证开业并讲话。

18日　湖南省文化厅副厅长鄢福初率队赴长沙黄花机场实地察看，就湖湘文化宣传进机场工作进行对接落实。

19日　湖南省现代公共文化服务体系建设专题培训班在邵阳市隆回县举办。全省14个市州文（体）广新局负责人、公共文化（社会文化、文艺）科负责人，14个省级现代公共文化服务体系示范创建区文化行政主管部门负责人、联络员，省文化厅公共文化处等参加了培训。省文化厅党组副书记、副厅长禹新荣，邵阳市人民政府副市长李志雄等出席开班仪式并指导培训工作。

23 日　由湖南省文化厅主办，湖南图书馆和湖南省图书馆学会承办，湘鄂赣皖四省图书馆联盟协办的全国“中部地区公共图书馆事业发展论坛”在湖南图书馆召开。文化部公共文化司副司长陈向红，湖南省文化厅党组书记、厅长李晖出席论坛并讲话。

22 日　“湘疆两地情　文化一家亲”——文化部“春雨工程”湖湘文化志愿者新疆行暨援疆活动在喀什拉开帷幕。

29 日　公益美术馆——李自健美术馆在长沙举行开馆仪式。省政协副主席、省文联主席欧阳斌，文化部原副部长、中国艺术研究院荣誉院长王文章，国家博物馆馆长吕章申，湖南省委副秘书长、省编办主任魏旋君，湖南省委宣传部巡视员魏委，省文化厅党组书记、厅长李晖，湖南省外侨办主任肖百灵，湖南省国安厅厅长杨光荣，湖南省知识产权局党组书记、局长肖祥清，长沙市政府市长胡衡华，长沙市委副书记、湘江新区党工委副书记、管委会主任虢正贵等领导出席开馆典礼。

29 日　由湖南省委宣传部、湖南省文化厅、湖南省总工会联合主办的 2016 年“欢乐潇湘”庆祝新中国成立 67 周年全省群众文艺汇演优秀节目展演在湖南大剧院举行。湖南省委书记杜家毫，湖南省委副书记、省人民政府党组书记、代理省长许达哲，湖南省政协主席李微微，湖南省委常委、省委秘书长许又声，湖南省委常委、宣传部部长张文雄，湖南省委常委、省军区司令员黄跃进，湖南省人大常委会党组书记、副主任韩永文，湖南省人民政府副省长向力力，湖南省政协副主席欧阳斌、国防科技大学政治部副主任张运炬，湖南省文化厅党组书记、厅长李晖，湖南省文化厅党组副书记、副厅长禹新荣及主办单位相关领导与观众一道观看了演出。

10 月

18 日下午　常德市鼎城区文化馆创作的地花鼓《村长家的尿不湿》在西安市曲江大礼堂精彩上演，角逐第十一届中国艺术节“群星奖”。湖南省文化厅党组副书记、副厅长禹新荣携厅公共文化处、省文化馆相关负责人及市州观摩团观看决赛。

18 日晚　《桃花源记》在秦皇大剧院举行评委专场演出，角逐第十一届中国艺术节文华大奖。湖南省文化厅党组副书记、副厅长禹新荣，湖南省演艺集团党委书记、董事长吴友云等领导和近2000名西安观众一起观看演出。

20日　西藏山南市基层文化站管理人员培训班开班仪式在湖南艺术职业学院新校区举行，湖南省文化厅党组副书记、副厅长禹新荣出席开班仪式并讲话，湖南艺术职业学院党委书记鲁雁飞致欢迎词。

23~25日　文化部公共文化司副司长陈向红率中宣部督查调研组来湘开展“基层工作加强年”督查调研。省委宣传部副部长周湘，省文化厅党组书记、厅长李晖，省文化厅党组副书记、副厅长禹新荣参加督查调研。

25~26日　全省贫困地区村综合文化服务中心示范点建设现场会在慈利召开。湖南省委副秘书长、省委宣传部常务副部长李发美出席并讲话，湖南省财政厅、湖南省文化厅、湖南省新闻出版广电局、湖南省体育局、湖南省扶贫办以及各相关市州县宣传系统负责人参加会议。

26日　湖南省文化厅与省机场管理集团有限公司正式签订战略合作协议，双方通过资源共享、优势互补，共建湖南文化机场，打造湖湘文化宣传新高地。湖南省文化厅党组书记、厅长李晖，湖南省机场集团党委书记、总经理刘志仁出席签约仪式并致辞。湖南省文化厅副厅长鄢福初主持签约仪式并代表省文化厅签约，省机场集团党委副书记、副总经理谭克涛代表省机场集团签约。

26日　在安徽省铜陵市举办的2016年中国图书馆年会开幕式上，文化部、财政部正式为包括岳阳市在内的32座示范区创建城市授牌，岳阳市人民政府副秘书长陈峰代表市委、市政府接受了“国家公共文化服务体系示范区”牌匾。岳阳市成功创建为湖南省继长沙之后唯一的第二批国家公共文化服务体系示范区。

11月

7日　河北省文化厅副巡视员梁扉一行来湖南省考察调研公共文化服务体系建设。召开了两省工作经验交流座谈会，湖南省文化厅党组副书记、副厅长禹新荣出席座谈会并介绍了湖南省公共文化服务体系建设的相关情况。

14日　湖南省文化厅出台《湖南省文化厅“十三五”时期文化发展规划》，为文化改革发展绘制蓝图。

17日　在常德市举行了“第二届全国文化（群艺）馆9+2区域合作联盟”交流研讨会。省文化厅党组副书记、副厅长禹新荣出席会议并讲话。

17～18 日　湖南省文化厅党组副书记、副厅长禹新荣率队赴怀化沅陵县和湘西泸溪县等地，督查公共文化服务体系建设和“三区”人才支持计划文化工作者专项落实情况。

17～22 日　湖南省文化志愿者联合吉林省文化志愿者共同在武陵山片区特困地区湘西州开展了“湘吉两地情　文化一家亲”——湖南、吉林文化志愿者走进大湘西文化精准扶贫活动。

18 日　中共中央宣传部、中央文明办等 7 部门印发了《关于公共文化设施开展学雷锋志愿服务的实施意见》，湖南省博物馆、韶山毛泽东同志纪念馆和湖南雷锋纪念馆入选全国公共文化设施开展学雷锋志愿服务的首批示范单位。

22～25 日　国家图书馆馆长助理兼研究院院长汪东波率领由文化部会同省文化厅组成的抽查组，对湖南省沅江市乡镇综合文化站效能建设进行了现场抽查。省文化厅党组副书记、副厅长禹新荣，益阳市人民政府、厅公共文化处、益阳市文体广新局相关负责人参加督查。

25 日　文化部召开现代公共文化服务体系建设视频会议。省文化厅党组书记、厅长李晖在湖南分会场参加会议并作为全国七省（市、区）之一做经验发言。

25 日　由湖南省文化厅主办、湖南图书馆与湖南省图书馆学会承办的 2016 年湖南县级以上公共图书馆第六次评估定级培训班在长沙开班。省文化厅党组副书记、副厅长禹新荣出席开班仪式并发表讲话。

26 日　由中国图书馆学会学术研究委员会地方文献研究专业委员会主办，湖南图书馆、湖南省图书馆学会承办的“现代公共文化服务体系下的地方文献工作研讨会”在长沙召开，全国地方文献专业委员会委员以及来自全国各级图书馆的 300 余位专家学者参加了会议。省文化厅党组副书记、副厅长禹新荣，中国图书馆学会学术委员会副主任、南开大学博士生导师柯平，全国地方文献研究专业委员会主任、湖南图书馆馆长张勇等专家领导参加了会议并致辞。

29 日　湖南省文化厅与湖南省工商联签署厅际合作框架协议，双方就共同推进现代文化产业体系建设、建立多层次联系制度、促进民营文化企业发展等方面加强合作交流。

30 日　湘西自治州“苗族赶秋”和郴州“安仁赶分社”作为二十四节气中的重要组成部分成功列入联合国教科文组织人类非物质文化遗产代表作名录。

12 月

4 日　由湖南省委宣传部、湖南省文明办、湖南省文化厅、湖南省教育厅、湖南省新闻出版广电局、团省委、湖南省妇联、湖南省关工委联合主办的“书香湖南”2016 年全省少年儿童“光荣与梦想——纪念建党 95 周年、红军长征胜利 80 周年”知识竞答决赛暨系列读书活动颁奖仪式在湖南音乐厅举行。

4 日　“转媒体艺术展——中国京剧服饰艺术当代创意”在长沙市图书馆开展。

5 日　由文化部和湖南省人民政府共同主办的第四届驻华外交官“文化中国行”活动在长沙拉开帷幕，来自孟加拉国、菲律宾、塞内加尔、西班牙、瑞士等 13 个国家以及国际合作组织的外交官、专家、媒体代表聚焦湖南，开启湖南文化深度体验之旅。

11 日　由中国艺术研究院、湖南省文化厅、湖南省文学艺术界联合会主办，《中国摄影家》杂志社、湖南省文化馆、湖南省摄影家协会承办，湖南省艺术摄影学会、湖南省老摄影家协会、湖南省青年摄影家协会、湖南省舞台摄影协会等单位协办的影像“中国梦”摄影艺术大型公益展在湖南省文化馆开幕。

11 日　“最忆韶山冲”文旅综合体项目签约仪式在长沙市蓉园宾馆举行，签订了《“最忆韶山冲”文化旅游综合体战略合作框架协议》和《“最忆韶山冲”演出项目合作协议》。湖南省人民政府副省长向力力，湘潭市领导曹炯芳、谈文胜等，省委宣传部、省文化厅、省旅发委等相关单位负责人以及著名导演张艺谋，美国数据集团（IDG）中国区总裁熊晓鸽等嘉宾参加签约仪式。

后 记

本书以“全面推进现代公共文化服务体系建设”为主题，以理论创新和实践探索为主线，系统呈现2015～2016年湖南省现代公共文化服务体系建设的现实背景、发展历程、重点工作和理论成果。

全书由“总报告”、“地方实践篇”、“示范创建篇”、“工作扫描”、“专题调研篇”、“探索践行篇”、“媒体报道篇”、“附录”八个部分组成。“总报告”展现了湖南省全面推进现代公共文化服务体系建设的重大成就，提出了未来发展方向和主要工作任务。“地方实践篇”介绍了全省14个地市州全面推进现代公共文化服务体系建设的探索和实践。“示范创建篇”汇聚了全省5市1区创建国家公共文化服务示范项目的成功实践，概括了14个县市区创建湖南省现代公共文化服务体系示范区的基本经验。“工作扫描”汇聚了湖南省文化厅职能处室、厅直单位，在全面推进现代公共文化服务体系建设中的重点工作。“专题调研篇”介绍了湖南省文化厅职能部门和科研团队，对如何构建现代公共文化服务体系重点问题的系统思考和理论成果。“探索践行篇”介绍了全省各地全面推进现代公共文化服务体系建设中重点问题的探索与实践。“媒体报道篇”介绍了湖南省全面推进现代公共文化服务体系建设过程中可资借鉴的成功经验。“附录”记录了2015～2016年湖南省全面推进现代公共文化服务体系建设的重大事件。

湖南省文化厅党组书记、厅长禹新荣同志对本书高度重视，亲自为本书撰写了序言。湖南省文化厅机关有关处室、厅直单位，各地市州文化（体育）广电新闻出版局对本书编写给予了大力支持和热心帮助。湖南省文化厅公共文化处、湖南农业大学课题组和湖南省公共文化生态研究中心具体承担了本书的编写组织工作。

为本书提供稿件的各地市州、湖南省公共文化服务体系建设专家库的专家学者、经济管理出版社等单位和个人，都为本书的编辑出版付出了辛勤的劳动，在此一并致谢。